La corte literaria de José Antonio

crítica contrastes

Mónica Carbajosa
Pablo Carbajosa

La corte literaria de José Antonio

La primera generación cultural de la Falange

Prólogo de José-Carlos Mainer

Crítica
Barcelona

Diseño de la cubierta: Compañía
Ilustración de la cubierta: de izquierda a derecha, y de arriba abajo:
Rafael Sánchez Mazas, Jacinto Miquelarena, Ernesto Giménez Caballero, Eugenio Montes, José María Alfaro y Samuel Ros (fotos: archivo *ABC*);
en la fila superior, destacado, José Antonio Primo de Rivera (© CORBIS).
Fotocomposición: Víctor Igual, S.L.

http://www.ed-critica.es
e-mail: editorial@ed-critica.es
ISBN: 84-8432-452-4
Depósito legal: M. 16.901 - 2003
Impreso en España

2003. BROSMAC, S.L., Polígono Industrial 1, calle C, 31,
28932, Móstoles (Madrid)

A Fernando y a mis hijos Fernando, Mónica y Marta.

A Francisco Carbajosa Iznaola y a Lourdes Pérez Bobillo.

Prólogo

EN LO QUE CONCIERNE A LO LITERARIO *(y, de paso, a lo psicológico), el fascismo es un estado difuso. Resulta mucho más hacedero definir a qué obedece, que adjudicarle una poética e, incluso, aunque esto parezca más fácil, una retórica. La sintomatología es de sobra conocida, pero apenas puede decirse algo coherente y definidor de su desarrollo, salvo que cursa con fiebre alta y delirios habituales. En Alemania e Italia hizo falta haber perdido una guerra, o haberla ganado sólo a medias. Por doquier, se precisó una sensación de incertidumbre y amenaza en unas clases medias que, sin acabar de asentarse en la sociedad tradicional, se precipitaban ya en un mundo moderno, incómodamente encajadas entre una oligarquía inamovible y un proletariado revoltoso. En muchos lugares, esta percepción hubo de sumarse a la conciencia de hundimiento de la vieja propiedad rural y de la religión hegemónica, cosas ambas que tienen mucho que ver. Y en bastantes sitios fue muy útil al respecto contar con una encallecida inquina por la burguesía rival judaica y con una tradición firme de antisemitismo popular.*

Siempre hizo falta un nacionalismo rampante, mejor si era vindicativo y macerado por largas frustraciones. Y, por supuesto, hacía falta aquella dramática herencia de 1914-1918 que fue la retórica de la guerra patriótica, enaltecedora de la muerte en acto de servicio, del heroísmo oscuro y colectivo, de la juventud como valor supremo (un libro precioso de Paul Fusell, The Great War and the Modern Memory, *1975, señaló el desplazamiento léxico que la contienda imprimió a ciertas nociones, al apelar a un lenguaje arcaizante y a menudo feudal; nos interesa particularmente la sustitución de* amigo —friend— *por* camarada —comrade— *y de* muerto —death— *por* caído —fallen—*. Su uso litúrgico, como la obsesión por lo juvenil, sigue siendo un síntoma inequívoco de los fascismos emergentes, como sabe cualquiera que se haya asomado a la turbia realidad del nacionalismo radical vasco, sin necesidad de ir más lejos).*

Por eso, no es mala recomendación que el estudio de una literatura fascista haga hincapié en los sumandos biográficos de cada cual, o en los itinerarios topográficos de un descubrimiento, como han hecho ejemplarmente Mónica y Pablo Carbajosa en el presente libro. Porque importa mucho saber de dónde salieron personajes como Rafael Sánchez Mazas o Agustín de Foxá, Ernesto Giménez Caballero o Eugenio Montes, Jacinto Miquelarena o Samuel Ros (César González Ruano que, con razón, no está aquí, pero merodea a menudo las cercanías de este libro, gustaba hablar, con reveladora cursilería, de «los que hemos tenido cucharita de plata» cuando niños). E importa saber que la frustración colonial africana fue un ingrediente no tan menor en la vida de los futuros falangistas (¿cómo olvidar que José Antonio recomendaba a sus fieles dos filmes, El delator, *de John Ford, para que supieran de la lealtad y la traición en un partido clandestino, y* Tres lanceros bengalíes, *de Henry Hathaway, para soñar con la camaradería militar de una guerra colonial en la que, al cabo, se vencía?).*

Pero también importa saber cómo era el Bilbao de 1917, que se imaginaba como una mezcla de Atenas y Manchester, donde se armonizaran aquel paraíso étnico que pintaban los hermanos Arrué, los chalets con aire de caserío construidos en Neguri y la retórica y ambiciosa arquitectura que trazaba Manuel María Smith (o la fantasía de modernidad en que habitaba Vírulo, el héroe poético inventado por Ramón de Basterra). Y hay que averiguar acerca del Madrid de 1930, donde convivía el casticismo de las verbenas (que Ramón Gómez de la Serna, Giménez Caballero o Maruja Mallo lograron con éxito convertir en una fiesta vanguardista), los entierros de la sardina y los churros pringosos, con la modernidad de la Gran Vía y los cocktails *que sabía combinar Perico Chicote. Aquí faltan quizá la Barcelona, y el Madrid, de Eugeni d'Ors, lo que no es pequeña ausencia. Francisco Umbral ha acertado al caracterizar al Glosador: «En Francia hubiera sido mucho más que Barrès o Claudel. Aquí sólo fue un genio de media tarde». Hay que volver a leerse el trascendental* Nuevo Glosario, *con sus irisaciones de ironía, rebajadas por alguna candidez, y con su fascinante equipaje de cultura, menoscabado por alguna baratija. Y se advierte entonces cuánta razón tiene Umbral al decir que «todo el periodismo literario viene de él, que abrió el camino a los prosistas de la Falange» (*Los alucinados, *2001). La Barcelona de Luys Santa Marina es otra cosa, más bronca y extemporánea y excéntrica, aunque su nombre y su tertulia de «El Oro del Rhin» cobijaran parcialmente a un ensayista con quien la posteridad ha sido injusta, Guillermo Díaz-Plaja, y a un escritor que llegó lejos (en todos los sentidos), Max Aub, del que la revista* Azor *publicó en 1934 la primera versión de* Luis Álvarez Petreña *(Santa Marina inspiró luego el personaje Salomar en los relatos de* El Laberinto Mágico *y volvió a encontrarse con su antiguo amigo, al regresar éste a España; poco después y ahora involuntariamente, prestó* *su nombre de pila al Luys Forest de* La muchacha de las bragas de oro, *de Juan Marsé).*

Y, al fondo, José Antonio Primo de Rivera, otra figura que conviene entender en la encrucijada de algunas frustraciones (la orfandad materna, la aristocracia advenediza, el sofocante clima militar, la timidez masculina, la frustración literaria) y a la luz de aquellos textos que salvó Indalecio Prieto y ahora ha publicado un heredero, su sobrino Miguel, que perfilan al personaje mucho mejor que lo hace aquella dimensión heroica que el imprudente Juan Manuel de Prada otorgó al Fundador en su ambiciosa novela —de otro lado, algo más que notable— Las máscaras del héroe. *Señalan los hermanos Carbajosa con mucho acierto que el joven Primo de Rivera ganó dos batallas nada fáciles (la jefatura del fascismo español y ejercer el más seguro ascendiente sobre los escritores más propicios) y perdió la única importante: haber hecho triunfar políticamente un fascismo español. Lo más fácil es, sin embargo, que «fascismo español» tenga algo de oxímoron. A la vieja clase dominante española no le hacía demasiada falta un «estado de excepción» fascista, porque en el fondo siempre ha fiado más, a tales efectos, en la escopeta y el perro (o, si se prefiere, en una taciturna pareja de la Benemérita y un párroco servicial). Y, por otra parte, porque los ingredientes sentimentales del fascismo —un poco de modernidad y otro de tradición nacional, la añoranza burguesa y la tentación de puños y pistolas— han permanecido siempre sin amalgamar, o sin acabar de fraguar siquiera, en muchas cabezas huecas españolas. Los capítulos postreros de este libro —y especialmente el final, «Elucubraciones para un grupo»— lo dicen de forma más elocuente que yo y, en el fondo, tienen algo de elegía conmiseratoria. Así fueron, en efecto, los mimbres del cesto: esa heterogénea «corte literaria de José Antonio» que este libro ha vuelto a poner de pie.*

*No conozco las causas que llevaron a Mónica Carbajosa a redactar una tesis doctoral sobre Rafael Sánchez Mazas, bastante antes de que lo pusiera de moda una novela de Javier Cercas y un filme de David Trueba —*Soldados de Salamina*— que acaba de estrenarse cuando escribo estas líneas. Y las que le incitaron, ahora con su hermano Pablo, a perseverar en la pesquisa de estos fantasmas de nuestra literatura del siglo* XX. *Yo sé cuáles fueron las razones que me llevaron a mí a escribir —entre 1969 y 1970—* Falange y literatura, *que vio la luz en 1971. La culpa la tuvo la revista* Vértice, *que mi padre, teniente médico en las filas franquistas durante la guerra, había coleccionado y cuyos gruesos tomos yo repasaba en las eternas y gratas convalecencias de aquel entonces. Gracias a esos tomos, y a los de* La Ametralladora, *yo era un verdadero erudito en la guerra civil a los trece o catorce años. Y poco después, pude cambiar de bando con conocimiento de causa. Y entender que la* *razón y la emoción estaban con aquellos que aparecían retratados en los campos de concentración, o en las mujeres enlutadas que alzaban el brazo con todo el miedo del mundo ante los vencedores, o en los políticos a los que vejaban aquellas páginas satinadas y las bromas siniestras de* La Ametralladora. *Pero nunca quise olvidar que yo había sido de los otros, aunque fuera por nacimiento o por fascinación infantil. Y me pareció que alguien tenía que contar la experiencia purgativa —que siempre es compleja— de una defección y el saludo a unas nuevas banderas, que nunca es fácil, salvo para el fanático incurable al que le gusta cualquier tipo de banderas.*

Después, he visto un inútil intento de vender por legítima una mercancía bastante averiada, como ha hecho a menudo Fernando Sánchez Dragó. Y algún pedimento fiscal, de fuste intelectual exiguo, como el que debemos a Julio Rodríguez Puértolas. Al río revuelto compareció alguna reedición, oportunistas unas, frívolas bastantes y necesarias otras (la Diputación Foral de Navarra acaba de editar la obra cuasicompleta de Ángel María Pascual, lo que ha sido una buena idea). Y Andrés Trapiello, aquí tan citado, ha exhumado con criterio independiente y notable capacidad de empatía narrativa los nombres y los hechos de aquel Parnaso que quiso ser heroico. Tampoco lo ha hecho mal, y así queda consignado más arriba, Francisco Umbral, que pone talento intuitivo donde a veces falla la información. La bibliografía académica ha sido más menguada: los filólogos no tienen a veces mucha imaginación y, a fin de cuentas, aquí no hay ningún Céline o Drieu de la Rochelle, ni siquiera un patético Brasillach o un histriónico Malaparte.

Y, sin embargo, este libro de los hermanos Carbajosa sale casi a la vez que la traducción de otro volumen muy meritorio, de mi buena amiga, la profesora alemana Mechthild Albert, Vanguardistas de camisa azul. La trayectoria de los escritores Tomás Borrás, Felipe Ximénez de Sandoval, Samuel Ros y Antonio de Obregón entre 1925 y 1940. *Hay que felicitarse por la coincidencia. Como si se hubieran puesto de acuerdo, los dos volúmenes abordan dos nóminas distintas: la del apostolado de La Ballena Alegre y la de los militantes puros, respectivamente. Y usan de metodologías muy idóneas para cada caso: la exploración interior de vidas y temas y el análisis implacable de retóricas y motivos. Entre los dos se las han compuesto para quitarme de la mesa un trabajo siempre pendiente: revisar y actualizar mi* Falange y literatura *de 1971. Ya no hace falta. Así debía ser y no seré yo quien, ni siquiera en este punto, vote a favor de la nostalgia.*

JOSÉ-CARLOS MAINER

Zaragoza, marzo de 2003

Agradecimientos

TENIENDO EN CUENTA LOS AUTORES que este libro trata, no es difícil imaginar que la labor de documentación ha sido ardua. El mayor peso de esta tarea lo ha llevado, con enorme eficacia y también con gran entusiasmo e interés, Margarita Martín Velasco, bibliotecaria y documentalista del Centro Universitario Villanueva. A ella por lo tanto van dirigidos los principales agradecimientos, por su labor y por los empujones de ánimo necesarios para que este trabajo llegara a su fin.

De gran ayuda ha sido también la colaboración de José María Vias (Departamento de Archivo y Documentación del diario *ABC*), de Mauricio Martín (Servicio de Documentación del Grupo Correo), de Mamen de la Fuente y Mercedes Paunero (bibliotecarias del Centro Universitario Villanueva), de M.ª Victoria Rodríguez López (directora de la Biblioteca de la Escuela Diplomática), de Miguel Ángel Gómez Modrego (Obra Social y Cultural de Caja Duero), de la Biblioteca de la Universidad Autónoma de Barcelona y de la Biblioteca Pública de León.

Muchas otras personas han puesto a nuestra disposición libros, documentación, información o recuerdos, o bien han colaborado en su localización. Entre ellas, Javier Onrubia, siempre atento a cualquier material útil para nuestro trabajo, Luis María y Francisco Ansón, Jaime Campmany, Javier Cervera, Carlos Echevarría, César Gil, José Luis Gordillo Courcières, Javier Gutiérrez Palacio, Fernando Huarte, Ignacio Pérez, José Julio Perlado y Andrés Trapiello.

Muy valiosas han sido asimismo las aportaciones de familiares de los autores, como Cristina Mourlane Partearroyo y Dionisio Ridruejo Ros.

En cierto modo, este trabajo tiene su origen en la tesis doctoral *La prosa del 27: Rafael Sánchez Mazas*, de Mónica Carbajosa. En ella constan agradecimientos que son extensibles a este libro: a José Luis Varela, por la dirección de la tesis; a la familia Sánchez Ferlosio (Liliana Ferlosio, Rafael y Chicho Sánchez Ferlosio); a José María de Areilza, por el tiempo que en su día dedicó a conversar sobre Rafael Sánchez Mazas; a Ángel María Ortiz Alfau, por las conversaciones sobre el grupo bilbaíno y sobre su querido Bilbao; a Regina Soltura y a Carlos Sentís.

No quisiéramos tampoco dejar de agradecer al Centro Universitario Villanueva su atención constante por el desarrollo de nuestro trabajo, ni a todos aquellos compañeros, amigos y familiares que han estado pendientes tanto de este libro como de nuestro estado de ánimo.

Por último, a los editores, Carmen Esteban y Gonzalo Pontón, por su confianza en que un esquemático proyecto podía convertirse en libro. No nos olvidamos de Ana Gavín, la primera en interesarse por este trabajo.

A todos ellos, y a los que involuntariamente hayamos olvidado incluir, nuestra más sincera gratitud.

Introducción

A los pueblos no los han movido nunca más que los poetas, y ay de aquel que no sepa levantar, frente a la poesía que destruye, la poesía que promete.

José Antonio Primo de Rivera

Con ser tantas las ocasiones en las que la historia la hace la fotografía —a veces una sola basta—, no disponemos esta vez de ninguna en que posen todos juntos, fijos, inmutables. Habría sido absolutamente factible, a juzgar por la costumbre de las imágenes de época. Nos queda reconstruirla a base de recortes de otras reales de los mismos años, previos a la guerra, donde, en unas más, en otras menos, se dejan ver sus protagonistas arracimados en torno a una mesa, en un café, un banquete, un homenaje, luego de beber o comer en establecimientos casi invariablemente madrileños. Sentado y en el centro está el principal, el Príncipe incluso en la evocación de sus fieles, el Fundador muerto joven a la edad de Cristo y de Alejandro, el primero en desaparecer, y por eso también el más llorado entre los discípulos inmóviles para este retrato: esta vez no son doce sino una decena. La suya es una presencia ambigua, por más que sea prominente, imprescindible —para algo les da título—: de todos ellos ha de ser el único al que no cuadre el título de escritor. Su historia es otra, es verdad, pero bien hubiera querido tener para sí más ribetes literarios. Su nombre es muy distinto de su apellido; éste es todavía más de su padre, el penúltimo espadón de la historia contemporánea de la foto, que jugó todas sus bazas y acabó perdiéndolo todo y a casi todos, aun a la Real Casa. A su nombre de pila, en cambio, le espera renombre póstumo de veras, el de aquellos cuya sola mención basta, en la vida española, como a toreros y poetas —Joselito, Juan Ramón, Federico—, para ser de inmediato reconocido: José Antonio. Su apellido, aristocrático, ya se sabe: Primo de Rivera.[1]

A ambos lados, sentados, están los valedores y protagonistas del movimiento, el discípulo amado, varios periodistas más que ofician como escritores, lo mismo que alrededor, de pie, a sus espaldas, el aristócrata, el histrión, el diplomático desvaído, el novelista incurablemente romántico, el joven poeta castellano, de provincias, y así hasta diez.

Falange Española y sus ideales, y más concreta y poderosamente la figura de José Antonio Primo de Rivera, convocaron a su alrededor a un grupo de intelectuales, en su mayor parte escritores, que conformaron la llamada Falange Intelectual y la primera generación de propagandistas joseantonianos. El núcleo lo formaron, entre otros, Rafael Sánchez Mazas, Ernesto Giménez Caballero, Agustín de Foxá, José María Alfaro, Eugenio Montes, Jacinto Miquelarena, Pedro Mourlane Michelena, Luys Santa Marina, Samuel Ros y Dionisio Ridruejo, de modo más sobresaliente que cualesquiera otras figuras que puedan allegarse. Todos ellos contribuyeron a dotar al naciente movimiento falangista del estilo literario y estético que Primo de Rivera deseaba.

Pues más allá de sus propias inquietudes culturales y literarias —para las que estos autores actuaron de espejo—, existió siempre en José Antonio una preocupación irresistible por rodearse de intelectuales que no sólo fundamentaran un ideario político sino que a la vez lo formularan con un vocabulario y una estética precisas. Así fue como muchos de estos escritores acuñaron y difundieron los elementos originarios y originales del ideario político del movimiento, quienes configuraron su terminología y estilo, quienes inspiraron gran parte de su ritual y simbología, y, en definitiva, quienes crearon una retórica de tono emocional luego seguida y copiada por tantos. No en vano, la historia de la Falange tiene el nombre de Sánchez Mazas, de Giménez Caballero, de Agustín de Foxá o de José María Alfaro en muchas de sus páginas. Tal y como afirmó Dionisio Ridruejo, «nadie puede decir que el fascismo en España [fuera] el resultado de un impetuoso movimiento intelectual, aunque hay que añadir que nació en manos de escritores».[2]

Este grupo de escritores, que José Antonio Primo de Rivera supo atraer, convivió en torno al que llamaban jefe nacional —dentro o cerca de la Falange, y unidos, muchos de ellos, por una gran amistad— en mítines, tertulias, redacciones de periódicos y revistas, cenas u homenajes. Entre ellos se estableció un fuerte vínculo de camaradería propiciado, entre otros motivos, por tratarse de un núcleo político pequeño, que se consideraba amigo de tomar riesgos y que no tenía el poder en un horizonte próximo, condicionado a la vez por una política, la republicana, que vieron sucesivamente como adversaria y enemiga, y una debilidad que los reducía en ocasiones a actuar como comparsas de otras formaciones de la derecha.

En cualquier caso, la convivencia del grupo originario fue extraordinariamente breve y abarcó menos de tres años, desde la fundación de Falange en 1933 al comienzo de la guerra civil de 1936 y el posterior fusilamiento de su jefe en noviembre de ese mismo año. También es necesario advertir que su nómina no completa ni de lejos la de escritores falangistas. Trataremos sólo de aquellos autores más próximos a Primo de Rivera hasta la fecha de su desaparición. Con esto dejamos fuera a otros intelectuales y escritores falangistas inmediatamente posteriores. «Camisas viejas» de la literatura, se trata en realidad de la primera generación cultural de Falange. De ahí que no estén todos los que son sino por haber estado en la primera hora, por más que la recíproca sea muy cierta: sí son, desde luego, política o literariamente, todos los que están.

Un conocido chiste del *ventennio* fascista italiano sitúa a Mussolini de visita en una fábrica de la FIAT. Terminado el recorrido, el dictador interroga al director sobre las tendencias políticas de los obreros:

> —Verá, Duce —se explaya éste—, tenemos tanto por ciento de socialistas, tanto de comunistas, tanto de democristianos y un resto variado de...
> —¿Y fascistas? —inquiere Mussolini muy azorado, interrumpiéndole.
> —Ah, eso sí, Duce —responde presto el director—. ¡Fascistas todos, por supuesto, fascistas todos!

Pues bien, fascistas todos. Todos los que están, como hemos dicho. Fascistas de tomo y lomo, lo uno por lo abultado de la obra, lo otro, si se quiere, por las responsabilidades que han de soportar, juzgada su conducta histórica, qué duda cabe. Pero una cosa es predicar y otra muy distinta dar ricino; muy diferente resulta tacharlos sin más de fascistas a perfilar con precisión estimable su índole ideológica, en la que a los italianizantes del fascismo hay que sumar los reaccionarios de vitola monárquica, los nacionalistas maurrasianos y otras especies de la derecha española que rondaron al naciente fascismo español.

No obstante estas descripciones, que dan cuenta sumariamente de la utilidad de su papel político, la posteridad de estos hombres y el interés o atractivo que despiertan es hoy irrecusablemente literario. Es esto, sobradamente, lo que justifica cualquier aproximación a su trabajo: la existencia de un corpus de obras que, vinculado o no a su circunstancia política, les depara un lugar, por apartado que sea, en la historia de las letras españolas del pasado siglo. Y es por eso que al arbitrio de esta selección, guiada por este marbete de grupo, conveniente y razonado, nos hemos detenido, uno por uno, en su obra. Pues todos los que figuran en nuestra enumeración del comienzo son reconocibles primero y antes que nada como autores.

Importa decir esto cuanto antes, por más que debiera sonar a repetido: como literatos, gozan de todos los derechos de un juicio crítico informado pero no perturbado por su estirpe política. Es imprecisa la fecha desde la que esta afirmación puede ser tajante, pero una cosa es cierta: hace mucho de esto. Los intentos por clasificar o calificar su trabajo de activistas no pueden servir para descalificar su actividad literaria, salvo en aquellos casos, desde luego a veces frecuentes, en los que el sobrepeso ideológico o la intencionalidad hace penosamente legibles sus textos, en los que la literatura deja de ser tal.

Dicho más claramente, no se puede escribir una historia antifascista de la literatura fascista. Y el «monumental Nuremberg castizo» —en expresión humorística de José-Carlos Mainer— de la *Literatura fascista española* debería servir explícitamente de contraejemplo.[3] Más que necesitados de condena, aversión, empatía o entusiasmo, estas notabilidades demandan una curiosidad inquisitiva que los devuelva no a ningún banquillo o sitial, sólo al sitio de su época. La nuestra, en todo caso, no puede ser ya más ajena al sectarismo político. Y la cultura española, «normalizada» presuntamente para bien, mal admitiría una exclusión, so pena de que al modo del epíteto que sirvió para recordar a su orientador, se convirtiesen en «los ausentes». Y en esto las fotos deben estar completas, sin recortes lo mismo que sin retoques, lo que no ha de resultar en ocasiones agradable ni para sus defensores ni para sus denostadores. Tienen derecho a ser juzgados literariamente, del mismo modo que ya lo han sido en el plano más político. Así sucede, lo repetimos, porque la literatura, la cultura española hace ya mucho que no está sometida a hipotecas políticas. Lo cual es a la vez inevitable y natural. La idea de que a todo escritor le ha de llegar el momento de ver atendido su posible interés sobre una base primordialmente literaria, aparte las oscilaciones del gusto, es difícilmente recusable. A cambio, hay que decir que las transformaciones en el canon son casi insignificantes: la imagen de conjunto de la literatura española es más completa, porque le hemos restituido elementos que, en realidad, nunca desaparecieron de ella, pero tampoco se ha movido la foto. El canon no ha sufrido otra alteración que la de ver aumentada su nómina, no el orden de importancia.

Pese a todo esto, un examen detallado de las vicisitudes del grupo como tal y de cada uno de sus participantes puede parecerles a muchos un trabajo a beneficio de inventario en la almoneda de la literatura española del siglo XX. Pero la última palabra le corresponde por lo general a la crítica y a los lectores. Baste decir que el interés de estos escritores se refiere a más de un aspecto para entender que si aún suscitan algo más que reserva —política o literaria—, animadversión o repulsa es que el trabajo de la crítica todavía no ha terminado. ¿Y no es éste el caso?

Ahora bien, para ser honestos, si la forma en la que los hemos reunido no puede ser más política, no vamos luego a borrar ese rasgo como impropio o adventicio en su experiencia personal, cívica o intelectual. Digámoslo así: lo que hemos querido es compulsar el valor de todos estos escritores, aprovechando que su significación —aunque no su importancia— no puede desligarse sin más ni más de su particular elección ideológica en el momento histórico.

En realidad, esta salvación por medio de la historia de la literatura esconde otro problema, éste sí, poco solventable. Los escritores de la *corte literaria* pueden ser historiados en su tiempo, en relación con otras escuelas, a otros literatos, o parecidas estéticas de otros países. De ellos se pueden citar antecedentes que son los de la mayor parte de la literatura española del momento, se pueden verificar las diferencias estético-ideológicas. Lo que resulta casi imposible, en cambio, es llamar a sus sucesores, comprobar su sucesión, buscar su huella en la literatura española desde que desaparecieron. La posteridad literaria resulta difícilmente demostrable, precisamente por razones literarias, porque apenas la hay.

La articulación de su papel político-literario, o mejor, estético-militante, exige, desde luego, un examen bastante más que circunstancial, por encima de lo detenido, y de ahí, apelar a un juicio literario, a fin de establecer su valía como escritores, algo que únicamente puede contestarse en el dominio de la literatura. Con todo, hacer justicia, también en literatura, no es lo mismo que mirar con benevolencia o proceder a una ejecución sumaria. En todo caso, el tribunal de las letras dicta sentencia en otro lugar que el de la historia. Y ya es de suponer que su vindicación literaria no entraña en modo alguno una vindicación moral.

Con todo, la *corte literaria de José Antonio*, cuya existencia, a fin de cuentas breve, quiere entre otras cosas documentar este libro, exige al menos una explicación, sea más larga o más corta, apremiante o detallada, pero siempre de principio, sobre la justeza de dicha denominación: grupo, corte, generación... Pues ¿cómo dar razón, si no, de un grupo de escritores que parecen definirse por su amistad con el que era un dirigente político, bien que con reconocidas inclinaciones literarias y retóricas? ¿Cómo dar carta de naturaleza a una experiencia que no podía dejar de ser, con ese nombre, básicamente de letras, pero que mal podría disociarse de la política a la que estuvo ligada? La trabazón entre literatura y política es, dependiendo de los autores, más honda o menos significativa, pero en ninguno de los casos resulta accesoria. Para algunos su compromiso fue «personal», no de sí mismos con una causa, sino antes bien con la figura descollante que la representaba, la del mencionado Primo de Rivera. Hay casos, como el de Montes, en los que es posible dudar que su compromiso hubiese tenido parecido grado de no intervenir el conocimiento de esta figura. La cabeza retórica, el propagandista, el militante atraído por la fascinación del «jefe» son papeles repartidos en una obra cuyo protagonista no era un literato, pero que suscitó la adhesión de figuras que, todas sin excepción en lo que a este grupo se refiere, lo eran.

Todos fueron literatos; entre ellos lo que varió justamente fueron sus servicios políticos, su papel en el engranaje inicial del falangismo, con todo lo particular que resultaba: un escritor con ánimo de polemista político y propagandista influyente (Sánchez Mazas), un caso de periodista *parvenu* a la busca de un lugar y patrón seguro (Montes), un maestro general de la confusión con los mejores antecedentes de animador cultural (Giménez-Caballero), un aristócrata profundamente despreciativo de la plebe removido por la guerra (Foxá), un conservador que encuentra su sitio tan naturalmente como ese sitio le sale al encuentro (Mourlane), un «escuadrista» literario con más violencia que fuerza (Santa Marina), un novelista venido políticamente a allegar su estilo al de su elección política (Ros), un poeta dado a renovar el estilo retórico y a poner en escena los rituales ideados por los veteranos del partido (Ridruejo), etc. Además, es imprescindible recordarse a cada paso que, si bien el joven Primo «escogió» rodearse de un círculo propiamente intelectual en una esfera que no dejaba de ser política, hablar de aquél no es lo mismo que hacerlo de la dirección falangista, a la que sólo pertenecían Sánchez Mazas y Alfaro, los únicos presentes en su Junta Política, y eso por no mencionar a quienes ni siquiera eran militantes del partido —Foxá o Montes.

Aunque con lo dicho hasta ahora quede justificado el título de este libro, es necesario, sin embargo, precisar más exactamente su alcance, sobremanera cuando se trata de una expresión que puede llegar a estar, y lo estuvo, cargada de ironías, lo que a los lectores más especializados no les habrá pasado inadvertido. Fórmulas como las de «corte de poetas y de literatos» o «proveedores de retórica» fueron utilizadas por los propios falangistas, o por quienes lo habían sido, para definir con retranca al grupo que rodeó a José Antonio —e incluso se sigue utilizando hoy en día en este mismo sentido—. Ironías registradas, por ejemplo, en la pluma de Ledesma Ramos[4] o de Juan Antonio Ansaldo,[5] cuyo sentido —que se irá aclarando a lo largo de este libro— es el mismo que el expresado por Felipe Ximénez de Sandoval en su *José Antonio (biografía apasionada)* al referirse a las conocidas tertulias del sotanillo de La Ballena Alegre, a las que «alguien ha llamado impropiamente la universidad del estilo de la Falange, debiendo llamarle la universidad de la retórica de la Falange, pues el estilo de la Falange era el de la calle en donde morían los escuadristas estudiantes y obreros que jamás pisaron la Ballena...».[6]

Pero existen a la vez otros detalles que justifican el ángulo de ataque del estudio literario de una cohorte caracterizada primariamente por la *estetización de lo político*, para decirlo de una vez por todas con la célebre fórmula de Walter Benjamin aplicada al fascismo, que es inevitablemente una de las guías de nuestro enfoque.

En primer lugar, el modo de referirse a los antecedentes ideológicos del fascismo español se ha demorado en las concomitancias, préstamos y deudas con los autores del 98, el regeneracionismo y figuras como las de D'Ors y Ortega, descuidando, en cambio, las semejanzas e identidad con el ambiente cultural de preguerra, específicamente literario, del que se nutrió la mayoría de estos autores. Es decir, del mundo cultural de la República, la vanguardia y otros elementos contemporáneos poderosamente influyentes, que aunque escasamente coincidentes con la filiación que adoptarían nuestros autores también fue su inicial caldo de cultivo artístico. Salvo en casos como el de Giménez Caballero, debido a su irreemplazable función en tantas cosas, otros escritores han quedado troquelados de este lado de 1936 sin calibrar los orígenes de su experiencia en las letras anteriores a la contienda.

En segundo lugar, sucede que muchos de ellos figuran, salvo contadas excepciones y ocasiones, de modo marginal en el relato político de hechos capitales como cosa habitual en la historiografía que les concierne. Vistas las cosas desde ese su ángulo, no sólo se les devuelve su estatura sino que se comprende mejor la esencia estético-ideológica de ese fascismo. Aparte los orígenes y creación de Falange, todavía se siguen publicando monografías sobre otros asuntos históricos de relieve, ya se trate de la guerra de Marruecos o la segunda guerra mundial, en las que sus nombres brillan por su ausencia, pese a su participación, por ejemplo, en algunas importantes polémicas de prensa, lo que no ha de hurtarse al retrato de época. No es necesariamente a los historiadores *tout court* a quienes debe culparse de ello.

De modo que, partiendo primero de la importancia de la historia, «a secas», la que aquí contamos se ha relatado mil veces en parte, en la parte que tocaba a la creación del grupo ideológico más significado del fascismo español. La importancia capital de Sánchez Mazas o Giménez Caballero en la prehistoria de las formaciones fascistas difícilmente cabe exagerarse. Esa misma historia, vista desde la esquina de la literatura produce otros resultados explicativos, más que puramente complementarios. Otra historia, la de la literatura, adjetivada cronológica o socialmente, amplía el campo de la comprensión de ese mismo fenómeno político, sólo que derivando con la misma legitimidad de las letras.

Es sabido que Falange no logró la hegemonía, en modo ni en momento alguno, sobre las fuerzas de la derecha española en sus intentos por arremeter contra la II República. Las elecciones de 1936 la desposeyeron de toda representación parlamentaria. Sus dirigentes se encontraron de pronto en prisión y el movimiento fue descabezado en la persona de su fundador y de sus más estrechos partidarios. ¿Cómo es que les resultó tan útil a los sublevados? ¿De dónde el éxito joseantoniano? No podía ser solamente póstumo, por manipulado o consentido que estuviera, habiendo sentado ya bases ideológicas suficientes para consolidar su movimiento. Básicamente, una de las razones cruciales admitidas por los historiadores estriba en que el suyo tuvo todas las marcas de un estilo absolutamente adecuado, incluso necesario para convertirse en éxito estético en su función movilizadora. El fascismo no apareció exactamente como imagen de marca, disputada como estaba, pero sí como imagen de moda. Y en esto el éxito de Falange le debió mucho a la aportación de los más renombrados de nuestros autores. De hecho, es más sobresaliente el empaque que otorgaron a su creación estética que el protagonismo político que les dio. Es decir, que el protagonismo que su presencia en los cenáculos fundacionales y en los órganos políticos de FE de las JONS podría haberles atribuido. Pasada la guerra, que muchos de ellos pasaron en circunstancias que sin exagerar pueden calificarse de rocambolescas, más que de heroicas, su perfil volvería a hacerse progresivamente más literario, no obstante los vínculos mantenidos con el Régimen. Y a partir del final de la segunda guerra mundial, que, como veremos, verdaderamente perdieron, parecieron despojarse de sus antiguos retratos. Con todo, al estimar su contribución al trabajo estético-político de Falange, que es como decir a su éxito posterior, también dilucidamos el éxito y fracaso de la política joseantoniana.

De entonces, pues, queda su labor estética y política. Y de entonces, asimismo, y hasta ahora, su obra literaria. Queda pues una labor de escritores, factible a la hora de desasirse de ese otro compromiso, por la que vendrían en última instancia a pleitear ante la historia de la literatura.

Ahora bien, el peso político, ideológico y retórico de estos escritores podría conllevar indeseadas consecuencias literarias. Sobre todo en los casos en los que el papel político es o parece mucho mayor que la tarea literaria, llevando añadida a su condición de escritores la de políticos. Esta es la razón de que el adjetivo «falangista» acompañe siempre su labor de escritores. El marchamo «escritores falangistas» ha salvado, y eso es lo curioso, a más de uno del olvido total. Muchos de ellos son autores de importantes aportaciones ideológicas y literarias —quizá se trate del momento más brillante intelectualmente de la derecha española—; otros, sin embargo, pueden llegar a beneficiarse del interés por el grupo. A primera vista, parecería que algunos le deben más a Falange de lo que Falange les debe a ellos.

¿Estamos hablando entonces de escritores literariamente truncados o fracasados, que han sido rescatados por un interés en su papel retórico inspirador? ¿Cabría, al contrario, preguntarse si la Falange o José Antonio Primo de Rivera son los responsables del fracaso literario de estos escritores? Francisco Umbral llega a planteárselo: «Uno está por culpar a los mentores ideológicos —D'Ors, Serrano Suñer, Primo de Rivera— del fracaso histórico y literario de ese otro 27 que llamo "los prosistas de la Falange", y donde también hay poetas».[7]

Es innegable que los escritores que nos ocupan consiguieron en su día un cierto consenso en torno suyo en medios afines o aun fuera de ellos, producto a medias de su reputación como articulistas y hombres de letras y de su posición en la vida cultural, sancionada por diarios y revistas, y después de la guerra hasta por instituciones culturales o ministerios. Ahora bien, salvo en el periodismo, y aun así, hablamos de escritores que no estaban determinando el curso central de la literatura española —aunque alguno en un momento preciso lo rozara— y cuyos éxitos literarios, en muchos casos, si bien sostenidos por el refrendo oficial, no estaban acompañados de verdadero impacto ni del eco literario de las nuevas generaciones. En los años cuarenta, cincuenta o sesenta, los vientos de la literatura española soplaban de y hacia otro lado.

De ahí que sea tarea prioritaria estimar, de acuerdo con el riguroso propósito antisectario que nos hemos trazado, si fueron sólo o sobre todo las cuestiones políticas las que tuvieron que ver con su olvido, lo mismo que originariamente con su éxito. En ese corpus ya normalizado de la literatura española hay que deslindar además qué cercanía tienen con su tronco central y qué ramas son las suyas, desprovistos de ataduras políticas, de modo que otras clasificaciones —generacionales, de género literario, etc.— ocupen su lugar. Dicho esto, es necesario añadir que las páginas que cada uno de ellos merece no deben agruparse bajo el epígrafe de «literatura falangista» sino en casos extremos, ya que, si bien es cierto que les unió una misma adscripción o ilusión política (lo cual ya es mucho decir), esta adscripción, no saturada en la misma medida de doctrina, no determinó su escritura ni generó un mismo tipo de literatura. Está por determinar que exista una categoría literaria denominada «falangista» y ésta, aun como clasificación probatoria, abarcaría sólo una parte de su producción. Aunque ante la literatura de estos escritores podamos concluir, como se hará, una serie de características comunes —no siempre a todos— no cabe olvidar que otra serie de coincidencias, de igual o mayor peso que la coincidencia ideológica, también contribuye a explicarles: misma generación histórica y literaria, educación, clase social, influencias colectivas, etc. Otra cosa muy diferente es la retórica de sus escritos políticos. Sólo en este caso podemos hablar, como hablaremos, de lenguaje o estilo falangista.

Estamos, desde luego, acostumbrados a tratar a estos escritores dentro de un mismo conjunto. Y lo están, pero vistos a una distancia que les otorga, precisamente, uniformidad. Pero cuando nos acercamos a su literatura y su periodismo nos damos cuenta de que se trata de una reunión de escritores divisible a su vez en subconjuntos y de que entre ellos hay varias intersecciones y entrecruzamientos, lo que hace no menos notable, cuando se producen, las diferencias de estilo.

Debemos precisar también que, al igual que el compromiso político no fue el mismo en cada uno de los autores, tampoco las dotes literarias fueron parejas en aquellos cuyo valor literario analizaremos individualmente, así como las características de su literatura. Usualmente, historiar a un grupo, una generación, un conjunto definido por otra circunstancia extraliteraria es un modo de fijar como cualquier otro que vale para agregar escritores que, de otro modo, tal vez se habrían quedado definitivamente en el camino. La pretensión literaria de devolverles su estatura también tiene que establecer esas diferencias. En nuestra recopilación de nombres no faltan quienes de uno u otro modo siempre estarían presentes, pero también ellos se han visto limados por algo más que la desidia, cuando no la desaprobación de signo político, es decir, los que juntan la importancia literaria con la política, pero cuya cotización se vuelve muchas veces cuestionable en la bolsa literaria. ¿Quién nos asegura que continuará leyéndose a Sánchez Mazas dentro de una o dos generaciones? Y, ante todo, ¿quién tiene interés en leerlo, además del interés de quienes, a él y a otros, han querido recuperarlos? La recepción contemporánea, sin asomo de sospecha política, está correctamente relacionada con el hecho de que a un interés estético ya no se le podían poner peros políticos, pero también debe reconocer que no se les puede hacer pasar por autores imprescindibles, sin los cuales se hace inexplicable la historia literaria española.

No hay que pensar, en todo caso, que la dedicación política pudiera ser en algunos casos la razón de su reducida obra estrictamente literaria, porque para empezar, ésta suele ser más extensa de lo que a primera vista pudiera parecer. Se trata además de escritores que eligieron el periódico y la revista como medio frecuente de expresión literaria, por lo que más de uno se resiente en general de falta de obra en libro. Por otro lado, habría que analizar, como haremos más adelante, cuáles eran en realidad sus intereses literarios. Y considerar a la vez que el compromiso político, mayor o menor, era común a la mayoría de los escritores de la época. Lo que sí es cierto es que no se centraron en su labor de escritores como se centraron, por ejemplo —y la comparación es perfectamente lícita—, los llamados poetas de la generación del 27. Claro está que lo que denominamos *corte literaria de José Antonio* no fue un grupo literario al modo de sus contemporáneos, sino la reunión de escritores diversos en torno a una figura política y no precisamente para hacer tertulia, por lo menos no sólo. Pero si traemos a colación lo que podría juzgarse una comparación peregrina es porque cabe decir algo del grupo políticamente paralelo a lo que explica estéticamente la brillantez de los miembros del 27. Éstos basaron su renovación estética en el uso simultáneo de dos fuentes, una antigua, pero lo suficientemente alejada como para recuperarla sin que pareciese meramente anticuada (los cancioneros medievales, los poetas renacentistas, el mismo Góngora) a la vez que sacaban partido de una tradición novísima que acababa de inaugurarse y que les libraba de tantos fangales decimonónicos. Otro tanto hizo en la política el fascismo español en su representación en manos de estos escritores: se apoyó en glorias o fantasías lejanas, medievalizantes, renacentistas e imperiales y adoptó al mismo tiempo una imaginería de primera línea y de última hora tomada de italianos y germanos. Al itálico modo, aunque suene caricaturesco: lo que Garcilaso hizo con la poesía, éstos lo llevaron a cabo con la retórica política.

Con ello vienen a suscitarse cuestiones que han de aparecer inevitablemente en la historia literaria, pero que tratándose de un perfil ideológico como éste, se vuelven todavía más vidriosas al centrarse en cómo y hasta dónde diferenciar literatura y política. No son éstas muy diversas de las que en su momento hubo de plantearse José-Carlos Mainer en su introducción a *Falange y Literatura*.[8] ¿Hay que salvar a estos escritores de su propio compromiso, apelando a la inocuidad del mismo? Tarea imposible es lo que parece. O bien, ¿qué salvar de ellos una vez aceptado esto? ¿Queda anulado su valor literario por completo? Aceptada la premisa de que es su importancia literaria la que aquí nos atañe, se impone una revisión pormenorizada. Sin importancia literaria, poco habría que decir que no estuviese ya en las monografías históricas. Entonces, precisamente, ¿qué clase de vindicación, si éste es el caso, puede hacerse de su intrínseco valor literario? ¿El de su pertenencia simplemente a la historia de la literatura, además de a la Historia, con mayúscula y sin más?

La cuestión del valor estético de algo que antes o ahora se reivindicó como fascista sigue planteándose contemporáneamente. Tomemos el caso paradigmático de Leni Riefenstahl, la realizadora de cine alemana —y nazi— para dilucidar comparativamente algunos aspectos. De un lado, la importancia de sus creaciones, técnica y artísticamente, resulta difícil de negar. Hay teóricos, como Susan Sontag, que han querido salvar su «contenido», advirtiendo que en ellos se proyectaban valores universales que iban con mucho más allá de lo que podría estimarse como ideológico. Pero hay quien, como la propia interesada, se ciega en el empeño y se esfuerza en despolitizarlo más allá de lo humanamente verosímil. La cuestión, trasladada del arte a la literatura, no estriba sólo en saber si hay o no literatura fascista, sino si puede existir «buena» o «gran» literatura fascista. Esto exige a su vez una distinción, por si pudiera añadir algo de valor, entre el «escritor» y la «literatura» «fascistas», distinción que se aprecia con claridad bastante mayor en algunos autores no españoles. Tendríamos así escritores «fascistas» que apenas han producido literatura clasificable dentro de ese «género», como Hamsun o Céline. O bien escritores que han sido escritores fascistas y que han producido esa clase de literatura, pero cuya significación es pequeña en el conjunto de su obra total. Y por otro lado estarían quienes han tenido un destino en el que ambas cosas están entreveradas de tal modo que no hay forma de dilucidar nada si acudimos a una sola de las distinciones. En Giménez Caballero, por ejemplo, las oscilaciones siempre son absolutamente personales y aunque registren variaciones de tinte político, la excentricidad personal siempre se impone. ¿Cabría diferenciar netamente, pues, entre el Giménez Caballero prefascista, el Giménez Caballero fascista italianizante y el Giménez Caballero fascista siempre, aunque sea de un modo muy personal? Es dudoso. Más fácil es el caso de quienes, por razones simplemente de género, se emplearon de manera diferente según qué veta tocaran: Sánchez Mazas es el caso más fácilmente reconocible.

No cabe duda de que hay aquí autores —Sánchez Mazas es otra vez el modelo más recurrente— que produjeron literatura sin mayor adherencia ideológica, literatura que hoy se juzga exactamente así, sin condena anticipada por haber salido de un hombre de perfiles políticos tan nítidos, pero, ¿qué decir, en cambio, de obras como las de Foxá, que en ocasiones no tienen demasiados atenuantes y que siguen, sin embargo, considerándose plenamente representativas de su producción, como *Madrid de Corte a checa*?

La separación entre obras cuyo sentido no está necesariamente cercano al compromiso y otras atadas a él no siempre es tan amable. ¿Qué decir de tantos ensayos de Montes publicados o recopilados en los años cuarenta? Sería necesario expurgar de ellos numerosas referencias, a cual más brutal e inconveniente, y con todo no perderían demasiado de sus cualidades. No siempre son olímpicos, o en todo caso, su olimpismo era pero que muy contemporáneo, por ejemplo, de las vicisitudes de los años de la segunda guerra mundial.

Pero esa historia pone el acento en forma de paradoja en lo inseparable, en aquello que no puede eliminarse de cualquier descripción: estos escritores son una rama de un tronco que es el común de una cultura, la española del primer tercio de siglo, como no podía ser de otra manera. Poco hincapié y con poca frecuencia se ha hecho en esto, aparte de lo innegable de las aportaciones de algunos a la vanguardia (nuevamente es el caso de Giménez Caballero). Sea cual sea el flanco que se contemple, el grupo está siempre avecindado con relaciones, antecedentes o parentescos que son, literariamente hablando, mucho más amplias que los exclusivamente políticos. Dirigentes como Primo de Rivera hubieran querido que fuera todavía mayor esa interrelación, como se transparenta en su deseo de incorporar escritores e intelectuales de nota, incluso en una ingenua percepción de la bondad que su movimiento podía presentar para quienes se situaban en otras esferas de valores políticos.

Está además el ejemplo generalizado de quienes tenían ya una experiencia literaria dilatada antes de significarse como falangistas, o como escritores falangistas. Éste es otro de los énfasis más agradecidos de este enfoque, porque la militancia en la vanguardia no puede contar como prehistoria política sino como historia literaria. De otro modo sería una traición a nuestro método, porque no estamos hablando de escritores de vario origen que desembocaron en el falangismo como culminación estética y política. Bien se podría argüir, empero, que la batalla estética del fascismo español la ganaron los «clásicos», pero sin que hubiera en ello inquisición o juzgado de guardia. Para escritores que procedían más que dignamente de esos impulsos vanguardistas —el caso de Montes, y sobre todo, más interesante, el de Ros— la adhesión a esa política era el seguimiento «natural» de una estética que producía una literatura de impronta clasicista. Acaso se pudiera decir que Ros no salió ganando con el cambio. Pero es que el sentido de la oscilación había cambiado también a mediados de los años treinta, como sabemos por ejemplos mucho más famosos, del verso o la prosa (tal es el caso de la primera poesía de Ridruejo al filo de 1936, más separada del epigonismo del 27 y a la busca de otra estética que sólo después daría en llamarse «garcilasista»). A la pugna entre la alteración de vanguardia y el regreso a lo clásico se imponía la alternancia entre lo formal clásico y lo romántico, lo carnal, lo apasionado. Ambas cosas tuvieron cabida en la literatura falangista, más que en su estética.

En cualquier caso, no está de más recordar que es defendible la existencia de una variante de la prosa española del siglo XX que les pertenece, que prácticamente se encuentra sólo en ellos o que al menos fue a desembocar con ellos en la experiencia falangista. No es la prosa del 98 ni las variantes de anteguerra o posguerra. La prosa con intenciones de *grand style*, con exageración retórica abundante, de impronta por lo menos tan francesa como italiana, pero también con culturalismo miniaturista. En su definición de escritores, más definidos por ese papel incluso que por obra singular alguna, ahí están sus «estilemas» predominantes. Si no colectivos, sí por lo menos de varios de los citados, contribuyendo a unificarlos, más que a distinguirlos. Se diría que después de todo queda un «estilo», lo que no suena exactamente conveniente por su parecido con la fórmula estética corriente del falangismo.

De modo que al configurar rasgos estéticos «comunes» hay algo que sin duda la historia de la literatura debe consignar. Al tratarlos desde una perspectiva crítica, no hacemos sino reavivar un interés que es paralelo al que despiertan algunos otros de sus contemporáneos, se llamen Díaz Fernández o Arconada. Además, ¿no se comprueba de paso al inspeccionar otras trincheras que opuestas fidelidades políticas no garantizan la supervivencia literaria? Con todo, la tarea de rescate no ahorra la lectura. Dicho al revés, por grande que sea el atractivo de un escritor, es imposible representarlo apropiadamente a través de un comentario crítico: nada sustituye al contacto sin intermediarios.

Pero al tratar de hacerlo ha de abrirse paso a la más importante de las consideraciones: la de determinar una singularidad que no puede sino corresponderle a lo salido de su pluma. Éste es el propósito último y, al fin y al cabo, el interés máximo de todos quienes se acercan a esta provincia literaria: sopesar y descubrir al menos un verdadero autor, el escritor, debajo de sus ropajes. Ésta es la única garantía de la continuidad de su interés y, con ello mismo, de su lectura.

1

Los orígenes

«Cuando Bilbao era Atenas»:[1] La Escuela Romana del Pirineo

La de Falange parece asemejarse a veces en su origen a una historia de dos ciudades. Y si una de ellas es necesariamente Madrid, a la zaga le sigue inmediata, innegablemente Bilbao, por razones que no ceden ante ningún otro lugar: allí se dio, para empezar, la concentración de muchos de los talentos que desembocarían a orillas del grupo fascista, y su prehistoria resulta sumamente orientativa de las inclinaciones ideológicas y estéticas que constituyen antecedentes directos del grupo falangista. Acaso el mejor símbolo de ello sea el caso mismo de Sánchez Mazas, nacido en Madrid, pero bilbaíno a todos los efectos, por familia, infancia, dedicación y preferencia. Por añadidura, contabilizado como tal, hace que sean mayoría mínima (de tres) los escritores vascos (además de músicos falangistas como Tellería) en el círculo joseantoniano, atendiendo a su procedencia. Si hacemos de Sánchez Mazas madrileño, se imponen (de nuevo tres, con Foxá y Giménez Caballero) los otros capitalinos.

Pero es que además de la representación —curiosamente vizcaína, guipuzcoana, y en cambio, no alavesa— en el grupo de intelectuales de José Antonio Primo de Rivera y en la Falange (o cerca de ella), lo vasco tuvo también una representación de peso específico bien conocido en otros cuarteles de la derecha antirrepublicana —notablemente en Acción Española, tan paralela y a la vez tan distinta, más que distante, de la empresa de Primo— y desde luego, posteriormente, en las alturas del franquismo, político, financiero o cultural, de Neguri a Donostia, de la banca a la industria, de la prensa al cultivo de las tradiciones.

A los nombres de Rafael Sánchez Mazas, Jacinto Miquelarena y Pedro Mourlane Michelena, en los que nos detendremos, hay que sumar los de Ramiro de Maeztu, Pedro Eguillor, Fernando de la Quadra Salcedo, José María Salaverría, José María de Areilza, José Félix de Lequerica, Joaquín de Zuazagoitia,[2] Juan Tellería o el malogrado Ramón de Basterra. Unos, los tres primeros, fusilados durante la guerra, otros elevados a las jerarquías o notables en los escalafones de las letras y el periodismo, muchas de ellos contertulios del célebre Lyon d'Or de Bilbao. Sánchez Mazas recordaría, ya bien asentado el régimen de Franco, ese «progreso» de los más políticos en líneas que bien valen de resumen de unos cuantos destinos: «se abrieron de par en par las puertas para participar hoy en las altas magistraturas del Estado. Los contertulios de D. Pedro Eguillor son ministros, embajadores, altos consejeros de D. Francisco Franco, Caudillo de España. Cuatro o cinco de ellos pasan por América y reanudan nuestra gran tradición de relaciones con Ultramar».[3]

Esa relación dialéctica Bilbao-Madrid como lugar de muerte o nacimiento, de trabajo y de ocios, de servicios políticos o servidumbres no tiene parangón para nuestra historia y es tanto más reseñable por contraposición a cualquier otra esperable, en la que debería entrar en juego Barcelona. Nadie salvo Santa Marina tuvo residencia y actividad en Barcelona. Santa Marina, que, curiosamente, no era barcelonés ni catalán sino montañés, o sea, avecindado geográficamente en predios en tantas cosas semejantes a lo vasco, hasta en su condición proclamada de hidalgo con estirpe y escudo. Hasta que D'Ors entró en escena —en la guerra y en casi todo muy alejado de Cataluña—, o mejor, hasta que Ridruejo no estableció sólidos y sugerentes lazos durante la contienda con los intelectuales falangistas catalanes, no tuvieron Barcelona o Cataluña un papel mínimamente relevante en la pequeña historia del grupo... o mejor, de alguno de sus miembros.

Que gran parte de estas promociones vizcaínas centrara en un momento u otro su vida en Madrid resultaba previsible a tenor de algunos datos. En realidad, Madrid, como es visible *a posteriori*, se configuraba como un escalón inmediatamente superior, a saber, a la vez accesible e inevitable si se quería ascender en el mundo de la letra impresa. También los vascos del 98 habían asaltado las barricadas del poder periodístico.

Pero, además, la proyección bilbaína sobre Madrid, más que a la inversa, es un momento ya clásico del desarrollo de la capital (y del capital) industrial-financiera vasca sobre la administrativa de la España alfonsina a caballo de los dos siglos. La proyección de Bilbao sobre el centro rehizo, a veces literalmente, la ciudad, como se hace patente con sólo pensar en promotores e ingenieros del metro o en la inicial *city* bancaria a lo largo de la calle de Alcalá, dos ejemplos espectaculares.

En el caso de Sánchez Mazas, Miquelarena y Mourlane, a sus influencias personales y precisas hay que añadir el hecho de que fueron vehículo de otra serie de influencias que canalizaron y confluyeron en Madrid. La etapa bilbaína de estos escritores es de capital importancia, especialmente por los medios intelectuales en los que se mueven, y fundamental para entender su formación y desarrollo político y literario posteriores. A través de ellos llegaron a la Falange los postulados defendidos en la tertulia españolista del Lyon d'Or y más precisamente los de la Escuela Romana del Pirineo, encabezada por Ramón de Basterra. A ellos se debe también, en gran medida, el peso del d'orsianismo en la retórica y en el estilo falangistas. No debemos olvidar tampoco su experiencia y relación directa con el nacionalismo vasco, que tanto influirá por virulenta reacción a la contra en la propia postura nacionalista de la formación joseantoniana y en su ataque enconado contra los nacionalismos periféricos.

Por otro lado, y desde un punto de vista ya estrictamente literario, lo vasco, y más concretamente lo bilbaíno, tiene una importancia nada desdeñable, singularmente en Sánchez Mazas.

Para empezar por éste, todavía hoy su nombre forma parte de la historia civil de Bilbao, más allá de toda querella política. En su día, teniendo en cuenta el refrendo oficial de los autores mencionados, tuvo consecuencias que de lo literario pasaban a lo social. Como afirma Gregorio Morán,[4] tras la guerra civil, personajes como Sánchez Mazas representaban, sobre todo en Madrid, el paradigma de lo vasco, papel que él ejecutaba complacido. La oligarquía vasca, consciente de los éxitos del autor en Madrid, de sus influencias en el poder y de su papel en la plasmación del mundo vasco —en la realidad y a través de la ficción—, llevaría a cabo cierta instrumentalización del personaje a cambio de una serie de agasajos y reconocimientos.

Rafael Sánchez Mazas, hijo de Máximo Sánchez Hernández y de Rosario Mazas Orbegozo, desposados en 1893, había nacido, como dijimos, en Madrid el 18 de febrero de 1894.[5] Sin embargo, su estancia en la capital será muy breve, puesto que al fallecer su padre en ese mismo año, doña Rosario se trasladó con su hijo a Bilbao, de donde era oriunda. Esta «huida» hizo que las relaciones de Sánchez Mazas con su familia paterna, extremeña, fueran siempre difíciles. Muy al contrario, su relación con la familia materna se desarrolló siempre estrecha y afectuosamente. La casa de los Mazas, un edificio cuadrangular de cinco plantas, estaba situada junto al puente del Arenal y fue la primera casa de pisos del Ensanche. La mandó levantar, en 1859, Joaquín Mazas Mijares, bisabuelo materno de Rafael Sánchez Mazas.[6]

Sería en Bilbao, por lo tanto, donde se desarrollarían la infancia y la adolescencia de Sánchez Mazas, dando lugar en algunas ocasiones a que se afirmara erróneamente que era natural de Bilbao. Esta etapa de su vida se verá muy marcada por su estrecha relación con los Mazas y Orbegozo maternos: tíos, tías y abuelos, en su gran mayoría solteros o casados sin descendencia, que dedicaron toda su atención a Rafael. A través de su relación con estos familiares es como Sánchez Mazas descubrió la historia y, sobre todo, la intrahistoria de Bilbao, que luego recrearía una y otra vez en su obra. Con su madre, fallecida en Madrid en 1965, tan sólo un año antes que él mismo, la relación se ha descrito con frecuencia en términos edípicos.

El paisaje bilbaíno cierra el círculo que rodea esta etapa de la biografía del autor, un esplendor infantil que intentará recobrar a través de su obra. El santuario de Nuestra Señora de Begoña, donde el protagonista de *La vida nueva de Pedrito de Andía* se encuentra con don Miguel de Unamuno (lejanamente emparentado con el autor por el apellido Jugo: «Por sus venas corre el mismo jugo que en las mías», escribió entusiasmado y un punto literal Unamuno con ocasión de la publicación del primer libro de versos de Sánchez Mazas); el camposanto de Mallona, con su portada de columnas con el arco en medio, donde hay inscritos unos versos que Pedro de Andía sabe de memoria: «Aunque estamos en polvo convertidos, / Señor, en Ti nuestra esperanza fía, / Que volveremos a vivir vestidos / De la carne y la piel que nos cubría»; la iglesia de San Nicolás; el río Nervión y sus puentes; el Ensanche y el Casco Viejo...

Por su otro lado, y como en un brusco giro, bien distante espacialmente, la rama familiar del padre nos lleva a Extremadura, evocada con un exceso de lugares comunes más propio de la retórica de un cronista oficial:

> ... mi otra paterna parentela de Extremadura, de donde vine a heredar en las venas tanto sol esparcido en olivos y encinares y prados movidos de caballos y toros, y tanto gusto hondo y definitivo por la España romana, con un poco de langor de albaicines, y una fuerte, cruda raigambre íbera, templada de dulzura de Portugal.[7]

Rafael Sánchez Domínguez, abuelo paterno de Sánchez Mazas, procedía de Villanueva de la Sierra (en Cáceres) —al igual que su hermanastro Laureano García Camisón, célebre médico de Alfonso XII— y se trasladó a Coria (distante sólo unos kilómetros) cuando su madre se casó en segundas nupcias. De su matrimonio con Rosa Hernández nacieron tres hijos: Máximo, Julia y Antonio. Máximo Sánchez Hernández, padre de Rafael Sánchez Mazas, era médico militar y se estableció en Madrid, donde se casó con doña Rosario Mazas Orbegozo.

Como el memorable Pedrito de Andía, el escritor estudió en los Escolapios y en los Jesuitas de Orduña. En 1907 ingresó en el Colegio de los Sagrados Corazones de Miranda de Ebro, donde realizó los tres últimos años de bachillerato y comenzaría a escribir sus primeros poemas, que su madre iría transcribiendo cuidadosamente a mano en unos pequeños cuadernos de hule negro indicando el lugar y la fecha de composición.

Sánchez Mazas volvió a su ciudad natal en septiembre de 1910 a fin de ingresar en la Universidad Central de Madrid con el ánimo de cursar Derecho, que inició sin demasiada brillantez, de tal suerte que en 1912 acabó por trasladarse al Real Colegio de Estudios Superiores de María Cristina en El

Escorial, regentado por los padres Agustinos, para continuar su carrera. Allí fue donde conoció e hizo amistad con Juan Ignacio Luca de Tena, un encuentro crucial, habida cuenta de que fue él quien posteriormente le enviaría a Roma como corresponsal de *ABC*, un episodio definitivo en más de un sentido para su biografía. Durante estos años colaboró con la revista *Nueva Etapa*, publicación estudiantil de periodicidad mensual redactada por los alumnos. En esta revista publicó por entregas Sánchez Mazas su primera novela: *Pequeñas memorias de Tarín*, editada posteriormente en Bilbao en 1915. *Nueva Etapa* estaba dirigida por el alumno cultural y literariamente más aventajado, que, en aquel momento, a juicio de Luca de Tena, era Sánchez Mazas:

> ... maestro indiscutible de cuantos compañeros suyos insertábamos nuestros primeros ensayos en aquellas páginas juveniles, con la ilusión de ser algún día escritores. Raro era el número de *Nueva Etapa* en el que no viéramos la firma de Rafael al pie de un cuento, de un soneto o de un madrigal, dedicados casi todos éstos a muchachas que él conocía en Bilbao.[8]

La producción poética de Sánchez Mazas, sin ser en su conjunto extensa, fue relativamente abundante en esta época universitaria (1910-1916), de modo que es entonces cuando configura un núcleo digno de consideración dentro del conjunto de su producción. De esta manera comenzó a hacerse un pequeño nombre de escritor.

En junio de 1916, finalizados sus estudios de Derecho, volvió a Bilbao. Entre otras costumbres, reanudó su amistad con Pedro Mourlane Michelena, que prosiguió en la capital y que se prolongó hasta la muerte de éste. Mourlane había nacido en Irún el 11 de septiembre de 1885. Hijo póstumo (el padre era natural de Hendaya) y huérfano de madre a los siete años, fue criado por un tío materno. Estudió el bachillerato en su ciudad natal y cursó estudios de Filosofía y Letras y de Medicina en Valladolid. Estudió también en Salamanca y París.

Según afirma Gregorio Morán,[9] Mourlane «había sentido en una primera etapa la comezón de los ancestros, con veleidades nacionalistas allanadas por sus conocimientos del euskera, idioma en el que ejerció de crítico literario». Intenso colaborador en publicaciones periódicas de Bilbao e Irún, colaboró con el semanario irunés *El Bidasoa*. Mourlane muestra ya su estilo suntuoso como cronista oficial de la ciudad.[10] La elegancia de Mourlane, su figura apuesta y su abundante pelo blanco le valieron el apelativo cariñoso de «El cisne del Bidasoa» con el que le bautizaron los pintores y escritores que colaboraban en la publicación.

En Bilbao, Sánchez Mazas y Mourlane Michelena participaron en la revista bilbaína *Hermes* (1917-1922),[11] publicación que agrupó a gran parte de la intelectualidad local. Creada y dirigida por Jesús de Sarría, *Hermes: Re-*

vista del País Vasco, pretendía ser, tal y como se repetía al pie de la lista de colaboradores, una

> tribuna de convivencia respetuosa y cordial para la afirmación y defensa de nuestros valores, tradiciones e intereses. Aspiramos a ser —proclamaba su director— la representación cultural de la raza vasca en el mundo, un como salón por el que vayan desfilando los hijos esclarecidos de este pueblo euskaldún, misterioso y viejo, fuerte y grande.[12]

Sin embargo, a pesar de la amplitud de la convocatoria, fue la villa de Bilbao el motor, la referencia y la esencia de la revista, muy próxima al mito de «civilidad» de los «noucentistas» catalanes. Jesús de Sarría escribe:

> A *Hermes* lo ha hecho Bilbao, villa de pasiones y grandeza ... Cada uno de los hijos de la Villa, desde el pensador al joven sportman, lleva en sí ese secreto instinto. Unos le llaman bilbainismo, otros pan-vasquismo, acullá industrialismo. Todo es semejante, idéntico en la esencia: ambición de predominio y creación perdurable, deseo devorador de grandeza ... Y así, acogidos en las entrañas de la Villa que se asienta entre el hierro y el mar, y se agiganta por el hierro y el mar, a nosotros, los de *Hermes*, se nos ofrece una misión gloriosa ... *Hermes*, como el Consulado, debe llevar a las radas del mundo la voz de Bilbao.

Expresión cultural de la burguesía financiera bilbaína, *Hermes* simbolizó el ímpetu cultural de la Villa, en la que brotó abundante e intensamente todo tipo de actividades culturales durante los años dorados de esplendor económico a raíz de la primera guerra mundial.

Sánchez Mazas y Mourlane Michelena se sumaron a esta convocatoria bilbaína junto con Manuel de Aznar Zubigaray, Gregorio de Balparda, Pío Baroja, Ramón de Basterra, E. Díez Canedo, Juan de la Encina, José Félix de Lequerica, Ramiro de Maeztu, José Ortega y Gasset, José María Salaverría, Fernando de la Quadra Salcedo, Ramón y Alejandro de la Sota y Aburto, Miguel de Unamuno, Joaquín de Zuazagoitia e Ignacio Zubialde, entre otros.

De entre las colaboraciones de Sánchez Mazas cabe destacar el diálogo «El Pasajero en Bilbao»[13] que prosigue en el siguiente número bajo el título de «Una velada en la Ría». El diálogo entre Fidus, Norius y El Pasajero participa del bilbainismo común de la revista: tradición y progreso, alabanza del pasado y presente de la Villa y una decidida apuesta por su futuro. Pero interesa además porque aparece una definición de lo moderno, que no sería luego uno de los fuertes de Sánchez Mazas. De paso, se incluye la inevitable rivalidad con San Sebastián.

> EL PASAJERO: Vos veis la ciudad futura, amigo mío, yo soy un pasajero y sólo veo la ciudad del instante en que paso... Mucho más, cuando se trata de una ciudad que no me parece ni demasiado moderna para mirar a su futuro, ni demasiado antigua para mirar a su pasado.

FIDUS: ¿Vais a decirnos, y lo siento, que San Sebastián es más moderno?... Lamentaría mucho, Pasajero, que la modernidad estuviese para vos en los grandes hoteles, en las sucursales de Maxim's y en los trajes que veis en las carreras. Una ciudad es tanto más moderna cuanto más ímpetu tiene hacia el mañana, cuantas más sorpresas nos guarda, cuanto más llena de esperanzas está; cuando lleva, dentro de sí, otra mujer, que será otra madre. Lo moderno, amigo mío, no es una cosa relativa, es una cosa absoluta. Descartes era y será moderno siempre. El Giotto, se puede decir, era un pintor moderno; llevaba dentro de su pintura la pintura que había de venir... En cambio estos dibujantes de nuestras revistas de modas nunca serán modernos. En cuanto pase un mes, son más viejos que el Giotto. Y sin nada dentro que les salve, que es lo más triste...

NORIUS: Fidus tiene razón, señor Pasajero... Bilbao, sin las alharacas de una Barcelona, sin las extravagancias del momento que recoge San Sebastián es, no sólo la más moderna, sino una de las más antiguas ciudades de España.

Hermes, por encima del localismo, se inclinó por aquellos valores que, siendo regionales, tuvieran un alcance nacional. Así, por ejemplo, el número 8 (agosto 1917) se dedicó monográficamente al pintor Zuloaga. El número lo cierran los *Siete sonetos ante el retrato de la condesa de Noailles*, de Rafael Sánchez Mazas:

I

¿Quién pasó murmurando: «caduca y pobre arcilla»?
Dime: ¿quién te decía «carne perecedera»?
Un día tornará, señora, cuanto era
como se han de hacer flor los granos de la trilla

Éste es nuestro ascetismo: damos como semilla
aventada las carnes a la hoya postrera
y aunque pase la edad sin una primavera
tras el Juicio tendremos primavera en Castilla

Para los ojos míos eres —perdón, señora—
tan de tornasol vago, tan huyente y de ahora,
tan de elegida y rara y dulce fragilidad,

que sueño en la terrible y angélica y sonora
hora en que las trompetas de Dios den a la aurora
el grito: «¡Hágase todo carne y eternidad!».

Repárese en la extraña combinación entre halago a lo modernista y descarnada afirmación metafísica, y todavía más en cómo la celebración de la carne se dirige a la resurrección más que al *collige, virgo* y también en qué curiosa forma el segundo cuarteto ya parece contener todos los elementos y el tono de lo que luego será poesía o imaginario falangista.

Por su parte, en *Hermes*, Mourlane Michelena inauguró una sección con el título de «Hombres, hechos, intereses, ideas», en la que continuó colaborando con una serie de notas breves de actualidad firmadas con sus iniciales.

Sánchez Mazas y Mourlane, junto a Jacinto Miquelarena, asistían asiduamente a la tertulia «españolista» del café Lyon d'Or, situado en plena Gran Vía de López de Haro. Mourlane era también asiduo a la tertulia que se hacía diariamente en el café del Boulevard. La del Lyon d'Or la presidía D. Pedro Eguillor y Atteridge, personaje singular que aglutinó en torno a su figura a la intelectualidad bilbaína, y cuya influencia sobre los contertulios, a pesar de no tener obra escrita, fue considerable. Burgués acomodado y de holgada fortuna, observador inteligente e ilustrado de la política nacional e internacional y muy al tanto de las novedades publicadas en Europa, mantuvo en política posturas de inclinación autoritaria. José María de Areilza, que escribió varias páginas sobre su figura,[14] lo presenta como un hombre que defendía, como punto de partida de una renovación nacional, un Estado fuerte y respetado que se impusiera a los diversos grupos sociales. Creía en la posibilidad de una fórmula autóctona que se apoyara en las fuerzas espirituales del país y en el armazón del ejército: acogió con júbilo la dictadura de Primo de Rivera, aunque acabara encontrando múltiples puntos de discrepancia por lo que consideraba su falta de perspectiva política, su escasa capacidad integradora, su frivolidad personal y su enfrentamiento con la clase intelectual.

> Pero no creía —escribe Areilza— que ese robustecimiento del Poder debía hacerse en servicio exclusivo de un orden social predominante, ni de una burguesía privilegiada, ni mucho menos de una Iglesia monopolizadora del mundo del espíritu. Era partidario de una apertura social amplísima, de la educación popular masiva, de la participación laboral en la empresa, de la enseñanza universitaria estatal frente a la de ciertas órdenes religiosas. Tenía al mismo tiempo repugnancia por la chabacanería y las charangas del patriotismo.

Para comprender el verdadero alcance de su influencia son interesantes también las palabras de Guillermo Díaz-Plaja sobre lo que Eguillor representaba:

> una suerte de conservadurismo meditado, muy inteligente, que se basaba en la necesidad de mantener ciertas «formas» históricas, como el Catolicismo, entendido por lo menos como una clave de continuidad moral y de cultura; la Patria, como bastión contra la disolución política y social y, finalmente, ciertos «prejuicios fundamentales» derivados de la necesidad de convivencia, que había que mantener a toda costa y a base de una disciplina férrea: de una suerte, en suma, de cesarismo religioso y cultural.[15]

Ese entendimiento de la religión es, por cierto, puro Maurras. Y el influjo de Eguillor no debe ser en absoluto olvidado a la hora de señalar precedentes ideológicos de algunos de los postulados falangistas, teniendo en cuenta el peso en dicho movimiento político de varios de sus contertulios.

A la tertulia asistían también el doctor Areilza; el mismo Jesús de Sarría, director, como hemos dicho, de *Hermes*, revista con la que colaboraban la mayor parte de los contertulios; Ramón de Basterra, el gran poeta de la publicación; José Félix de Lequerica, futuro ministro de Franco; Juan de la Encina; Fernado de la Quadra Salcedo, historiador y poeta; Gregorio de Balparda y Joaquín de Zuazagoitia, alcalde de Bilbao en los años cuarenta. Frecuentaban también el Lyon d'Or, entre otros, Juan de la Cruz, director de *El Pueblo Vasco*, el novelista Juan Antonio de Zunzunegui, Esteban Calle Iturrino, el humorista Aranaz Castellanos y el poeta Luis Antonio de la Vega.

En aquellas veladas se trataban cuestiones literarias y políticas manteniendo siempre posturas unitaristas españolas frente al secesionismo vasco. La tertulia recibía a todos aquellos personajes destacados de la cultura española que llegaban a la Villa, convocando reuniones especiales para escucharles y plantear preguntas de actualidad. Por allí pasaron Unamuno, Ortega y Gasset, Maeztu, Baroja, d'Ors, Zuloaga y Pérez de Ayala.

De entre los contertulios, Sánchez Mazas sobresalía por su conversación extraordinaria, brillante y amena, una virtud que ha sido siempre destacada por todos aquellos que le conocieron. Muchas de sus frases ingeniosas, brillantes e incluso punzantes, encontraban eco en otros medios bilbaínos de la época.

En la tertulia destacaba asimismo la figura de Ramón de Basterra (1888-1928),[16] también bilbaíno. Poeta y diplomático, Basterra fue una de las figuras más resaltadas por la revista *Hermes*, en la que colaboró asiduamente publicando muchos de sus poemas y ensayos, que participaban del difundido bilbainismo y de la exaltación de los valores burgueses propios de la revista. Como considera José-Carlos Mainer,

> Basterra no estuvo lejos de creer que Bilbao era el centro del universo y que él y sus amigos del «Lyon d'Or» eran los Virgilios y los Titos Livios de aquel imperio de vagonetas de mineral, chatarra y navíos: su léxico peculiar, su modernidad hecha de anacronismo, su precursora manía de latinidad, estaban destinados, sin embargo, a ir mucho más lejos de donde Basterra había soñado.[17]

Exaltador, frente al nacionalismo vasco tradicional, de la nacionalidad *pirenaica*, fue el creador y cabeza visible de la llamada Escuela Romana del Pirineo, nombre con el que bautizó a su grupo de amigos del Lyon d'Or al dedicarles su libro de exaltación del Pirineo *Los labios del monte:* «A la constituyente escuela romana del Pirineo, acueducto del caudal grecolatino en las montañas rebeldes».

Agrupados en torno a la revista *Hermes* y a la tertulia del Lyon d'Or, la Escuela Romana del Pirineo —creada a semejanza de la Ècole Romane iniciada en Francia por Jean Morèas— estaba formada por Ramón de Basterra,

Pedro Eguillor, Esteban Calle Iturrino, Pedro Mourlane Michelena, Rafael Sánchez Mazas, José María Salaverría, Fernando de la Quadra Salcedo y Joaquín de Zuazagoitia.

Este grupo se distingue rápidamente por una serie de rasgos comunes. En primer lugar, por su estética clasicista e italianizante, por su identificación con la cultura romana. Identificación que Basterra entendía como reacción ante la etapa terminal que vivía la civilización occidental. Tras la reflexión sobre el sentido de Roma y su aportación a la historia, surge su reivindicación de lo hispánico, de España entendida como heredera de Roma, la cual debía mantener en la conciencia de las minorías el sentido universal, ecuménico de la historia. El ensalzamiento de los modelos latinos es también en ellos un distintivo de cohesión política (frente al nacionalismo vasco) y estética (frente al siglo XIX y el fin de siglo), de identidad cultural. Asimismo, confluyendo con la estética dorsiana (clasicismo frente a romanticismo), sobresalen por su antirromanticismo.

Todos ellos coincidieron también en la defensa de la catolicidad como unidad política y cultural, lo mismo que en la admiración por el orden político cristiano (las influencias de Charles Maurras y Maurice Barrés son evidentes en este punto, como lo son en su nacionalismo exaltado). Es indiscutible, por otro lado, su claro imperialismo. Todo ello unido al convencimiento de la misión rectora de una selecta minoría, la cual, bajo los principios rectores de clasicismo y catolicidad, debía llevar a España a una empresa unitaria y universal.

La apuesta por el resurgir cultural de Bilbao, o mejor, por que Bilbao esté culturalmente a la altura de su poderío industrial y económico, configura una suma de tradición y modernidad, de localismo y universalidad, cuya representación más notable la encontraron sus defensores en la ilustración vascongada (por ejemplo, en Peñaflorida y la Real Sociedad Vascongada de Amigos del País). Identificados con el mito de civilidad, la villa de Bilbao (con la Venecia y Florencia renacentistas como referente) y su tradición urbana y mercantil son ensalzadas frente al ruralismo de fueristas y nacionalistas.

Mencionados los postulados principales de este grupo, se nos hace difícil mantener la calificación de «conservadores de talante liberal», con la que generalmente han sido designados, una amabilidad hacia lo civilizado de su estilo cultural, por contraposición a la rusticidad de los «bizcaitarras». Más acertada quizá sea la de «nacionalistas maurrasianos», que curiosamente ha convivido, sumándose a veces, con la anterior.

Los ingredientes culturales con los que éstos hacen su guiso teórico se explican mucho más en función de características locales o del papel particular que algunas tendencias o corrientes han tenido en el caso de Bilbao, o más extensamente del País Vasco, antes que como desarrollo coherente de los ejemplos expresamente mencionados. Por ejemplo, su invocación de los ilustrados vascos parece tener más que ver con un ejemplo de caballeritos dieciochescos, de gente de pluma pero también de casaca y tricornio, que con el ánimo de compartir su deseo de mejora real del país, de apertura a la libertad de espíritu, al progreso, en suma a lo que constituyen los ideales modernos de la Ilustración, a algunos de cuyos vástagos políticos combatieron en algunos casos. De haber sido así, se habrían sentido mucho más cercanos, por ejemplo, a los presupuestos krausistas e institucionistas que tanto abundaban en ciertos sectores centrales de la vida intelectual española o madrileña, que no hicieron tan fácilmente lecturas complacientes del pasado. Su liberalismo parece una actitud urbana, defensiva frente al atraso y la cerrazón rural, tan representativa de la lucha de las capitales vascas, frente a los excesos del carlismo que dominaba el campo. «Liberal» lo es, por tanto, por oposición a «carlista», y por tanto también con todas las limitaciones y crudos intereses del liberalismo isabelino, horrorizado por ser desbordado por la acción política obrerista o radical como éstos lo estuvieron por el republicanismo y las izquierdas.

Y es que la Escuela Romana del Pirineo, al igual que se dice del Sacro Imperio Romano Germánico, no fue ninguna de todas esas cosas. Dudosamente respondía con su nombre a nada lógicamente significativo: como «escuela» se parecía más bien a una reunión de escritores; en resumen, a una tertulia con pretensiones de dictar o imponer criterio estético. Difícilmente podía ser romana, salvo por voluntad culturalista, a contrapelo de la mayoría de los signos de arraigo local; para colmo y remate, su Pirineo era más un accidente geográfico traído por los pelos, y en todo caso a contrapelo del nacionalismo vasco, casi tan arbitrario como las denominaciones de ciertos departamentos administrativos franceses: en ambos casos es un intento de deslocalizar elementos culturales para que no aparezcan como «vasquistas». Parece que Bilbao fuera sólo la encarnación de una salida castellana al mar, otra Cantabria, otra «montaña». Pese a todo, su grandilocuencia no era tan hueca como para resultar literariamente insufrible. Pero la llamativa disonancia cognitiva con su medio circundante obliga a recordar que la suya era una realidad urbana, cotidiana, industrial: la de Bilbao, cómo no. Produjeron todo lo más un pequeño hito literario, se diga con desprecio o con satisfacción intelectual. Su contrario ideológico, que era también inevitablemente su correspondencia a la hora de hacer un retrato completo del ambiente, está en los hijos teóricos del carlismo, el nacionalismo vasco sabiniano, cuya progenie literaria carece de mérito. También es cierto que en el espacio político había más elementos (como los socialistas), si bien poco relevantes desde un punto de vista literario o cultural, pero éstos aparecieron sólo episódicamente en sus páginas en artículos de Araquistáin o Margarita Nelken.

Para el propósito que nos importa, lo que cuenta es que varios de los postulados ideológicos y estéticos anteriormente mencionados fueron después asumidos por el ideario de Falange Española; no en vano varios de los miembros de la Escuela Romana del Pirineo, entre ellos Sánchez Mazas y Mourlane, serían posteriormente figuras destacadas del movimiento. Razones suficientes para que la figura de Ramón de Basterra, y más ampliamente la Escuela Romana del Pirineo, sean citadas con frecuencia como claros precedentes ideológicos de la Falange. Así lo considera José-Carlos Mainer en su ya clásica antología *Falange y literatura.*[18] Julio Rodríguez Puértolas tampoco duda en iniciar su extensa obra *Literatura fascista española*[19] con los mismos predecesores. Ahora bien, estos autores no hacen sino confirmar lo que los propios intelectuales falangistas o fascistas procuraron y declararon abiertamente.

Sánchez Mazas y Mourlane Michelena contribuyeron a que la figura y la poesía de Ramón de Basterra, tras su muerte en un sanatorio de enfermos mentales en 1928, resultaran precursoras de los intentos de «literatura imperial». Ambos editaron en la imprenta de Miguel de Maeztu en el año 1923 el primer libro de versos de Basterra: *Las ubres luminosas*. Más tarde, en 1926, Ernesto Giménez Caballero editará *Virulo. Mediodía*, saludando al poeta como claro antecesor artístico del fascismo español. Y en 1939 será significativamente Ediciones Jerarquía la que publique, con prólogo de José María de Areilza, una *Antología poética* de Ramón de Basterra, reconociéndole también como precursor.

La obra de Basterra fue desde luego un punto de referencia para la intelectualidad fascista española. En ella encontraron expresados los principios de romanidad, catolicidad y clasicismo, además del convencimiento de la tarea rectora de una minoría intelectual que debía llevar a España, heredera de Roma, a la realización de su misión unitaria y universal. Sin pasar por alto que Basterra consideraba como maestros a Ortega, Maeztu, D'Ors o a Spengler, de él parten también la expresión y la valoración entusiastas de los valores nacionales y la proyección imperialista del patriotismo. En el ensayo titulado *La Sobreespaña*, Basterra afirmaba ya —en un tono vanguardista y visionario, y también bastante extraviado, línea que no seguirían ni Sánchez Mazas ni Mourlane, pero sí un Ernesto Giménez Caballero— la necesidad de una «energía colectiva que potencie las actitudes individuales», de un «patriotismo ecuménico concretado en la creación de un futuro estado mundial español» que pueda

> codearse sin deterioro, con los que están a punto de incorporarse sobre la tierra ... Ese futuro Estado mundial español constituye la Estrella Polar, el Norte fijo, la orientación de España. La cordialidad, preparada por el movimiento «Hispano-americano», dará ese fruto mundial, al que suben energía las raíces de la Historia de España: el nacionalismo planetario «sobreespañol» o «espérico» ... Organizar a la Hispania racial en un Estado ecuménico es nuestra tarea venidera.

En 1915, Mourlane Michelena y Sánchez Mazas habían formado parte del proyecto de una nueva colección editorial con el nombre de «Amigos del

País». El primer libro publicado fue *El discurso de las armas y las letras*,[20] obra de Mourlane, el único libro que publicó en vida. La primera guerra mundial es la razón explícita de la publicación: «Vivíamos calladamente esperando a que el mediodía nos dorara el destino. Mas ante la guerra que abre otro ciclo de hierro, el discurso nos fluía en los labios. Y he aquí que entonces compusimos aceleradamente estas páginas».

Sin embargo, ya este aviso de intención tan heroica como perdida —por lo demás, lo común en la época— nos señala el libro como el ejemplo más consumado de la tendencia de Mourlane al desasimiento de la realidad, en este caso de la realidad políticamente más inmediata. La primera guerra mundial se encontraba en su segundo año, y aunque su carácter estruendoso y doloridamente moderno no se había hecho absolutamente visible, era imposible engañarse respecto al pasado. Las evocaciones de Mourlane, que suenan, esto es verdad, demasiado convincentes, demasiado perfectas en su lógica interna, poco tienen que ver con el momento en que los aeroplanos, las ametralladoras, el gas y los tanques han hecho o están a punto de hacer su aparición.

Fechado en 1915, el libro habla de la primera guerra mundial como si fuera la conclusión de las tradiciones del arte militar europeo, lo que en realidad es cierto si se entiende conclusión a la vez como consecuencia y acabamiento, y en todo caso está absolutamente falto de perspectiva moderna, equiparando todavía la historia militar con los hechos gloriosos en un anacronismo inconsciente de su discordancia. Su modo de ensalzar la caballería, por dar sólo un ejemplo, es un empeño tan suicida como el de los ulanos polacos enfrentados en 1939 a la aviación nazi. Rebasa con mucho al corresponsal de guerra que no se mueve de la redacción y al confortable estratega de café.

La aguja se detiene ora sobre Francia, ora sobre Alemania, y es imposible hacerse cuenta cierta de si Mourlane milita entre los germanófilos o aliadófilos, como si él mismo no pudiese resolver la cuestión por mor de su acendrado europeísmo cultural. Tal vez no sea injusto decir que sólo habría podido resolver esa ecuación en el «colaboracionismo» de la segunda guerra. Pero ésa ya es otra historia.

En realidad, el reaccionarismo de Mourlane Michelena, melancólico y no virulento por lo general, no es exactamente antimoderno, pero se abstrae en su historicismo hasta confundir las épocas. *El discurso de las armas y las letras* es un ejemplo de extravío casi absoluto. Volver siempre sobre los autores italianos como modelo de filosofía política se paga con este soberano alejamiento de lo contemporáneo.

Y con todo, el estilo empieza por ser mucho más que puramente legible. Es todavía atractivo, en una multitud de frases cortas, nunca de más de diez palabras, lo mismo en la manera de llevar algunos diálogos (que no le van a la zaga a los novelescos o teatrales de Valle-Inclán) que en la de dramatizar una opinión; en la repetición, que reaparece más tarde o más temprano, de fórmulas retóricas, e incluso en lo que parece ensayar un verso. Hasta se desvanece la sospecha de que la cultura de Mourlane es de oídas al tener mayor trato con su forma de escribir. «Al igual que la diplomacia, no formula juicios. Los sugiere más bien entre perfidias vaporosas», se podría afirmar, aplicando sus propias palabras a su estilo.

No faltará quien diga, con razón, que en virtud de las opiniones ya publicadas en 1915, Mourlane fue el primer escritor fascista. Es fácil deducirlo por la apelación al destino y al heroísmo: «Vivimos, como en los días de Maratón, bajo la tutela de los dioses guerreros» dice, haciendo alusión a Venizelos, a quien a continuación hace semejante a... Fedro, Lisias, Teetetes, Gorgias y Fedón, como si hubiera echado mano de la enciclopedia, un infundio o rumor que más de una vez se oyó al referirse a la composición de sus artículos. Y el heroísmo, como anticipación de las empresas mussolinianas, puede estar en las obras públicas: «Los griegos somos colonizadores y conquistadores. Ya se están desecando las marismas insalubres de Yenitze» (en cita nuevamente de Venizelos).

Curiosamente, el texto más abiertamente antisemita[21] que puede encontrarse entre esos antecesores también pertenece a Mourlane Michelena y a este libro. Se titula sencillamente «Los judíos» y es más irracionalista, más abiertamente despreciativo de lo habitual, aunque no exento de ambigüedades. Resulta una traslación sin otras aportaciones del peor antidreyfusismo, como a veces parece que «Acción Española» lo es de «Action Française». El antisemitismo casual o causal de los falangistas más destacados no obedece a un «cuerpo de doctrina» que se hiciera común, sino al capricho circunstancial, falto de judíos de carne y hueso. Las declaraciones filosemitas fueron implícitas —por hispanismo en algunas referencias de Giménez Caballero— y explícitas en alguna dedicatoria de Samuel Ros, o culpablemente ambiguas en algunas descripciones de Montes. Racialismo o ideología peregrina, sin inocencia alguna. O bien conservadurismo biológico y social, lejos del nihilismo que llegará a ser patológico y destructivo en autores como Céline y Drieu.

En la misma colección (Biblioteca de Amigos del País) y en la misma fecha, 1915, publicó Sánchez Mazas *Pequeñas memorias de Tarín*, relato con el que iniciaba su producción narrativa, pero en el que quedaban ya fijados los elementos más característicos y constantes de sus ficciones: la recreación de la niñez y adolescencia, nutrida de elementos autobiográficos y circunstanciada en Bilbao y sus alrededores; la nostalgia del tiempo antiguo; el relato en primera persona narrado por el protagonista; el carácter instrospectivo; la abundancia de referencias culturales... Todo ello volveremos a encontrarlo en *La vida nueva de Pedrito de Andía*, novela con la que Sánchez Mazas reanudará públicamente en 1951 su obra narrativa y de la que *Pequeñas memorias de Tarín* es antecedente y origen.

A pesar del carácter disperso del libro, destacan la realidad y naturalidad del personaje, el acierto en la penetración de la psicología del niño y el lenguaje adecuado a las edades del protagonista.

Dos años después, en 1917, publica Sánchez Mazas su primer libro de poemas: *XV sonetos para XV esculturas de Moisés de Huerta.*[22] El volumen lo abre un frontispicio latino y los sonetos aparecen enfrentados a las fotografías de las esculturas y dedicados, significativamente, a Pedro Eguillor, a Ramiro de Maeztu, a Miguel de Unamuno, a Ramón de Basterra, a José Félix de Lequerica, a Pedro Mourlane Michelena y a Juan Ignacio Luca de Tena, entre otros. Éste será el único libro de poemas publicado en vida por Sánchez Mazas, que no se volvió a ocupar de recopilar en libro alguno el resto de su producción poética.

Los poemas que escribió luego fueron, en proporción, muy escasos. El núcleo fundamental de su producción poética está compuesto entre 1910 y 1921 y publicado en su mayor parte en revistas y periódicos de la época. Algunos de ellos vieron la luz bajo los pseudónimos de Pierras, Tristán de Freude, Lartaún o Javier de Izaro.

Hoy en día conocemos muchos de estos poemas gracias a la labor de doña Rosario Mazas, que vivió muy centrada en los talentos de su hijo Rafael y que fue transcribiendo en unos cuadernos de hule negro gran parte de sus composiciones. De estos cuadernos proceden casi todos los poemas de la antología que en 1971 publicó la editorial Llibres de Sinera bajo el título de *Sonetos de un verano antiguo y otros poemas*. Pero el corpus más acabado lo ofrece Andrés Trapiello en *Poesías (1913-1960)*,[23] a título de obra poética completa.

A pesar de algunos juicios favorables y de su reconocida facilidad para la versificación, Rafael Sánchez Mazas no fue un poeta que podamos llamar «destacado». Escribió alejado de las innovaciones y de los grupos poéticos, mostró gran predilección por el soneto y el romance y, al igual que su prosa, sus versos están llenos de nostalgias. Sus más íntimos amigos le recuerdan en las imprevistas tertulias, de madrugada, con un vaso de whisky en la mano, recitando con voz pausada sus viejos poemas perdidos en diarios y revistas. Agustín de Foxá, y a veces Mourlane, solían acompañarle recitando los suyos.

Sánchez Mazas y Mourlane colaboraron asiduamente con el diario *El Pueblo Vasco* de Bilbao (periódico católico, españolista y monárquico que salió a la calle el 1 de mayo de 1910), cuyo director, Juan de la Cruz, asistía también a la tertulia del Lyon d'Or. En el diario escribieron también otros «ingenios locales» como Lequerica, Zuazagoitia, Basterra o Quadra Salcedo. Mourlane comentaba la actualidad bajo el epígrafe «Mi cuartilla diaria», que sería fijo durante algún tiempo. Sánchez Mazas publicaría, tanto en *El Pueblo Vasco* (entre los años 1917 y 1921) como en el diario *ABC* (1917-1918), una serie de artículos y crónicas centrados en la vida bilbaína,[24] en los cuales se aprecia ya el estilo característico del autor, con sus constantes referencias culturales, sus evocaciones históricas y sus largas enumeraciones.[25] Junto al elogio del espíritu, las virtudes y las tradiciones bilbaínas, aparece Bilbao como preocupación, como realidad presente problemática, vista a través de su historia, así como la inquietud por su futuro local y por su proyección e irradiación nacional.

> Y en Bilbao, donde alientan esfuerzos tan pujantes, se inicia el peligro de una hostilidad latente contra el Estado, de una sedición que se infiltra desde el republicanismo al bizcaitarrismo, pasando un poco por cada uno de los partidos dinásticos ... Esto amenaza con extraviar contra la Patria la opinión de Bilbao ... Es necesario que los partidos defensores del Régimen se preocupen del robustecimiento y de la disciplina de sus fracciones vascas. Su misión no debe aquí reducirse a lo político, sino extenderse a una acción militante y popular en la obra de españolización. Cuide el Estado de ser en nuestra tierra más celoso de su prestigio que en otra alguna. Va en ello el honor de Vizcaya y el de España. Inspírense los que hablan de nuestro pueblo en un gran espíritu de justicia, pues trayendo la rectitud y el amor, ganarán voluntades indecisas; pero extremando la censura y el menosprecio, darán armas ellos mismos a los enemigos de España. De otro modo fracasará la obra de los que amamos sobre todas las cosas a España en Bilbao y a Bilbao en España.[26]

La villa de Bilbao seguirá siendo, durante la extensa colaboración de Sánchez Mazas con el diario *ABC*, tema central, referencia o inspiración de muchas de sus crónicas y artículos.[27] No sin dejar de ser a su vez centro de sus continuas diatribas contra el separatismo.[28]

Desde Bilbao, Sánchez Mazas y Mourlane Michelena iniciaron su colaboración con el diario *El Sol* de Madrid, dirigido por Manuel Aznar, compañero de bachillerato de Sánchez Mazas en los jesuitas de Orduña y nacionalista vasco pasado a las filas del nacionalismo español y luego a las del más ardiente franquismo. Escribieron en el periódico, fundado en 1917, desde sus primeros números hasta 1922, año en el que cesó su contribución, que reanudarían en 1932 cuando el periódico volvió a ser dirigido por Manuel Aznar.

El 25 de febrero de 1924 aparece en Bilbao un nuevo periódico vespertino, *La Noche*,[29] fundado por un grupo en el que figuran Lorenzo Hurtado de Saracho, Joaquín de Zuazagoitia, José Félix de Lequerica y Julio Arteche. La dirección se encomienda a Pedro Mourlane Michelena, a cuya bohemia trayectoria profesional se le ofrecía una oportunidad de trabajo. La Redacción quedó establecida en el despacho de Indalecio Prieto, en las oficinas de *El Liberal*. Para la tirada se utilizaron también las rotativas de este periódico. Entre los promotores del diario e Indalecio Prieto había buenas relaciones, aunque les separase la política. *La Noche*, como afirma Saiz Valdivielso,[30] «fue periódico monárquico, liberal, aristocratizado, barroco, un poco volteriano y de singular calidad». Entre sus redactores destacaron los nombres de

Mourlane, Lequerica, Zuazagoitia, Isern, Joaquín Adán y Julián Echevarría. Y pronto se incorporaron al periódico las firmas de Ortega y D'Ors, imprimiendo a la publicación un sólido nivel intelectual. Una de las secciones fijas de *La Noche* era el famoso «Visto y oído», creación de Mourlane, desde el que comentaba los sucedidos de la Villa provocando constantes polémicas con *El Pueblo Vasco*, con *La Gaceta* y con *Euzkadi*. Desde el periódico dejó clara Mourlane su posición en contra de la autonomía vasca. *La Noche* fue un vehículo de altura para las ideas y la pluma estilista de Mourlane, pero terminó en fracaso y el periódico acabó cerrando con pérdidas económicas.

Con la desaparición de *La Noche*, Mourlane pasó a dirigir (teóricamente, pues se trataba de una nueva oportunidad de trabajo que le ofrecían sus amigos) *El Liberal* de Bilbao en diciembre de 1926:

> Desde hoy forma parte de la redacción de *El Liberal*, en la cual ocupará el lugar preeminente a que le hacen acreedor sus relevantes dotes de notable escritor, don Pedro Mourlane Michelena. Nuestros lectores advertirán fácilmente en las columnas del periódico, a partir de este mismo número, la huella inconfundible de esa elegancia señorial que caracteriza el peculiarísimo estilo del señor Mourlane Michelena. Viejos amigos todos nosotros del culto literato vasco, le recibimos en esta casa con sincero afecto y honda alegría.[31]

En todo caso, el director efectivo del periódico era Indalecio Prieto. Indalecio Prieto que, como en tantas otras ocasiones, parece ser el único verdadero «liberal» de esta historia. Un liberal que era, en realidad, socialista.

Se cuenta que durante una de las ausencias de Prieto, éste encargó a Mourlane por una vez la dirección real del periódico. El líder socialista no sabría ya referirse al episodio sin afirmar que si había un hombre en el mundo capaz de desorganizar la casa Ford en ocho días, ése era sin duda Mourlane, que acabaría dimitiendo como director en los primeros días de abril de 1931.

De los escritores relevantes en esta y en la posterior historia del grupo, nos queda por abordar el perfil, sobre todo periodístico, de Jacinto Miquelarena, que se muestra bien distinto al de Sánchez Mazas y Mourlane, como se mostraría posteriormente del todo dispar también su perfil de escritor. Jacinto Miquelarena Regueiro —nacido el 11 de enero de 1891 en Bilbao, donde realizó sus estudios, que completó en colegios de Burdeos, Liverpool y Londres— empezó su carrera periodística en su ciudad natal dedicado a la tarea de la crítica deportiva. Fundó la revista *Norte Deportivo*, que no tuvo larga vida, pero que le sirvió de experiencia para fundar y dirigir el diario deportivo bilbaíno *Excelsior*.

Excelsior, que vio la luz en marzo de 1924, es un hito en la historia del periodismo —y del deportivo—: fue el primer diario especializado en su género que se publicó en España.[32] Contó con las plumas de Juan de Irigoyen, Castor Uriarte y Ramiro Bourgeaud. Nombres que junto con el de Miquelarena forman parte de lo que se ha llamado «generación del profesionalismo» (José Ramón Basterra, Julio Chufilla, Javier Gortázar, Pedro Rico, etc.) dentro de la especialidad. El diario superó las expectativas más optimistas, pues contaba con un público joven que empezaba a mostrar entusiasmo por el deporte. Sin embargo, la disparidad de criterios entre varios consejeros de la empresa, unida a los deseos de independencia de la redacción, que no quiso ser controlada por *Euzkadi* (el diario pertenecía al mismo grupo editorial de *Euzkadi* y *La Tarde*), originó la separación de Miquelarena e Irigoyen, lo que tuvo como consecuencia la desaparición de *Excelsior*, cuyo título tenían al parecer registrado ambos periodistas. *Excelsior* murió en pleno éxito, pero la empresa editora volvió a sacar el diario en octubre de 1931 con un ligero retoque en el nombre: *Excelsius*.

En lo que nos ocupa, no se mostrará sin embargo distinto Miquelarena en el recuerdo de aquel Bilbao de las tertulias del Lyon d'Or, como no se mostrará tampoco diferente en sus opiniones sobre el nacionalismo vasco:

> Bilbao era una ciudad distinguida ... Bilbao tenía toda una tradición de finura filarmónica, con sus tertulias y «cuartitos» musicales y con su pequeño Mozart, que fue el malogrado Juan Crisóstomo Arriaga.
>
> Bilbao daba buenos escritores y poetas castellanos, que no hubieran podido brotar sin un clima adecuado, como Miguel de Unamuno, como Ramón de Basterra, como Manuel Bueno, como Rafael Sánchez Mazas, como Fernando de la Quadra Salcedo, como Joaquín Zuazagoitia, como Pedro Mourlane de Michelena —bilbaíno de adopción—, como José Félix Lequerica, como muchos más.
>
> Daba también sus pintores, sus escultores, sus diplomáticos, sus marinos de estirpe...
>
> Producía el tipo perfecto de viajero observador e inteligente, por la corteza del globo; y el del aristócrata, maestro en el arte de invitar deleitando y honrando al huésped, que no es de las cosas más fáciles y más desdeñables de este mundo.
>
> El forastero quizá no encontrara todas estas finuras fácilmente, porque ese Bilbao de verdad y el de las familias de la calle del Correo y de la Sendeja y del Víctor, que le habían dado el tono y el ritmo a través de muchos años, vivía recluido en sus casas y lleno de melancolía o había emigrado a Castilla. Era un Bilbao españolísimo, que le había cantado a la Reina Regente, cuando vino a la villa con el «príncipe chiquito». «Muchachos —se decía en la canción— lanzad las boinas al alto en señal de júbilo».
>
> Estaba avergonzado Bilbao ante la ola «bizkaitarra», fabricada a base de ruralismo artificial, de orfeón y de onomatopeyas, que nació en el barrio de Achuri —contacto de Bilbao con la huerta— y entró en el corazón de la villa por la calle Somera, a la que, por ser una serie ininterrumpida de tabernas, se le llamaba de la Costa Morada. El «bizkaitarrismo» vino por la ruta del vino y del chacolí y estaba basado en la torpeza campesina, que era de buen gusto exagerar «para hacer raza».[33]

Miquelarena no publicó libro alguno hasta 1929, año en el que vio la luz *El gusto de Holanda*,[34] el primero de sus frutos literarios tras los viajes que emprendió por Europa (Londres, Holanda, Bélgica, Francia...) y América.

El gusto de Holanda es una crónica de viajes que recoge las impresiones del autor tras una estancia de dos meses en los Países Bajos. Crónica de tono humorístico que revela las virtudes de una pluma de ritmo rápido, que describe con pinceladas gruesas, a la vez que agudas e ingeniosas y que busca la sencillez y claridad expositiva. El humor y la ironía de Miquelarena, de influencia anglosajona, nos recuerda los nombres de Fernández Flórez o de Julio Camba. Habrá, no obstante, una evolución hacia un humor de mecanismos más modernos y vanguardistas. Aparecen ya en este su primer libro esa serie de notas, de conjunto de apuntes brevísimos que suelen conformar un capítulo o varios de la obra, donde el humor y el ingenio se concentran:

> Llueve. Los zuecos están alineados a la puerta del cine, en aquel pueblo. Impresión de que una muchedumbre de enanos, con la curiosidad de ver a Gulliver-Chaplin, ha penetrado allí, dejando a la puerta sus pequeñas gabarras.
>
> Como ante los grandes teatros, se deja el charol de los automóviles en el hule del asfalto (p. 107).
>
> Esas damas gordas ¿cómo pueden suspirar dentro de esas casas tan delgadas? (p. 108).
>
> Los pocos holandeses que saben español hablan argentino (p. 114).
>
> Muchos holandeses me dijeron que sentían el placer de ver por primera vez a un español.
>
> Esto puede no ser una gentileza si se considera que ellos todavía se acuerdan de que sus abuelos vieron demasiados (p. 111).

Esta suma de brevedad e ingenio que produce metáforas a veces sorprendentes, ocurrencias ingeniosas, observaciones más o menos agudas o chistes no es ajena a la estética de la brevedad que desde hacía ya años presidía las nuevas tendencias literarias. Es lo que se ha denominado «raquitismo» o «quintaesencismo» (también «cagarrita literaria»),[35] expresando el culto a lo breve que llenó las imprentas de títulos sinónimos («Fragmentos», «Trozos», «Mínimas»...) y que produjo resultados literarios e incluso periodísticos con nombre propio: «greguería», «aforismo» o «glosa». Y esta tendencia se deja notar no sólo en el conjunto de brevedades que Miquelarena ofrece sino también en la misma construcción fragmentaria de la obra, sin olvidar lo que de fragmentarios suelen tener los volúmenes que recogen una labor que fue periodística.

Varios son los nombres que hay que citar al hablar de las posibles influencias en la escritura de Miquelarena. Si en lo literario hablamos más de ramonismo, en lo periodístico hay que citar, ya lo hemos mencionado anteriormente, a Julio Camba. Y la influencia de Camba no se reduce sólo al género de la crónica viajera (muy en la moda de la época y que también escribía por aquel entonces un Blasco Ibáñez, de muy distinta forma y manera, en

El Liberal de Prieto en Bilbao), ni exclusivamente al «humor» de sus crónicas, sino que se extiende a toda una manera y estilo de escribir y entender el artículo o la crónica. Esta concepción del artículo literario, de raíz humorística muy anglosajona, irónico, agudo, sagaz, de escritura ágil y lectura rápida, original, dialógico con el lector, es la que influye en Miquelarena. Aunque en ocasiones su humor es más buscado. Al hablar del «humor» no podemos dejar de evocar su convivencia posterior con Jardiel o con Mihura. Miquelarena responde con personalidad a diversas influencias.

Decíamos del distinto perfil de Miquelarena —un perfil más claramente periodístico, y dentro de éste, distinto también— comparado con Sánchez Mazas o Mourlane. *El gusto de Holanda* nos ofrece varios ejemplos reveladores de sus diferentes quehaceres e intereses.

Así escribe Miquelarena hablando de Rembrandt:

> Ante «La lección de Anatomía», los visitantes se agolpan y se rezan sus emociones, unos a otros. Es el cuadro reproducido mil veces, popularizado por el grabado, exaltado por Emilio Miche en su obra:
>
> «La escena, en su conjunto, es admirable de sobriedad de detalles, por su subordinación perfecta, por la eliminación de todo aquello insignificante y vulgar, comprometedor para el lienzo».
>
> Pedazos de idiomas en el aire:
>
> — ¡Wonderful!
>
> — ¡Macanudo!
>
> — ¡Soberbio!
>
> — ¡Vraiement magnifique! (pp. 68-69)

¡Qué no hubieran dicho Mourlane y Sánchez Mazas! ¡Qué no hubieran comentado de la pintura flamenca, de la revolución científica y del pensamiento filosófico! ¡Qué no hubieran observado sobre medicina y astronomía, sobre investigación y experimentación!

Otro ejemplo elocuente es el de Miquelarena en La Haya:

> En el centro de La Haya, la Vijver, un lago rectangular. Y en el centro de la Vijver, su isla-bandeja, con un mechón de árboles centenarios. La lámina de agua hirviente, los castillos que se alzan en los bordes, destinados a dependencias del Gobierno.
>
> Es un Gustavo Doré.
>
> ... Se puede ser todo lo escéptico que se quiera y sentir allí como una caricia de los siglos en la punta del corazón.
>
> Y cuando se espera el paso de una compañía de arcabuceros con sus cascos de almendra, brota una alegre bandada de muchachas, enlazadas por el talle, desplegadas en guirnalda.
>
> Me hablan. No entiendo. Se ríen. Me río ...
>
> Y la compañía de arcabuceros no llega, ¡vive el cielo!

Me siento bravucón en Flandes. Poso mi mano izquierda en una cazoleta imaginaria. A mi *stetson* gris-Baracaldo le nace una pluma de avestruz. Actitud gallarda ...

¡Ah! ¡Nadie! No viene nadie. Nadie me disputa el Vijver, con sus castillos. Le ofrezco un gesto y una sonrisa al duque de Alba y grito:

— ¡A ver, los flamencos!

Silencio. Es casi de noche. Toda la Haya ha debido refugiarse en sus casas, de miedo.

Una sombra ... ¡por fin! Se acerca. Holanda, seguramente, acepta la guerra.

Y me envía sus tropas: un cartero en bicicleta.

Las ocho en punto. (pp. 72-74)

Después de todo, evoca al Duque de Alba, pero bien distintas resultan las cosas, traídas con un espíritu de comedia a lo *kermesse heroique*, como en el film de Feyder, comparadas con lo que hubiera escrito Mourlane, o las evocaciones que hubiera realizado Sánchez Mazas. Lo que hubiera escrito Montes, valga como resumen de un estilo común a los tres, no hay que imaginarlo, pues se encuentra en su artículo «La vuelta del Duque de Alba»:

Quien tiene Flandes, tiene todas las llaves de Europa ... Por defender su libertad se baten los flamencos. ¡Cuántas veces hemos leído esta frase en todos los manuales y en todas las enciclopedias! Pero manuales y enciclopedias no hacen, con eso, más que enunciar una cosa equívoca. Es decir, una cosa que lo mismo puede ser otra. Que lo mismo puede ser verdad que mentira. Es cierto que el flamenco defiende rabiosamente su libertad. ¿Pero de qué libertad se trata aquí? ¿De la libertad interior, de conciencia, que es necesidad comprendida? ¿O de la libertad de cambio, de comercio exterior, de concurrencia? En Flandes, tierra indecisa, medio tierra, medio agua, medio protestante, medio católica, medio individualista, medio socialista, medio carne, medio pescado, no se definen con límites rigurosos ni los conceptos ni los objetos. Todo queda en el aire vago y nebuloso, en la atmósfera evanescente de las lejanías.

... Ya entonces Flandes era rico. Pero su mayor prosperidad la alcanza bajo la mirada ardiente de los españoles. Los españoles, madre. ¡Que viene el Duque de Alba! Ojalá volviese. Había que ver lo que era, en aquel tiempo, Brujas. Cómo por esos *quais*, hoy orilla del olvido, trepidaba una vida ruidosa, exuberante, violenta. Había que ver sus treinta Consulados, sus sucursales anseáticas, sus casas de cambio, con los Fúcar, banqueros del Imperio, a la cabeza ...

Había que ver Gante, el pueblo de Carlos V, donde el César un día, desde lo alto de San Babón, dijo con voz tierna: ¡Ay, Gante mío, bien puedes envanecerte, que el París de Francisco puede bailar en una sola de sus calles! ...

Había que ver Amberes. Una selva de Mástiles hacia el Steen ...

¡Qué viene el duque de Alba! Otro gallo os cantara, flamencos y valones, si fuera esto cierto. Porque él era el campeón de una alta idea: el albedrío total, la salvación en común de todos los hombres. Tanta grandeza no supisteis ni amarla ni seguirla ...

Hay sombras capaces de esperar mil años el minuto de la venganza. A la sombra del duque de Alba le han sido bastantes cuatrocientos...[36]

Lo de Miquelarena parece casi una burla de las rememoraciones de imperio. Las tropas: «un cartero en bicicleta. Las ocho en punto». Como si Montes, Mourlane o Sánchez Mazas, como Don Quijote, tuvieran visiones (sin olvidar que Miquelarena las tiene durante unos segundos: la tentación existía, pues en Flandes, para cierta tradición, de Marquina a los citados, en las galas retóricas no se ponía el sol). En él, no hace falta señalarlo, a la visión le puede la inevitable ironía.

Eugenio Montes

Eugenio Montes Domínguez nace en Vigo el 24 de noviembre de 1900. Siendo niño, su familia se traslada a la montaña, a Bande, de donde era oriunda, y allí permanece hasta que Montes comienza sus estudios en Orense. A pesar de su lugar de nacimiento, Eugenio Montes siempre se declaró bandés y se reconoció *ourensano*. Terminado el bachillerato se traslada a Barcelona para iniciar la carrera de Filosofía y Letras, y, posteriormente, la de Derecho. Ésta la terminará en Oviedo, y la de Filosofía y Letras en Madrid en la Universidad Central, doctorándose bajo la dirección de Ortega y Gasset.[37]

Antes de dedicarse por entero al periodismo, Montes se embarcó en el movimiento poético ultraísta.[38] En 1919 llega a Madrid. Allí frecuenta, entre otras, la tertulia del Colonial de Rafael Cansinos Assens, conecta con Guillermo de Torre —que le dedicó uno de los poemas de *Hélices*— y con Barradas. Se convierte en el inseparable de Pedro Garfias, con el que comparte pensión, y Gerardo Diego, al que introdujo en la obra de Huidobro, le proclama su Virgilio en la dedicatoria del poema «Creacionismo» de *Imagen*.

En las revistas más representativas del ultraísmo (*Cervantes*, *Grecia*, *Ultra*, *Perseo*, *Cosmópolis*, *Horizonte*) fueron apareciendo las composiciones vanguardistas de Montes, la mayoría bajo el epígrafe de «Poemáticas esquematizaciones fantasistas».

Trece de mayo

A Pedro Garfias
sin adjetivos

El doctor sacó los aviones del hangar, agónicos de asfixia.
Azules pañuelos de despedida.
Peces fuera del agua.
El malabarista lanza los platos
Al golpe de batuta del director de circo.
Potros sedientos mojan la crin en las nubes.
Los biplanos son moscas que caen en el vaso del sol.
En la confusión del momento el camarero vertió un vaso de leche en el cielo.

Una gota extendiéndose formó la luna.
El espejo que portaba el avión se fragmentó.
Apagan los astros para dormir.
Murió el moscardón en el alambre telegráfico.
Danza una estrella en el gasómetro.
Orfeón de serpientes en el motor.
Los dedos del sol quedaron sin anillas.[39]

Estas colaboraciones son elogiadas desde el mundo intelectual gallego, sobre todo por su amigo e inspirador Vicente Risco,[40] cabeza indispensable de la generación *Nós*, al que Montes dedicará varios de sus poemas.

Montes se había formado en el ambiente cultural pregalleguista de *La Centuria*,[41] aunque no había colaborado en sus páginas. La revista orensana, aparecida en 1917, agrupó a una serie de intelectuales gallegos que precedieron al grupo *Nós*. Bajo el magisterio de don Marcelo Macías, este grupo estaba formado por Xavier Bóveda, Sebastián Martínez Risco, Eduardo Blanco Amor, Eugenio Montes, Álvaro y Augusto de las Casas, Primitivo Rodríguez Sanjurjo, Xosé Ramón Fernández y Oxea y, por supuesto, Vicente Risco, como director de la revista y cabeza del grupo.

Posteriormente, el 30 de octubre de 1920, salía a la luz el primer número de la revista *Nós (Boletín Mensual da Cultura Galega)*, cuyos redactores constituyeron lo que se llamó grupo o generación *Nós*. Entre ellos, Vicente Risco (director de la revista), Castelao, Otero Pedrayo, Florentino Cuevillas, Antonio Losada Diéguez o Arturo Noguerol Buxán como nombres esenciales de una revista cultural que en la «Declaración preliminar» de su primera aparición proclamaba:

> É a ansia qu'oxe sinte Galizia de vivir de novo, de voltar ó seu ser verdadeiro e inmorrente, a evidencia lumiosa do mañán, o que nos fair sair. Os colaboradores de «Nós» poden ser o que lles pete ... con tal de que poñan por riba de todo o sentimiento da Terra e da Raza, o desexo coleitivo de superación, a orgulosa satisfaición de seren galegos.

De la declaración de intenciones del primer número se desprenden los objetivos de la revista, sintetizados por Francisco Bobillo en los siguientes puntos:[42]

- Consciencia de la importancia de la cultura como medio de difusión nacionalista.
- Voluntarismo y mesianismo: *Fe ciega, absoluta, inquebrantable en la vitalidad y en el genio de nuestra raza y además en la eficacia de nuestro esfuerzo.*
- Sentimiento de constituir un grupo generacional con una tarea que cumplir en pro de Galicia.

- Dicho grupo quedaba constituido por un vínculo único: anteponer el *sentimiento de la Tierra y de la Raza* a cualquier otra consideración.
- Afirmación, defensa y difusión de los valores tradicionales gallegos. De lo autóctono, diferenciado, enxebre, que ha de mostrarse como valor universal.
- Suprimir intermediarios entre el pensamiento gallego y el pensamiento de los pueblos cultos. Prescindir, pues, de las traducciones en castellano de autores europeos para leerlos en su lengua original o bien en traducción gallega.

Señala a su vez Francisco Bobillo que

> el carácter eminentemente cultural de *Nos* no debe hacer olvidar que tanto sus directores como buena parte de sus colaboradores eran nacionalistas gallegos, afiliados a las Irmandades da Fala o en el entorno de las mismas. Si la preocupación de Nos era eminentemente cultural, tal hecho no provoca la elaboración de una cultura aséptica, sino encaminada a un fin estrictamente político.

A todo ello hay que añadir una las funciones más diferenciadoras de la revista: el estudio y difusión de la lengua gallega. No en vano, sus redactores más destacados dieron a la lengua gallega uno de sus momentos de mayor altura.

Eugenio Montes, en torno al grupo de mayor peso en la revista, el orensano, fue un colaborador destacado de *Nós*, donde publicó una serie de poesías en las que deja enraizadas las corrientes vanguardistas con las mejores tradiciones gallegas. Así surgen «Alalás da noite de San Xoan»,[43] *Versos a tres cás o neto*[44] y otros poemas. El mismo propósito de actualización consiguió con la prosa. Su *Estética da muiñeira*[45] le sitúa entre los iniciadores del ensayo moderno en lengua gallega. En el año 1922, Montes publica también *O vello mariñeiro toma o sol, e outros contos*,[46] su única aportación narrativa.

Por otro lado, entre los años 1915 y 1930 aproximadamente, su presencia es constante —poemas y artículos, en gallego y en castellano— en distintas revistas gallegas: *Vida Gallega*, de Vigo; *Alfar*; *Alborada*, de Pontevedra; *Galiza*, de Mondoñedo; *A Nosa Terra*... A la vez publica también en múltiples diarios: *La Voz Pública* de Orense, *El Correo Gallego*, *La Voz de Galicia*, *Galicia Nueva*, *La Zarpa*,[47] y en el diario *Galicia* de Paz-Andrade. El más representativo de ellos es *El Pueblo Gallego* de Portela Valladares, a través del cual se inicia en el periodismo profesional. Durante esta etapa, su relación con los escritores galleguistas es muy frecuente, a la vez que es habitual su presentación como ilustre colaborador del galleguismo.

En estos años su definición ideológica es todavía imprecisa y su perfil, cosa que en general continuará, permanece más culturalista que primordialmente ideológico. Montes lo mismo pronuncia una conferencia en un círculo obrero sobre los intelectuales en la Rusia soviética[48] que es presentado como un valor joven pero seguro de las letras del país por parte de los galleguistas. Ahora bien, suele expresar una cierta coherencia con aquellos medios que le dedicaban atención y preferencia. Hay incluso en la época gallega una militancia cultural próxima al galleguismo que conlleva polémicas acerca de la importancia de lo nuevo frente a un ruralismo ya periclitado.[49]

El advenimiento de la República y el entusiasmo de tantos intelectuales —para empezar, Ortega y su agrupación— que la consideran campo de acción para poner en práctica lo que hasta entonces sólo habían sido propósitos teóricos, tocó o afectó también a alguien hasta entonces tan alejado de los avatares y las influencias de la política. En 1931 Montes decidió presentarse como candidato independiente de «carácter socialista» a las elecciones a Cortes constituyentes.

La mencionada indefinición ideológica de Montes no quiere decir desinterés; muy al contrario, Montes vivía en aquellos años lo cultural y lo político como una forma de continuidad con amplitud de miras y una perspectiva que tendía a abrirse a lo novedoso lo mismo en las artes que en los acontecimientos más recientes. Cosa, por lo demás, frecuente en la España de la época, en la que la Restauración estaba a punto de entrar en crisis definitivamente. Por otra parte, en un medio provinciano como el de la Galicia de los años veinte, los fermentos de renovación intelectual tendían a hacer causa común con los inspiradores de distintas modalidades de progresismo. Y en esto el galleguismo no se diferencia tanto de otros empeños de renovación en las Españas.

Tras estos inicios, Montes abandonará la poesía, la narrativa y la lengua gallega, para dedicarse por entero al periodismo. Quizá sus frutos poéticos respondieron a la explosión lírica que se vivió en España en la primera veintena del siglo XX, y no hay que dejar de tener en cuenta que escribió dentro de la corriente o moda ultraísta, considerada heraldo de la expresión poética de esos años. Luego no escribiría más que algún soneto clasicista.[50] Aquí también funciona el hecho de que, aparte de que tuviera más o menos vocación, un escritor está muy influido por su percepción del medio literario contemporáneo. Y en éste, tan lleno de poetas sobresalientes, descollar era cosa de vocación, oficio y mucho talento. Una combinación que no estaba presente en él o en la que no quiso perseverar.

Por otro lado, la vocación galleguista de *Nós*, que resulta imprescindible para su comprensión, y el desarrollo de su influencia, esencial en la cultura gallega, además del uso de esta lengua, hizo que su peso en el contexto literario peninsular resultase irrelevante. Para alguien con ambiciones literarias que podían colmarse en el contexto de la gran cultura española del siglo XX, dar el salto a Madrid y al idioma castellano representó una tentación mucho más fuerte que sus lealtades galleguistas.

El galleguismo de Montes era consustancialmente cultural. Seguramente no se cuestionaba si el gallego era su primera o segunda lengua, pero en todo caso era lo propio, lo natural, lo cercano y lo que además tenía proyección inmediata en el horizonte intelectual que se abría en aquellos años en Galicia. Como se comprobaría después, sus instintos políticos eran básicamente conservadores, pero sin énfasis reaccionarios, salvo cuando se lo exigió la temperatura del momento. Además, no carecía de la capacidad de impostar la retórica adecuada a los patrones —ya fueran personas de carne y hueso o modelos políticos— según una u otra coyuntura: el integrismo de Acción Española, el falangismo joseantoniano o el franquismo ya establecido. No es que alquilase su pluma sino que sabía inclinarse del lado de quienes podían garantizarle una existencia intelectual en la que atender sin otras preocupaciones su vocación literaria y periodística.

Dos madrileños y un hidalgo montañés

Ernesto Giménez Caballero (1899-1988)[51]

Ernesto Giménez Caballero nace en Madrid el 2 de agosto de 1899. Su abuelo materno era propietario agrícola y en su finca de Talavera de la Reina, llamada «El Esparragal», pasaba Giménez Caballero los veranos: «Gran parte de mi infancia transcurrió en la vega talaverana, noble y antigua tierra de Toledo, jugando a los toros, cazando y asistiendo a inolvidables fiestas religiosas y populares».[52]

Por el lado paterno entroncaba con una familia industrial. Su padre regentaba un negocio de papel y artes gráficas, un factor añadido, una familiaridad que contribuiría a su interés por las tareas editoriales.

En el Instituto de San Isidro realizó sus estudios de bachillerato, a la vez que aprendía el oficio de tipógrafo en la Escuela de Artes Gráficas y ayudaba a su padre en la tienda de material de escritorio que poseía la familia en la calle de Huertas.

En 1916 ingresa en la Universidad Central, y se licencia en Filosofía y Letras en junio de 1919. Al año siguiente obtuvo un puesto de lector de Lengua y Literatura españolas en la Universidad de Estrasburgo. Convencido del atraso de España frente a sus vecinos europeos, Giménez Caballero pensaba por aquel entonces que absorbiendo las ideas que habían logrado la supremacía de la Europa nórdica, España saldría de su aislamiento:

> Yo había sido uno de tantos muchachos españoles que se habían visto obligados a obedecer ese imperativo categórico, pendiente entonces —y antes— sobre las almas españolas, como una especie de espada de Damocles. Había que

> «europeizarse», que «civilizarse», que «humanistizarse». España era «bárbara», «rural», «antieuropea», y «atrasada». España padecía una gravísima enfermedad, que sólo tenía remedio en las clínicas de Centroeuropa, donde unos mágicos especialistas de enfermedades recónditas, podían aliviarla, iniciándola en el secreto de una terapéutica extraña y milagrosa, llamada «progreso».[53]

Sin embargo, el Rhin le dictó lealtad a sus orígenes. Pero todo esto son interpretaciones posteriores tras su descubrimiento de Roma.

De Estrasburgo tendrá que volver a España para su incorporación al servicio militar que le llevará a intervenir en la guerra de Marruecos.

Agustín de Foxá Torroba, Conde de Foxá y Marqués de Armendáriz (1906-1959)

Agustín de Foxá, hijo primogénito de don Narciso de Foxá y Rodríguez de Arellano (tercer marqués de Armendáriz)[54] y de doña María de las Candelas Torroba y Goicoechea, nació en Madrid el 28 de febrero de 1906.[55] Por el medio familiar y social en el que se crió llegó a vivir algunos de los últimos destellos de la vida cortesana de la *belle époque*. Su niñez y los recuerdos de la casa paterna llenarán de nostalgias personales y estéticas su obra. Pero aquella típica mansión isabelina estaba situada en la calle Atocha, y no fue ajeno por lo tanto a esa otra realidad madrileña que despreciaría estéticamente después. Estudió con los Marianistas en el Colegio de Nuestra Señora del Pilar y ya por entonces escribía versos. Los veraneos de su niñez son recuerdos de Vinuesa (Soria) y de Ciudad Rodrigo, solares de sus antepasados maternos. En la universidad estudió Derecho. Vivió el Madrid de las tertulias: tardíamente la de Valle Inclán en la Granja del Henar, el Café Gijón de César González Ruano, el Café Varela de los hermanos Machado...

La infancia y juventud de Foxá y el medio en el que se desarrollan tienen especial importancia, no sólo por el partido literario que el autor saca de ellas, sino porque durante esta etapa de su vida participa de un mundo que desapareció más bruscamente de lo que incluso hubiera sido esperable para los adversarios de la monarquía. Y ello provoca en el autor no sólo una reacción sentimental de melancolía o añoranza, sino también una defensa estética, que no encubre otra cosa sino una postura en cierto modo reaccionaria, lo que le lleva a plantear muchas cuestiones, incluida la política, en términos estéticos. Y ese planteamiento, claro está, es llevado también a la literatura. Puestos a elegir entre el interior o el exterior de su casa, se queda con el interior.

Dentro de todo, era un hombre de ciudad, de lo contrario esos perfiles habrían parecido intolerablemente feudales. Su pose siempre es más estética que política. Foxá es representante de un punto de vista aristocrático y tradicionalista y muchas veces se intuye que esos mundos ya terminados o finiquitados en sus evocaciones se parecen a los de la aristocracia del final del zarismo o inmediatamente anterior a la Revolución Francesa. En su rechazo de lo moderno es el más radical de todo el grupo de escritores que analizamos, el más abierto. Tratándose supuestamente del más cosmopolita y el más viajero no tuvo nunca una identificación con el lado moderno del fascismo. En la medida en que es más puramente reaccionario es menos puramente fascista.

Aunque la mayoría de los escritores que conformaron la *corte literaria de José Antonio* están vueltos hacia el pasado, en donde aparece de manera más evidente el rechazo de lo moderno es en Foxá. Y lo llamativo en Foxá no es tanto que haga las evocaciones de rigor de las figuras antiguas de la guerra y la cruzada, sino que habla del tiempo antiguo como algo desaparecido. En esto es distinto, como veremos, a un Montes o a un Sánchez Mazas. Ahora bien, lo que ha acabado es al fin y al cabo su experiencia de aristocratismo que le identifica con su pasado y su infancia. Foxá experimentaba su tiempo como un tiempo de desaparición de lo familiar y aristocrático.

En Foxá el tema —lo remacha una y otra vez— siempre se abre paso bastante resueltamente, al tiempo que la posición neta del autor. En este sentido es un escritor meridianamente comprometido con sus creencias, preocupado por la justeza de su expresión. Otra cosa es su fortuna artística a la hora de expresarlo.

Lo decorativo y lo estético es en Foxá sobre todo un énfasis. Y esto le distingue, por ejemplo, de un Montes, cuyo decorativismo es el de las ideas. Y este énfasis de Foxá es muy querido y valorado por el propio autor. Incluso constituye a veces la parte más conseguida de las piezas donde está inserto, pero el decorativismo no constituye, no puede suponer la estructura de un poema o de una obra literaria.

Luys Santa Marina (1898-1980)

Luis Gutiérrez Santa Marina, hijo de José Gutiérrez Santa Marina y de Juana Santa Marina Gimeno, nació en Colindres (Santander) el 4 de enero de 1898.[56] Estudió el bachillerato en Santander y cursos de Derecho en Oviedo. Posteriormente se trasladó a Madrid, abandonando sus estudios universitarios para dedicarse al periodismo, a la literatura y a la traducción de libros (fue traductor de Kipling). Poco más sabemos de sus primeros años, que quedaron ocultos tras la estetización de su nombre y la sustitución del primer apellido paterno por el compartido «Santa Marina» de sus padres. Sus más íntimos amigos testimonian que era reacio a hablar de su pasado. No por ello dejó de considerarse siempre un «norteño puro», aunque su tierra de adopción acabara siendo Barcelona.

Sin embargo, tras haber recorrido literariamente los caminos de la nostalgia del pasado heroico (en busca seguramente de lo que no había hallado en su tiempo y que acabaría encontrando en cierto modo en la figura de José Antonio y en la militancia y disciplina falangistas) acabará regresando a través de su escritura a los paisajes de su infancia, que tanto habían influido en su gusto por la heráldica, por la nobleza heroica, por las hazañas pasadas e incluso por el linaje del idioma. Sus relatos contienen ahora, nuevo camino de la añoranza, evocaciones de la infancia, de los personajes y paisajes que rodearon su personal arcadia.

2

Marruecos

ENTRE 1898 Y 1936, las fechas capitales de los últimos cien años, España se vio implicada en una sola guerra. Aunque sin parecido con ninguna de las dos citadas, el conflicto de Marruecos fue, sin exagerar, de una influencia absoluta en los acontecimientos posteriores: contribuyó de modo determinante a la proclamación de la dictadura de Primo Rivera y a la posterior caída de la monarquía, condicionó el carácter implacable del ejército español y de los militares africanistas que más tarde sofocarían la revolución asturiana y se alzarían contra la República, decidió en gran medida la radicalización de buena parte de la izquierda española y dividió al país de acuerdo con la clase social y la orientación política.

Ya sólo como reflejo de la importancia de los acontecimientos, la literatura española de la época está llena de obras referentes a los sucesos del Norte de África. Es aún más comprensible cuando se comprueba que se hablaba de ellos en términos casi biográficos, pues las generaciones que se iniciaban en la tarea literaria habían sido reclutadas para servir en las colonias, pues colonias eran. Pero la literatura no basta para dar cuenta del significado de la experiencia. La intención ideológica, antes o después de escribir, es decir, como objetivo o como resultado, también divide lo que se escribe, de modo premonitorio o anticipatorio de una fractura izquierda / derecha que culminaría en la guerra civil. Los Sender, Díaz Fernández o Barea se trajeron de Marruecos un bagaje que no les permitió hacerse ilusiones sobre el Ejército o la política colonial española, un testimonio acusatorio mal recibido por los guardianes de las esencias patrias, pero muy necesario para las instancias críticas del país.

Pero, ¿qué sucedió con quienes seguían una deriva conservadora o nacionalista, aunque fuese crítica, que les llevaría, entre otras, a las filas de Falange? ¿Cómo encararon su particular vivencia personal de la batalla, de la guerra, de la política? ¿Fue preponderante para su elección ideológica? ¿Utilizaron la guerra como trasposición de otros ejemplos, pasados o foráneos? ¿Como proyección de sus deseos o motivaciones políticas? ¿Fueron realistas o idealistas ante la experiencia bélica? ¿Cambiaron o confirmaron sus ideas y expectativas?

Algunos de los intelectuales de la futura Falange pasaron por la experiencia de la guerra colonial en Marruecos, lo que influyó en su posterior ideología política y de la que supieron sacar partido literario. En 1922, Rafael Sánchez Mazas obtiene el Premio Nacional de Crónicas de Guerra Fundación Castillo de Chirel por sus crónicas acerca de la campaña de Marruecos; en 1923, tras su experiencia en tierras africanas, Giménez Caballero publica con gran éxito *Notas marruecas de un soldado*; y en 1924, Luys Santa Marina publica *Tras el águila del César*, elegía del Tercio inspirada en la guerra de Marruecos.

Ahora bien, no todas las experiencias fueron igualmente directas (unos fueron combatientes y otros, periodistas corresponsales), ni el tono ni el espíritu de sus relatos, uniforme.

En septiembre de 1921, Juan de la Cruz, director del diario *El Pueblo Vasco*, envía a Rafael Sánchez Mazas como corresponsal de guerra a Marruecos, donde permanecerá cuatro meses.[1] Aunque sobre el papel Sánchez Mazas es enviado como corresponsal, es decir, como un periodista que se encuentra en primera línea destinado a transmitir las noticias más recientes, es más determinante su papel de escritor en medio de un escenario a la vez emocionante y colorista. La idea de aplicar «color local» y de añadir vivacidad a la narración de los acontecimientos parece estar más acorde con las intenciones periodísticas del mismo Sánchez Mazas y de su diario. En esto se aprecia claramente la labor de Sánchez Mazas como partícipe de una línea editorial, voceada ampliamente desde la misma portada, en la que la intervención militar era apoyada sin reservas. Así pues, Sánchez Mazas no pierde ocasión de introducir evocaciones de un pasado visto heroicamente:

> Al volver en la vapora, mientras se oyen en la noche los cañonazos hacia Sidi Musa yo pienso en nuestro monte y nuestro mar, en la costa de la ría de Deva y de la ría de Guernica. Y al pasar frente a la proa del «Recalde» me acuerdo de aquella gran época de nuestros marinos, cuando «La Virgen de Begoña» era una nao capitana y dos paisanos nuestros, dos de Bilbao, almirantes en la escuadra «Invencible».[2]

Sus crónicas tienen un marcado carácter narrativo, que en su caso interesa en sí mismo. El autor puede además literaturizar, y literaturiza, añadiendo al texto su propio entusiasmo en una identificación clara con la causa española, sobre la que, por otro lado, no se hacen juicios teóricos, sino defensa apasionada y patriótica a través de la narración de acontecimientos, de la descripción de instantes y figuras, en una postura de oposición a la vertiente crítica.[3] Escribe con entusiasmo del soldado que cae el primero, del heroísmo, del valor;[4] reflejo de una postura estetizante ante los acontecimientos. Postura que tendrá también en cierto modo ante los acontecimientos históricos y políticos que posteriormente vivirá en Italia. Aunque el cronista de 1922 escribe sobre Italia con otra responsabilidad, con otra madurez, en un intento de juicio teórico que en las crónicas sobre la campaña de Marruecos, apenas se da.

En Marruecos coincidió Sánchez Mazas con Indalecio Prieto, corresponsal de guerra del diario bilbaíno *El Liberal*. Esta coincidencia salvaría la vida de Sánchez Mazas muchos años después.

Ernesto Giménez Caballero también pasó por la experiencia marroquí, experiencia más prolongada e intensa que la de Sánchez Mazas. En junio de 1921, Giménez Caballero regresa a Madrid, desde Estrasburgo, para hacer el servicio militar de tres meses el primer año por haber pagado su padre la cuota y pertenecer a la privilegiada clase de los «cotas», como los llamaba el pueblo. Pero al reiniciarse la campaña militar de Marruecos, tras el desastre de Annual, su batallón es enviado a tierras africanas, donde permanece dos años. Allí empezó a escribir lo que sería su primer libro: *Notas marruecas de un soldado*, que finalizó al regresar a Madrid y que publicó en 1923, terminada ya la campaña.

El libro, que imprimió en la imprenta de su padre, alcanzó un éxito notable. Si hacemos caso a lo que el propio Giménez Caballero afirma,[5] la obra, publicada por Indalecio Prieto en su diario de Bilbao, fue elogiada por Unamuno. Algunos capítulos vieron la luz en *La Libertad* de Luis de Oteyza, y Maeztu, Salaverría, d'Ors y Castrovido la comentaron en la prensa elogiosamente. Ahora bien, la publicación también provocó el procesamiento de su autor, condenado a dieciocho años de reclusión en prisiones militares, de las que le salvó el pronunciamiento de Primo de Rivera, quien, tras un consejo de guerra, lo absolvería. Y si de nuevo consideramos lo escrito por el autor, Primo de Rivera aseguró que llevaría a cabo la depuración y la paz que Giménez Caballero reclamaba en su obra.

Notas marruecas de un soldado, cuyo título nos lleva a pensar en las *Cartas*, también *marruecas*, de Cadalso, con el que comparte un patriotismo crítico, es un conjunto de apuntes (*La cantina, Noche de luna, Nuestro soldado desconocido, Un médico militar, Legionarios, El encanto de Melilla vieja, Una oficina, Un limpiabotas, Las ruinas de Nador...*) que recogen las impresiones del autor durante su estancia en tierras africanas, en el curso de la cual, debemos aclarar, no estuvo en zona de combates cruentos. Describe bien los ambientes, los distintos tipos humanos (no se resistió, tampoco lo hizo Santa Marina, a trazar un boceto del personaje de Millán Astray) y retrata acertadamente el aire conjunto que se respiraba. En el libro, aunque se apuntan ya algunos de sus atrevimientos, la figura del autor se aparta considerablemente, sin estorbar a la pintura, a pesar de formar, cómo no, parte del cuadro. Hay lugar también para la crítica: al Estado Mayor, a la propia guerra y su sinsentido, a la organización militar... El libro está teñido de un patriotismo crítico que va cargándose hasta explotar al final. Esa «Nota final en Madrid», en la que se encuentra la espoleta que le mandó a la cárcel y donde insta a sus compañeros repatriados y por repatriar a

> contribuir a la claridad de la opinión nacional sobre Marruecos, con nuestros relatos y juicios; a intervenir en la depuración de las responsabilidades no sólo de las antiguas, que motivaron esta campaña, sino de las recientes, de los mil errores y canalladas que hemos visto. Es preciso que no se nos apague el rencor contra esos directores, grandes y pequeños, que todos conocemos; esos que nos decían que no valíamos, nosotros que nos jugábamos todo por mantener una unidad nacional que les servía a ellos para figurar y vivir. Nosotros que hemos presenciado de cerca la vergüenza de un ejército numeroso, impotente ante una turba de salvajes, de esos moros que no nos debían inspirar más que desprecio y piedad ... ¡Unámonos en haz!, en empresa común y nacional. Si no lo hacemos, quizá mañana nos enfrentemos, sin que España, no esa matrona de los leones, sino esta viejecita de luto, pobre y angustiosa que es España, sea ya capaz de reunirnos al conjuro de su nombre respetable.

Pese a que leyendo el libro es imposible olvidarse en ningún momento de que se trata ante todo de un trabajo literario, las intuiciones políticas e incluso el itinerario posterior de Giménez Caballero aparecen de un modo suficientemente claro en sus *Notas marruecas*. Es evidente, por ejemplo, que la suya es literatura colonial y no anticolonial, por crítica que sea su intención. Los moros, los nativos, la población del lugar siempre forman parte del paisaje o del mobiliario, animados o inanimados. No siempre son el enemigo, pero nunca son sujetos autónomos con voz e imagen propia. Y lo mismo puede decirse en general de Marruecos. Sin ser tábula rasa sí parece el terreno en el que tiene que escribirse una nueva política para España. Una empresa en la que el país debería estar a la altura, no sólo de sus glorias pasadas, sino del destino de otras naciones colonizadoras con éxito como Francia o Inglaterra. Sin embargo, la incompetencia e incapacidad de la Administración colonial y del Ejército español en Marruecos eran tales que se mostraban hipersensibles incluso ante un texto como éste, en el que la crítica se hace contra los males presentes, pero no contra la misión «civilizadora» de España en el norte de África. En este sentido podríamos afirmar que es un modernizador de esa tarea. Y no es casual que Primo de Rivera recogiese el testigo.

Es de suponer que Giménez Caballero viese en la culminación de las operaciones militares en África con el desembarco de Alhucemas el remedio que él había preconizado para la endeble posición de España en África.

Hay en la obra un intento de regeneración (no de regeneracionismo estrictamente hablando, ya que la corriente regeneracionista había comprendido que de lo que se trataba precisamente era de prescindir de cualquier asomo de aspiración imperial, condenado por lo demás al más rotundo fracaso a la vista de las menguadas fuerzas de que disponía España como potencia militar) y de reconocimiento de la decadencia y de la necesidad de poner remedio. Hay en Giménez Caballero un intento de utilizar Marruecos como un empeño unificador. Una empresa común que haga olvidar los problemas y las disputas que se dan en la península, aunque no haya mención explícita de los problemas que esto solventa. No resulta muy difícil deducir que las aventuras exteriores, que las empresas coloniales son el mejor remedio de los males patrios; como explícitamente reconocería después el mismo Giménez Caballero. Pero dicho esto, lo que resulta verdaderamente revelador a nuestros ojos de hoy es que su imperialismo, pese a sus intentos de ponerse a la par de otras potencias, resultaba del todo trasnochado. No es imperialista quien quiere sino quien puede. Al fin y al cabo, el imperio español había durado hasta 1898, e invertir la secuencia de los acontecimientos resultaría, en última instancia, imposible.

Por lo tanto, ciertamente hay una intención crítica con aires reformistas, pero no deja de haber una intención colonial o imperialista. Lo que hay sobre todo en el libro es una intención y convicción nacionalista previa a la imperialista.

El libro responde, por otra parte, además de a un itinerario ideológico, también a un itinerario biográfico bien construido, en ambos casos coherente con lo que viene después, como es también el caso de Santa Marina.

Notas marruecas de un soldado sigue siendo hoy en día un libro apreciable literariamente. No es un libro tedioso ni vergonzante. No sólo tiene suficiente literatura sino que se compone, sobre todo, de literatura, lo que lo salva de cualquier interpretación o tesis. Destaca su particular carácter descriptivo, que el autor desarrollará más tarde, su capacidad de recreación de ambientes. Aunque se noten los límites de su descripción (el moro es el paisaje) su literatura no aparece poblada de tópicos. Es una literatura lo suficientemente personal, y no tiene el engolamiento del Giménez Caballero posterior. En este caso, el lugar todavía no es sólo fuente de evocaciones. Aquí el lugar todavía está. Y el resultado literario, el sabor periodístico de crónica están por encima de la tesis ideológica que posteriormente pesará en todo libro de Giménez Caballero.

Tras el águila del César (Elegía del Tercio. 1921-1922),[6] de Luys Santa Marina, está compuesto por una serie de estampas (prosa y poesía se van alternando o intercalando) de intención épica, apologética y elegíaca que narran entrecortadamente la experiencia marroquí de los 96 legionarios que partieron desde Nueva York para servir en el Tercio de extranjeros. Narrado desde dentro («Noventa y seis partimos de Nueva York en un barco inglés», p. 21) no faltan escenas brutales y sanguinarias, de una violencia admitida.

El relato alcanza hasta el regreso de los «guerreros», lo que da pie al autor para la denuncia del desprecio y la hostil indiferencia de que fueron objeto. Y el final es el principio, en cuanto que la ausencia de reconocimiento es causa y razón del libro y del espíritu que lo insufla.

Tras el águila del César está basado en la combinación de dos imaginerías. Por un lado, una imaginería realista y violenta (¿tremendismo?, ¿Quevedo?, ¿Valle Inclán?), construida por la prosa y bien concebida narrativamente, que representa y narra la parte más sórdida de la vida militar. Y por otra parte, la imaginería que transforma esa realidad redimiéndola a través de su equiparación y continuidad con las glorias pasadas. Entonces ya no hablamos de criminales y violencia, sino de héroes, de hazañas y de glorias épicas. Y esta transformación se lleva a cabo a través de la utilización del verso, a través de las citas y referencias clásicas, bíblicas, medievales y renacentistas, o a través del uso de un lenguaje arcaizante (hipérbatos, polisíndeton, construcciones arcaicas con partícula enclítica —*distinguióle, casáronse, hiciéronse, entráronse*—). Forma parte también de esta visión arcaizante la inserción de tópicos literarios, con lo que los paralelismos que se establecen no son únicamente históricos sino también, y sobre todo, literarios. Aunque habría que precisar que su utilización es a veces forzada, pues lo que se busca es el efecto del molde formal del tópico. De esta manera cobra sentido, por ejemplo, el tópico elegíaco del *¿Ubi sunt?* Como hiciera Manrique (*Dejemos a los troyanos*), Santa Marina acude a la historia nacional reciente:

> Y los hermanos de armas, ¿qué se hicieron?
> (p. 199)

Sin embargo, frente a Manrique, no hay lugar para la representación de la vanidad de los bienes mundanos, no hay contraste entre las glorias y grandezas y la desolación que la muerte conlleva. Lo que hay es el contraste entre lo que Santa Marina considera, en su totalidad, heroico (aquí sí, como Manrique: ganando «el vivir que es perdurable / los caballeros famosos, / con trabajos e aflicciones / contra moros») y el olvido y la hostil indiferencia:

> ...
> *no ignorando que en la Patria muy amada*
> *se nos desprecia, y no interesa nada*
> *nuestra labor a casi todos,*
> *(pues ya ni los cielos ni la tierra*
> *se ganan haciendo la guerra*
> *en la frontera contra moros* ... (p. 193)

> Y al fin salí de la ciudad del llanto, de la ciudad del dolor eterno, donde penan los mártires de España, donde uno tras otro caen los último íberos.
>
> Y salí por la puerta del desprecio, y el nombre que gané en un año de mi vida (el más intenso, el más generoso) en vez de timbre ilustre y carta de nobleza, fue un estigma, la marca de fuego en la espalda del malhechor. (p. 201)

Y de nuevo, frente a las «coplas» de Manrique, donde don Rodrigo gana «rentas e vasallos» en su oficio contra los moros, Santa Marina recuenta los beneficios ajenos:

> Y aquellos primeros beneficiados con nuestro sacrificio (ricos cuya hacienda rescatamos y defendimos; padres de hijos cobardes que en trances angustiosos nos abandonaron, y que, sin embargo, si aún viven es por nosotros) alzaron su voz chillona y engreída para vilipendiarnos, y tratarnos de cuadrilla de bandoleros, que matan a sueldo ... (p. 201)

Aunque se discute si Luys Santa Marina estuvo o no por los escenarios bélicos que describe,[7] en su obra siguiente, el relato *Tetramorfos*,[8] vuelve de nuevo al tema marroquí a través de las memorias de César Gustavo de Gimeno, antiguo oficial de cuota en las tropas coloniales. La experiencia africana, goce y dolor, se evoca por medio de las aventuras amorosas con bellas y doradas muchachas, aventuras en las que no falta finalmente el elemento brutal. Es el caso de la «hebrea dorada y fina como un lirio», llamada «Sol bello», a la que el protagonista acaba matando de un disparo en el oído en pago por su traición. Junto a los recuerdos africanos, las memorias evocan también los días pasados en la montaña cántabra, en los paisajes de mar y monte donde el protagonista, huraño hidalgo santanderino presentado como modelo de virilidad, tiene también distintas relaciones amorosas.

De nuevo en *Tetramorfos* nos encontramos con las constantes de un Santa Marina entregado a una fórmula tan idiosincrática como excéntrica en un reparto de papeles que, por contraste, enfatiza hasta el extremo las cualidades viriles de los hombres y las delicadas de las mujeres. Casi se podría decir que si no hay melodrama es porque Santa Marina es demasiado brutal, a un paso del tremendismo, aunque en el fondo hay una filosofía estoica atemperada por un indisimulable interés en una trama de aventuras amorosas que surgen al paso, o acaso sería mejor decir, en episodios de final erótico, velado o sugerido.

Es interesante destacar también que sus figuras viven al margen de una sociedad a la que desprecian, incapaces de una normalidad cualquiera, encarnando la negación del mundo burgués cuyas tradiciones defienden de palabra o por las armas. El estereotipo es romántico y une también la idea de las armas y las letras tan querida a la literatura española.

Domus, editado junto a *Tetramorfos*, es por otro lado una obra inexplicable en un contexto convencionalmente narrativo. *Domus* es una alegoría de índole moral en pequeños cuadros verbales, ochenta y uno, que, no obstante su brevedad, son una aplicación imaginativa donde está toda la cultura clásica. Se podría decir que se trata de uno de los pocos casos, si no el único, en el que la aplicación de la erudición clásica ha tomado un cuerpo innovador, a veces entre lo borgiano o lo kafkiano, en lugar de limitarse al artículo de glosa tan conocido en algunos de los demás autores.

En adelante, Santa Marina volverá los ojos y la pluma hacia otros tiempos más lejanos y heroicos (*Italia, mi ventura*), donde los horrores, por remotos, no son tales horrores, por lo menos para el censor. Y es que *Tras el águila del César* fue prohibida sucesivamente por la dictadura de Primo de Rivera, por la República y por Franco. La censura franquista secuestró la segunda edición cuando vio la luz en 1939 editada por Juan Ramón Masoliver en Yunque, dado que las salvajes escenas de mutilaciones podían irritar y ofender a los aliados moros. Si las procesiones de Santiago salían con la imagen del apóstol matamoros hendiendo el aire, pues se desmontaban los infieles que pisaba su caballo para no ofender a las fuerzas indígenas, cómo tolerar un relato en el que se cuenta, entre otras cosas, lo siguiente:

> Estábamos en una cantina. Vino un legionario.
>
> —Muchacha, dos copas para mí y el amigo ...
>
> —¿Dónde está tu amigo ...?
>
> —Tú, sírvelas, que ahora viene ...
>
> Apartó la chilaba, y, sacando la cabeza de un moro muy feo, la puso sobre el mostrador de zinc ...
>
> La chica se desmayó, y tuvimos que mojarle la cara. El otro reía:
>
> —¡Caray, que eres sensible ...! Bebe, bebe, mojamed, que es tu última copa, y la pagarás con tu cabeza ...
>
> Y le echaba aguardiente por entre aquellos labiazos.

Por más que Luys Santa Marina comparta numerosos rasgos con otros escritores de los llamados «fascistas» —orientación clasicista y arcaizante asentada en una enorme variedad de lecturas clásicas, medievales y renacentistas; la búsqueda de un perfil que sea finalmente heroico; la intencionalidad de una exaltación de valores nacionales españoles— es patente la singularidad de Santa Marina como escritor, e incluso, habría que decir, como hombre.

Para empezar, y si es verdad su experiencia legionaria, lo que constituye uno de los muchos enigmas biográficos que rodean a estos escritores, Santa Marina se acercaría al prototipo de hombre de acción (poeta-soldado), alejado del estereotipo de «señorito fascista» que teorizaba sobre la necesidad o «bondades» de la violencia sin haberlas experimentado de primera mano. En esto se encuentra cercano a la experiencia de otros ex combatientes que posteriormente desembocarían en el fascismo, o que poseían experiencia en guerras o cuerpos coloniales (ejemplos de ello pueden encontrarse en la literatura francesa, alemana e italiana). No obstante, es preciso reconocer que el carácter sobradamente nihilista de la primera guerra mundial, conflicto contemporáneo de la larga e intermitente guerra de Marruecos, no dejaba lugar para la épica. Por eso es importante, además de comparar, saber también distinguir. Así, Céline se diferencia en que la negrura de su retrato de la guerra total, *Viaje al fondo de la noche,* no se redime en heroicidad ninguna sino en muerte y asco (y su posterior compromiso fascista seguiría derroteros más nihilistas); Jünger (que podría haber sido unos de esos alemanes que Santa Marina decía encontrar inevitablemente en la Legión, y que de hecho antes de la primera guerra mundial estuvo en la Legión Extranjera Francesa) se distingue en que la guerra que canta es la tecnificada, acorazada y moderna de las *Tempestades de acero.*

Sin embargo, si hay un libro misteriosamente emparentado con éste, si bien en sus antípodas ideológicas y literarias, es *Caballería roja*, de Babel, con el que tiene en común que se trata de un libro de narraciones variopintas sobre un tema común. Es verdad que los de Babel son cuentos o retratos, y los de Santa Marina tan sólo estampas y poemas, pero un aire curiosamente semejante los emparenta: la brutalidad admitida, ciertamente más ambigua y vanguardista en el escritor judío ucraniano.

Santa Marina responde a la descripción que hizo Borges del fascismo como «imposibilidad mental y moral», cuando se pretende ser «un tártaro, un *viking*, un conquistador del siglo XVI» en su «Anotación al 23 de agosto de 1944».

El género bélico-cuartelero que inauguró tuvo fiel continuación en Rafael García Serrano (*La fiel infantería*, de 1943). También, en cuanto al espíritu que anima el relato, hay que citar la novela *Se ha ocupado el kilómetro seis,*[9] de Cecilio Benítez de Castro, prologada por Santa Marina, quien escribe:

> Copia el alma de unos muchachos en guerra. Nada de lagrimeos ni sentimentalismos. Viven, luchan y mueren sin pensarlo mucho, con una magnífica *virtus*, es decir, eficacia. Ya era hora que la literatura bélica se tratara así, pues estábamos hartos del majadero con gafas que, en lugar de apuntar bien, se dedicaba, página tras página, a endilgarnos discursitos sentimentales, como si reblandecer el ánimo fuese el fin de la cultura y el morir no fuese, a fin de cuentas, una cuestión de fecha.

Sin embargo, en todas las semejanzas posibles e imposibles que hemos intentado —ya sea Céline, Jünger, Von Solomon, Babel— late por lo menos una cosa: el deseo de alejarse de comparaciones que, aunque serían las obvias, valdrían sólo para poner de manifiesto la distancia. Nos referimos a los muchos autores españoles que abordaron el conflicto colonial norteafricano. Santa Marina no se parece en nada ni a Barea, ni a Sender, Díaz Fernández..., y sólo muy parcialmente, lleno de soberbia pero desprovisto de su egotismo, a Giménez Caballero.

El desprecio, que es recíproco, de los veteranos y soldados por los ingratos civiles, y la animosidad mutua, son rasgos de la vida real que la literatura viene recogiendo desde los clásicos. Pero baste sólo decir que, tratándose de guerras coloniales y de imperios, antes de Santa Marina estaba muy reciente en Kipling. Autor que, bien en sus baladas de cuartel o en sus relatos, deja claro lo que los antiguos soldados toman por olvido de su papel en la consolidación y gloria del imperio por parte del ciudadano corriente, que bien les aplaudía otrora, bien puede solicitarles con urgencia en un inesperado futuro. Cuando este sentimiento se traslada a la casta política, estamos a veces ante una reacción prefascista, militarista, golpista o boulangista.

Esa impresión está teñida, en cualquier caso, del malencarado humor con que el criminal o el aventurero observa, sin pizca de envidia, al que lleva una vida aburguesada y plácida, al que hace los buenos negocios a su costa, sin riesgo. Y ello además determina que el único lugar —u hogar— seguro del soldado sea el de la hermandad de los camaradas de armas, allí donde se encuentra la vida verdadera. Los valores correspondientes, no por azar, son simbólicamente idénticos a tantos defendidos de modo general por diferentes fascismos en toda Europa: la irracionalidad rampante unida al culto a la disciplina, ambas rociadas de brutalidad. En esto, el escaso valor de la vida ajena se contrapone al caudal precioso de la sangre de los hermanos de armas, sangre llamada a la redención y al sacrificio, por más que provenga de individuos que son o se identifican con la escoria humana, y cuya mera observación por un testigo exterior daría para redundar en el calificativo.

Santa Marina no se doraba la píldora, al menos en primera instancia. El atavío de las galas historicistas de gloria militar viene luego y le parecería al autor imprescindible, pero en todo caso produce otra clase de literatura: abundante en referencias cultivadas y deudora de los despojos del modernismo, como en tantas escuelas contemporáneas. Pero la literatura de la brutalidad, emparentada con una ambientación de bajos fondos trasladada a la vida militar, y que no es dostoievskiana o existencial porque no se para en barras, esa literatura, decimos, es solidaria con sus propios valores sin tapujo alguno y tiene de realista lo que tiene de humorista: lo peor, lo salvaje y siniestro, lo sádico y sanguinario, con cierta delectación y sin refinamiento. La venganza y el sufrimiento coexisten juntos, igual que una rara promiscuidad con la población colonial, que lo mismo es víctima que compañera de penurias, como testimonian tantas situaciones de frontera, del Oeste americano de la tradición cinematográfica a la experiencia colonial europea de los siglos XIX y XX, sobre todo en las escalas más bajas.

La sinceridad de Santa Marina, acorde con la idea de que esa vanguardia de choque es necesaria en lo mejor y peor para el sostenimiento de una «civilización», no podía ser admitida por quienes interpretan como decoro o fachada la descripción de la nobleza de su causa. De ahí que su obra fuera prohibida por tan diversos regímenes, todos los cuales, incluida la República, tuvieron en común su dominio sobre el protectorado marroquí. Para Santa Marina ese vínculo parece irrefutable.

No obstante, la crudeza de lo narrado conduce a una peculiar intersección con la literatura antibelicista, sólo sea en la descripción de los horrores de la guerra, o en otros gratuitos que adornan la vida militar en campaña. No hay que confundir, empero, lo que en Santa Marina es celebración con el lamento mudo de signo antimilitarista o pacifista. Y los énfasis son determinantes para ello.

Es obligado concluir por tanto que las «dos Españas» que apuntan maneras en las descripciones, narraciones y reflexiones provocadas por la guerra de Marruecos deben considerarse, sin exclusión, en cualquier resumen de las aportaciones literarias merecedoras de atención. Aunque sería impropio extraer una lección literaria de los géneros cultivados por estas dos corrientes que hemos agrupado, el caso es que las posiciones críticas más a la izquierda escogieron la forma de la novela. Es decir, una experiencia personalizada que se convierte en ficción como forma de totalizar y comprender el sentido de los acontecimientos con toda su crudeza y amargura, sin resto de idealismo que sirviera de escondite de los mismos intereses que habían llevado a los soldados españoles al matadero. En aquellas posiciones que se resumen, al principio y al final, como defensa del colonialismo en cualquiera de sus variedades, encontramos lo mismo el cultivo de la ficción literaria en forma de narración breve o de viñeta que el libro de observaciones, de meditación individualizada e histórica. En ellas, a la vez que se muestra la crítica hacia muchas de las instancias militares y civiles, en absoluto se reniega de lo que son sus pretensiones nacionales de conquista y expansión. Con todo, no se olvide que el género en que despuntaron hombres como Sánchez Mazas al abordar la cuestión marroquí, fue el periodismo, y no el de despacho o redacción sino el de corresponsal de guerra.

De todos modos, la guerra de Marruecos era un asunto sumamente delicado. Incluso con una intención sinceramente nacionalista, las punzantes observaciones de Giménez Caballero se podían interpretar —como fue el caso— como subversivas.

Hay que consignar por último un aspecto de una importancia hasta ahora no bien calibrada. Para algunos escritores de este grupo, la experiencia de la guerra de Marruecos les condujo a un pensamiento nacionalista que sin duda ya estaba presente, implícita o explícitamente, en ellos y en sus presupuestos culturales, algo traducido pocos años más tarde en un prefascismo que aún tardaría en encontrar su oportunidad política.

Aunque no es, ni mucho menos, lo mismo, es inevitable comparar estos resultados con los que la guerra tuvo en los militares africanistas, que después actuarían de consuno con la materialización política de los presupuestos políticos que iban a defender estos escritores. Dicho más claramente, lo que estos escritores vivieron como experiencia ideológica, como primer paso de un camino que les conduciría a la Falange y al centro del fascismo español, los futuros militares del Alzamiento lo aprendieron como enseñanza que aplicarían posteriormente a la conducción de la guerra civil. Así dicho, parece como si se hubiera cumplido al pie de la letra la definición que del fascismo daba Hannah Arendt, entendido como imposición del imperialismo a las poblaciones de la metrópoli.

3

Italia. Roma. El fascismo

La Marcha sobre Roma. Las crónicas italianas de Rafael Sánchez Mazas

En 1922, Juan Ignacio Luca de Tena envía a Rafael Sánchez Mazas a Roma como corresponsal del diario *ABC*. En Roma es nombrado agregado cultural de la embajada de España. Italia le conmociona. Se empapa del mundo latino, clásico y renacentista, completa su educación humanística y literaria y envía al periódico innumerables crónicas en las que analiza los distintos acontecimientos de la política italiana e internacional que le tocó vivir.

En la capital italiana tuvo Sánchez Mazas conocimiento directo del fascismo, por el que demostró especial interés y cuyos pasos fue siguiendo desde su tribuna periodística. Sus primeras crónicas se centran en la crisis de la autoridad del Estado, en la debilidad de la monarquía, en las injerencias del Vaticano y en el análisis de las distintas fuerzas políticas italianas, incluido el fascismo, ante cuya violencia muestra inicialmente su desagrado:

> ... Preguntemos a esta política «dónde está su mano derecha». Si derecha significa dinastía e instituciones, moderada continuidad y discreta colaboración de egoísmos, la derecha italiana es la masonería senatorial, *Il Giornale*, Giolitti y unos cuantos demócratas de guante blanco y sonrisa económica ... En cambio, si a la derecha atribuimos violentos odios al comunismo, al socialismo y a la misma democracia, sangrientas represiones antiproletarias e imposición coactiva del orden para recordar al Estado su oficio de disciplina y jerarquía, la derecha italiana son unas hordas de enlutados, unos tiros en la noche de julio y una guerra medieval de bandos y ciudades; es el fascismo ... El fascismo que se exaspera por conquistar el orden produce una ideología exaltada y desórdenes de increíble crueldad.
>
> ... El socialismo le opone un frente vasto y variado, desunido, confuso, de colaboracionistas y anticolaboracionistas, internacionales blancos y rojos, pri-

meros, segundos y terceros. El poder claudicante del Estado, como un inútil árbitro pacifista, se erige entre los beligerantes. A lo sumo, es un juez de los *rounds* interminables del boxeo. El Estado, sin unidad, ha dejado de ser «el cuerpo que contiene el espíritu». Cincuenta años de credulidad en la pura democracia han hecho de la Monarquía algo accidental y descolorido, mientras los Papas prisioneros influían *urbi et orbi* con su presencia dolorida o enérgica que el Quirinal afectaba no ver. En Italia, toda dirección colectiva, toda imantación de los espíritus encuentra desde hace cincuenta años dos Nortes discordantes —Vaticano y Quirinal—, que producen en los rumbos civiles indecisiones y contrariedades. El Papa dejó de ser el Rey de Roma; pero nunca dejó de ser un activo polo de influencia y un punto de referencia capital que trastorna las brújulas del viejo Giolitti. La imagen de la Autoridad Suma, con su inmóvil existencialidad, ha impedido que a los ojos del pueblo la Monarquía de Saboya aparezca como una suprema encarnación de la soberanía.[1]

Sin embargo, sus opiniones sobre el fascismo irán evolucionando hacia juicios cada vez más favorables; no es de extrañar por lo tanto que saludara con gran entusiasmo la Marcha sobre Roma:

Si no un cambio formal de régimen, ella significa, frente a cincuenta años de menor edad democrática, de obscuridad demagógica, de turbias credulidades en la panacea marxista, un cambio esencial en el más íntimo régimen del Estado, en el concepto de jerarquía y de eficacia, en la exaltación sin reservas del poder real, en la primacía de los deberes patrios frente a las ambiguas arcadias de derechos, en la íntegra conciencia de una Patria existente y definida frente a la miserable ilusión de un romanticismo internacional seudohumanitario y económico. Italia ha hecho tabla rasa, sin compasión ni titubeos, de todas las cosas que anublaban y empequeñecían su existencia. Ha obtenido, como rara vez ha obtenido nación alguna, una victoria insuperable sobre sí misma. Sea cual sea en adelante su futuro, decepción o buena fortuna, fracaso o éxito, Italia se ha dado a sí misma y ha dado al mundo una augusta lección de voluntad y de conciencia histórica.

El español que quiera sentirse «un español más», pero de ninguna manera «un español menos», tendrá que rendir a la Italia de este momento un homenaje de gratitud y de justicia. Los miles de estandartes, de gallardetes, de banderas y de guiones de guerra civil que el fascio hacía desfilar durante cinco horas de la plaza del Pueblo a la de Venecia y al Palacio del Quirinal, para honrar al soldado de Vittorio Véneto y al Rey de la Italia Redenta, no pueden mirarse con ojos de un escepticismo de cronista ya pasado de moda. Eran cien mil hombres, cien mil voluntarios de la Patria, quienes pasaban con rosas en los puñales y en los fusiles, con laureles en los cascos de acero, con trofeos en los autos y en los camiones de las columnas increíbles e improvisadas. Esta vez no era esa gregaria turba, esa masa infeliz de las reclamaciones o de las crueldades canallas. Esta vez era la fraternidad de todos en la unánime alegría de Roma cubierta de banderas, toda sonante de vivas al Rey, indomable, antigua, gozosa, renovada y fortísima. Cien mil camisas negras y azules pasaron en la marcha triunfal sobre Roma.[2]

Pero junto al entusiasmo, el cronista no dejaba de prever la crisis posterior si el fascismo no se acompañaba de rey y tambor («Sin identificación con la Casa de Saboya y con el Ejército, la cosa no andaría»),[3] si no agotaba las etapas de la revolución, si no desarrollaba una política imperialista[4] y creaba un estado mayor intelectual y moderador. Objeciones éstas que muestran la inclinación de Sánchez Mazas por el fascismo más moderado e ilustrado, sin olvidar que escribía para un periódico monárquico y conservador con el que se sentía identificado. También Eugenio Montes, arrimando el ascua a su sardina —la de la monarquía católica—, afirmará años después en su *Discurso a la catolicidad española* que el fascismo iba camino de ser un desorden «anticatólico» y «anticlerical», lo que según Montes evitó el genio político de Mussolini reconociendo al rey como símbolo de la unidad nacional:

> El mero hecho de reconocer a un Rey ya significa un homenaje de lo temporal a lo eterno. Donde hay un Rey, hay algo que se agrega al ímpetu de la naturaleza. Para la ambición desbocada y el frenesí del instinto, la corona es la corona, y es, a la vez, un límite. Límite metafísico al arranque biológico y físico, «non fieri» del espíritu a la inquietud espoleada que, sin conciencia de sus fronteras últimas, no sabe detenerse sino cuando ya ha caído.

No desaprovecha Sánchez Mazas la coyuntura italiana para establecer continuos paralelismos con la situación política española,[5] sin olvidarse del periódico que editaba sus crónicas:

> Ningún español que mire de cerca los acontecimientos de Italia y su buen éxito en el interior y en el exterior dejará de recordar lo que en España, dentro de la ley, incansable, tenaz y fervorosamente ha representado por cuatro lustros ya la casa de *ABC* y el hombre que las supo juntar, mantener y regir ... Frente a la violencia de Mussolini coloquemos la «historia legal» de *ABC*. Haga siquiera comprender un poco la victoria fascista y la salvación de Italia lo que en estas columnas significaron las campañas frente a Ferrer y frente a las vergüenzas pro-Ferrer, frente a los separatismos catalán y vasco, frente a la democracia y el socialismo más o menos *full*, frente a las cofradías más o menos intelectuales y frente a todas las rebeldías sociales, regionales, económicas, civiles o militares que se han querido alzar frente al Estado y frente a la dignidad de España en los veinte últimos años.[6]

Pero no todos los paralelismos eran posibles. El sentido de novedad y la vitalidad del fascismo contrastaban con lo que Sánchez Mazas consideraba la caduca y débil derecha española. El fascismo italiano era, por lo tanto, una experiencia que debía ser tenida en cuenta desde España, un referente que no debía pasar desapercibido, ya que del fenómeno fascista se podían extraer unos valores universales (ejercicio autoritario del Estado, exaltación nacional, entusiasmo patriótico...) que podían ser aplicados a la especificidad nacional. Y surgen entonces de nuevo las correspondencias frente a lo que el cronista estimaba como principal peligro para España: los nacionalismos vasco y catalán:

> En Italia el comunismo era un peligro. El fascio se creó contra el peligro, no contra el comunismo. El más grave problema interno español es el separatismo. Antes que asesinar a pobres obreros irresponsables, importaría salir al paso y dar «aceite de ricino» a ciertos gordos y orondos burgueses de Barcelona y de Bilbao ... estamos seguros de que en España el fascio de Benito Mussolini no empezaría por la Casa del Pueblo de Eíbar, sino por algunas magníficas casas particulares de Bilbao. Y tampoco empezaría por quemar retratos de D. Julián Besteiro. Quemaría más bien los retratos de D. Sabino Arana y del Sr. Prat de la Riba.[7]

El interés de Sánchez Mazas por el fascismo arranca también de su amistad con Luigi Federzoni, novelista, periodista y crítico de arte, director de la revista *L'idea nazionale* (donde a menudo las crónicas de Sánchez Mazas eran traducidas y comentadas; a su vez en algunas de éstas, contrapartida y comunidad de intereses y opiniones, se aprobaban los pareceres expresados por la revista)[8] y fundador del Partido Nacionalista Italiano, que se integraría en 1923 en el Partido Fascista de Mussolini. Federzoni llegaría a ser ministro de Colonias, posteriormente ministro del Interior y en la década 1929-1939, presidente del Senado italiano.

Según afirma Gregorio Morán, cuando Sánchez Mazas llega a Roma «se relaciona estrechamente no con los fascistas de Balbo y Mussolini, sino con Federzoni, un nacionalista de extrema derecha». Para Morán el fascismo de Federzoni era el fascismo de Sánchez Mazas:

> El historiador del fascismo italiano Edward R. Tannenbaum escribe, refiriéndose a Federzoni, que tuvo como principal tarea «conseguir que el fascismo estatal prevaleciera sobre el fascismo revolucionario». En otras palabras, que la burguesía culta, de la que Federzoni formaba parte, al incorporarse al partido fascista como cuadros políticos —ése fue el papel del pequeño grupo ultranacionalista— dirigiera y orientara, es decir, neutralizara la agresividad de los marginados o pequeño-burgueses que formaban las «escuadras negras». Esto fue denominado posteriormente el conflicto Federzoni-Farinacci; el primero, burgués nacionalista, y el segundo, secretario del partido fascista, aventurero radical ...
>
> Para Tannenbaum, Federzoni se reducía a «un monárquico leal, conservador y un snob intelectual y social». Parece un retrato de Sánchez Mazas.[9]

Sin llegar en la identificación a los extremos de Morán, se podría establecer un paralelismo entre el fascismo burgués e ilustrado de Federzoni, contrapuesto al fascismo más violento de las escuadras negras, y el posterior falangismo de Sánchez Mazas, contrapuesto a su vez a las ansias más revolucionariamente violentas de los escuadristas elementales de Falange Española, cuyos impulsos de venganza tratará de frenar al componer la *Oración por los muertos de la Falange*. Tanto Federzoni como Sánchez Mazas intentaron moderar y orientar la agresividad revolucionaria de los elementos más radicales del fascismo. Incluso se podría establecer, salvando las distancias, un paralelismo entre el conflicto Federzoni-Farinacci y el mantenido por José Antonio Primo de Rivera y Sánchez Mazas con los elementos más radicales de Falange Española.

Pero hasta aquí resaltan sobre todo las diferencias, pues Federzoni y Farinacci representaban facciones distintas en liza por hacerse con el control del fascismo llegado al poder y la dirección que éste debía tomar, garante simplemente del orden social conservador, o populista revolucionaria y por tanto potencialmente inquietante para quienes veían en el fascismo sobre todo una manera de conjurar las amenazas del populacho y el proletariado. En el caso de Falange, más bien nos encontramos con un problema de autoridad, la que no desea perder el liderazgo de José Antonio sobre elementos de a pie que intentan deslizarse rápidamente por la vía de la violencia como provocación, respuesta o contragolpe y que podían colocar a la pequeña y reducida grey política en una situación de ilegalidad y riesgo extremo. En todo caso, quien podría representar el otro polo del fascismo español, opuesto al proyecto socialmente elitista de Sánchez Mazas, es Ledesma Ramos, por cierto culturalmente de filiación germana, y sin duda el más genuinamente fascista y de inclinaciones social y políticamente mucho más revolucionarias. Muchos han argumentado que el enfrentamiento entre Primo de Rivera y Ledesma Ramos lo causaba «más ... la idiosincrasia de los personajes que ... la discrepancia doctrinal de los fines».[10] Y por eso la oposición entre Sánchez Mazas y Ledesma es más fácilmente parangonable a la de Federzoni-Farinacci, siempre con el añadido de que se trataba de la pugna por hacerse con la hegemonía de un pequeño grupo político y no del rumbo que debía adoptar el Estado tras la ocupación del poder por el fascismo.

La experiencia directa del fascismo italiano pesará posteriormente en la actividad política de Rafael Sánchez Mazas y será muy valorada por el naciente fascismo español. A este respecto es necesario apuntar que Sánchez Mazas se entusiasmará en Italia, pero se curará también de ciertos entusiasmos y experiencias. Por otro lado, y curiosamente, a pesar de su interés ideológico y estético, la Italia fascista no será un tema substantivo en su obra.

La etapa romana de Rafael Sánchez Mazas no sólo es de capital importancia porque durante la misma fuera testigo de la subida al poder del fascismo italiano, sino también porque le descubre y a la vez le confirma uno de los temas principales de su obra: la cultura italiana, a través de la cual pasan sus evocaciones de la cultura clásica grecorromana, e incluso sus referencias a la España imperial.

Respondiendo a una función más propiamente literaria y cultural que estrictamente periodística, Rafael Sánchez Mazas envía al periódico una serie de artículos en los que la noticia, cuando la hay, queda trascendida. Son artículos digresivos, divagatorios, evocadores, con múltiples referencias culturales, clásicas e italianizantes, que convierten lo escrito en paisaje de cultura creando un universo propio cuyos elementos son en ocasiones recurrentes: la arquitectura, pintura y literatura del Renacimiento italiano, los escritores políticos renacentistas, los autores franceses del XIX, la España imperial, etc.

Revelan estos artículos una Italia paseada rincón a rincón, vivida y sentida. Las distintas ciudades italianas que describe se convierten en personajes con alma y carácter. Se entretiene en su historia, y, sobre todo, en su intrahistoria, marco en el que se inserta la recreación de personajes históricos que cobran vida. El autor pone en marcha su imaginación retrospectiva para conjeturar y representar hechos, situaciones y personajes del pasado. No olvida los paralelismos con las ciudades y paisajes españoles: Florencia y Bilbao, Roma y Castilla.[11]

Junto a las ciudades italianas, la historia de la pintura es tema frecuente o referencia constante. Ahora bien, su mirada no es la de un historiador o crítico de arte, sino la de un escritor. De la pintura no le interesa tanto el análisis pictórico propiamente dicho, sino la circunstancia o el impulso del autor, su significación, su localización histórica. Sus artículos, así como sus ensayos posteriores, son interpretativos de la obra de arte, interpretación pictórica a través de la que hace una interpretación que en realidad es histórica. Podemos afirmar que curiosamente Sánchez Mazas en lo estético encuentra lo político y en lo político encuentra lo estético:

> Don Diego de Velázquez no ha pintado el cuadro de «Las lanzas» solamente por complacer a la crítica de arte de la posteridad. Le hubieran dicho que iba a ser glorioso únicamente por los elogios que le hicieran unos cuantos especialistas en estética, y hubiera soltado sus pinceles con asco señoril. O, mejor, se le hubiesen caído de las manos. En su tiempo todavía el arte aspiraba a alcanzar un significado total y humano. La belleza por la belleza o el arte por el arte hubiesen parecido entonces «una primada», una mezquindad, una enteca y obtusa pedantería. Cantan en el lienzo de Velázquez la patria y el mundo. Así como se dijo «Rafael de Urbino» o «Pietro di Borgo», se hubiera podido decir «Diego de las España» o «Velázquez de Europa». La luz de su pintura es la más española, la más europea, la más católica, la más universal de su tiempo. La especialidad de la crítica de arte o la especialidad de las ciencias físicas —a pesar de la enorme trascendencia de Galileo— no bastan para explicarnos esta luz. Necesitamos recurrir, ante la luz velazqueña de «Las lanzas», a la historia política y religiosa, a la conciencia imperial de España, a las doctrinas más eleva-

das de nuestro derecho y de nuestra filosofía. No se pinta lo mismo «bajo el sol que no se ponía» que bajo la triste y vergonzosa claridad casera de 1898.[12]

Las referencias a la historia de la pintura son habituales, por lo tanto, incluso en las crónicas que analizan hechos o personalidades políticas:

> Recordamos, para hacer el retrato, un incidente de la historia de la pintura, un incidente técnico y trascendental. Cuando el academicismo agotó sus amaneramientos casuistas y sus trucos convencionales, estalló fresca e instintiva, como una suelta jauría de sentidos, la ola impresionista. Fue un retorno al mundo elemental. Pues en Mussolini, agotada una época de academias políticas, se percibe ese retorno necesario, menos estético y a las veces doloroso, al mundo elemental político, al mundo elemental de la autoridad, la unidad, el poder y la jerarquía.[13]

De este modo, por medio de este procedimiento de referencias, aparecen y reaparecen en sus artículos y en su obra otros temas constantes y recurrentes. Es el caso de la Italia renacentista, que atrae especialmente su atención sobre todo por su condición evocadora y continuadora de los elementos clásicos, por su insistente retorno al esplendor helénico y romano. Y su interés es fundamentalmente estético. Es decir, está interesado en el Renacimiento italiano por todo lo que tiene de belleza, de sublimidad artística. Pero a la vez también le interesa como circunstancia histórica que produce un arte, una teoría política, etc. Lo que queremos decir es que Sánchez Mazas está interesado sobre todo en lo que es propiamente sublimidad estética (pictórica, escultórica o arquitectónica), las bellas artes, pero también comprende que esa producción es posible gracias a unos procesos y a un contexto histórico determinados que también le interesan en sí mismos. Le atrae por ejemplo la Florencia de los Medici en tanto que hace posible una ciudadanía, una economía, un tipo de Estado y un tipo de arte. Le interesan las ciudades-estado, los banqueros florentinos, las formas y figuras de la política. Le atrae también sobre todo la gran teoría política del Renacimiento: Maquiavelo, Guicciardini, Castiglione, Campanella...

Por lo tanto, Rafael Sánchez Mazas centra su atención por un lado en los pintores, escultores o arquitectos del Renacimiento como figuras estéticas autónomas, por otro lado en los escritores como autores de teoría política, y en tercer lugar, en las circunstancias históricas que los producen. También habla Sánchez Mazas de la Italia del XVII, de la Italia napoleónica, de la Italia barroca, pero no con la misma recurrencia.

Otra serie de referencias históricas italianas, en este caso dispersas, vienen condicionadas por una circunstancia concreta, porque visita una ciudad o porque habla de un acontecimiento histórico preciso, pero no por el interés que en sí mismas despiertan en Sánchez Mazas. Centra también el autor su atención en una serie de grandes figuras de la literatura italiana: de Dante a Papini, pasando por Leopardi, D'Annunzio, Marinetti, Pirandello...

Es frecuente asimismo, sobre todo a través de referencias, la alusión a la Italia de los viajeros, viajeros escritores, franceses sobre todo: desde el renacentista Montaigne, hasta los decimonónicos como Stendhal, Maurice Barrés, Madame de Staël, Chateaubriand, Georges Sand, de Musset o Taine, o contemporáneos suyos como Paul Valéry, Anatole France o Jean Cocteau. También pintores como Corot o Rousseau, y hasta conquistadores como Napoleón, en lo que tiene de admirador del genio artístico y político italiano, como Sánchez Mazas. Además de otros europeos, ingleses, alemanes o españoles, viajeros y residentes, como Lord Byron, Goethe, Shelley o Mariano de Fortuny.

Es curiosa también la evocación francesa —histórica y regia— hecha a través de Italia: Francisco I, Luis XIV, Napoleón, Versalles, Fontainebleau.

Tanta es su admiración por Italia como civilización cultural, por determinados momentos culminantes de esa civilización, que incluso las referencias al imperio español pasan por Italia. Una España imperial como época en la que confluyen —y no por casualidad para Sánchez Mazas como para otros muchos autores— el máximo esplendor del poder político de la Monarquía española y la edad de oro de la cultura hispánica. En este sentido, Sánchez Mazas participa de un mito nacional que para él se cumple doblemente en la medida en que es un escritor que sigue una determinada tradición, y en la medida también en que es un hombre con ciertas inclinaciones y afinidades ideológicas. No hay que olvidar tampoco que Sánchez Mazas no se encuadra en una tradición crítica o regeneracionista, o que se lamente de la falta de modernización del país.

Cuando habla de representantes excepcionales de la cultura española, como por ejemplo, Cervantes, Garcilaso o Velázquez, habla de ellos como artistas, pero también como leales servidores de sus reyes, como soldados, caballeros, diplomáticos, hombres de política y de armas, además de hombres de artes y letras. Representantes de una época grandiosa que impulsa un arte no menos excepcional, tal y como hemos visto anteriormente en el caso de Velázquez: «Sin una política, sin una gloria militar, sin un régimen que aspira a la universalidad, el pincel de Velázquez no podría pintar así».

Hay que decir, por otro lado, que Sánchez Mazas actúa con un reflejo indirectamente noventayochista, que consiste en comparar la mediocridad del tiempo presente con las glorias pasadas y los frutos que ambas épocas producen. Lo que elevado al plano internacional se resume en afirmar: «existe así este gran pintor de la España del siglo XVII; pero jamás existirá un pintor de la Sociedad de Naciones».

A pesar de todo lo dicho anteriormente, hay que hacer notar que el tema imperial está en él lejos del vulgar tópico nacionalista. Llegará a decir, por seguir con el mismo ejemplo, que hay que «"desespañolizar" a Cervantes y a Velázquez, libertarles de un españolismo tópico y mezquino y ponerles en la amplia luz de la España mas lúcida, europea y universal que haya existido».

Así piensa Sánchez Mazas porque la idea que tiene del imperio procede de la Roma clásica, como un momento histórico que se va repitiendo a lo largo de la historia europea (los césares, el Constantino cristiano, Carlomagno, Carlos V y el imperio español). Y además, en Sánchez Mazas existe una trasposición de rasgos italianos, clásicos o renacentistas, a lugares y situaciones españolas, hasta el punto de que parece como si quisiera afirmar que la gloría artística del Renacimiento italiano termina por corresponderse con la gloria imperial de Carlos V.

Por otro lado, las referencias constantes a la España imperial son las esperadas: El Escorial, como culminación de las concepciones imperiales de Felipe II y su arquitecto Juan de Herrera; la batalla de Lepanto, como gran ocasión militar en la que se unen Juan de Austria y Miguel de Cervantes; Carlos V, como el César español por excelencia; o Ignacio de Loyola como encarnación de la simbiosis de lo religioso y lo militar.

Como vemos, la referencia cultural constante es uno de los rasgos, no sólo temático sino también estilístico, más característico y personal de la prosa de Sánchez Mazas. Una prosa de párrafo largo y rico, pero no ampuloso ni recargado, lleno de imágenes plásticas a favor de la idea. Un párrafo de superadas dificultades sintácticas, que resuelve elegantemente, aunque con construcciones en cierto modo arcaizantes. Un castellano rico y puro con capacidad de asombrar hoy a los pocos que lo leen.

En 1977, once años después de su muerte, *Prensa Española* recoge en un volumen titulado *Las terceras de «ABC»* una selección de los artículos publicados por Sánchez Mazas en el diario. Antología breve, pequeñísima muestra, dado el volumen de artículos —más de un millar— publicados por el autor en este periódico. La colección recoge 47 artículos, la mayoría escritos durante su etapa de corresponsal en Roma. El resto de las colaboraciones de Sánchez Mazas [14] siguen dispersas en las páginas de *ABC*.

En Roma, en el año 1925, Rafael Sánchez Mazas contrae matrimonio con la italiana Liliana Ferlosio Vitali. Curiosamente, también Giménez Caballero encontró a su Beatrice: Edith Sironi Negri, una mujer italiana nacida en Prato, hermana del cónsul italiano en Estrasburgo, con la que se casó en Madrid también en el año 1925. Sin embargo, el descubrimiento de Roma por parte de Giménez Caballero no ocurriría hasta años más tarde. Liberado de la prisión militar a la que le había llevado la publicación de *Notas marruecas de un soldado*, vuelve a Estrasburgo, donde permanece durante el curso 1923-1924. Terminado éste, regresa a España con una postura de rechazo al «culto ariánico», que, a su juicio, condenaba a los intelectuales españoles a una imitación, en vez de permitirles la originalidad creadora. Apuntaba ya su idea de rebelión de la periferia europea ante la dominación del centro (Inglaterra, Francia, Alemania). Pero no sería ésta su fórmula definitiva para el destino de España.

Las vanguardias. La Roma de Giménez Caballero

El encuentro de Ernesto Giménez Caballero con las vanguardias tiene lugar al regresar de su estancia en Estrasburgo. Toma entonces contacto con los círculos intelectuales de *El Sol* y *Revista de Occidente* y se deja influir por Guillermo de Torre, con quien fundará *La Gaceta Literaria* (1927-1932), revista que inició su andadura como precursora de las vanguardias artísticas e intelectuales para acabar siendo portavoz del fascismo en España. Proceso paralelo al de su creador, que llegó al fascismo desde la vanguardia artística. *La Gaceta* se inició con la colaboración de intelectuales y escritores de las más diversas tendencias;[15] sin embargo, su director la acabó redactando en solitario bajo el título de *El Robinsón literario de España*.[16]

La difusión de las vanguardias a través de *La Gaceta* y los personales frutos vanguardistas de Giménez Caballero,[17] en los que no deja de manifestar sus ideales políticos autoritarios, pueden dar una idea equivocada de su verdadero interés por ellas. El propio autor reconocerá muchos años después sus reservas: «A través de él [Guillermo de Torre] yo contacté con todo ese mundo, pero siempre con una gran reticencia. Yo no sentía el vanguardismo; yo llevaba un nervio muy nacional, muy español ¿verdad?, no me perdía en esa marea de tipo internacionalista, apátrida...»[18] En realidad, su atención respondía más a su faceta de gran animador cultural con ansias de renovación y siempre partidario del dinamismo que a una identificación clara con las vanguardias. Tampoco debe olvidarse que el objetivo de *La Gaceta Literaria* no se reducía a la divulgación de los «ismos», sino que era más amplio y ambicioso: intentar activar la vida intelectual del país. Y en esta labor «Gecé» nunca abandonó su preocupación fundamental: la regeneración de España. A lo que habría que añadir que no había encontrado todavía el camino adecuado para dicha regeneración y algunos de los aspectos del nuevo arte podían ser aprovechados en este sentido. Su vanguardismo no dejaba de ser por lo tanto regeneracionista. No en vano, en *Hércules jugando a los dados* encontramos, junto a la apología de la máquina y el deporte, la exaltación del gobierno de las minorías, de los «encaminadores»; todo ello reivindicado como fenómeno genuino de la época.

Tras muchos de los intereses culturales de Giménez Caballero se adivinan sus preocupaciones políticas o ideológicas, lo que no resta ni un ápice de mérito a *La Gaceta* ni a las actividades o empresas culturales que llevó a cabo, todas ellas de gran importancia en la vida cultural española, ni quiere decir que la revista abandonara en ningún momento su contenido literario; ésta no se consagró a doctrina política alguna, pero sí dejó entrever los intereses de su editor.

Ya hemos anotado anteriormente la insistencia de Giménez Caballero en acabar con el imperialismo cultural sobre España, dependiente a su entender del genio nórdico europeo. El acento, por lo tanto, lo pondrá ahora el autor en el nacionalismo cultural hispánico, en la idea de una gran unión ibérica. De ahí sus aproximaciones a la cultura catalana, gallega e incluso portuguesa.[19]

Pero pronto esta unidad ibérica ampliará sus horizontes en la unidad latina. En 1928, invitado por una serie de universidades europeas, Giménez Caballero viaja por Europa como conferenciante. Sin duda, el resultado más significativo de este recorrido fue el descubrimiento de Roma y del fascismo, y, literariamente, una serie de reportajes publicados en *La Gaceta* (mayo-noviembre de 1928) que compondrán posteriormente el libro *Circuito imperial*.[20] Su encuentro con la capital italiana y con el fascismo será decisivo para su desarrollo ideológico: «Cuando el fenómeno fascista irrumpió en mi conciencia, *a posteriori* de mi reconocimiento entrañable con Roma, me vi perdido. Tenía que admitirlo "acríticamente". Como un mandato familiar, como una imperiosa mirada de obediencia».[21] Su atención se centra entonces en la nación italiana (audaz, emprendedora, atlética) y en el Duce, de donde surge el claro contraste con la España del momento, «burguesa» y «gorda». Giménez Caballero ni había sido afecto al liberalismo político proveniente de la Restauración ni contaba tampoco entre sus amistades políticas a la dictadura primorriverista. Su reproche era el clásico del parafascismo o filofascismo, de quien se adelanta a constituirlo políticamente: carencia de fuerza verdadera y de posibilidad de suscitar entusiasmo ciudadano, e insuficiencia palmaria para disciplinar a las masas, que era el mérito que juzgaban más descollante de la sacudida italiana. Como es habitual en el fascismo, el reproche se expresa en forma de repulsión estética: «España hoy descansa, engorda y se abanica». Más tarde expresará la necesidad de una crisis del Estado para que el fascismo hispánico rebrote:

> Desde luego, tiene razón Ortega y Gasset, al soñar que son precisas todas las divergencias previas, todos los regionalismos preliminares, todos los separatismos —sin asustarnos de esta palabra—, para poder tener un verdadero día el nodo central, un motivo de hacimiento, de fascismo hispánico.[22]

Su discurso será ahora el de la romanidad y el latinismo, a la vez que lleva a cabo un aprovechamiento político de las vanguardias artísticas, a las que declara difuntas excepto en ciertas derivaciones políticas (audacia, juventud, subversión, rebelión contra la realidad, novedad, ruptura, violencia...). Las vanguardias pasan a ser entonces las juventudes de las milicias itálicas.

A este respecto, es relevante comentar aquí la relación de otro de los futuros miembros de la *corte literaria* con las vanguardias. Hablamos de Dionisio Ridruejo y del futurismo, y, de nuevo, de una relación más ideológica y política que literaria. La influencia del futurismo, descubierto a través de *La Gaceta Literaria*, consiguió renovar su visión del mundo; sin embargo, no tuvo ninguna relevancia en el plano literario.[23] Visión del mundo (como valores supremos el amor al peligro, la temeridad, la energía, el movimiento agresivo, el insomnio febril, el paso ligero, el salto mortal, la bofetada, el puñetazo o la guerra) que le llevaría a las filas de la Falange.

Respecto al futurismo, cabe decir que no se aprovecharon, sin embargo, otros de sus postulados. Por ejemplo, el de dar carpetazo a los sueños inspirados en el pasado. De hecho, el fascismo español no dejó de ser en muchos casos un «repristinar» el pasado.

Es interesante mencionar también aquí la distinta disposición de Rafael Sánchez Mazas respecto al denominado «arte nuevo», por el que no se sintió atraído. Quizá su desinterés por el arte de vanguardia se deba a un estar estéticamente satisfecho. No fue en busca, por lo tanto, de nuevos territorios. Y esta disposición, dadas las influencias de Sánchez Mazas en la Falange, está directamente relacionada con el hecho de que en el falangismo acabara pesando más la clave clásica que la vanguardista; no en vano los caracteres de modernidad del falangismo eran frágiles y decorativos, si acaso representados por el aparato estético.

De Marinetti se ha dicho que el barullo fascista venía a ser ambiente favorable de su propio barullo literario.[24] De Giménez Caballero podría decirse lo contrario, que el barullo vanguardista venía a ser ambiente favorable para su propio barullo ideológico-político, en el que finalmente el arte acabaría subordinado a la política, al Estado totalitario. Así lo expresó en el libro *Arte y Estado*[25] en un intento por parte del autor de descripción de un modelo cultural fascista, al modo de la estrategia cultural que en Italia seguían intelectuales como Giovanni Gentile o Giuseppe Bottai.

Precisamente, en Roma había establecido Giménez Caballero relación con el mencionado Bottai, ministro de las Corporaciones y fundador y director de la revista *Critica Fascista*, publicación en la que desde 1923 se venía debatiendo acerca de la función de la cultura en el proyecto fascista y en la cual Giménez Caballero fue invitado a colaborar. Estableció también estrecha amistad con otros intelectuales y escritores identificados con el fascismo, de forma especial con Curzio Malaparte, Bontempelli y Marinetti. La relación de Giménez Caballero con la Italia fascista sería constante a partir de entonces y daría sus frutos en 1937 con la concesión del premio internacional de San Remo.

Ahora bien, el fascismo, como habían considerado también otros muchos miembros de la futura Falange intelectual, era una fórmula italiana: «El pueblo que no encuentra en sí su propia fórmula de fascismo es un pueblo influido, sin carácter y sin médula».[26] Por lo tanto había, en primer lugar, que afirmar el carácter de universalidad del fascismo (afirmación que, por otro lado, se convertirá en uno de los objetivos primordiales de la intelectualidad fascista italiana, de acuerdo con la perspectiva expansionista y la necesaria proyección internacional) y, en segundo lugar, buscar la fórmula específicamente española, que, como la italiana, debía insertarse en clave patriótica y nacionalista dentro de la mejor tradición nacional, configurándose así como un elemento que resumía en sí lo más representativo de la historia y del «genio» propios del pueblo español. A esta tarea se dedicó con pasión Giménez Caballero.

Y dicha fórmula resultará tener, respecto a la italiana, cinco siglos de anterioridad y tradición y no había más que «repristinarla». Así lo expresará en *Genio de España*, remontando el posible movimiento español al emblema y gobierno de los Reyes Católicos:

> Para España el fascio existe antes de que lo clavara en su sombrero un Italo Balbo. Lo pusieron en su escudo nuestros Reyes Católicos. Su haz de flechas, en vez de estacas castrenses y lictorias. No necesitamos de símbolos prestados. Hemos sido nación un poco antes que la nueva y orgullosa Italia actual y que la prepotente Alemania. ¡Una pequeña diferencia de cuatro siglos![27]

Ernesto Giménez Caballero, como tantos otros inspiradores e iniciadores del fascismo español, tiene el problema, que se plantea unas veces abierta y otras esquivamente, de nacionalizar y declarar absolutamente originales rasgos que se han tomado, si no directa, sí paralelamente del fascismo italiano. Así, tanto Giménez Caballero como Sánchez Mazas acuden al símbolo y significación del haz de flechas de Isabel y Fernando con la intención de argumentar su mayor antigüedad como signo de una originalidad que no depende de símbolos foráneos. Pero en esto, como en otras tantas cosas, «Gecé» disparata. Los cuatrocientos años en que la unidad española antecede a la germana e italiana no son óbice para que el símbolo de las fasces y los líctores romanos, que adoptan las huestes de Mussolini, tengan sus buenos mil quinientos años más.

De esta manera, el nuevo orden político quedaba encajado en la más pura tradición nacional, renovándola. Tradición y revolución son, para Giménez Caballero, las claves del fascismo. Simplificación que le lleva, por ejemplo, a calificar de «fascista» a la generación del 27 sin utilizar siquiera un «salvando las distancias»:

> Se volvió a la metáfora libre pero en formas tradicionales, que es lo que en política fue el fascismo. Por eso yo hice «poeta fascista» a Gerardo Diego, con sus «Versos Humanos». Y todos ellos. Toda la generación del 27 es la genera-

ción fascista, entendiendo por *fascismo* —palabra universalizada por Mussolini en Italia— «revolución y tradición». Tienes a Lorca, que hace metáforas tremendas, preciosas, divinas, en una oda o en una octava real. O las décimas de Jorge Guillén. La vuelta a la tradición, a Góngora, era el gran ideal.

Nuevamente aquí, Giménez Caballero se deja llevar por sus excesos interpretativos que pueden llegar a casar todo con todo, de tal forma que la Generación del 27 se convierte, no ya en una equivalencia paralela al inicial fascismo español en su utilización de lo «fresco y antiquísimo» (en expresión de Sánchez Mazas) sino que la convierte en generación fascista por excelencia. Lo que resulta a todas luces insostenible, habida cuenta de la trayectoria ideológica y literaria de sus miembros.

A pesar del carácter genuino que debía tener el movimiento de España, Giménez Caballero soñaba todavía con un frente común con el italiano, una nueva Contrarreforma que emancipase los pueblos románicos de la Europa nórdica. La revuelta de la periferia europea contra el centro. Sin embargo, el aplastante éxito del nacionalsocialismo en Alemania provoca un replanteamiento del panorama europeo en el autor. En *Genio de España* considera como genio propio del pueblo español la armonía entre el oriente y el occidente,[28] gracias a la cual alcanzó España su pasado imperio (César y Dios). España, fiel a su «genio», debe, por lo tanto, volver de nuevo a Europa, «no a mendigar, sino a ofrecer y a dominar», a través de un fascismo denominado ahora «Nueva Catolicidad». La idea romana, como idea católica y universal, es la idea por la que España ha luchado toda su historia. Ahora, España debe ser otra vez en la historia, tras realizar su propia unidad interior, el «brazo diestro» de ese ideal «humano, justiciero y universal». Ésa es la misión que España, unida y fuerte, puede asumir otra vez.

Encontrada ya la fórmula definitiva, sus generalizaciones tomarán dimensiones programáticas en *La nueva catolicidad* (1933).

4

Confluencia en Madrid

> Las patas de la mesa en que se encontraban Mourlane Michelena, Sánchez Mazas, Eugenio Montes e Ignacio Catalán, se las veía por momentos enroscarse más y más de «Renacimiento». Cuando la sopa llegaba a los estómagos de aquellos escritores, tenía ya sustancias de catolicidad e imperio. Michelena, el claro espejo de caballeros corteses, hablaba en tono bajo con Eugenio Montes, ese hombre que, por alto que llegue, siempre tendrá perfil de joven con gran porvenir. Sánchez Mazas, más que nunca, parecía un pierrot disfrazado de paisano. A Catalán le importaba todo un bledo. Al verlos, florecía en los labios este comentario: ¡Lástima que sus talentos no encuentren un solar apropiado, un apellido preclaro de ese solar, una gran causa de ese apellido y una magnífica biblioteca de esa causa, a quienes defender, ensalzar y cuidar! ¡Demasiado tarde![1]

¿Tarde, de verdad? No debía serlo tanto, a aquellas alturas de 1932, y a juicio de los mismos protagonistas del párrafo. Las «sustancias de catolicidad e imperio» tomaron encarnación política al año siguiente en un «solar apropiado», el de Falange Española, en «una gran causa de ese apellido», el de Primo de Rivera. La «magnífica biblioteca de su causa», eso sí, sólo podían realizarla en tanto que autores individuales. La de Ros debe de ser la primera descripción contemporánea de la *corte literaria* previa al acto fundacional de la Comedia.

Por supuesto, además de un extraordinario alarde de metaliteratura, como todo el capítulo en que se halla inserto —donde el observador es, con nombre y apellidos, Samuel Ros, y el resto del elenco, un censo muy completo de la cultura española presente en Madrid—, esta escena de una boda, la escena final de *El hombre de los medios abrazos* (1932) es antológica en varios sentidos. Ros nos dejó un colofón parangonable a lo mejor de su tiempo, una descripción de altura, una síntesis melancólica, una evocación poetizada de las letras de los años treinta, que se anima mesa a mesa.

Se compara, sin duda, por ejemplo, muy favorablemente con las descripciones de Foxá en *Madrid de Corte a checa*, entre otras cosas porque Ros, aparte de escribir en tiempos todavía esperanzados para la República y el país, denota una generosidad poco amiga de sectarismos.

El Madrid de los años treinta es una ciudad que hierve social, cultural, literaria y, sobre todo, políticamente; algo que acabaría destruyendo una convivencia que no dejaba de ser próxima, incluso muy próxima, entre elementos que luego resultarían muy alejados. Madrid ha acogido ya a los distintos miembros de la futura *corte literaria*, escritores que conviven, más allá del banquete nupcial imaginado por Samuel Ros, en tertulias literarias, en redacciones de periódicos, en la colaboración de diarios y revistas, en banquetes, homenajes...

En 1929 Rafael Sánchez Mazas regresa a España tras su corresponsalía en Roma y se instala en Madrid. Es ya un escritor reconocido, un poeta apreciado y una firma prestigiosa del periodismo (*El Pueblo Vasco, El Sol, ABC*). Pesa también su experiencia italiana como testigo del fascismo y se reconoce en él un gran bagaje intelectual.

En Madrid volvió a encontrarse con Eugenio Montes. Se habían conocido en 1921, cuando Rafael Sánchez Mazas regresaba de Marruecos. El reencuentro lo relata Eugenio Montes en un párrafo donde la confusión de planos es sinónimo de la intensidad de la experiencia:

> Un día de 1929, en la Gran Vía madrileña, nos presentaron. Rafael comenzó a hablar de Guido Cavalcanti; estábamos en el Puente Viejo de Florencia y eran las cuatro de la tarde. Luego, el palique sobre el dulce estilo nuevo se nos enredó; yo hablaba de Guinizelli. Estábamos en la averroísta Bolonia de los glosadores. Eran las cinco y media. Rafael se entretuvo recitando los sonetos petrarquísicos: jornada larga, pues partiendo de los alcores aretinos no podíamos parar sino ante el Ródano, en Avignon, y ya, de camino, se nos había hecho de noche. Sonaban las doce en el reloj de la Puerta del Sol y nos encontramos con Castruccio Castraccani, conforme se va del Valle de Nievole a los olivares de Luca. Cierto que, a la vuelta de Toscana, nos reparamos un poco en el café Colonial al olor y al sabor de una tortilla amarillenta. Mas a eso del amanecer divisábamos Borgo de San Sepolcro con sus mujeres de cuellos como columna en la caligrafía arquetípica de Piero de la Francesca. ¿Y quién podía pensar en acostarse si ni siquiera se columbraban en la lejanía las torres rojas de Urbino?[2]

A partir de entonces, Sánchez Mazas y Montes mantuvieron siempre una entrañable amistad. Les unía su gran conocimiento y pasión por la Italia renacentista. Foxá comentaba que no sólo sabían la historia de Italia, sino que llegaban a contar chismes de los clásicos como si hubiesen tomado café con ellos.

De Sánchez Mazas se decía que sabía más de Dante —a quien físicamente se parecía— que los mismos italianos. Y Sánchez Mazas solía repetir que Eugenio Montes era un hombre del Renacimiento transportado al siglo XX. Ambos dejaron constancia en repetidas ocasiones de su mutua admiración.[3]

Eugenio Montes residía intermitentemente en Madrid, entre corresponsalía y corresponsalía,[4] lo que le permitió mantener cierta independencia en sus adhesiones políticas, siempre dentro del círculo de la derecha española y del falangismo, y a la vez ofreció tanto a Acción Española como a la Falange la posibilidad de incluirlo entre sus más renombrados miembros.

Independientemente de que Montes siempre va a mantener su vocación de escritor y un criterio eminentemente estético, resulta claro que no puede esquivarse una trayectoria ideológica que depara ciertas sorpresas. Nunca fue un hombre declaradamente de izquierdas, pero sí se puede decir que siguió aquellas corrientes de los años veinte de orientación más abierta, más vanguardista e incluso más liberal. Su filiación se encuentra en el galleguismo y hasta en una cierta militancia intelectual antiprimorriverista. En esto fue de su tiempo, quedando claro, sobre todo, que no provenía de una veta tradicionalista como aquella a la que pocos años después prestaría su adhesión.

Lo que es decisivo en la transformación de Montes es su venida a Madrid. Un episodio si se quiere inevitable en cualquier escritor de provincias con ambiciones, pero que al mismo tiempo le haría desligarse finalmente del espacio literario de sus inicios galleguistas. De acuerdo con testimonios propios y de otros contemporáneos, Montes se encontró, como era normal en la época, con todas las figuras intelectuales del momento que vivían en un Madrid decididamente pequeño. Al mismo tiempo confraternizó con la que resultaba ser su generación, algunos de cuyos miembros ya había conocido en su aventura ultraísta, la de los hombres del 27. Tal vez por eso pueda sorprender todavía más que, teniendo buenas relaciones con el republicanismo centrista y de derecha y con políticos gallegos de esa filiación, acabase echando su cuarto a espadas con los cuarteles más furibundamente antirrepublicanos del integrismo español.

Según los testimonios conocidos, a ello contribuyó y en ello se mezclaba el agradecimiento de favores, la búsqueda de un patrocinador seguro, la perspectiva de un cumplimiento de ambiciones literarias y profesionales y el halago a su vanidad de orador y escritor.

A partir de su adhesión a Acción Española, Montes se convertirá en un escritor cuyos énfasis son los de España, la monarquía, el catolicismo y Castilla. Y dicho esto cabría preguntarse cómo llegó Eugenio Montes a las filas de Acción Española. Xosé R. Barreiro Fernández[5] relata el descubrimiento de Eugenio Montes por parte de Acción Española. El 8 de marzo de 1932, el director de *Acción Española*, Santibáñez del Río, marqués de Quintanar, organizó en el hotel Ritz de Madrid una comida homenaje a Ramiro de Maeztu por la concesión del Premio Luca de Tena. A la comida asistió lo más granado de la intelectualidad monárquica española. Pronunciaron los habituales discursos el marqués de Quintanar, Pedro Sainz Rodríguez y Maeztu.

> Pero la auténtica sorpresa —son palabras de Vegas Latapie citadas por Barreiro— la constituyó la intervención, no de un espontáneo —puesto que no habló por propia iniciativa sino a insistentes ruegos de algunos comensales— pero sí de alguien hasta entonces desconocido del gran público. Yo mismo ignoraba su nombre ... Se llamaba Eugenio Montes. Su disertación fue realmente prodigiosa; nos dejó asombrados a todos los oyentes. La palabra —tono profesoral— magnífica; el contenido ideológico, de acrisolada pureza y adornado con preciosas imágenes y metáforas.[6]

Es evidente que hubo un intermediario entre Montes y Acción Española. Cómo si no, Montes, un joven «desconocido» para el mejor rastreador de intelectuales monárquicos y para la mayoría de los presentes, pudo introducirse en aquel círculo selecto e influyente con un excelente discurso preparado debajo del brazo y, lo que es más sorprendente, pronunciarlo en un acto en el cual la palabra estaba reservada a ilustres personalidades. Todo parece indicar —aventura Barreiro—, que estamos ante una sorpresiva puesta en escena para dar a conocer a este nuevo valor de la derecha intelectual ante un público selecto. Una representación que, de salir bien, como efectivamente ocurrió, ahorraría a Montes un largo peregrinaje de méritos hasta alcanzar el reconocimiento de los grandes y poderosos.

A Barreiro no le cabe la menor duda de que el intermediario fue el profesor José Rogerio Sánchez, el mismo que había presidido el tribunal en el que Montes obtuvo, con el número uno, la cátedra de Filosofía en el instituto de Cádiz. Rogerio, conocedor de los talentos de Montes, quiso incorporarle al grupo Acción Española, en el que él militaba.

Las ganancias se repartieron entre todos. Rogerio ganaba en reconocimiento de cara a Acción Española por el fichaje de Montes. El grupo Acción Española captaba a un nuevo y destacado miembro para la defensa de la causa, que no era otra que la salvaguardia de la monarquía católica, y la revista homónima contaba con un prestigioso colaborador.[7] A su vez, Eugenio Montes conseguía la corresponsalía en París que el diario *El Debate* le ofreció nada más concluir el discurso. Luca de Tena le propuso también la de *ABC*, pero Ángel Herrera Oria ya se le había adelantado.

¿Hubo otros intermediarios entre Montes y Acción Española? Muy posiblemente, sí.

Eugenio Montes no fue el único falangista que mantuvo relaciones con Acción Española. La misma Falange coqueteó y pactó con ella, pues se trataba del núcleo política e intelectualmente más organizado de la derecha antirrepublicana. En la revista de la sociedad cultural colaboraron también Ernesto Giménez Caballero, Pedro Mourlane Michelena, Rafael Sánchez Mazas y el propio José Antonio Primo de Rivera.

Sánchez Mazas, que había tenido contactos con la Juventud Monárquica Independiente, presidida por Eugenio Vegas Latapie,[8] no dejó de tenerlos con Acción Española y en muy diversas ocasiones transparentó sus simpatías hacia la Acción Francesa y hacia el pensamiento de Charles Maurras o de Maurice Barrés, simpatías y admiración que procedían de sus años bilbaínos. No en vano, Dionisio Ridruejo[9] siempre consideró doctrinalmente a Sánchez Mazas como un «nacionalista maurrasiano mucho más conservador que su jefe».

Es por lo tanto muy posible que Sánchez Mazas colaborara en la presentación de su amigo Montes al grupo de Acción Española, de la misma manera que fue de los que más insistieron posteriormente en presentarlo como uno de los mejores camaradas a la hora de poner la pluma al servicio de la Falange.

A raíz de la intervención de Montes, las estrategias de captación y apropiación por parte de Acción Española, a las que se sumaría más tarde la Falange, fueron constantes, empleando en cada caso los recursos más apropiados para elogiar y satisfacer su vanidad.

Acción Española puso a disposición de Montes su revista. Tras publicar una serie de breves artículos en la sección «Las ideas y los hechos», sus colaboraciones pasaron a ser más amplias y más comprometidas políticamente. Buena muestra de ello son «Rehaciendo España»,[10] el «Discurso a la catolicidad española»[11] o «¡¡Santiago y cierra España!!»[12]

Eugenio Vegas y José Luis Vázquez Dodero se ocuparon también de componer, bajo el título de *El viajero y su sombra*, una antología de los ensayos y artículos escritos por Montes entre 1931 y 1934 en distintos periódicos y revistas. El libro fue editado finalmente en 1940 por Cultura Española. Sin embargo, son reveladores los nombres que Montes cita en el prólogo como instigadores de la recopilación que debía salvar del olvido sus escritos dispersos. Éstos son los de José Antonio Primo de Rivera, Calvo Sotelo, Maeztu y Pradera. Curiosamente, el libro obtendría en 1940 el premio «José Antonio».

En abril de 1933, Acción Española ofrece a Montes (recién llegado de París, donde había ejercido la labor de corresponsal para *El Debate*, que le enviaba ahora a Londres) un banquete homenaje en el restaurante Molinero, en la Gran Vía de Madrid.[13] Asistieron casi un centenar de personas y hablaron las figuras más representativas de Acción Española (marqués de Eliseda, Sainz Rodríguez y Maeztu), de la Juventud de Acción Popular (Gregorio Santiago Castiella) y de *El Debate* (José Medina Togores). También intervino José Rogerio Sánchez, el mencionado presidente del tribunal que dio la plaza de catedrático de Filosofía a Montes.

En 1934 Acción Española ofrecería otro banquete a Montes en el Ritz. Cuantas veces pasa Montes por Madrid, Acción Española lo requiere como conferenciante,[14] ofreciéndole tras su intervención la habitual comida de homenaje.

En Falange Española, sin embargo, no era nada común la práctica del banquete-homenaje, pero no se dudó a la hora de hacer una excepción. El 24 de febrero de 1935, Falange organiza un almuerzo en honor de Eugenio Montes en el café San Isidro para conmemorar su éxitos como cronista del diario *ABC*. Habló Julio Ruiz de Alda, y Rafael Sánchez Mazas leyó una oración al «paternal camarada». José Antonio Primo de Rivera pronunció el brindis:

> Ésta es nuestra Falange; esta mañana, predicando en campos de Castilla; ahora, contigo en la mesa, hermano Eugenio Montes. Ésa es nuestra Falange; la que integra una intelectualidad que vivió sin entraña, perdida en un esteticismo estéril, con una tierra entrañable a la que se quiso privar de toda exigencia de estilo.
>
> Aquí sabemos fundir el sentido eterno de la tierra castellana con la exactitud difícil de un filósofo y de un poeta, si es que ser filósofo y el ser poeta son cosas distintas.
>
> No faltan consejeros oficiales que nos digan, Dios sabe con qué intención: «Hay que hablar al pueblo de una manera tosca para que lo entienda». Eso es una injuria para el pueblo y para nosotros, que no aceptamos ningún lenguaje para hablar, porque, como también decía Rafael, nos sentimos carne y habla de un pueblo mismo.
>
> ... Éste es el sentido de nuestro banquete; tú, Eugenio Montes, maestro en cosas difíciles, recobras para lo intelectual la función de servicio de artesanía, y nosotros luchamos porque entendemos lo que quieres decirnos. Ahora te vas a Roma. Cuando vuelvas, acaso haya qué llevar en la mente. Entonces te prometo que volverás a partir con nosotros el pan sobre estos mismos manteles del café de San Isidro.[15]

El semanario *Arriba*[16] afirmó —literalmente— que los asistentes al banquete frisaban en los ochocientos y que dos centenares más invadieron la sala a la hora de los brindis. Todo un despliegue para decidir a Montes, de adhesión incierta, a la militancia falangista.

En 1935 Montes recibe el premio Mariano de Cavia por su crónica sobre la muerte de Dollfuss.[17] Acción Española publica el artículo completo[18] y el semanario falangista *Arriba* no desaprovecha la oportunidad de felicitar a Montes y, a su vez, a Pedro Mourlane Michelena, premio Luca de Tena ese mismo año.[19] Ambos son presentados como

> dos de los mejores cultivadores de nuestras letras. Y al decir «nuestras» letras aludimos a algo más profundo que una mera coincidencia geográfica. Montes y Mourlane son «nuestros» por otras más sutiles y profundas afinidades, de preferencia, de estilo, de entendimiento de la Historia. Montes compartió con

> nosotros el pan antes de partir a Roma. Mourlane tiene el sitio en la mesa. En esta ocasión de justicia para ellos dos y de alegría para nosotros no queremos negarnos la esperanza de otras fechas jubilares que compartiremos bajo un techo mismo.[20]

Como señala acertadamente Barreiro, Eugenio Montes no participó directamente en la vida intelectual y política madrileña, por lo que su imagen no estaba desgastada por las tensiones de la difícil convivencia de aquellos años. A lo que hay que añadir que Montes poseía la habilidad de insistir en sus artículos en aquellos elementos ideológicos comunes a las distintas fracciones de la derecha (monarquía, catolicidad, repulsa del marxismo, del liberalismo, de los nacionalismos periféricos, rechazo a la República...) sobrevolando aquellos otros que claramente las distinguía. Todos por lo tanto se sentían representados y era sencillo considerarlo un escritor entre sus filas. En cierto modo se acercó a la ubicuidad política dentro del entramado de la derecha (sin olvidarnos de la Falange). Y cuando se distancia de la CEDA por las «relaciones» de ésta con la República, Montes cobra ya un sueldo astronómico del diario *ABC*.

Esta generalidad política no es de extrañar si tenemos en cuenta que en los escritos de Montes el discurso es casi siempre el mismo: la Monarquía católica, centrada en torno a Castilla, como esencia de la unidad española; es decir, nada fuera de la ortodoxia de Acción Española. A su vez, su característica nostalgia de la historia era patrimonio común de las fuerzas políticas que se identificaban con sus artículos. En realidad, en el conjunto de sus escritos no hay un verdadero y estructurado pensamiento político, hay interpretaciones y relecturas, en muchos casos caprichosas y convenientes, de la historia pasada, e interpretaciones de la presente casi siempre bañadas por el pasado. Y es que Montes es un periodista, un escritor, no un pensador político. También un conferenciante brillante y un estilista de la prosa, capaz por lo tanto de dar brillo y lustre a cualquier asomo de ideas de la derecha antirrepublicana.

Pedro Mourlane Michelena también se había trasladado a la capital. Con la llegada de la República había abandonado su puesto en *El Liberal* y las posibilidades de trabajo en Bilbao parecían agotadas, va perdiendo ambiente y se encuentra desplazado. Madrid podía ofrecerle oportunidades de trabajo y podía también contar con la ayuda de buenos amigos, entre ellos Rafael Sánchez Mazas y Jacinto Miquelarena.

Es de suponer que su amistad con Sánchez Mazas le valió para obtener la colaboración con la revista *Acción Española*. Desde el primer momento se ocupó de la redacción de la crónica internacional, que firmaba con el pseudónimo de J. Hurtado de Zaldívar. Pero en el número 7 de la revista publicó un artículo elogioso del político francés Arístides Briand, que acababa de fallecer. Artículo que no podía pasar desapercibido a algunos de los responsables de una revista cuyo nombre era una derivación hispana de la «Action Française», publicación que había calificado a Briand como «el político más deshonesto y vil de todos los producidos por la podredumbre de la democracia, un traidor y enemigo público».[21] Personaje, Briand, al que Sánchez Mazas atacaría también duramente en la páginas de *España-Vaticano*[22] al denunciar la alianza del estado francés con la Curia para destruir la acción de los católicos franceses que atacaban los fundamentos de la República, es decir, los de la Acción Francesa.

El artículo de Mourlane se publicó junto a una nota, redactada por Vegas Latapie, que dejaba bien claro que la redacción no se solidarizaba con los juicios que el cronista vertía sobre Briand.

Pero lo que ya no podía llegar a tolerar la dirección de *Acción Española* es que Mourlane colaborara con *El Socialista*, colaboración que seguramente se debía a su amistad con Indalecio Prieto. Vegas Latapie escribe en sus *Memorias políticas*:[23]

> Dos meses más tarde [de la publicación del artículo sobre Briand], el primero de mayo de aquel mismo año, se publicaba un número extraordinario de *El Socialista*, en el que figuraba un artículo firmado por Pedro Mourlane Michelena. Con el periódico en la mano me dirigí a casa del marqués de Quintanar. Se lo enseñé, y le dije: «Este señor no puede firmar en *Acción Española* con su nombre y por eso firma con seudónimo; en cambio, donde firma con sus verdaderos apellidos es en *El Socialista*». El marqués de Quintanar entendió de sobra el alcance de mi crítica. A los pocos días obtenía la voluntaria renuncia de Pedro Mourlane Michelena a seguir colaborando en *Acción Española*.

Estas distintas colaboraciones de Mourlane obedecían más a sus buenas relaciones en el medio periodístico e incluso en el político que a lo que pudiera parecer intención de acomodo o de sacar partido de la situación y menos aún a cualquier tipo de alquiler de su pluma. Desconcertante parece a su vez que Mourlane reservase su nombre para un medio socialista y firmase en cambio con pseudónimo en otro más afín como *Acción Española*.

Jacinto Miquelarena se había trasladado a Madrid en 1930 para entrar como redactor de deportes en *ABC* y colaborador de la revista deportiva *Campeón*, que entonces publicaba Prensa Española. Desde Madrid colabora también con la información deportiva de *El Pueblo Vasco* de Bilbao. Más tarde, desde 1932, ejercerá la corresponsalía de *ABC* en el extranjero: primero en París y después desde Londres. Luego fue también corresponsal del diario *Ya* en Buenos Aires.

Fiel al género de su primer libro, en 1930 publica *Pero ellos no tienen bananas*,[24] título en el que se hace eco de una conocida canción del momento. De nuevo la crónica de viaje cargada de humor, que en este caso relata el trayecto París-Nueva York, en una primera parte más novelada, y posteriormente sus impresiones de la ciudad neoyorquina y de sus habitantes. El trazo grueso, la pincelada caricaturesca y el aire teatral de varios de sus personajes sirven para la descripción humorística y la ridiculización del tipo americano. Tampoco los adelantos, la eficiencia y la técnica que presiden la vida americana impresionan del todo favorablemente al autor. Por otro lado, es interesante señalar que Miquelarena no deja de aplicar su ingenio en el momento de establecer comparaciones o elaborar metáforas. Tanto por el contagio de la «moderna» realidad que se pretende describir como por las influencias del llamado «arte nuevo», el hecho es que los resultados son claramente vanguardistas: el divorcio es «la cirugía sentimental» (p. 71); los ascensores, «jaulas disparadas al cielo por los cañones de cemento» (p. 92); Broadway, «vía que marcha escorada desde la crestería de rascacielos de Battery Place —mechón de cactus de cemento— hasta el infinito» (p. 65).

En 1931, con un nuevo título, *Veintitrés*,[25] insistirá, si no en la crónica, sí de nuevo en las notas de viaje, agrupadas aquí en veintitrés capítulos en los que resume sus experiencias y saberes de viajero. Libro lleno de ingenio en el que el autor ensaya, con menor fortuna, el cuento de humor. Años más tarde llevaría también el humor al teatro escribiendo en colaboración con Luis de Urquijo y con música de Juan Tellería la obra titulada *El joven piloto* (1934).

Fruto de su dedicación al comentario deportivo es el libro *Stadium (notas de sport)*,[26] escrito dentro de la moda deportiva de la época: «Y vino la generación "sportiva". Más sana, más generosa y más optimista. Traía claridad y un ímpetu desconocido. Gentes que pasaron ante los cafés sin detenerse y sin ningún deseo de tomar parte en reuniones de figuras de cera» (p. 8). Una moda incompatible con aquella que según el autor lanzó Francia a fines del siglo pasado:

> Francia lanzó con un aire romántico su moda para intelectuales, como lanzó otras modas y como las sigue lanzando aún. Exigió más pelo, más chambergo, más corbata y más caspa. Dio a Montmartre categoría de Jardín Zoológico. Hizo que el Café dignificase y decorase el estatismo hasta cierto punto. Puso en circulación la noticia consoladora de que la pobreza es un buen conductor del arte. Y acabó por asegurar, o poco menos, que la ducha sobre una cabeza inteligente es la hecatombe: reblandece el soneto (p. 7).

El volumen tiene la misma construcción fragmentaria de sus notas de viaje, que ahora se convierten en comentarios, en apuntes personalísimos, agudos e ingeniosos sobre lo que entonces se denominaba *sport* y que suponen ya no sólo otro estilo dentro de las formas clásicas de expresión del comentario deportivo, sino también una visión diferente y diferenciadora del deporte.

No faltan en el volumen los ya característicos pensamientos breves e ingeniosos del autor. Aforismos, máximas, comparaciones... aplicados ahora al mundo del deporte:

> Un pueblo. El ciclista que huye penetra en las casas como un balazo de colores. En seguida, el grupo que le caza acribilla velozmente el villorrio (p. 68).
>
> El *cross-country*, prosa del atletismo.
>
> Los saltos, los lanzamientos, las carreras de pista, todo lo que puede ser escrupulosamente medido en centímetros y en quintos de segundo, es el verso (p. 77).
>
> Trozos duros, en un recorrido de *cross*; y trozos esponjados. El corredor debe aceptar el pedazo de pan de la Tierra que le den.
>
> No vale ser, exclusivamente, corredor de corteza.
>
> No vale ser, exclusivamente, corredor de miga (p. 79).

Unos cuantos ejemplos son suficientes para recordar a Giraudoux,[27] algunas de cuyas máximas son citadas y traducidas por Miquelarena. Pero las identidades con el escritor francés, más allá de la simple expresión aforística, son también otras: alabanza entusiasta del deporte, correspondencia con la belleza corporal y moral, ética esteticista, valoración negativa del deporte profesional, el deportista frente al burgués, el ejercicio físico colectivo como creador y plasmador del patriotismo, las repercusiones políticas y nacionales del deporte, el deportismo frente al régimen parlamentario... Ideas en las que insistirá más explícitamente Miquelarena en sus colaboraciones con el semanario falangista *FE*.

El humor y la ironía —no sin su parte de ternura—, elemento unitario de las distintas facetas de Miquelarena como periodista y escritor, podían sin embargo llegar a transformarse en dardos agresivos y mordaces. Tal es el caso de los breves párrafos que en la sección «Punto y Aparte» del diario *ABC* escribía Miquelarena anónimamente contra la República, sus representantes y la prensa liberal.[28] La figura de Indalecio Prieto y el diario *El Liberal* de Bilbao son blancos frecuentes de sus críticas. Ya apuntaba el tipo de literatura que dispararía durante la guerra.

A Agustín de Foxá la proclamación de la República le sorprende en Bulgaria, donde acababa de ser destinado. En 1930, tras estudiar la carrera de Derecho en la Universidad Central de Madrid, había ingresado en el cuerpo diplomático. Su primer destino fue Bucarest (agosto 1930-febrero 1931) y posteriormente Bulgaria (marzo 1931-marzo 1932), en la Legación de Sofía. En abril de 1932 vuelve a Madrid.

En la capital se edita su primer libro: *La niña del caracol*,[29] versos en romance que imprimió Manuel Altolaguirre. Su segundo libro es también libro de versos: *El toro, la muerte y el agua*,[30] prologado con más versos por Manuel Machado.

Foxá fue figura destacada del romántico cenáculo de «Los Crepúsculos», en el que participaron, entre otros, Altolaguirre, García Viñolas, Carlos Miralles, Rodríguez de Rivas y Ruano. Visitaban los cementerios románticos de Madrid y algunos otros lugares sugestivos (el Jardín Botánico, la Alameda de Osuna, el castillo de Boadilla del Monte) donde leían sus discursos y poemas.

Fuera de estas diversiones elegantes y literarias, Foxá, como tantos otros escritores, toma partido en la política y, no podía ser de otra manera, milita en las «Juventudes Monárquicas». Esta toma de postura le irá distanciando de algunos de sus amigos escritores, entre los que se contaban Altolaguirre, Lorca, Alberti, Bergamín, Cernuda, María Zambrano...

Para estudiar Derecho en la Universidad Central, José María Alfaro Polanco se había trasladado también a Madrid. Nacido en Burgos el 30 de agosto de 1906 en el seno de una familia de la alta burguesía, el horizonte de su infancia se extiende sin embargo hasta las tierras montañesas de Aguilar de Campóo, de donde procedía su familia materna y donde pasó largas temporadas. Vivió también unos años en Barcelona, donde estudió con los jesuitas.

Interesado tempranamente por la poesía, sus primeras colaboraciones son para la revista *Parábola*, de Burgos, fundada por él mismo junto a Eduardo de Ontañón, en cuya librería se desarrollaba una tertulia literaria a la que asistía Alfaro. Colabora también con *Meseta*, de Valladolid, y con *Manantial*, de Segovia. En Madrid, influido por el ultraísmo, funda con otros amigos *Nueva Revista*. Más tarde creará la revista *Extremos a los que ha llegado la poesía*, donde publica su «Elegía a Baudelaire». En la capital frecuenta las tertulias literarias y conoce y entabla amistad con Alfredo Marquerie, con César González Ruano, con el Giménez Caballero de *La Gaceta Literaria*, con Rafael Cansinos Assens, con Ramón Gómez de la Serna, con Federico García Lorca y con Eugenio Montes, Rafael Sánchez Mazas y Pedro Mourlane Michelena. Mantuvo también una gran relación con Pedro Salinas y León Felipe.

Sus primeros versos en Madrid los publicó en *Blanco y Negro*. En 1930 escribió «Pequeña Oda a Burgos» que se publicó en el diario *ABC* el día 3 de mayo de 1931:

> De legiones tendidas hasta el Duero,
> arremeten las rocas las espadas;
> sin posible deriva, las aldeas,

ancladas en las márgenes del hierro,
se clavan entre rosas de corceles.
Un viento empuja todo —Dios espera—:
bajará el Norte al Sur, nieves y rocas
taladradas de lanzas y de soles.

El fuego va, camino de los ríos,
sin luna, por llanuras de cristianos;
todo lo lleva en sí, nada le aguarda,
rígido, entre las llamas con sus curvas,
cien pendones sembrando —mil naciendo—.
¿Quién será el capitán? Nadie lo sabe.
¡Del Arlanzón al Duero se ha perdido!

Poema al que en ocasiones se le ha asignado, erróneamente, un cierto sentido esotérico de ese capitán perdido, en una referencia a José Antonio Primo de Rivera.

Las relaciones de amistad que estos escritores fueron estableciendo son indicadoras en muchos casos de sus afinidades literarias, estéticas e ideológicas. Afinidades que, dedicados casi todos ellos profesionalmente a la literatura y al periodismo, fueron agrupándolos también en la colaboración con determinados diarios y revistas (*ABC*, *El Sol*, *Informaciones*, *Acción Española*). Es el diario *El Sol* el primero en reunirlos. Manuel Aznar, primer director de *El Sol*, rompió pronto con el grupo inspirador del diario y fue sustituido por Félix Lorenzo («Heliófilo»). Sin embargo, en 1931, meses antes del 14 de abril, los accionistas de tendencia moderada y monárquica de *El Sol* (el vizconde del Real Agrado y varios financieros bilbaínos) desplazaron a don Nicolás María Urgoiti del control de la empresa periodística. Y con Urgoiti salieron Ortega, Heliófilo, Bagaría, Zulueta, Luis Bello y Azorín. Aznar volvió entonces a tomar la dirección del periódico, y con él entraron, entre otros, Sánchez Mazas, Mourlane Michelena, Eugenio Montes, José María Alfaro y Víctor de la Serna. Algunos de ellos, ya lo hemos señalado con anterioridad, habían colaborado con el periódico en la primera época de Aznar. De nuevo se torna distinto y particular Ernesto Giménez Caballero, que colaboró con el *El Sol* de Urgoiti. Por más de un año escribió en el periódico como crítico literario y sus artículos se coleccionaron y publicaron en 1927 bajo el título de *Carteles*.

Para José María Alfaro son las primeras colaboraciones en prosa (artículos de crítica y de glosa literaria) para un gran diario. Sánchez Mazas y Eugenio Montes, firmas ya reconocidas, solían ocupar el «folletón» de los domingos con breves ensayos divagatorios compuestos en su mayoría por acumulación de notas eruditas y alusiones referidas a un tema central. Montes escribe sobre el barroco y, coincidiendo con su expulsión, sobre la Compañía de Jesús. Sánchez Mazas insiste en la cultura italiana, en la evocación de tiempos pasados, sin olvidar la teoría política y la pintura. Publicaron también en *El Sol* artículos periodísticos insertos en la actualidad, sobre todo en la actualidad política.

En las esferas políticas, tanto como en las eclesiásticas, produjeron gran controversia los «Encuentros con el Capuchino», que bajo el pseudónimo de Persiles publicó Sánchez Mazas en el diario durante el verano de 1931. Se trataba de un adelanto de la polémica que provocaría *España-Vaticano. La política religiosa. Encuentros con el Capuchino*, extenso ensayo dialogado sobre política religiosa publicado por Persiles en 1932.[31] Con esta obra afirmaba Sánchez Mazas su oposición a la política temporal de la Iglesia (llámese Vaticano, actuaciones del nuncio —monseñor Tedeschini—, del Cardenal Arzobispo de Tarragona Francesc Vidal i Barraquer, de la Acción Católica, de Ángel Herrera Oria, de Gil Robles o de las derechas conservadoras), así como a los conceptos de acatamiento al poder constituido y de accidentalidad de las formas de gobierno. Se sitúa el autor por lo tanto en la línea de los católicos monárquicos no posibilistas, que, frente a los católicos posibilistas republicanos, se oponían a la política de *ralliement* con la República, cuyo entendimiento con la Iglesia supondría su estabilidad política, y, claro está, las nulas posibilidades de la restauración de la monarquía católica, consustancial a su entender con la grandeza nacional y la fe católica. Sin embargo, Sánchez Mazas, elemento poliédrico, se mantiene independiente, con un planteamiento de actitudes que desembocará en el falangismo.

Preside el libro la afirmación del «principio vital, civil, autónomo del Estado» frente a la Iglesia, cuya misión debe ser exclusivamente espiritual, así como la afirmación de la supremacía de los intereses nacionales, políticos o religiosos, sobre los intereses de la curia. La Iglesia debe por lo tanto —afirma— volver a sus «puras esencias». El extenso diálogo, acompañado de numerosas notas, analiza fundamentalmente las relaciones del Vaticano con España (debilidad de la Monarquía de Alfonso XIII y actitud más que posibilista frente a la II República), Francia e Italia, deteniéndose posteriormente en la situación de la catolicidad española.

La confusión entre religión y política, propiciada por la situación, fue común en este período.[32] Los mismos que la denunciaban defendían opciones políticas distintas que igualmente trataban de presentar en conexión íntima con sus planteamientos religiosos. Tal es el caso de Sánchez Mazas. En sus consignas y editoriales políticos contra la derecha conservadora es frecuente la utilización del argumento de que han usado y abusado de la religión explícitamente para sus propagandas políticas. Se trata de los mismos textos políticos en los que encontramos una mixtura de lenguaje religioso y político de gran utilidad retórica, donde se define a la Falange como una «milicia religiosa» y en los que se utiliza hábilmente la combinación religioso-política. Sánchez Mazas era, evidentemente, estatista, pero nunca defendió el laicismo del Estado.

Finaliza el libro Sánchez Mazas con un interesante elogio de «una escogida parte de católicos» que se caracteriza por «descontentar» a todos los partidos políticos, por trascender a la política y equidistar igual de capitalismo y comunismo; su ideal político sería el régimen mixto, la Monarquía mixta (monarquía-aristocracia-democracia). Se caracterizan también por haber demostrado «perfecta sumisión» a las autoridades jerárquicas de la Iglesia, pero sin admitir injerencia clerical en política temporal. Son «apasionados», «impacientes», «intranquilos», inmoderados en la «pasión en el ataque», son, frente a la «vejez aparatosa, morbosa, profusa, pegajosa, vana y egoísta», la «futura primavera», «la juventud escueta, desnuda, bajo los anchos cielos del señor».

Todo ello, un claro precedente del pensamiento, actuación y retórica falangistas, línea que apuntaba ya el autor desde el principio del libro.

Efectivamente, Falange Española seguirá la línea definida por Sánchez Mazas en *España-Vaticano*. La *Norma Programática de la Falange*, en cuya elaboración (noviembre de 1934) participó Sánchez Mazas, en su punto n.º 25 dice:

> Nuestro Movimiento incorpora el sentido católico —de gloriosa tradición y predominante en España— a la reconstrucción nacional. La Iglesia y el Estado concordarán sus facultades respectivas, sin que se admita intromisión o actividad alguna que menoscabe la dignidad del Estado o la integridad nacional.

Esta fórmula se logró con no poco esfuerzo[33] y la reunión celebrada sobre el tema hizo patente la abierta hostilidad a toda referencia religiosa por parte del sector más puramente estatista y fascista de la Falange, animado por Ramiro Ledesma Ramos,[34] Ernesto Giménez Caballero y Rafael Sánchez Mazas. Por oposición a lo expuesto en el punto 25, personajes como Francisco Moreno y de Herrera, marqués de la Eliseda, abandonaron la Falange. Consideraban que el espíritu que informaba el artículo era francamente herético.[35]

Esta cuestión había sido expuesta ya, con más claridad si cabe, en los *Puntos iniciales de la Falange*,[36] que en su punto 8 (Lo Espiritual), pese a afirmar que «toda reconstrucción de España ha de tener un sentido católico» ya que «la interpretación católica de la vida es, en primer lugar, la verdadera; pero es, además, históricamente, la española», no deja de precisar que el Estado no va a «tolerar intromisiones o maquinaciones de la Iglesia con daño posible para la dignidad del Estado o para la integridad nacional». En el discurso fundacional del 29 de octubre de 1933, José Antonio Primo de Rivera había afirmado:

> Queremos que el espíritu religioso, clave de los mejores arcos de nuestra Historia, sea respetado y amparado como merece, sin que por eso el Estado se inmiscuya en funciones que no le son propias ni comparta —como lo hacía, tal

vez por otros intereses que los de la verdadera Religión— funciones que sí le corresponden realizar por sí mismo.

Los falangistas se declararon, por lo tanto, católicos, identificación en muchas ocasiones más cultural y retórica que real, y entendieron el catolicismo como parte integrante de su idea de patria o nación y consustancial con la grandeza nacional, a la que debe colaborar y servir la Iglesia española sin entrometerse en las funciones propias del Estado. Es evidente también, en general, la postura anticlerical y escasamente vaticanista de los militantes de la Falange. Incluso llegó a convertirse en tópico la referencia al «Saco de Roma». Serrano Suñer comenta en sus *Memorias*[37] que principalmente Sánchez Mazas, pero también otros retóricos menores de la Falange, aludían, ante la más pequeña dificultad que la Iglesia pusiera, a la necesidad de volver, como en tiempo de Carlos V, al «Saco de Roma».

Sin embargo, el catolicismo era útil sobre todo por los estrechos vínculos que en ciertas capas sociales lo unían al sentimiento nacional. Por lo tanto, según esta concepción, implícita que no explícita, la religión no es el motor de la regeneración de España, sino un elemento que conviene tener en cuenta para su realización.

Ahora bien, para los falangistas, el modelo de organización elitista de la Iglesia ejerce una cierta fascinación. Se refieren a la Iglesia sobre todo como estructura jerárquica acabada y eficaz, y no se refieren al contenido doctrinal del catolicismo o al sentimiento religioso.

Al contrario de lo que pudiera parecer tras la exposición de su contenido, *España-Vaticano* no es un riguroso ensayo expositivo, sino un ameno diálogo no carente de ironía y humor. Persiles y el padre Hilario Le Kock de Roscanvel, capuchino bretón que conoce con detalle la enredadera vaticana, viajan hacia Roma mientras mantienen un largo y bizantino diálogo sobre política religiosa.

La forma dialogada, además de dotar al libro de gran amenidad, es el instrumento adecuado para la argumentación. No es impreciso por lo tanto relacionar *España-Vaticano* con los diálogos literarios renacentistas que tanto proliferaron en el siglo XVI en su vertiente de diálogo vivo y satírico de filiación lucianesca, que fue revitalizada, por Erasmo en sus *Colloquia*. No hay que olvidar tampoco la influencia de los diálogos platónicos.

El erasmismo, que influyó enormemente en España, sobre todo en la época de Carlos V, se refleja en numerosas obras literarias y religiosas que satirizaban los vicios eclesiásticos o propugnaban una mayor sinceridad en las prácticas cristianas. Concretamente, en el *Diálogo de las cosas acaecidas en Roma*, del erasmista Alfonso de Valdés encuentra Sánchez Mazas la horma para su obra. Entre ambos libros hay muchas semejanzas de composición, de tratamiento y de tono. Ambas son obras de ataque (intromisiones de la curia romana en el poder temporal) y defensa (orden político cristiano, enriquecimiento de la espiritualidad de la Iglesia...) que parten de una contraposición establecida: emperador o Estado frente a curia romana. Los contertulios (tanto Lactancio como el capuchino son eclesiásticos y miembros de la curia romana) son entes de ficción sin profundidad, cuyo fin no es otro que poner de manifiesto una tesis, ya sea la nobleza del emperador y la corrupción de la Iglesia en el caso de Valdés, o sea, la afirmación del principio civil del Estado y la lamentable situación de la Iglesia en España en el caso de Sánchez Mazas. El nuevo orden, en ambos diálogos, aparece como una esperanza al final.

Además de recurrir al diálogo como instrumento para la argumentación, en ambos casos es semejante la utilización de los «exempla», de la ridiculización y de las concatenaciones silogísticas. El tono es en ambos libros desenfadado e irónico.

España-Vaticano es una obra cuya intencionalidad no es puramente literaria, o no es principalmente literaria, no sin que su resultado en parte lo sea. Demuestra el autor un gran manejo del diálogo, muy bien construido; el acierto de un estilo sencillo y apropiado a la realidad de los personajes.

Son evidentes en el libro los conocimientos del autor sobre el entramado vaticano y sus relaciones con las distintas naciones, sobre la política religiosa española, italiana y francesa. Su estancia en Roma como corresponsal de *ABC* desde 1922 a 1929 y las relaciones mantenidas durante este período con la embajada española ante el Quirinal y ante la Santa Sede, le revelaron la complicada naturaleza de la diplomacia vaticana. Precisamente sus conocimientos en materia vaticana —y sus cargos políticos e influencias— le llevaron de nuevo a Roma en misión oficial cuando el cardenal Paccelli fue elegido Papa.

La Iglesia católica y su relación con el orden temporal es un tema frecuente en la obra de Sánchez Mazas. Lo había tratado ya anteriormente en las crónicas enviadas desde Roma al diario *ABC*,[38] y lo volverá a tratar, de manera muy similar, en otros artículos y ensayos.[39]

La cuestión religiosa durante la II República española es considerada por muchos historiadores como una de las causas de que el Régimen no llegara a consolidarse. Trata, por lo tanto, Sánchez Mazas un tema candente, al que hay que añadir las espinosas referencias a la catolicidad francesa y al fascismo italiano, así como los ataques a la diplomacia temporal vaticana, al alto clero, a Acción Católica, a la política del nuncio Tedeschini y del cardenal Vidal i Barraquer. Se pronuncia además tempranamente, pues en marzo de 1932 las distintas posturas de los católicos españoles ante la II República no están todavía claramente marcadas y enfrentadas. No se han perdido las esperanzas de una posible unión de todos los católicos.

Por lo tanto, estaba claro que el libro no iba a ser del agrado de Roma, ni de Tedeschini, ni de Vidal i Barraquer, ni de muchos católicos españoles. Un libro duramente crítico, que no apoyaba las indicaciones romanas, ni las directrices del nuncio y que veía la luz en un momento delicado de las relaciones entre la Iglesia y la República, a cuya estabilidad convenía la unión de los católicos bajo la postura posibilista indicada por Roma. Sin embargo, su publicación sí parecía conveniente a los católicos no posibilistas. No en vano, la derecha monárquica presionó a Sánchez Mazas para que publicara el libro, que apoyaría la postura contra el nuncio.

Así pues, el hecho de que Sánchez Mazas publicara su obra bajo el seudónimo de *Persiles* parece indicar cierta cautela por parte del autor. Efectivamente, el diálogo, poco tiempo después de ser publicado, desaparece de la circulación. Todo hace suponer que los temores del autor o bien se acrecentaron o bien se confirmaron.

El sacerdote Lluís Carreras, consejero del cardenal Vidal i Barraquer, no duda, en carta a Federico Tedeschini fechada el 18 de junio de 1934, en afirmar el integrismo extremo de Sánchez Mazas y su colaboración en las intrigas contra los posibilistas:

> Una vez más se comprueba, en documento fehaciente esta vez, la colaboración de las personas y de las tendencias que, de lejos en *Siglo Futuro* y *Acción Española*, y luego en libros como *España-Vaticano*, de Sánchez Mazas, y el *Derecho a la rebeldía*, y en campañas artificiales pero concordantes al fin supremo de la intriga, como es la reciente acerca la Primada y el Cardenal de Tarragona, aspiran a hacer revivir el tradicional regalismo español, que muchos creen poder definir con esta sola frase, toledanismo, no al servicio de la Iglesia, sino del más extremo nacionalismo español.[40]

José-Carlos Mainer afirma que la jerarquía eclesiástica hizo recoger el libro.[41] Andrés Trapiello, que Sánchez Mazas, asustado, terminó quemando toda la edición.[42] La hipótesis de que el propio autor retirara la obra, no sin ciertas presiones por parte de la jerarquía eclesiástica, parece la más acertada. De hecho, es una de las obras más desconocidas del autor, pocos saben de su existencia y menos aún de su contenido real. Sánchez Mazas no volvió a escribir bajo el seudónimo de *Persiles*.

Por otro lado, Eugenio Montes, en su *Discurso a la catolicidad española*, también llevaría a cabo la crítica de la posición accidentalista en cuanto a las formas de gobierno: «Es menester que, de una vez para siempre, comprendamos este axioma. Todo relativismo, por el solo hecho de serlo, ya es anticatólico. Convertir la relatividad en norma ideal o hábito de conducta equivale a entregarle el alma al diablo».

Sin embargo, aunque ambos textos denuncien una misma situación y apunten a un mismo blanco —la República—, el discurso de Montes, frente al de Sánchez Mazas, no es de clara orientación fascista, sino que sus argumentaciones responden al más puro tradicionalismo monárquico y católico: «"España deja de ser católica y monárquica", dice el presidente del Gobierno de la República. La frase es justa, aunque quizás un poco larga. Con haber dicho: "España dejó de ser", hubiera bastado». Lo que vemos aquí es la confirmación de que Montes no es que escribiera exactamente al dictado, pero sabía cómo orientar su teoría de la cultura a lo que resultaba conveniente. En el *Discurso*, Montes advierte de la posibilidad, si se sigue insistiendo desde ciertos sectores del centro católico en provocar la discordia de lo nacional y lo católico, de un nacionalismo español anticatólico y antirromano:

> Si la armonía y la grandeza de nuestra tradición consisten en la ausencia de conflictos entre lo cesáreo y lo divino, o, mejor aún, si la grandeza de nuestra historia consiste en la ancha y profunda catolicidad del ser hispano, es evidente que la más leve riña entre lo nacional y lo católico sería desgarradora para España.
>
> Por desgracia, la posibilidad de un nacionalismo español antirromano —y ya por ello condenado a no ser español— existe. Yo quisiera no verlo, pero no puedo impedir que, a veces, y cada día con más insistencia, por mis ojos pase una sombra, anticipada, de tragedia. Temo, en ocasiones, que las fuerzas indecisas aún, acampadas a las puertas de la República, se pasen al enemigo, y entonces una visión muy triste del futuro me acongoja. Ya sé que si alguien pasase el límite último, la orilla que desde hace algunos meses está pisando, no entraría con él la verdadera bandera católica, por lo cual el entendido, el inteligente, no debería confundir la infortunada aventura de don Fulano de Tal con las posiciones de la Iglesia. Sí; pero este distingo que el entendido debe hacer siempre, las multitudes no lo hacen.

Quizá sea conveniente recordar aquí de nuevo que el fascismo español nunca fue laicista y que manejó argumentaciones muy semejantes a las de Montes para unir el catolicismo con la esencia nacional. Por otro lado, Montes argumentaba en su *Discurso* que el fascismo italiano (que «iba camino de ser un mero desorden garibaldino y maziniano, anticatólico y anticlerical») había evitado los conflictos con la Iglesia recabando la ayuda de la monarquía. Y todo ello, según Montes, gracias al «genio político» de Mussolini. Incluso en nota al texto afirma Montes: «El movimiento de Mussolini, como todo fascismo, hunde sus raíces en una conciencia de la derrota. Por ello es posible y deseable un fascismo en España, como reacción contra la desgracia de la patria herida.[43] Sobre las condiciones, ideales y contenidos que requiere el haz español, no puedo condensar en cinco líneas mi juicio».

5

En torno a José Antonio en la Falange

José Antonio Primo de Rivera y los intelectuales

Cuando José Antonio Primo de Rivera decide la creación de un movimiento político con la intención de llevar a cabo lo que estimaba como necesaria rehabilitación de España, considera que esta labor ha de estar dirigida por una minoría rectora. Hay en esta consideración, como en otras muchas, influencias notorias del pensamiento de Ortega y Gasset (las masas dirigidas y controladas por una aristocracia social), de Eugenio d'Ors (la política como misión y como tarea que corresponde asumir a las minorías rectoras), de Ramiro de Maeztu, de Unamuno o de Spengler. No hay que olvidar, por otro lado, las influencias que, en este sentido, recibe a través del propio grupo de intelectuales que confluyen en su entorno. Éstos compartieron una ideología definida por la superioridad de los gobernantes a los gobernados, por la misión rectora de las minorías selectas y de las inteligencias cultivadas. Y no cabe duda de que el mencionado grupo de escritores se sentía parte integrante de dicha élite.

A todo ello hay que añadir el referente político italiano.[1] Referente que hay que tener muy en cuenta a la hora de explicar la confluencia del grupo de escritores en torno a Primo de Rivera. La mayor parte de ellos consideraban el fascismo italiano un ejemplo que no podía pasar inadvertido y sabían de la importancia y peso de la figura del intelectual en dicho movimiento. Incluso, tal es el caso de Sánchez Mazas y de Giménez Caballero, habían establecido vínculos de estrecha amistad con algunos intelectuales y escritores identificados con el fascismo. Intelectuales militantes encargados de elaborar el corpus doctrinal y las directrices de la política cultural e interesados en la difusión del fenómeno fascista en España.

Por lo tanto, José Antonio Primo de Rivera se apoya y rodea de intelectuales con una experiencia directa del fascismo o directamente interesados en la «importación españolizada» del fenómeno fascista, y, a su vez, los intelectuales encuentran en la figura de José Antonio al jefe o líder necesario para la puesta en marcha del fascismo hispánico.

Giménez Caballero lo había buscado en Manuel Azaña,[2] Indalecio Prieto o Francisco Largo Caballero, para luego colocar a José Antonio Primo de Rivera como principal candidato para encabezar un partido fascista en España, aunque posteriormente lo denostara y lo encontrara de nuevo en Francisco Franco. Por su parte, Sánchez Mazas, por citar a otro de los precursores del fascismo español, con el que rivalizaría siempre Giménez Caballero, encontró en José Antonio Primo de Rivera a su jefe, con el que estableció una fuerte unión que perduraría hasta su muerte. No en vano de Sánchez Mazas partiría la propuesta del establecimiento del caudillaje único en la figura de José Antonio.[3] A su vez, Primo de Rivera tuvo en Sánchez Mazas a su principal consejero y artífice de gran parte del ideario y simbología falangistas. Muchos otros de los miembros de la falange intelectual reconocieron en la figura de Primo de Rivera a su dirigente, aunque para algunos de ellos —Samuel Ros o Dionisio Ridruejo, de militancia más tardía— esto ocurriera tras el discurso fundacional del 29 de octubre de 1933.

Es también importante señalar, porque explica asimismo la confluencia que venimos subrayando, que José Antonio Primo de Rivera no deseaba aparecer como cabeza de un movimiento simplemente activista y compuesto únicamente por hombres de acción. Ni mucho menos que se le considerara al frente de un grupo político que pudiera ser comparado con anteriores ensayos fascistas (*La Camisa Negra* o *La Traza*) que habían sido caracterizados por su falta de seriedad o de doctrina. Muy al contrario, lo que buscaba era encontrar legitimidad para su proyecto político en las élites intelectuales. José Antonio Primo de Rivera tenía muy presente la experiencia de la dictadura de su padre, que había carecido del apoyo de la clase intelectual. Ramiro Ledesma, en su libro *¿Fascismo en España?*, incide en estos dos aspectos:

> El semanario *FE* lo controlaba personalmente Primo de Rivera, que imponía las características. Su razón fundamental para ello era que por ningún concepto quería que nadie lo presentase como dirigente de un movimiento sin doctrina, seriedad y pulcritud. Que nadie creyese que con él se repetía el ensayo mostrenco de Albiñana. Y, sobre todo, pesaba en el ánimo de José Antonio una preocupación que lo acompaña constantemente, y es piedra crucial de su juicio sobre la dictadura de su padre: el afán de contar con los intelectuales, de halagarlos y apoyarse en ellos.

Parece claro que José Antonio Primo de Rivera no quería ser considerado meramente como un político, sino también como un intelectual, incluso quizá como un literato: un Unamuno, un Ortega o tal vez un Azaña.

Por otro lado, Eugenio Montes, muy cercano a José Antonio Primo de Rivera, aporta la siguiente reflexión:

> A José Antonio le ocurría una cosa. No le emocionaban aquellos medios en los cuales había nacido, se había criado y había estado siempre. Como su mocedad transcurrió cuando su padre era dictador, esto le cohibía para tratar asiduamente otros grupos. José Antonio hubiera querido, por ejemplo, tratar con escritores; pero casi todos los escritores estaban contra la Dictadura. Sobrevaloraba aquellos medios con los que había tenido poco contacto y, en cambio, veía sin cristales esmerilados, con sus defectos, los medios que le eran más habituales.[4]

No obstante, José Antonio Primo de Rivera sabía de la influencia del intelectual en la vida española de su tiempo. Contar con las firmas prestigiosas del momento era una manera de dar a conocer su proyecto e influir sobre la sociedad. A lo que habría que añadir sus propias inquietudes intelectuales, estéticas y literarias, íntimamente unidas a sus preocupaciones políticas, y sus relaciones de amistad y afinidad con muchos de los escritores con los que contaría.

A su vez, hablamos de una época de efervescencia social y agitación política. De hecho, la mayor parte de los escritores que confluyeron en torno a José Antonio Primo de Rivera ya había tenido, directa o indirectamente, experiencias políticas. Los acontecimientos exteriores eran lo suficientemente apasionantes como para hacer sentir su influencia en España y como para que los «intelectuales» tomaran partido. Sobre todo en torno a 1932, la politización de escritores e intelectuales es total. El entorno nacional e internacional es sumamente conflictivo.

Por otro lado, ante la proclamación de la República, muchos de ellos sintieron miedo al fin de su sistema de valores, como en el fondo lo sintió la derecha a la que tanto criticaron. De hecho, su literatura retorna a la época en la que tales valores estaban vigentes. Sus páginas son testimonio de la añoranza burguesa y de la nostalgia del tiempo antiguo. En realidad, su «futurismo» fue el encarnado en la retórica fascista, pero hay quien, como Foxá, siendo fascista aristocratizante, ni siquiera llegó a político en eso. Casi siempre acabaron orientados hacia el pasado, lo mismo en su retórica celeste que en sus evocaciones más íntimas

No podemos dejar de anotar aquí la admiración, e incluso la fascinación de los escritores falangistas por la persona y las cualidades de José Antonio Primo de Rivera. Todos han dejado diversos testimonios de ello. Basta con hojear libros como *Dolor y memoria de España en el segundo aniversario de la muerte de José Antonio*[5] o *Corona de sonetos en honor de José Antonio Primo de Rivera.*[6] A estas páginas podemos añadir, y los señalaremos más adelante, testimonios más sinceros y personales, si cabe, e incluso algunas de sus páginas literarias. No cabe olvidar tampoco un elemento de arribismo o esnobismo social: el reconocimiento mutuo entre José Antonio y los suyos entre tantos otros medios de la derecha tenía por fuerza que ser recompensado. La construcción de la figura joseantoniana, justo antes de la mitificación posterior a su muerte violenta, había comenzado con la manera de sopesar el valor de su amistad.

Quizás uno de los mayores triunfos de José Antonio Primo de Rivera fuera conseguir atraer a lo más granado de los intelectuales, dejando aparte los elementos liberales y progresistas; y que lo hiciera precisamente en un momento en el que casi toda la vida intelectual española giraba alrededor de círculos intelectuales democráticos y republicanos. Y que lo hiciera en el contexto más brillante de la literatura española.

Consiguió lo que no habían conseguido otros. Ramiro Ledesma Ramos, con el apoyo de Giménez Caballero, lo había intentado ya sin muy buenos resultados. A unos postulados demasiado revolucionarios, radicales y violentos, a la falta del apoyo de la derecha, hay que sumar el hecho de que Ledesma no estaba interesado en las elucubraciones sobre la latinidad o la romanidad, ni dispuesto a abordar la política desde posturas estéticas o literarias. Cuando se produjo la ruptura entre Ledesma y Giménez Caballero, el séptimo número de *La Conquista del Estado*[7] insertó la siguiente nota: «Giménez Caballero, en nuestra opinión, tiene sólo el defecto de lanzarse a los escarceos políticos con un exclusivo sentido literario ... a completa satisfacción nuestra, abandona en estos momentos *La Conquista del Estado*».

Por muy parecidas razones y con términos más contundentes descalificaría Ledesma Ramos posteriormente a Sánchez Mazas y a otros miembros de la *corte literaria*. Ledesma Ramos no se daba cuenta de que para ellos la política y la estética eran una misma cosa.

Ahora bien, esto era algo que al propio José Antonio Primo de Rivera también acabaría preocupándole, pues se sabía rodeado de personas valiosas pero sin capacidad de gobierno, y sabía también que los intelectuales de los que disponía no eran hombres de acción. Dionisio Ridruejo[8] testimonia esta preocupación que Primo de Rivera le transmitía en el otoño del año 1935:

> ...insistía en preguntarse qué podía hacer él con aquellos camaradas a los que atribuía todas las virtudes menos la capacidad de gobierno, si un día, por azar, éste, el gobierno, viniese a caer en sus manos. Luego supe que esa confidencia la había hecho, aún con más crudeza, a otras personas con las que tenía confianza.

Pongamos un caso revelador, el de Rafael Sánchez Mazas. Pese a su intuición historicista a la hora de crear el ritual de la Falange, sus dotes no estaban acompañadas, como demostraría posteriormente, de capacidad organizativa o propagandística. Para tener un «Goebbels» a la española hubieron de esperar a Ridruejo, lo que es como decir, a la guerra. También en esto Sánchez Mazas era más «antiguo» de lo que su inspiración en el fascismo italiano podía dejar entrever, y se sustrajo a los elementos técnicos que podía haber detraído de sus colegas mussolinianos. De otro lado, lo disparatado de las pretensiones de Giménez Caballero, sin duda mucho más práctico que su rival, y en cierto modo considerablemente más «moderno», no le acreditaba como un individuo fiable.

En efecto, los autores de los que hablamos difícilmente podrían ser caracterizados *prima facie* como políticos o ideólogos: no fueron teóricos de la política ni juristas o filósofos sino literatos. La prueba es que están en la Historia de la Literatura y en la Historia a secas, no en la del pensamiento o las ideas políticas. No cabe duda, sin embargo, de que su primer influjo fue político-ideológico, sobre todo antes de la guerra civil. Ello se explica en virtud de las particulares condiciones del fascismo europeo, adecuadamente descrito por Walter Benjamin como «estetización de la política», de la que constituyen una expresión bastante conseguida. Y eso que no es ocioso distinguir entre los contemporáneos de distintas edades que, como Unamuno u Ortega tenían pasiones o intereses cívico-políticos, digamos, y los que sólo por una circunstancia intensa, muy localizada y traducida a estética, se vieron en la tesitura de suministrar a una formación política algo parecido a la agitación y propaganda, se llamaran Alberti o Giménez Caballero.

Falange Española

El primer encuentro de las distintas tendencias profascistas españolas se produjo en torno al semanario *El Fascio*. De su consejo de redacción formaron parte, por un lado, Ramiro Ledesma Ramos y Juan Aparicio López —las figuras más representativas de las JONS—, y por otro, José Antonio Primo de Rivera y, agrupados ya en torno a su figura, Rafael Sánchez Mazas y Ernesto Giménez Caballero.

En febrero de 1933, Manuel Delgado Barreto, periodista y director del diario *La Nación*, aprovechando el descontento de algunos sectores con el gobierno de Azaña y el interés despertado en España ante la subida al poder de Adolf Hitler el 30 de enero de 1933, decide la creación de un semanario que aglutinara las distintas posturas simpatizantes con las ideas del fascismo. La publicación se titularía *El Fascio*,[9] nombre ya de por sí revelador de lo que se podía esperar de su contenido, y su primer número saldría a la calle el 16 de marzo de 1933. La posibilidad de que un proyecto de tales características saliera adelante intranquilizaba al Gobierno, y las directivas del partido socialista y de la UGT decidieron impedir la publicación.

A pesar de las dificultades, el primer y único número salió a la luz el día previsto, siendo incautado en su mayor parte por la policía. El Gobierno prohibió toda publicación ulterior del semanario.

La aportación de los colaboradores de *El Fascio* fue muy desigual. Gran parte del semanario se debe a la pluma de Giménez Caballero: una entrevista a Julio Ruiz de Alda; un texto de contenido ideológico, «Puntos de partida», tomado de su libro *La nueva catolicidad*; «El genio romano de Benito Mussolini», de la obra *Genio de España*; y el artículo titulado «El sentido social del fascismo». José Antonio Primo de Rivera escribió un único artículo, «Orientaciones. Hacia un nuevo Estado», que firmó con la letra «E», inicial de su título nobiliario, el marquesado de Estella. Rafael Sánchez Mazas, a pesar de que, según afirma Stanley G. Payne,[10] se le llegó a amenazar para que retirara un artículo suyo, aportó un fragmento de la conferencia que había pronunciado en el Ateneo de Santander el 24 de enero de 1927, titulada «Algunas imágenes del Renacimiento y del Imperio».[11] En dicho fragmento propone la reposición en el escudo nacional del yugo y el haz de flechas. Sin embargo, fue tachado de cobarde por Ramiro Ledesma, que en *¿Fascismo en España?* escribe:

> El periódico estaba listo y se disponía a arrostrar cualquier vendaval. Desde luego, y después de la actitud coactiva de los socialistas, era segura la intervención del Gobierno, y muy probable el encarcelamiento de los redactores más destacados. El día antes de la salida no faltaba más que el artículo de Sánchez Mazas, hombre al parecer no muy provisto de heroísmo, que, ante la inclemencia del temporal, con diversas excusas, no escribió el artículo y se fue a pasar el día fatídico a El Escorial.[12]

No sabemos si Sánchez Mazas pensaba escribir un artículo concreto para el semanario, pero en éste, en la página seis, aparecen claramente el nombre y apellidos del autor al pie del fragmento titulado «1927. Haz y Yugo». No es la única vez, a lo largo del libro, que Ledesma arremete contra Sánchez Mazas. Pero también es cierto que, incluso entre las propias filas falangistas, se consideraba a Sánchez Mazas un hombre poco provisto de valor. Su oposición a determinadas represalias violentas por parte de Falange Española contribuyó sin duda a tal consideración.

La experiencia de *El Fascio* tuvo una gran importancia como primer encuentro de las distintas tendencias profascistas. Pero lo que nos interesa subrayar ahora es que en esta primera agrupación se encontraban ya, y en torno al futuro caudillo del fascismo español, dos de las principales figuras de la *corte literaria* de José Antonio Primo de Rivera: Ernesto Giménez Caballero y Rafael Sánchez Mazas. Y curiosamente estamos hablando de dos escritores, no de políticos o ideólogos, por más que estemos hablando de política y no de literatura. No en vano, Giménez Caballero escribe en *La nueva catolicidad*:

> Nosotros —los poetas, los escritores— hemos creado en gran parte la atmósfera densa y apta que el fascismo encuentra en nuestra nación. Ha sido nuestro lirismo, nuestra propaganda, el gran fermento de creación fascista española ... Somos nosotros los que por hoy debemos vigilar y exigir el que las

posibles masas fascistas de España encuentren su cauce heroico en un Héroe. Que las Masas españolas encuentren su Héroe español.[13]

Giménez Caballero y Sánchez Mazas tuvieron mucho que ver en la orientación de José Antonio hacia el fascismo. En un principio fue Giménez Caballero el más influyente, en José Antonio y en otros escritores de la futura Falange, sobre todo a través de su obra como teórico del fascismo. Sin embargo, Sánchez Mazas conseguiría posteriormente desplazarlo (no sin la colaboración de las distintas actuaciones desafortunadas de Giménez Caballero) para acabar siendo el escritor más influyente en Primo de Rivera y en la Falange.

La prohibición de *El Fascio* no desanimó al grupo formado, entre otros, por Primo de Rivera, Sánchez Mazas, Julio Ruiz de Alda y Alfonso García Valdecasas, que antes del verano de 1933 fundaron el Movimiento Español Sindicalista (MES), embrión de la sucesiva Falange. El MES alcanzó cierta extensión provincial, repartiendo hojas de propaganda con el subtítulo de «Fascismo Español». Tras este ensayo, a finales de septiembre de 1933, el mencionado grupo decide hacer pública la creación de un nuevo movimiento nacionalsindicalista en un acto de «afirmación nacional».

Inicialmente se había elegido la fecha del 7 de octubre, aniversario de la batalla de Lepanto, y la ciudad de Burgos, bajo las agujas góticas de la catedral. Los dos oradores que acompañarían a José Antonio serían Rafael Sánchez Mazas y Eugenio Montes.[14] Sin embargo, el gobernador civil denegó el permiso, por lo que el acto de pública presentación tuvo que celebrarse en Madrid, en el Teatro de la Comedia, el día 29 de octubre de 1933, con la sustitución de los dos oradores (Montes había tenido que regresar a Berlín, donde residía como corresponsal de *ABC*) que debían acompañar a José Antonio por Ruiz de Alda y Valdecasas.

Otra versión[15] afirma que efectivamente se hicieron gestiones para que el acto se celebrara en la ciudad de Burgos, pero indican sin embargo la fecha del 12 de octubre, también significativa. Las gestiones las llevó a cabo José María Alfaro, burgalés de nacimiento. Los oradores: Eugenio Montes, Alfaro y «algún otro». Y en este caso se afirma que «razones de conveniencia política señalaban Madrid para la celebración». Debieron de ser también parecidas razones las que llevaron a la sustitución de los oradores.

El 2 de noviembre de 1933, tras la primera reunión oficial de la organización, el nuevo movimiento, con el nombre de «Falange Española», quedó legalmente constituido.

En esta brevísima relación —la bibliografía sobre la Falange es ya de por sí abundante como para que nos extendamos— han sido ya nombrados varios de los miembros de la *corte literaria* de José Antonio. Otros nombres irán sumándose en adelante, también todos ellos escritores. Sin embargo, cabría preguntarse si el grado de adhesión a la Falange fue en todos los casos el mismo, si lo fue su relación personal con José Antonio, si las aportaciones e influencias fueron parejas. Lo mismo cabría preguntarse de su grado de colaboración con las publicaciones falangistas, de sus aportaciones retóricas, de su participación directa en los actos de propaganda, de sus intereses, convencimientos y conveniencias.

La extraña pareja

Ernesto Giménez Caballero, carné número cinco de Falange Española (aunque según afirma el propio autor,[16] Primo de Rivera quiso en un principio darle generosamente el número uno, lo cual él rechazó) y consejero nacional de partido, llegó al falangismo con el título de precursor y teórico del fascismo en España —que no era en modo alguno título inmerecido— y tras haber inspirado o participado en anteriores ensayos prefascistas.[17] Sin embargo, y después de su influencia inicial en José Antonio Primo de Rivera, el jefe nacional de la Falange no le mostró la correspondencia que Gecé hubiera deseado. En este distanciamiento, según Giménez Caballero, tuvo mucho que ver Sánchez Mazas, al que siempre consideró causante de sus discrepancias con José Antonio y al que imputó el hecho de que éste pasara de admirarlo a desdeñarlo:

> Yo no fui tertuliano de José Antonio en La Ballena Alegre de Madrid, calle de Alcalá. En cambio, sí su comensal en una cena del hotel París, en la que cuidó mucho los vinos. Entre otros estaban Sánchez Mazas, cuyo barroquismo cortesanesco le complacía. Lo que Mazas utilizaba para alejarme de José (cosas de escritores, gremialidades). Por eso quizá José no vino a otra cena que en ese mismo hotel de la Puerta del Sol me ofrecieron cuando gané una Cátedra de Literatura en 1935 ... Fue Rafael Sánchez Mazas a quien por lo demás queríamos y admirábamos mucho, siendo mi esposa madrina de uno de sus hijos, el que también luego quiso quitarme la candidatura de 1936, presidida por Gil Robles, pidiéndosela a José Antonio, a quien respondí que yo sólo a él se la cedería si se decidía a ello. Porque yo estaba, al fin, incluido ¡por don Juan March![18]

> Por un momento estuvimos tornando la vista atrás. Recordándome Manolo [Hedilla], como yo le llamaba, que fui yo el que le había presentado en Santander a José Antonio. Y sabía muy bien que las discrepancias que hubo en Madrid entre José Antonio y yo no fueron sino intrigas de otro escritor rival mío. Pero que todo se había aclarado y aquél tornaba a estimarme igual que antes, pues me reconocía siempre como Precursor.[19]

Realmente las relaciones de Giménez Caballero y Sánchez Mazas nunca fueron buenas. Sus comunes intereses desde posturas divergentes, así como sus diferencias de temperamento, sus preferencias culturales y su rivalidad a la hora de disputarse la atención del que reconocían como promesa más cumplida del futuro fascismo español, provocaron su continua enemistad.

Primo de Rivera admiraba realmente al Giménez Caballero escritor, y de esto era muy consciente el autor de *Genio de España*:

> Yo conocí a ese José Antonio en 1932, cuando acababa de publicar mi *Genio de España*. Le conocí vestido de *smoking*, en el hotel Ritz, y en un banquete a Pemán. Se dirigió a mí, me abrazó y me comunicó que estaba repartiendo muchos ejemplares de mi libro, comprados por él.[20]

Sin embargo, José Antonio no iba a sentir el mismo aprecio por el personaje que luego conocería. En este sentido, Giménez Caballero era el mayor enemigo de sí mismo. No en vano Francisco Umbral lo define como «el Groucho Marx del fascismo». Definición justa, pero que merece un comentario, so pena de ignorar el carácter que inevitablemente tuvo la obra de Giménez Caballero. Es evidente que el humorismo de Gecé no es buscado, ni siquiera con la absoluta seriedad de algunos cómicos. Giménez Caballero se desplaza por toda circunstancia histórica o cultural que se le ponga por delante con un absoluto desparpajo sazonado solamente con su célebre oportunismo político, que él interpretaba como una suerte de designio profético o adivinatorio de los signos de la historia. Además de las muchas anécdotas que abundan hasta su muerte, hay libros de Giménez Caballero que son sencillamente desternillantes.

Sólo con leer a Giménez Caballero se tiene una idea suficiente de lo que podían ser sus actitudes intelectuales, pero sobre todo una personalidad que con suma frecuencia se acercaba a lo grotesco y lo ridículo. Muchas de las exageraciones propias del fascismo italiano (futuristas, dannunzianas o mussolinianas) se ajustaban perfectamente a esa personalidad y, lo que es más, Giménez Caballero era capaz de llevarlas aún más lejos.

El concepto que de Giménez Caballero acabaría teniendo José Antonio queda patente en una carta enviada por el jefe de la Falange a Francisco Bravo el 13 de marzo de 1935:

> No hay ningún inconveniente en que se proyecte ahí la película «Camisas Negras», con la conferencia de Giménez Caballero. Estoy seguro de que una conversación tuya con él le apartará de todo propósito de extravagancia y le hará ver la conveniencia de sujetarse a la buena línea. Por cierto que te has distraído un poco al no revisar el anuncio de la conferencia redactado por el Sindicato de Estudiantes. ¿Qué es eso de que Giménez Caballero es «líder de la juventud española»? ¿A qué viene la cita del texto alemán escrito por el propio Ernesto parangonando su influencia en la juventud con la de Ortega y Gasset? ¿Y el infeliz recuerdo a sus artículos sobre los patronos? Conviene que revises todas las cosas de nuestro Movimiento destinadas a la publicidad.[21]

Dionisio Ridruejo testimonia también la ruptura de José Antonio Primo de Rivera con Giménez Caballero. A Ridruejo le había fascinado *Genio de Es-*

paña y no dudó en elogiar el libro en un encuentro casual con Primo de Rivera: «José Antonio no disimuló una mueca de escepticismo. "¿Pero no has notado que fluye en él la pretensión alucinada de presentarse como un Führer? Es una cosa un poco ridícula cuando se conoce al personaje." Yo, provinciano, no sabía que entre el "profeta" del fascismo español y el que ya era considerado como su jefe se había producido la ruptura».[22]

Giménez Caballero, que tenía todos los títulos para haber desempeñado el papel de inspirador intelectual del fascismo español en su desarrollo, carecía de las virtudes necesarias para la política e incluso para el papel de «consejero del príncipe» que hubiera querido desempeñar. Giménez Caballero no dejó de ser un teórico temerario y en cierto modo oportunista lleno de un exhibicionismo que acababa por ser, paradójicamente, siempre inoportuno. No sólo es que le faltara modestia, es que le faltaba discreción. Además, ese puesto tenía quien quisiera ocuparlo. Había otras personalidades dispuestas a hacerlo. Y de entre todas ellas, mejor sobre todo que Giménez Caballero, Sánchez Mazas podía y quería desempeñarlo, y no le faltaban tampoco méritos para ello. Así, si Giménez Caballero fue el «teórico» y «precursor», incluso el hombre de la Italia fascista, Sánchez Mazas acabó siendo el hombre de José Antonio Primo de Rivera o uno de sus imprescindibles. Todo el éxito que Giménez Caballero tuvo con los fascistas italianos fue el que no tuvo con los españoles, sin descontar su influencia ideológica y propagandística. En lo que se refiere a Falange Española, el que acabó teniendo el control fue Rafael Sánchez Mazas.

En este caso no se trata tanto de afirmar que la diferencia de personalidades hubiera significado una diferencia perceptible en el rumbo estético-político de la Falange, como de incidir en el hecho de que Sánchez Mazas, que por otra parte es sólo uno de ellos, podía desempeñar ese papel con menos perturbaciones que las que hubiera planteado Giménez Caballero, hombre «incómodo» a todas luces. Sánchez Mazas, periodista, escritor, con un signo estético clasicista, personalidad con intereses literarios y a su vez con intereses ideológicos con antecedentes de conservador, era un hombre fiable para ayudar a hacer el trasvase de los elementos italianos, que conocía perfectamente, y a su vez participar en la creación de la retórica y los símbolos españoles.

La paradoja es que, teniendo mucho más sentido de la publicidad y la propaganda Giménez Caballero, posiblemente sus formulaciones hubieran resultado mucho más histriónicas, exageradas y contraproducentes que las de Sánchez Mazas. Con Sánchez Mazas, sin embargo, se ve confirmada la seriedad de la estética del movimiento, que Giménez Caballero hubiera, como poco, comprometido. Los falangistas creían en la seriedad de su estética, en la relación directa de su imaginería y ritual con el esplendor de la época que constituía su evocación favorita, la de los Reyes Católicos y la del Imperio

Español, hasta el punto de que su triunfo es fundamentalmente estético. El protagonismo de Giménez Caballero hubiera descontrolado todo esto, ya que no podía evitar las excentricidades a la hora de presentar su ideología.

No deja tampoco de ser curioso que a pesar de que la funcionalidad de Sánchez Mazas era mayor, el interés político (más enloquecido) era el de Giménez Caballero, al que no le faltaban títulos intelectuales y cuya obra había colaborado a engrosar las filas de la Falange.

Para lo que tratamos de explicar quizá no sea desacertado acercarnos mínimamente a otra pareja, la de Ledesma Ramos y Primo de Rivera. Era evidente que sólo uno podía ser el jefe, y además el fascismo pedía un único líder con unas características muy determinadas. Había un conflicto que en cierta medida era inevitable. Y las diferencias entre Ledesma y Primo de Rivera eran más notables que entre Sánchez Mazas y Giménez Caballero. Aunque evidentemente existía una coincidencia esencial en los objetivos y en cómo se debería manejar un movimiento fascista en España.

De la misma manera que el llamado fascismo español hubiera tenido otro estilo u otras maneras con Ramiro Ledesma, el hecho de que Sánchez Mazas acabara siendo el hombre de José Antonio confirmó la misma línea que confirmaría la elección de Primo de Rivera como jefe nacional. Giménez y Sánchez Mazas estaban destinados a chocar al querer desempeñar un papel muy parecido en un momento que entendían como verdaderamente singular.

Por otro lado, no fue Sánchez Mazas el único escritor falangista que no sentía simpatía alguna por la figura de Giménez Caballero, lo que podría extenderse a muchos de los militantes. En la Falange de José Antonio no se veía con buenos ojos el exhibicionismo de sus títulos de precursor y teórico y pocos compartían un estilo que consideraban alucinado y profético. Todo ello tiene mucho que ver con el talante del personaje, con sus contradicciones y arbitrariedades, con su egolatría y con lo que muchos de ellos consideraban oportunismo. No se le perdonaban tampoco sus galanteos con la República. Sin olvidar algunas de las críticas posteriores de Giménez Caballero, apartado ya de la disciplina falangista.

Es revelador en este sentido el hecho de que Samuel Ros reserve una mesa solitaria («debe estar aparte como los niños mal educados») para Giménez Caballero en el ficticio banquete de bodas de *El hombre de los medios abrazos*,[23] relato en que se ofrece una descripción de una justeza inequívoca antes ya de la fundación de la Falange:

> En el mismo instante aparecía Giménez Caballero protegido por tres guardias. Saludó a la presidencia, como si llevara traje de luces de charlotada nocturna y en sus labios anidó la risita de las impertinencias que llevaba ocultas. Rabiaba en espera de la hora de los discursos, porque pensaba decir que había fundado *Gaceta Literaria*, el «Cine Club» y la FUE, y era una injusticia postergarle. Gecé, el genial tarambana de la raza, se encontraba frente a todos con

sus dos manos de escribir, sin enterar a la una de las cosas de la otra... Claro que algún día puede que llegue a interpretarse a sí mismo.

Durante la guerra civil, *El Mono Azul* no dejó pasar la oportunidad de apuntarle describiéndolo violentamente, aunque algunos de los rasgos no difieren mucho de lo que los propios falangistas pensaban de él:

> Giménez Caballero, el hijo del lío, de sus líos, de la confusión, de la mixtificación de todos los tópicos españolistas; mercachifle, orgulloso de serlo; degenerado hasta la exaltación histérica de las más viles explotaciones de empresa; el que llevaba su adulación a todos los poderes constituidos a términos de indignidad humana, de bajeza, jamás conocidos (recuérdense sus adulaciones personales a Azaña) ...[24]

El pulso que Giménez Caballero y Sánchez Mazas sostuvieron, así como el hecho evidente de que Sánchez Mazas fue el ganador, no dejó tampoco de ser tenido en cuenta por la pluma que los caracterizara, agresiva pero certeramente, en la sección «A Paseo» de *El Mono Azul:* Rafael Sánchez Mazas es considerado como «el intelectual director de Falange, cargo que arrebató tras de maquiavélicas luchas al cretino de Giménez Caballero».[25] No en vano, los responsables de la publicación (Bergamín, Alberti...) conocían perfectamente al grupo de escritores falangistas: muchos de ellos habían sido amigos.

Fuera de la disciplina falangista desde 1935 (aunque volvería a acercarse a Primo de Rivera, pero sin reingresar en la Falange), Giménez Caballero se aproxima entonces a la derecha monárquica, a la que no había dejado de atacar con anterioridad. En 1936 colabora en la fundación del Partido Español de Patronos y Empresarios (PEPE), que acabó en claro fracaso. En las elecciones de febrero se presenta integrado en la candidatura por Madrid del Bloque Nacional Antirrevolucionario, encabezado por Gil Robles.

Respecto a Rafael Sánchez Mazas, es difícil exagerar su presencia y peso en la Falange. Desde el acto fundacional en el Teatro de la Comedia estuvo seguro de haber hallado nave y capitán. A la vez que Primo de Rivera encontraba en Sánchez Mazas a su mejor consejero, y a él le confió la formulación de la doctrina de la Falange y la conformación de su estilo.

Una breve relación de los cargos, cometidos o actuaciones de Sánchez Mazas puede ofrecernos una idea bastante definida de su importancia en la Falange y del perfil de sus influencias. Miembro fundador y carné número cuatro del partido, formó parte como delegado de estudio de la junta directiva de Falange. Si finalmente no actuó como orador en el acto del Teatro de la Comedia, aunque ocupara un lugar preferente en el escenario, un texto con su firma («Conclusión») acompañó la publicación de los tres discursos fundacionales. Se trataba del primer documento editado con el sello Falange Española. Fue a su vez el autor anónimo de las consignas, editoriales y guiones que en las publicaciones falangistas exponían las directrices y la doctrina del movimiento, fijando la forma de expresión, tono y estilo de la retórica falangista. La pluma de Sánchez Mazas se adivina también en algunos textos de José Antonio. Acompañante asiduo del jefe nacional en los actos públicos, intervino como orador de excepción en muchos de los mítines falangistas. Posteriormente, ante el asesinato de varios militantes y a petición de Primo de Rivera, Rafael Sánchez Mazas escribe la *Oración por los muertos de la Falange*, con la intención de frenar las ansias de represalias violentas de ciertos sectores del movimiento. Tras la fusión con las JONS, formó parte de la Junta de Mando Nacional (José Antonio Primo de Rivera, Ledesma Ramos, Ruiz de Alda, Onésimo Redondo, Fernández Cuesta y Rafael Sánchez Mazas). En el Primer Consejo Nacional (4-10-1934) propuso el establecimiento del caudillaje único en la figura de José Antonio Primo de Rivera. Miembro de la Junta Política de FE de las JONS, participó en la redacción de la *Norma programática de la Falange*. En estrecha colaboración con José Antonio había también redactado los *Puntos Iniciales*, primer documento doctrinal del movimiento. En febrero de 1936 fue candidato de Falange a las elecciones generales por Toledo y Madrid. A todo ello hay que añadir que Rafael Sánchez Mazas fue compañero inseparable de José Antonio en viajes, excursiones, tertulias literarias y políticas, cenas y eventos sociales.

Es evidente que de los escritores que rodearon a José Antonio, Sánchez Mazas fue el más directamente comprometido y el más influyente. También hay que destacar su intervención en el acercamiento de otros escritores a la Falange, como muy posiblemente fue el caso de Montes, Mourlane o Miquelarena. Sin duda se trató del mejor instigador de la *corte literaria*, de la que quiso ser, y fue, cabeza de fila.

Mas allá de las destacadas aportaciones retóricas de Sánchez Mazas, que es evidente que además crearon escuela, es preciso señalar la importancia de su orientación. Lo que queremos decir es que no podemos minimizar, frente a otras aportaciones del autor, el valor que para Primo de Rivera tuvo el poder contar con un escritor apreciado, que había tenido experiencia directa del fascismo italiano, es decir, que conocía sus fortalezas y debilidades por lo que sabía bien lo que era conveniente imitar y lo que era necesario despreciar. Y esto no sólo como consecuencia de su experiencia romana, sino también porque sus antecedentes eran los que eran y había ya demostrado sus preferencias por los elementos más ilustrados y moderados del fascismo y los más instintivamente conservadores. José Antonio sabía que los intereses de Sánchez Mazas, como los suyos propios, también postulaban un estatismo, un patriotismo exaltado, una nación unida y poderosa con ansias de imperio, y que todo ello debía ser presentado con un estilo novedoso, a través de una retórica nueva que consiguiera ilusionar y cautivar principalmente a la juventud. Dicho de otra manera, necesitaban la imaginería y el entusiasmo fascista, controlado y jerarquizado, para que el fascismo español, que no dejaba de mirar al pasado con intenciones de renovarlo, resultara realmente novedoso y revolucionario. Parece claro que Sánchez Mazas fue más conservador que José Antonio, pero supo transmitir el ímpetu fascista a través de la retórica y a la vez hacer pesar su orientación clasicista, nacional y conservadora (conservadora a los ojos de los más puramente fascistas y revolucionarios) en la Falange. Y dicha orientación prevaleció sobre la de Giménez Caballero retóricamente y sobre la de Ledesma Ramos ideológicamente. Sin olvidar, y sabiendo, que la que prevaleció fue en realidad la de José Antonio Primo de Rivera.

Militantes y colaboradores

En la fundación de la Falange colaboró también ampliamente José María Alfaro. El día del mitin de la Comedia ocupó un lugar preferente en el escenario al lado de Rafael Sánchez Mazas. En la universidad había conocido a Miguel Primo de Rivera y más tarde a su hermano José Antonio, con el que le unió una gran amistad y con el que compartió los ideales falangistas. Considerado el poeta oficial del núcleo de escritores, fue sin embargo el mejor gestor del grupo y sobre él recayó la labor de confección y dirección práctica y real de las primeras publicaciones falangistas. Colaborador (1931-1932) de *El Imparcial*, intervino también en la fundación del *Ya*, donde trabajó intensamente como redactor (1935-1936) y desempeñó cargos directivos.

Por lo que se refiere a Eugenio Montes, su adhesión a la Falange fue incierta, o por lo menos cabría decir que no fue, ni mucho menos, incondicional, a pesar de los esfuerzos de sus militantes. A este respecto son de gran interés las valoraciones de Dionisio Ridruejo,[26] acertado casi siempre en los juicios sobre sus antiguos correligionarios:

> Montes representó, en el equipo de los escritores que sirvieron la causa falangista y acaudalaron su retórica, uno de los ejemplares más fríos, independientes, refinados y desprovistos de mesianismo.

Es revelador también que Ridruejo considere dudoso que los escritos de Montes hayan contribuido a la formación de un pensamiento fascista español. La formación de Montes fue, de hecho, culturalista, y, como afirma Ridruejo, «más de una cultura vista por las cumbres que por la bases».

Por otro lado, prosigue Ridruejo, la nostalgia de la historia sitúa a Montes más del costado tradicionalista que del futurista del fascismo español, que nunca resolvió del todo esa antinomia. Conste que se trata de una caracterización básicamente estética, pues Montes nunca fue exactamente un reaccionario social. Es decir, en Montes su distinción estética era más la de un refinamiento personal con alguna nota de dandismo, antes que el arribismo snob de una persona de modesta clase media cuya cultura iba mucho más allá de su posición social. El suyo siempre fue un modesto pasar. Incluso su indefinición personal parece más inocente que mezquina y en todo caso le preocupaba la estimación intelectual que de él tenían, que es lo que identificaba como éxito social. No es casualidad que el mismo Ridruejo afirme que Montes «consiguió mantener siempre, con una refinada estrategia de distanciamiento y disponibilidad, la condición de actuar como un hombre solicitado más bien que un hombre ofrecido».

En Montes, a diferencia de los extremos de un Giménez Caballero, e incluso de los desplantes y desprecios de Sánchez Mazas o Mourlane, nunca se aprecia un talante intolerante, un atisbo de fanatismo. Incluso el interés político de Montes parece una confirmación de lo que acabamos de decir. Si gente de valía reconocida reconocía a su vez la valía de Montes, éste se sentía ya pagado sin ningún interés de orden propiamente político, a lo sumo, con la ambición de garantizarse un porvenir profesional, porvenir que se cifraba, con todo, en poder continuar con sus particulares aventuras intelectuales, más que en hacer carrera periodística. De hecho Montes nunca pasó de corresponsal o articulista, nunca tuvo interés por desempeñarse en el escalafón o la jerarquía del periodismo.

A diferencia también de otros de los miembros del grupo de escritores de la Falange, Montes no se comportaba como un nacionalista agresivo, ni siquiera en esa vertiente hispánica que siempre queda por encima, sino que fue de veras un europeísta genuino, aunque lo fuese, naturalmente, en una versión no democrática. Además, su interés por culturas como la francesa, la italiana, la alemana o la portuguesa, es generoso y veraz.

Vistas estas consideraciones, quizá se podría concluir que de no haber mediado su amistad con Primo de Rivera y Sánchez Mazas es dudoso que Montes se hubiera interesado por los aspectos políticos de Falange Española. De nuevo Ridruejo[27] nos confirma este extremo, pues afirma:

> Yo no creo que antes de la guerra Montes hubiera llegado a ser militante efectivo y disponible de Falange. A mí mismo me confiaría hacia 1938 que él había estimado a José Antonio más bien como amigo que como jefe político. De otra parte, aunque poco conocida, fue muy cierta la amistosa inclinación que, en los comienzos del 36, sintió por el presidente del Consejo Portela Valladares, con el que estuvo muy a punto de presentarse como candidato para las elecciones en Galicia. Y algún atractivo debía de tener el viejo masón de la melena blanca, pues no fue Montes el único en creer que podía corresponderle un papel histórico decisivo en aquellas horas críticas. El propio José Antonio Primo de Rivera, al que Montes puso en relación con el político gallego, llegó a sentir por él una considerable estimación personal.

Sin embargo, y a modo de desenlace de la cuestión, las palabras más reveladoras sobre la relación de Montes con la Falange las escribió el propio

Eugenio Montes en 1952: «No sé aún si fui a Falange o fue Falange la que vino a mí».[28]

Eugenio Montes conocía a José Antonio Primo de Rivera del Ateneo de Madrid, donde ambos frecuentaban la biblioteca. Más tarde los presentaría formalmente Sánchez Mazas. Desde entonces mantuvieron una estrecha amistad. Colaboró con él en la fundación de la Falange —asistió a las reuniones preparatorias que se celebraron en su casa— y en la creación de su estilo. Fue también compañero habitual de Primo de Rivera, casi siempre de la mano de Sánchez Mazas, en cenas y tertulias. Ambos, Montes y Sánchez Mazas, fueron a su vez los acompañantes y guías de excepción del jefe de la Falange en su viaje a Italia en mayo de 1935. Un año antes —mayo de 1934—, José Antonio había conocido Berlín acompañado por Montes, cronista de *ABC* en la capital alemana. Mucho después comentaría con orgullo Montes: «Creo ser el único español que ha estado con José Antonio en las ciudades que visitó en el extranjero».[29]

Eugenio Montes y Agustín de Foxá se conocieron en casa de José Antonio Primo de Rivera. Cuando Montes oyó el nombre de Foxá quedó sorprendido. ¿Iría la incipiente Falange a convertirse en un movimiento romántico? Montes asociaba a Foxá con las visitas a los cementerios románticos y a la Falange con un patriotismo clásico e imperial. A la salida de casa de José Antonio, Foxá recitó a Montes uno de sus poemas: el coche de caballos, el rey y las infantas, los paseos de la Casa de Campo... A Montes le pareció un poeta legitimista.[30]

Agustín de Foxá había conocido a José Antonio Primo de Rivera y a su familia mucho antes de la fundación de la Falange. Ambos pertenecían a la aristocracia madrileña. Y esto supondría para Foxá una garantía en una relación que fue más personal que política. Pues ideológicamente Foxá se mantuvo monárquico y nunca abandonó sus tintes reaccionarios. O más bien cabría decir, monárquico alfonsino, puesto que en lo que se refiere a la teoría, después de todo, ¿quiénes de este grupo de escritores no eran partidarios de Isabel y Fernando?

El falangismo de Foxá, según afirma Fernández de la Mora,[31] editor de sus *Obras completas*, «fue emotivo, temporal y poco profundo». Al igual que en otros escritores de la *corte literaria* lo que pesó realmente fue su amistad con Primo de Rivera. Años más tarde Foxá no dudará en afirmarlo:

> Yo sólo sé que los conceptos más fundamentales de mi vida sobre la Patria, la Religión, el amor, la literatura o el matrimonio, a él se los debo. Que mejoró mi espíritu, lo maduró y me salvó del peligro de las tertulias derrotistas y sovietizantes, que nos acechaban. Por ello mi agradecimiento entrañable.
>
> José Antonio, sin proponérselo, convertía a sus amigos en discípulos suyos. Yo, antes que falangista, fui amigo de José Antonio; ya sé que para los teóricos puros, para los que ponen a la razón y la doctrina por encima de todo, esto constituirá un reproche.

Pero no es mal camino para llegar a la verdad, éste de la amistad y el afecto; yo lo prefiero.[32]

Según Dionisio Ridruejo,[33] la adhesión de Pedro Mourlane Michelena, como la de Montes, era algo más incierta que la de otros escritores como Alfaro, Santa Marina, Foxá o Samuel Ros. Sin embargo, sus testimonios posteriores indican que no ocurría lo mismo respecto a su adhesión a la figura de José Antonio. En 1949, en una entrevista realizada por el semanario *Juventud*,[34] Mourlane afirma:

Para mí, José Antonio es como un príncipe de la inteligencia, del gusto y, sobre todo, del comportamiento. Hablaba como escribía, con prodigiosa claridad y seguro de que proponía a los suyos peleas nobles y una gran misión. Digo siempre de él que cambiaba el aire alrededor, privilegio otorgado a poquísimos seres. José Antonio cambió el aire no sólo de Madrid y de su provincia, no sólo el de España, no sólo el que respiran las juventudes más allá de las fronteras, sino además el aire de su época. Todos nos preguntábamos: ¿Cómo siendo tan joven reunía dones tan dorados de madurez y de meditación? ... Por lo que a mí hace, he podido, por circunstancias diversas, tratar a los hombres más importantes de la nación ... Pues bien: ninguna figura, en ningún momento, me interesó como la de José Antonio, y ninguna ganó tan para siempre mi admiración y mi amistad ... Los días y las horas, tantos y tantas, que pasé a su lado, son los mejores de mi vida y los que cobran más sentido a medida que el tiempo pasa.

Jacinto Miquelarena tuvo también una estrecha relación personal con José Antonio Primo de Rivera. Fue contertulio asiduo de La Ballena Alegre y comensal en «Las cenas de Carlomagno», lo que recordaría repetidamente años después.[35] Compartió con otros escritores de la *corte* su entusiasmo por las ideas y la estética falangistas y colaboró asiduamente en el primer semanario de la Falange.

El caso del escritor Luys Santa Marina es singular. Cuando la Falange se interesó por el autor, éste ya estaba militando en sus filas. Lo cuenta el propio Santa Marina en la segunda edición de su *Cisneros*,[36] dedicada al «camarada» Julio Ruiz de Alda:

«Cisneros» apareció en mayo del 33, parte de un ciclo de estudios sobre la Reina Católica en que venía trabajando años hacía. Julio leyóle y mandó buscarme en Barcelona, pues decía, y no se equivocó, que el autor de tal libro tenía que ser forzosamente de Falange. Cuando me encontraron (principios de diciembre) ya estaba alistado en sus milicias.

Santa Marina fue a partir de entonces un falangista incondicional, con una adhesión casi militar. Antes incluso de que se decidiera el atuendo falangista, Santa Marina acudía a las reuniones uniformado de azul mahón, quizá herencia de su antigua relación con los trazistas.[37] Nombrado jefe provincial de la Falange de Barcelona, fue el fundador de las milicias falangistas catalanas, en las que consiguió que ingresaran personas de muy distinta procedencia y condición: intelectuales, obreros cenetistas, ex legionarios... Se encargaba personalmente de formar a sus hombres y para sus centurias eligió el lema: «Mortui morituros sperant». En Barcelona se constituyó también una sección femenina que dirigía Sabina González de Carranceja, con cuya hija, Josefa María Carranceja, se casaría años después Santa Marina.

Tras su supuesta experiencia en Marruecos, Santa Marina se había trasladado a Madrid. Después de una prolongada estancia, sólo interrumpida por algún viaje a Cantabria, y tras, al parecer, un infeliz desenlace amoroso, se afinca en Barcelona. En 1932 funda la revista literaria *Azor* con Félix Ros y José Jurado Morales. En *Azor* colaboraría Max Aub, amigo de Santa Marina a pesar de las diferencias ideológicas. Parece ser que la toma de postura de Aub junto a la de otros intelectuales a favor de Santa Marina intervino en la decisión de indulto de la pena de muerte a la que fue condenado por unirse a la sublevación en julio de 1936. Por los años treinta mantenía también Santa Marina una tertulia en el Café Lyon del final de la Rambla, donde se reunían Martín de Riquer, Josep Janés Olivé, Guillermo Díaz Plaja, Xavier de Salas, Juan Ramón Masoliver, Félix Ros, José Jurado Morales. Max Aub y José María de Cossío no dejaban de asistir cuando viajaban a Barcelona.

A finales de los años veinte había comenzado Santa Marina el ciclo de sus biografías históricas: *Vida de Isabel la Católica*,[38] *Vida de Juana de Arco*,[39] *Cisneros*.[40] El cultivo de la biografía por parte de Santa Marina no le aleja demasiado de lo que son sus rasgos estilísticos o ideológicos habituales. A la elección de figuras de la misma España heroica que el ideario de Falange quería recrear hay que añadir los énfasis de forma y fondo que aparecen con profusión en estos textos. En primer lugar, se trata de vidas extraordinariamente literaturizadas; no sólo por la disposición narrativa habitual en la prosa biográfica de la época sino también porque Santa Marina lleva su recreación a una experiencia histórica que contiene además el lenguaje de la época tratada. Se podría decir que el suyo es un experimento de anacronismo en el que se transmuta en escritor del final de la Edad Media o del Siglo de Oro para relatar, sin perder nunca los detalles de la acción, como si fuese un cronista que es testigo o ha recibido testimonio directo. Al amor por los detalles de ese idioma castellano del siglo XV y XVI hay que unir la delectación que Santa Marina ponía cuando se trataba de contextos lingüísticos todavía más específicos: el de armas y ejércitos de la época, el de galeras, navíos y marinería e, incluso, el de las mezclas idiomáticas mediterráneas propias de la turbulencia de los tiempos. En todo ello hay mucho de erudito, de filológico y desde luego de histórico, siempre sin perder de vista que Santa Marina era básicamente un literato aunque es bien conocida su dedicación a las fuentes idiomáticas y a la erudición lingüística. En todo caso, su imitación de estilo, que también incluye, claro está, la sintaxis cuando se le antoja necesario, tiene un signo bastante purificado, bastante original, bastante fiel a sus fuentes de modo que aunque la muestra pueda parecer a veces una distorsión un tanto violenta, no es una impostación que siga los modelos de imitación romántica del XIX.

En realidad, hecha la comparación con su otra literatura, lo anteriormente dicho explica también algunos de los rasgos de ésta, como por ejemplo la insistencia en un estilo deliberadamente salpicado de arcaísmos. La paradoja es que pese al anacronismo, el estilo de Santa Marina es más coherente situado en el siglo XVI que en sus ficciones del siglo XX. En estas últimas es cuando corre el riesgo de confundirse con una impostación decimonónica.

Con todo y con eso, Santa Marina retuvo muy bien lo que a él le interesaba de una experiencia —la militar— recurrente tanto antaño como en su tiempo en la que a veces no parece haber gran diferencia: el Santa Marina que describe las incursiones cristianas contra los moriscos en las Alpujarras después de la toma de Granada (en su *Cisneros*) o la lucha en distintos frentes contra los turcos (en *Italia, mi ventura*) es el mismo que da cuenta de la batalla contra la morisma en *Tras el águila del César*, cuyo título nos da la clave del sentido final de las evocaciones retrospectivas buscadas por su autor en este último libro.

Sin embargo, lo que hace único a Santa Marina como escritor, y decimos «único» para resaltar su singularidad no para poner de relieve ninguna grandeza, es que el discurso de las «armas y las letras» que él hace suyo, como tantos otros del grupo (Montes, Sánchez Mazas, Mourlane), se convierte en motor narrativo, se hace relato, aventura, dislate si se quiere, pero no solamente evocación ensayística, nostalgia imperial. Si Santa Marina no nos lleva al siglo XVI —y está claro que muchas veces lo consigue— desde luego él si se va. Tras el águila del César, claro está. En Santa Marina se da una combinación de violencia y anacronismo que le convierten en un verdadero escuadrista de la literatura, pero con la agresividad de un vanguardista, de un futurista, sólo que vuelto al pasado. El pasadismo de Sánchez Mazas, que es discreto, proustiano, melancólico y eminentemente personal y que no va más allá del XIX o el XVIII, en Santa Marina es orgulloso, desmedido, soberbio, brutal, colectivo...

Otra curiosidad de su obra es *Labras heráldicas montañesas*,[41] muestra de su devoción erudita por la historia de su tierra natal. El volumen es todo un tratado de heráldica, un estudio de linajes en el que se lleva a cabo la descripción de los blasones de las viejas estirpes montañesas, labrados en piedra y expuestos en las respectivas casas solariegas.

Samuel Ros

Al acto del 29 de octubre asiste Samuel Ros Pardo (1904-1945), un joven escritor valenciano de 29 años.[42] Se había trasladado a Madrid después de publicar en Valencia su primera novela, *Las sendas*,[43] y de que le premiaran un cuento en *El Liberal* de Madrid. En la capital había conocido a Eugenio Montes, con el que le uniría siempre una entrañable amistad. Estudia Derecho en la Universidad Central como alumno libre y posteriormente comienza a preparar las oposiciones al cuerpo diplomático. En 1928 publica su primer libro de cuentos, *Bazar*,[44] con cierto éxito de crítica, lo que le anima a arrinconar su título de abogado para dedicarse a la literatura y a una vida bohemia sin estrecheces económicas —sus padres regían un importante negocio de tejidos—. Frecuenta la tertulia de Pombo y mantiene una asidua relación con Ramón Gómez de la Serna. En 1930 publica la novela *El ventrílocuo y la muda*, editada por Biblioteca Nueva en la colección «Grandes Novelas Humorísticas», la misma en la que publicaron otros contertulios de Pombo como Neville, Antoniorrobles, Manuel Abril, López Rubio e incluso el mismo Gómez de la Serna. La misma también en la que publicaría Ros en 1932 *El hombre de los medios abrazos: novela de lisiados*. Una año antes había visto la luz una nueva colección de sus cuentos bajo el título de *Marcha atrás*.[45] A su vez, Ros colabora con artículos y relatos breves en la prensa: *ABC*, *Blanco y Negro*, *Estampa*, *Crónica*, *El Sol*...

Tras el acto fundacional, Samuel Ros y Leonor Lapoulide (su novia, a pesar de los impedimentos familiares) se afilian a la Falange. A partir de entonces Ros colabora habitualmente en el semanario *FE* y se suma al grupo de escritores que rodea a José Antonio Primo de Rivera.

El 4 de julio de 1935 muere Leonor a causa de unas complicaciones tras serle practicado un aborto. Este hecho marcará duramente la vida y la obra de Samuel Ros. Viaja entonces por Italia (donde es acogido por Eugenio Montes), Portugal y Francia.

En el ya citado epílogo de *El hombre de los medios abrazos*, en ese gran salón de bodas del Café de San Isidro donde Ros reúne a lo más granado de la cultura del momento, no podía faltar Ramón Gómez de la Serna:

> Samuel Ros saludó a Ramón Gómez de la Serna a través de las tres largas mesas de separación. Tuvo que gritar:
>
> —¿Qué le parece a usted esto?
>
> —¡Increíble!... Está usted muy lejos.
>
> —Las circunstancias... Yo siempre estoy con usted... aunque algunos lo digan con ánimo de cizañar.

> ... Ramón parecía ir vestido de pontifical. Estaba como el militar con uniforme de gran gala en acto del servicio. Ramón parecía dispuesto a oficiar en el acto literario después de una larga noche de meditación literaria. Era como el representante de sí mismo y las palabras salían de su boca como si él fuese más infalible que el Papa. También semejaba un Buda transformable en un picador desmontado. Estaba allí con sus afanes de catalogación desmedidos y molestos —a todos quería imponerles el puesto por él asignado—. Estaba allí con sus afanes de monstruo de la naturaleza que le privan de lectores y de amigos... Con su gran cabeza para esculpir en piedra.

Las opiniones de Ros en esas fechas parecen estar claras. Pero lo que interesa aquí no es ya si Ros estuvo cerca y luego menos cerca —nunca lejos— de Ramón Gómez de la Serna, sino la distancia mayor o menor a la que está su literatura. Y en realidad, ni siquiera esto último en grado sumo. Es decir, la distancia no es criterio, o no únicamente, para dejar sentada su literatura. Y es que, en el caso de la obra de Samuel Ros, la discusión sobre su relación de dependencia o su autonomía respecto a la del pontífice de Pombo ha mediatizado en muchos casos la valoración de su escritura.

Las huellas de Gómez de la Serna en la obra de Ros son evidentes, de la misma manera que lo son sus peculiaridades narrativas. El análisis de su obra y de los distintos géneros que cultivó irán precisando unas y otras.

Pero otra muy distinta cercanía ha influido asimismo en la reconsideración del escritor Samuel Ros. Nos referimos, como es lógico, a su militancia falangista. Para un escritor al que no le sobran hoy las oportunidades de ser póstumamente reconocido, su inclusión entre los allegados a Primo de Rivera ha sido en ocasiones, y este estudio es ejemplo suficiente, algo más que una de las maneras de aproximarse a su literatura. Si hay alguna paradoja en ello estriba más bien en que Ros ya había realizado lo más sugestivo de su literatura cuando se unió a Falange, en que no hizo aportaciones doctrinales o simbólicas de nota e incluso en que su «historia» personal, la muerte de su amada, llegó a superponerse para él a toda la tragedia histórica española que le circundaba.

Un cuento premiado empujó a Ros a vivir en Madrid, donde publicaría la colección de cuentos que le llevó a dedicarse a la literatura, vocación que consagró con dos novelas y otro volumen de relatos breves. Más tarde, dedicado a la novela o al teatro, Samuel Ros no dejó nunca de cultivar el cuento.

Bazar y *Marcha atrás* son los títulos de las colecciones de relatos publicadas por Ros no ya antes de la guerra —precisión más significativa en otros autores— sino antes de la muerte de Leonor Lapoulide. Este hecho, qué duda cabe, dramatiza su obra, pero no hace sino confirmar, desarrollar, afianzar y, si se quiere, llevar a sus extremos lo que ya estaba latente en sus temas. Lo mismo ocurre con la técnica de sus muchos cuentos. Quizá sean éstos una mezcla de frío y calor. Frío, el del mecanismo constructivo, inteligente siempre. Calor, el de sus temas, siempre esenciales y profundos, trascendentes. Serían, siguiendo con el juego de las temperaturas, una manera de expresar el calor con frío, de otro modo hubieran seguramente quemado. Sobre todo teniendo en cuenta que su escritura es cauce y desahogo de una personalidad romántica y dramática que su biografía le fue confirmando.

En *Bazar* y en *Marcha atrás* se aprecia ya la técnica personal de sus relatos y lo que hay de fruto vanguardista. Técnica cercana a la de la greguería en lo que tiene de ingenio, de juego inteligente, de humor, de ironía, de metáfora, pero también en lo que tiene de pensamiento profundo encerrado en forma breve. Los cuentos de Ros son breves, pero a la vez demasiado largos. Algunos podrían incluso resumirse finalmente en una greguería. O dicho de otro modo, muchos de ellos no dejan de ser, como escribió Dionisio Ridruejo,[46] una «greguería alargada» (sin olvidar que Gómez de la Serna, en libros como *Gollerías*, ya había extendido la greguería conformando pequeñas historias). Y como esas formas breves, algunos relatos de Ros incorporan también el absurdo, así como ese tono de expresión infantil de cuentos para adultos. Sin embargo, frente a la greguería, el pensamiento de Ros es preocupado y con el tiempo, se angustia y se llena de preguntas.

Sus personajes no tienen generalmente nombre: «aquella mujer», «un señor», «dos poetas», «el autor novel», «la actriz más celebre de la ciudad», «el novio»... quizá porque en Ros lo que vamos a ver siempre es un carácter doble que es estilístico y anímico. Por un lado, hay un fondo que tiende a oscurecer con dolor y con pesimismo, o con romanticismo y con ciertas formas de pasión lo que suele aparecer como una condición existencial torturada, profunda, con dificultades a la hora de vivir. Conjugado al mismo tiempo con un temperamento que desde el punto de vista artístico tiende a buscar la variación, la doblez o el pliegue experimental, más que a quedar fijo en una solución narrativa, clásica, psicologista, desarrollada orgánicamente.

Ros no quiere contarnos una vida en particular y personificada. No interesan los personajes sino sus preocupaciones y sus sentimientos. Opera pues a la inversa de otros muchos escritores. Sin embargo, no quiere dejar de ser particular en sus maneras narrativas. A veces ensaya relatos con nombre propio (*La pobre Catalina*) y vida concreta con resultados apreciables. Cuando no ensaya con la suya, tendencia que se acentuará posteriormente.

A todas luces, *El hombre de los medios abrazos* (1930) y *El ventrílocuo y la muda* (1932) son los aciertos literarios más plenos de la obra de Ros, escritos ambos antes de la fundación de Falange, y la culminación de su escritura originalmente ramoniana. Es más, si tenemos en cuenta la posterior obra de Ros y también la de sus contemporáneos novelistas del grupo, se puede concluir que las suyas son las narraciones más logradas escritas antes de la guerra por cualquiera de ellos y, junto a los primeros libros de Giménez Caballero, lo más conseguido de los antecedentes vanguardistas de los miembros de la *corte*.

Subtitulada *Novela de lisiados*, *El hombre de los medios abrazos* posee una audacia y modernidad, tanto formal (metaliteraria, irónica) como temática (cinematográfica, erótica), una interrelación de literatura y vida, de actualidad y transposición abstracta de la realidad, que sirve además para zanjar la manida cuestión de la dependencia estilística de Gómez de la Serna. En palabras de Medardo Fraile:

> Cualquiera podría distinguir muy bien un párrafo de Samuel Ros de otro de Gómez de la Serna. A Ros más que sorprender le interesa contar. Ros, a veces, sorprende contando, pero no cuenta, como Ramón, sorprendiendo. El humorismo de Ros está hondamente preocupado.[47]

Lo cierto es que Ros sí cuenta sorprendiendo. Se podría afirmar incluso todo lo contrario al dictamen anterior, puesto que su procedimiento era menos convencionalmente narrativo que el de Gómez de la Serna, pero lo que nos interesa es que en ningún momento menoscaba el interés para el lector. En realidad, Ros mueve siempre hacia delante el relato sin que la sobrecarga metafórica lo hunda, y es así porque su lucidez es también narrativa, es decir, información pertinente sobre los actores de la acción e ilumina el escenario en que van a darse los siguientes pasos. La crítica contemporánea (con Díaz Fernández o Pérez Ferrero) entendió bastante bien esto. Nos conmueve además que su capítulo final sea un documento tan exacto de la vida literaria del momento.

La peripecia amorosa de Jersey Blanco y Boina Azul funciona como una suerte de ultraísmo desarrollado en una sucesión novelesca, pero vale decir que el éxito de la novela está en que hoy es perfectamente legible y sacude y transmite su entusiasmo.

Dionisio Ridruejo

A finales del año 1933 un joven poeta de 21 años se afilia a la Falange. Su nombre: Dionisio Ridruejo Jiménez.[48] Ha nacido en Burgo de Osma (Soria) en 1912 pero por entonces vive en Segovia. A su vocación literaria, que no tardará en traducirse en un primer libro de versos, se unen sus inquietudes sociales y políticas. Entre ellas se cuenta su gran preocupación por la justicia social, que le hace preguntarse por la necesidad de una revolución, que entonces consideraba podía ser llevada a cabo por una selecta minoría rectora y para la que no sería ilícito recurrir a la violencia. Eran éstas ideas en las que había desembocado tras diversas experiencias, influencias y lecturas, entre las que no faltaron Marx, Georges Sorel, Marinetti, Renan, Unamuno, Malaparte, Ortega... Se había acercado al futurismo y al fascismo a través de las páginas de Giménez Caballero. Y ante la realidad política no le convencían ni las derechas ni las izquierdas.

En el mitin de la Comedia se había sentido atraído por los oradores, la estética, el estilo y la doctrina. Sin embargo, la política ocupaba por entonces una porción muy escasa de su actividad. Su interés principal seguía centrándose en la literatura, en limar los versos destinados a llenar las páginas de su primer libro de poemas: *Plural*.[49]

A Primo de Rivera no lo conoce personalmente hasta el verano de 1935. Fue en la Granja, en un velada organizada por la señora de Chavarri (nombre de casada de Marichu de la Mora, nieta de don Antonio Maura) a la que asistieron también José Antonio y Agustín de Foxá. El encuentro fue más literario que político y tras la lectura de algunos versos de Foxá, Ridruejo leyó varias de sus canciones, sonetos y unos versos libres compuestos bajo el influjo de Salinas. Primo de Rivera le impresiona positivamente.

José Antonio y Ridruejo volverían a coincidir en varias ocasiones más, bien en tertulias literarias o políticas, o en el centro falangista de la Cuesta de Santo Domingo, pero no llegaron nunca a tener una relación de amistad personal, que Ridruejo sí mantuvo sin embargo con algunos de los escritores que rodeaban a José Antonio, sobre todo con Eugenio Montes y Samuel Ros. La conclusión la escribe el mismo Ridruejo en sus memorias:

> Diré, sí, que la sugestión que la personalidad de José Antonio había dejado en mí y el impulso e influencia de algunas personas que le habían estado muy próximas tuvieron parte definitiva, junto a algunos elementos de azar, en mi transmutación de secuaz casi inerte de la acción política en actor más o menos responsable de ella.[50]

Es evidente que José Antonio dejó huella en Ridruejo, pero no es menos evidente que el poeta causó también una impresión positiva en José Antonio, como manifiestan las confidencias que le hizo sobre su vocación política de líder o conductor o las referidas a la valía política de sus camaradas dirigentes.[51] José Antonio deseaba una implicación mayor de Ridruejo y llegó a pedirle que fuese al centro falangista con más frecuencia. Le encomendó la jefatura del SEU en Segovia, lo que no dejaba de ser un recurso, ya que allí sólo se cursaban Segunda Enseñanza y Magisterio y Ridruejo se había matriculado (dejaba sin terminar la carrera de Derecho) en la Escuela de Periodismo de *El Debate*, por lo que residiría en Madrid desde octubre de 1935. El nombramiento servía también al propósito de un encargo preciso: debía reconstruir la célula de afiliados militares que el coronel Tarduchi había dejado a su paso por Segovia, cometido que Ridruejo nunca pudo cumplir en términos estrictos. El ejército comenzaba ya a marchar por su cuenta.

Instalado en Madrid, Ridruejo confirma su vocación poética. Es consciente de que su poesía primera es deudora de los grandes del 27 pero también de que se encuentra en ciernes de un cambio estético. Para hacerle traspasar esa frontera están algunos contemporáneos de diversas generaciones, entre ellos, el joven Germán Bleiberg y el mismo Samuel Ros. Y entre los de más edad y prestigio Montes y Mourlane, cuyos elogios de los primeros *Sonetos a la piedra* leídos por Ridruejo afianzaron su confianza y confirmaron su línea estética.

Xavier de Echarri y Samuel Ros, falangistas como él, son las principales amistades de Ridruejo durante estos años. El ejemplo vital, humano y literario de Ros influye ampliamente en la vida y en la escritura de Ridruejo. El integrismo amoroso del escritor valenciano fue de gran peso en la puesta en marcha de *Primer libro de amor*.[52]

Poeta, militante falangista y amigo de los escritores más cercanos a Primo de Rivera, Ridruejo se aproxima y llega a formar parte de la *corte literaria* falangista, con cuyos miembros convive en las distintas tertulias y veladas literarias y políticas. En una de ellas intervino en la creación del himno de la Falange.

De El Café Europeo a La Ballena Alegre

En la tertulia nocturna de El Café Europeo, en la glorieta de Bilbao, se reunían Rafael Sánchez Mazas, Eugenio Montes, Samuel Ros, José María Alfaro y el joven Dionisio Ridruejo. Asistían también, entre otros, Jardiel Poncela, Ledesma Miranda y Marqueríe. A veces iba José Antonio Primo de Rivera. La presidía Pedro Mourlane Michelena. «Mourlane era un espectáculo fascinante», recuerda Ridruejo[53] de su primera visita al Europeo. El «hablar engolado» de «rapsoda antiguo», «el arte de movimiento y color de los componentes fonéticos, la ondulación rítmica del fraseo acercándose al verso sin usarlo, la magia de los calderones de expectación y de las escalas del tono hasta la cumbre de las palabras *clave* preciosas y recargadas», «la selección de las palabras por el criterio de su nobleza o altura sin destruir la propiedad, la precisión del ritmo y la riqueza tonal —siempre con preferencia en la escala de los graves—».

Pero todo ello, prosigue Ridruejo, no era nada sin el gesto o la figura:

> Gran cabeza de artista o de guerrero inerme. La melena, ya muy gris, tenía una tendencia desmayada a caer de la sien a la mejilla y ello determinaba uno de los gestos más característicos del personaje: el golpe de mentón hacia delante, la subida de la mano a la frente. La boca era ancha y llena, la nariz fuerte, el párpado cincelado, las cejas pobladas; la frente no muy ancha se ampliaba con las entradas del pelo. Tenía ojos melancólicos por los que, al hablar sublimando, se le ponía una veladura, como de absorción ensoñadora. El cuerpo era proporcionado a la cabeza: robusto, bien hecho. Y las manos largas y vigoro-

sas tenían una gran expresividad. Lo veo aún levantando la diestra en medio giro, mientras echaba atrás la frente, como un alfarero toma el cuenco recién torneado y lo muestra dibujando un movimiento de columna salomónica. Otro de sus gestos —éste con frente baja, ojos casi cerrados— era el de hacer pasar el pulgar por el comedio de los otros dedos, desplegados y recogidos como abanico, sugiriendo la calidad táctil de un paño o una seda. El cuenco, el paño y la seda imaginables eran, naturalmente, la palabra. Mourlane tenía una gran belleza viril, como de árbol o montaña, que inspiraba sosiego y sugería la fuerza desilusionada y la melancolía bondadosa. Separados del contexto de su figura, sus gestos y su voz, su prosa queda como huérfana: Era el guión de su habla.

Las distintas evocaciones de Mourlane pasan siempre, como la de Ridruejo, por su fascinante dicción, por la sonoridad de que dotaba a las palabras y por sus ademanes litúrgicos.[54] Gran hablador, a su alrededor había constantemente un grupo de personas anhelantes por escucharle, por oír sus fabulaciones y las curiosidades eruditas que contaba. Su magisterio fue fundamentalmente oral, sus enseñanzas, como su estilo, salieron más de su sus labios que de su pluma. «Don Pedro me dijo una vez», «escuché de don Pedro», «oí una vez a don Pedro decir», son las referencias frecuentes a su figura. José María Alfaro ha hablado de su «acción socrática, conversacional y directa».[55] Nuevamente, acudimos al calificado resumen de Ridruejo:

El hablar engolado iba de acuerdo con su figura y hay que decir que fue un hablar contagioso pues con la misma impostación hemos oído hablar a personas tan diversas como Sánchez Mazas (que era gran escritor) y Lequerica que no lo era en absoluto, el gallego Eugenio Montes —al que lo rítmico le viene naturalmente de su lengua madre— y al madrileño González Ruano, al burgalés Alfaro y al también bilbaíno Zunzunegui, que en su escritura realista da pocas señales de aquel estilo. E incluso un escritor tan otro y de después —tan originalmente de sí mismo— como Camilo José Cela, lee y cuenta aún con énfasis mourlaniano. Tanto que es capaz de poner la palabrota desgarrada y popular en el mismo aislamiento de cumbre en que Mourlane ponía palabras como *roble*, *congosto* o *halcón*, *magnificencia* o *parsimonia*, *dignidad* o *cortesía*. [56]

La presencia de don Pedro Mourlane —siempre el «don» a pesar del tuteo falangista— iba íntimamente unida a las muchas anécdotas que sobre él (sobre sus desavenencias con la realidad, sobre su bondadosa dignidad o sobre sus desacuerdos con la utilidad y el éxito) se propagaban por las tertulias de la época.[57]

Un día frío de invierno entraba Mourlane, con un ligero impermeable desabotonado y echado atrás, al café Comercial. Allí, ateridos, Ridruejo, Gistau, Rubio, Ignacio Catalán, Echarri y otros contertulios. «¿Ha visto usted qué frío, don Pedro?» «Sí, lo he leído en el *Ya*.»

En El Europeo bebía Mourlane, de costumbre, un coñac «Osborne» de la clase Tres Ceros, la inferior. La copa tosca en un platillo de porcelana. Don

Pedro Mourlane, tomando entre los dedos el cáliz y empuñándolo lo elevó hasta sus ojos. «El coñac —dijo— debe beberse en copas de roble de Angulema.»

Sánchez Mazas, con refinada crueldad, solía decir: «Este Pedrito es la carabina de Ambrosio... adamasquinada». También solía repetir que si Mourlane hubiera dedicado más tiempo a la cultura en vez de hacerse una falsa cultura, sería un intelectual de primer orden. Las malas lenguas hablaban por entonces del manejo abusivo que Mourlane hacía del *Espasa*.

Otros, como Ridruejo, hablan sin embargo de la nobleza y dignidad del personaje, de su inocencia bondadosa y de su melancolía, de su olvido consciente del lucro y la competencia y de la sospecha del alto precio que, hacia dentro, pagó por su elevación.

Pero la frase más conocida de Mourlane es la que pronunció a propósito de alguien que había encargado a su criada comprar una guindilla picante: «¡Qué país, Miquelarena!». Mourlane le hacía a Miquelarena un relato pormenorizado de cierto caballero que entregaba a su criada una moneda de diez céntimos con el objeto de que comprara una «guindilla que pique». Añadía el caballero a la sufrida criada, que si no picaba, «él se la metería por el culo al tendero». «Ya ve, Miquelarena. ¡Una guindilla que pique, Miquelarena, una guindilla que pique! ¡Qué país, Miquelarena, qué país!» Esta frase hizo época y fue utilizada con frecuencia a la hora de referirse cualquiera a las desdichas o peculiaridades de España. Miquelarena se quejaba a Sánchez Mazas diciéndole: «Ya ves, querido Rafael, al final voy a deberle la posteridad a Mourlane».[58]

De «El Europeo» se pasó la tertulia al «Comercial», frente por frente, y de allí arrancó la tertulia de La Ballena Alegre, que se celebraba, desde 1931, en los bajos del Café Lyon, en la calle de Alcalá, frente al Palacio de Correos de Madrid. Del fondo del café arrancaba la escalera que descendía a La Ballena Alegre. El sótano estaba decorado por Hidalgo de Caviedes con escenas de mar y del techo colgaba un pequeño modelo de fragata. La tertulia contó siempre con la asistencia regular del grupo de intelectuales: Mourlane (que solía presidir la tertulia), Sánchez Mazas (uno de sus principales animadores), Montes, Miquelarena, Foxá, Samuel Ros,[59] Alfaro, Santa Marina[60] y Ridruejo.

Junto a ellos y alrededor de José Antonio Primo de Rivera asistían también con más o menos frecuencia (la nómina es hoy en día excesivamente extensa), Víctor de la Serna, Luis Bolarque, Luis Peláez, Luis de la Serna, Javier de Salas, Antonio de Obregón, Juan Cabanas, Juan Antonio de Zunzunegui, Julio Ruiz de Alda, Fernando de la Quadra Salcedo, Alfonso Ponce de León, Vicente Sarrión y Tellería. Es decir, poetas, novelistas, ensayistas, periodistas, pintores, músicos, críticos de cine... vinculados de una u otra manera con la Falange.

En La Ballena Alegre se discutía sobre arte, literatura, historia heroica, sobre las artes culinarias, la literatura moderna, y, sobre todo, de política, conformando lo que iba ser el estilo falangista. No en vano, Jacinto Miquelarena definió la tertulia como «el Conservatorio de estilo de la Falange».[61]

De las doce cartas que José Antonio escribió desde la prisión provincial de Alicante el 19 de noviembre de 1936, una estaba dirigida a Rafael Sánchez Mazas. En ella no podía faltar un último recuerdo a los amigos de la tertulia de La Ballena Alegre:

> Querido Rafael:
>
> Voy a escribir muy pocas cartas, pero una ha de ser a ti. Desde que nos separamos quedó cortada nuestra comunicación, ya que, aunque recibí cartas tuyas, creo que no logré hacer llegar a tus manos ninguna de las dos que te escribí. Sirva ésta para anudar este cabo suelto y para dejarlo ya anudado hasta la eternidad. Perdóname —como me tenéis que perdonar cuantos me conocisteis— lo insufrible de mi carácter. Ahora lo repaso en mi memoria con tan clara serenidad que, te lo aseguro, creo que si aún Dios me evitara el morir sería en adelante bien distinto. ¡Qué razón la tuya al reprender con inteligente acierto mi dura actitud irónica ante casi todo lo de la vida! Para purgarme quizá se me haya destinado esta muerte en la que no cabe la ironía. La fanfarronada sí; pero en esa no caeré. Te confieso que me horripila morir fulminado por el trallazo de las balas, bajo el sol triste de los fusilamientos, frente a las caras desconocidas y haciendo una macabra pirueta. Quisiera haber muerto despacio, en casa y cama propias, rodeado de caras familiares y respirando el aroma religioso de sacramentos y recomendaciones del alma, es decir, con todo el rito y la ternura de la muerte tradicional. Pero ésta no se elige: Dios, quizá, quiera que acabe de otro modo. Él acoja mi alma (que ayer preparé con una buena confesión) y me sostenga para que la decorosa resignación con que muera no desdiga junto al sacrificio de tantas muertes frescas y generosas como tú y yo hemos conmemorado juntos. Abraza a nuestros amigos de las largas tertulias de La Ballena, empezando por el tan querido canciller don Pedro Mourlane. Dos abrazos especiales para José María Alfaro y Eugenio Montes, a quienes no sé si podré escribir, pero a quienes recuerdo de todo corazón. Y que a ti, a Liliana y a tus hijos os dé Dios las mejores cosas.
>
> Un fuerte abrazo, Rafael.
>
> José Antonio[62]

En el mismo café se llevaba a cabo una tertulia de intelectuales de izquierdas en torno a la figura de José Bergamín, poeta, ensayista, figura destacada del catolicismo liberal y director de la revista *Cruz y Raya* (1933-1936), en la que colaboraban algunos de los escritores falangistas como Sánchez Mazas, Alfaro, Santa Marina o Ros. Estas colaboraciones son muestra de que, por aquellos años, entre los miembros de ambas tertulias no había sino una amistosa rivalidad o un cordial enfrentamiento, incluso muchos de ellos eran amigos, además de que los intereses literarios o culturales los reunían en más de una ocasión en lo que entonces era un Madrid pequeño. A este respecto nada más ilustrativo que las declaraciones del poeta Gabriel Celaya, asiduo de la tertulia de Bergamín:

> Nosotros teníamos una tertulia donde íbamos a tomar el café todos los días, en un sitio que se llamaba La Ballena alegre, en los bajos del Lyon. A esta tertulia íbamos, pues, estudiantes de la Residencia [de Estudiantes], que muchos eran actores de La Barraca, del teatro de Federico, iban el mismo Federico, Eduardo Ugarte, que era el otro codirector, con Federico, de La Barraca, muchos residentes y muchos amigos. Y allí nos reuníamos todos los días en el mismo sitio ... Nosotros estábamos allí en una mesa. Y en la mesa de enfrente había otra tertulia, que era todos los fundadores de la Falange: José Antonio Primo de Rivera, Jesús Rubio (que después fue ministro), José María Alfaro... Nos conocíamos todos y nos insultábamos, pero era todo como un juego porque nos decíamos: «¡Cabrones! ¡Fascistas! ¡Rojos!». Esto sería el año 1934. «¡Cabrones! ¡Fascistas! ¡Rojos!» No se qué. ¡Era una cosa!, y siempre nos estábamos insultando. O sea, no había hostilidad. Las tertulias eran separadas y en los periódicos nos metíamos unos con otros, pero no había una cosa de guerra, era cosa de amigos, de intelectuales, de estudiantes, y nos veíamos en las mismas exposiciones, en los mismos conciertos, en las mismas obras de teatro. Madrid era muy pequeño ... Estas cosas que te cuento de La Ballena Alegre, esto de que nos gastábamos bromas unos a otros y nos decíamos «¡Cabrones!», «¡Rojos!», «¡Fascistas!», como en broma y que luego estábamos juntos tomando una cerveza en el bar del teatro, esto ya no parece verosímil; sin embargo, ¡era así![63]

Rafael Sánchez Mazas, además de escribir en la revista, era amigo íntimo de Bergamín, por lo que no dudó en concertar una entrevista entre éste y José Antonio. Primo de Rivera pensaba en la posibilidad de contar con la publicación para su partido. Lo cuenta el propio Bergamín:

> Rafael Sánchez Mazas trataba entonces de convencer a José Antonio de hacer el fascismo español. Ya estaba en pie *Cruz y Raya* ... y José Antonio piensa en la revista para su movimiento españolista. Y entonces, antes de que la Falange Española exista, nos convoca Sánchez Mazas a José Antonio, a Alfonsito García Valdecasas y a mí para que, reunidos los cuatro, decidamos fundar un partido español, tradicionalista y fascista. Nos reunimos en la plaza de Santa Bárbara, tomando horchata en verano, José Antonio, Rafael Sánchez Mazas y yo, y Alfonsito García Valdecasas no viene. Yo creí siempre que no había venido porque no quiso, pero fue porque no le avisó a tiempo Sánchez Mazas. José Antonio me habló entonces de su intención de fundar un partido fascista español y me ofreció un puesto en él. Yo, claro, me negué, diciendo que para mí el catolicismo y el fascismo eran incompatibles.[64]

En las páginas de *Cruz y Raya* publicó Sánchez Mazas distintos artículos en los que desde una posición católica revisaba críticamente la coyuntura política y religiosa.[65] En ellos insistirá en muchos de los temas ya tratados en *España-Vaticano*: derecho del cristiano a la resistencia, incluso armada, al poder injusto y su libertad para acatar o no el régimen constituido, la necesidad de una vuelta a la espiritualidad religiosa, la nefasta confusión entre religión y política, la reforma de los seminarios, la acción vital de la parroquia, etc.

Estas colaboraciones encajan en una revista cuyos creadores se adhieren al catolicismo, pero rechazando toda actitud confesional; una revista inconformista, de reflexiones religiosas y políticas muy críticas. No en vano, *Cruz y Raya* acepta, por un lado, colaboraciones como la del sacerdote democratacristiano y antifascista Luigi Sturzo, y, por otro, la de falangistas o tradicionalistas como Alfonso García Valdecasas, Rafael Sánchez Mazas o Luys Santa Marina, así como la de poetas de muy otro signo como Pablo Neruda o Miguel Hernández.

Algunos ejemplares de *Cruz y Raya* incluían un suplemento, con numeración independiente, dedicado a reproducir trabajos más extensos de índole muy varia. En el suplemento del número 35 (febrero 1936) publicó la revista el trabajo de Sánchez Mazas titulado «Algarotti, pero no todo (1712-1764)». Se trata de una antología, seleccionada y traducida por Sánchez Mazas, de la prosa del conde veneciano precedida de una serie de pinceladas biográficas.

En estos suplementos vieron también la luz, entre 1934 y 1935, algunos trabajos de Luys Santa Marina: «Tres en raya: dos que en Granada murieron y uno que vivo volvió»,[66] «El paraíso y sus guardianes», «Postrimerías del tercer rey de España». Recreaciones de estilo arcaizante de las hazañas heroicas contra los moros en Granada de algunos caballeros notables, exaltaciones de las antiguas virtudes que, al parecer del autor, se perdieron al cesar la guerra, elogio de la figura del caballero que conjunta armas y letras... Estos trabajos serán incluidos más tarde en el libro *Retablo de la Reina Isabel*.[67] Edita también la revista dos colecciones bajo el mismo título de *Las nubes de antaño*, antología de sermones que Santa Marina ampliará en el libro del mismo nombre publicado en 1944.[68]

Además de en el Café Lyon, varios de los escritores vinculados con la Falange solían coincidir también en otras tertulias y veladas. José Antonio, Sánchez Mazas y Alfaro se reunían en el bar Bakanik, próximo a la Plaza de la Independencia; otras veces concurrían en casa de Pilar Primo de Rivera; a la casa de los Chavarri, donde los domingos por la tarde se llevaba a cabo una tertulia sobre política, solían acudir José Antonio, Sánchez Mazas, Foxá y Ridruejo.

«Las cenas de Carlomagno»

A José Antonio y a su *corte literaria* les gustaba distinguirse con veladas gastronómicas en sitios de postín. Se trataba de una distinción estética frente a la República. A estos gustos respondían las «Cenas de Carlomagno». Una vez al mes, José Antonio, Sánchez Mazas, Mourlane, Ridruejo, Foxá, Montes, Samuel Ros, Víctor de la Serna, Miquelarena y algún que otro comensal esporádico que designaba José Antonio, se reunían en el comedor del «hotel París» de Madrid, en la Carrera de San Jerónimo, para cenar, rigurosamente vestidos de esmoquin, en honor de Carlomagno. Presidía la cena un sillón sobre el que se colocaba una piel de corzo, como homenaje al convidado ausente. El ambiente era exquisito, se mandaba hacer fuego de leña en la chimenea, sobre el mantel impecable tres candelabros con velas iluminaban el convite y el menú era objeto de grandes discusiones desde quince días antes. Se discutía sobre historia, arte, amor...; era un honor social asistir a estas cenas, de las que se habló mucho en el Madrid de la época.

Jacinto Miquelarena, que años más tarde evocaría aquellas cenas, afirma lo que en ellas había de política, de fina evasión, de peculiar protesta

> contra la Puerta del Sol, zoco de las peores pasiones políticas y de las más viles, lanzada desde el mismo borde de aquel asfalto para limpiabotas, para flamencos, para cafés con consumidores de «solitario» y uña larga, para «desesperaciones» de Espronceda y para periodistas del *Heraldo* ... En las cenas de Carlomagno se conspiraba contra la República sin que nadie conspirase. Era una atmósfera, sencillamente. Cuando salíamos del Hotel París, a la una de la madrugada, nos encontrábamos de cara al Madrid que habíamos pretendido olvidar durante unas horas; el Madrid ya torvo y cruel, que empezaba a helarse no sé si de frío o del espanto que le acechaba.[69]

6

Retórica y simbología

LA APORTACIÓN FUNDAMENTAL A LA Falange de los escritores que conformaron la llamada *Corte literaria de José Antonio* fue la configuración de algo que sería preocupación constante en el jefe nacional: el lenguaje de la Falange. Ya en su discurso fundacional, José Antonio había definido a la Falange como un *movimiento poético*, y en adelante no sólo reafirmó sus preocupaciones estéticas sino que defendió constantemente lo que se definiría como el *estilo* del movimiento y veló siempre por que las distintas publicaciones falangistas lo mantuvieran y difundieran, a pesar incluso de las tensiones que el tono retórico y poético generó en el seno de la agrupación política.

Con estas palabras contestaba José Antonio a un estudiante que se quejaba del tono literario del semanario *FE*:

> No te tuvo Dios de su mano, camarada, cuando escribiste: «Si FE sigue en este tono literario e intelectual, no valdrá la pena de arriesgar la vida por venderlo».
>
> Entonces, tú, que ahora formas tu espíritu en la Universidad bajo el sueño de una España mejor, ¿por qué arriesgarías con gusto la vida? ¿Por un libelo en que se llamara a Azaña «invertido» y «ladrones» a los ex ministros socialistas? ¿Por un semanario en que quisiéramos tender las líneas del futuro con el lenguaje pobre, desmayado, inexpresivo y corto de cualquier prospecto anunciador?
>
> Es posible que, si escribiéramos así, nos entendiera más gente desde el principio. Acaso, también, nos fuera fácil remover provechosos escándalos. Pero entonces hubiéramos vendido, por un plato de éxito fácil, nada menos que la gloria de nuestro empeño.
>
> Si nos duele la España chata de estos días (tan propicia a esas maledicencias y a ese desgarro que echas de menos en nuestras páginas) no se curará el dolor mientras no curemos a España. Si nos plegásemos al gusto zafio y triste de lo que nos rodea, seríamos iguales a los demás. Lo que queremos es justamente lo contrario: hacer, por las buenas o por las malas, una España distinta de la de

ahora, una España sin la roña y la confusión y la pereza de un pasado próximo; rítmica y clara, tersa y tendida hacia el afán de lo peligroso y lo difícil.

Hacer un *Heraldo* es cosa sencilla; no hay más que recostarse en el mal gusto, encharcarse en tertulias de café y afilar desvergüenzas. Pero envuelta en Heraldos y cosas parecidas ha estado a punto España de recibir afrentosa sepultura ...[1]

Respecto a las publicaciones, Ramiro Ledesma Ramos, que había ya sustituido su temprana vocación literaria por la acción política, y que nunca confundió ambas, en su obra *¿Fascismo en España?*[2] afirma:

Uno de los mayores errores de FE en su primera época fue la publicación del semanario. Cuando sectores extensos de España esperaban que el periódico de Falange los orientase políticamente con consignas eficaces y certeras, se encontraba todo el mundo con un semanario retórico, relamido, en el que se advertía el sumo propósito de conseguir una sintaxis académica y cierto rango intelectual. El movimiento perdió en aquellos meses una de sus mejores oportunidades de penetrar, de un modo profundo y fértil, en zonas amplias de la ciudad y el campo.

Resultaba absurdo y triste percibir la gran difusión del periódico, cómo era esperado por las masas y cómo circulaba en los pueblos españoles, para darse cuenta del tremendo error que suponía redactar en tales condiciones una revista de pulcritud literaria, en la que se hablaba de Roma, de Platón, y se abordaba la política con mentalidad, estilo y retórica de aficionados a las letras.[3]

Tan meridianos planteamientos dicen tanto de las expectativas falangistas como de las del propio Ledesma, que parece exagerar notablemente el ansia de los eventuales destinatarios de la propaganda falangista. Ledesma, pese a todo más político que intelectual, no se engañaba sobre la necesidad imperativa de contar con una base tan numerosa como aguerrida, de unas «masas» —lo que siempre le faltó al falangismo de preguerra— que sustentaran la retórica de las élites. Élites las de Falange, que al decir de Ledesma no parecían percatarse de ello.

Hasta Giménez Caballero, el menos práctico de los ideólogos, cayó en la cuenta, acaso porque ya no participara del núcleo dirigente de Falange. Distanciado de Primo de Rivera y fuera de la disciplina falangista, publicó en *Informaciones* un artículo titulado «Estilo de pistolero» donde criticaba al jefe de la Falange y a su equipo intelectual: «Lo que es incomprensible es querer pasar por "fascista", por "juventud fascista", y tener un "estilo fascista" el que escribe o habla a base de flores, mermeladas y delicuescencias a la veneciana ...».[4]

A pesar del convencimiento y apoyo del jefe nacional, las críticas se sucedieron, a lo que hay que añadir que la cuestión del «estilo» —mucho más allá de la pura retórica— sería, a raíz de los primeros «caídos» falangistas, fuente permanente de conflictos, lo que acabaría aumentando las distancias entre la denominada, con evidente ironía, «falange intelectual» y los activistas militantes. Éstos últimos sabían de la influencia y del peso de los escritores en la Falange y en José Antonio, pero sabían también que muchos de ellos no eran hombres de acción.

En la configuración de la retórica falangista participaron, en mayor o en menor medida, todos los escritores mencionados, a los que habría que sumar otros nombres como los de Ximénez de Sandoval, Jesús Suevos, Víctor de la Serna o José Antonio Giménez Arnau. Sin embargo, la aportación mayor en este sentido se debe, sin duda, a Rafael Sánchez Mazas, no en vano la mayor parte de las críticas iban dirigidas directa o indirectamente contra él. A nadie se le escapaba, claro está, que era el escritor más influyente en José Antonio. Con voluntad de crear estilo, consagró expresiones, sustantivos, adjetivos, que se convirtieron en cliché de la expresión falangista. Retórica que el mismo José Antonio incorporó a su discurso, en el que en ocasiones se adivina la pluma de Sánchez Mazas:

> El sol del mediodía da como en el rostro de un cuadrante solar en el viejo escudo de España ... Así volvía en el escudo virgiliano de la Reina Isabel aquel equilibrio de la pastoral y de la epopeya que pasa todavía como un sueño dorado por Cervantes ... Repongamos en el escudo, yugo y haz.
>
> RAFAEL SÁNCHEZ MAZAS[5]

> Con las JONS en hermandad única y nueva vamos a reponer en el escudo, en el cuadrante solar de las Españas, yugo y haz; equilibrio perfecto de la pastoral y la epopeya.
>
> JOSÉ ANTONIO PRIMO DE RIVERA[6]

Prácticamente desde su nacimiento, Falange Española dispuso para su difusión de una revista semanal, *FE* (7 de diciembre de 1933/19 de julio de 1934), a la que sucedió el semanario *Arriba* (21 de marzo de 1935/5 de marzo de 1936). Las directrices de *FE* se aprobaron en el bufete de Primo de Rivera, donde fueron convocados Sánchez Mazas, Eugenio Montes, José María Alfaro, Giménez Caballero, José Francisco Pastor y Juan Aparicio. El semanario lo dirigiría Primo de Rivera y de su confección semanal y de solicitar los originales se encargaría José María Alfaro.

En ambas publicaciones Rafael Sánchez Mazas era el encargado de la sección «Consignas de normas y estilo», donde exponía y difundía en sus líneas magistrales la doctrina y el espíritu de los fundadores de la Falange. El hecho de que Primo de Rivera le confiara esta sección revela la confianza en él depositada.

Las consignas, en primera página, de manera destacada y sin firma, cumplían distintos objetivos. A la vez que transmitían semanalmente a los afiliados y simpatizantes las órdenes y directrices políticas del movimiento, difundían y repetían insistentemente una serie de puntos doctrinales que se consideraban esenciales: Falange Española no es un partido político sino un movimiento; la Falange se coloca por encima de la pugna de los distintos partidos y rechaza el turno electoral; el concepto de «unidad de destino», de imperio, etc.

Además de la transmisión de unas ideas políticas, expresadas en sus líneas maestras, las consignas determinaban lo que era o no era el *estilo* de la Falange. Por otro lado, constituían también una tribuna desde la que denunciar la situación presente, atacar a los partidos políticos, defender a la Falange de acusaciones, alentar y exaltar a los afiliados o definir metas urgentes.

Rafael Sánchez Mazas era también el autor anónimo de los «guiones» que publicaba el semanario *FE*. Éstos eran escritos breves, dirigidos a los afiliados y en los que se insistía de manera puntual en los mismos temas desarrollados en las consignas. Se publicaban varios, en primera página, en los márgenes derecho e izquierdo de la consigna de la semana, bajo un título clave de no más de dos términos: «Sobriedad», «Cautela», «Comodidad y Crítica», «Universidad y Política»...

RENUNCIAR

> Renunciar. En todo habréis de renunciar a las cosas y palabras superfluas. El gran estilo está hecho de renuncias. Toda disciplina, todo orden perfecto supone tallas y renuncias de las partes que lo componen. De lo que cada uno de vosotros renuncia se hace grande el futuro de España (FHD, p. 89).[7]

Además de su labor anónima, Sánchez Mazas contribuyó con su firma al pie de varios artículos.[8] Éstos, como los de Montes, o incluso como los de Giménez Caballero, pusieron énfasis constantemente en la importancia de primer orden, cuantitativa y cualitativamente, que debía presentar lo literario en las publicaciones falangistas. Naturalmente es de suponer que al concurrir a una empresa que, por muy esteticista que fuera, no dejaba de ser una organización política, los escritores de estas publicaciones eran conscientes de que no se trataba de hacer una revista literaria. Lo alarmante es que para quienes no eran precisamente literatos, y cuanto más puramente político era su interés más gravemente lo percibían, la impresión era a veces justamente esa.

Ernesto Giménez Caballero fue también colaborador destacado del semanario. Probablemente habría sido capaz de escribirlo él solo de habérselo permitido Primo de Rivera. Colabora prácticamente en todos los números y en algunos de ellos publica varios textos. Por un lado la serie «España y Roma»,[9] embrión del libro *Roma Madre*, excurso cultural y personal de Giménez Caballero por la historia y las figuras de la Roma y la España universales. Y por otro lado, diversos artículos ya publicados en otros diarios en los que se centra en cuestiones de la actualidad política directamente relacionadas con el acontecer diario del fascismo español.[10] Muy cercanos por lo tanto éstos últimos al acento de una publicación que, salvo excepciones como la del propio Giménez Caballero, vivía muy pegada a los acontecimientos.

Samuel Ros es otra de las firmas señaladas de *FE*. En sus artículos,[11] las insistencias son las comunes (ataques al separatismo, al liberalismo...) sin embargo su acento está menos ideologizado y es más humano.

También contó el semanario con la firma de Eugenio Montes, no directamente sino a través de la publicación de artículos que ya habían visto la luz en el diario *ABC*.[12] Su estilo y mecanismo es el de siempre: recreación de la historia, la historia heroica española, como ejemplo y comparación con el presente, de Carlos V y Garcilaso a la horda asiática y marxista.

Del grupo de escritores, José María Alfaro, más ocupado en las gestiones necesarias para la salida del semanario, colabora únicamente en el primer número.[13] Su discurso es más tradicional y su retórica menos novedosa y sugestiva.

Hemos hecho hasta ahora hincapié en las firmas del grupo de escritores como valores propios de una publicación redactada en gran parte de manera anónima —lo que será una constante muy pocas veces interrumpida en el semanario *Arriba*—. Otros, sin embargo, colaboraron intensamente sin que su firma, que no su estilo, rubricara su trabajo.

De la lectura de la sección «Aire Libre», dedicada a cuestiones deportivas, que figura como anónima en cada uno de los números de *FE*, se puede deducir fácilmente, por enfoque y estilo, que su autor es Jacinto Miquelarena.

Aunque la Falange como tal no hizo excesivo énfasis en lo gimnástico o en lo deportivo, cosa propia de regímenes fascistas instalados en el poder, es evidente que no podía pasarle inadvertida la afinidad con un modelo físico y estético depurados como el que representaba el deportista y el olimpismo. La presentación de la actividad deportiva como una actividad de enaltecimiento físico a la vez que moral, que desembarazaba al cuerpo y a la mente de impurezas, de defectos, de malos hábitos, estaba presente en escritores como Montherlant y Giraudoux, escritor este último que Miquelarena traduce y cita extensamente con aprobación. Lo deportivo aparece como ideal apolíneo y a la vez como contrafigura de lo burgués —lo cómodo, lo hedonista, incluso lo sucio, lo cochambroso o lo gordo— y por otro lado de las greñas y melancolías del romanticismo como residuo de lo decimonónico trasnochado. A su vez se provoca la identificación de lo burgués con lo propiamente republicano. Por ejemplo, la obesidad de Prieto pasaba de rasgo físico a categoría moral y se convertía en descalificación del común de los políticos republicanos. Un método, el de juzgar lo estético como moral, que adoptaría un tono sistemático en los escritos de guerra de autores como Foxá y una de las guías de *Madrid de Corte a checa*.

Miquelarena aparece por lo tanto como un valor o con una escala de valores por lo menos parafascista. En realidad, además del cultivo de esta imaginería de cuño filofascista, lo que llama la atención es cómo Miquelarena pasa enseguida a un reproche a las izquierdas que viene a parecerse a la retórica derechista tradicional.

Miquelarena supone la versión fascista, o falangista si se prefiere, del deporte. O dicho al revés: es el falangismo en versión deportiva. La retórica es por lo tanto la misma:

> Queremos hacer una juventud sana, limpia, alegre y heroica ...
>
> Queremos que el *sport* nos dé el optimismo, la salud, la fuerza y el espíritu caballeresco. En el *sport* se aprende a saber ganar y a saber perder; pero todos se preparan para la victoria.
>
> Los viejos partidos políticos se han formado con jugadores de dominó, a los que les crece una pobre idea en la cabeza como les crece la uña larga —y amarilla— del dedo meñique. En nuestras filas habrá lanzadores de disco y de dardo, saltadores y corredores a pie. Ninguna secta de las que nos odian han de vencernos porque entre nosotros está ya el soldado de la Maratón, que ha de correr con la noticia de la victoria.
>
> El pensamiento y el corazón necesitan cruzar la vida en cuerpos de primera clase ... Nosotros sacaremos a la calle legiones de atletas a la conquista del sol del país, con la gracia y con la disciplina y con un claro, limpio y noble sentimiento de la fuerza ...
>
> Nuestras filas tienen que ser sanas, para que su cerebro sea sano. Tienen que ser sanas porque tienen que ser heroicas. Tienen que ser sanas porque han de desfilar cantando ...
>
> El mundo será para el que le ofrezca limpieza de alma y de cuerpo, conciencia de ciudadano y el sacrificio alegre y heroico de la juventud.
>
> Los primeros mil españoles bien afeitados que desfilen en falanges por nuestras calles, dando al aire su disciplina y su fuerte emoción nacional, se apoderarán de España. Porque España les está esperando ...[14]

A través de esta sección se lleva a cabo la identificación de lo que entonces se llamaba «sport» con una estética y un ideario. Hecha la identificación se puede hablar de deporte a la vez que se hace propaganda ideológica: el fútbol como agente separatista que estimula el regionalismo y la rivalidad geográfica,[15] la federación de *rugby* y el separatismo catalán,[16] el alarde deportivo en Moscú conducido por el equivocado espíritu utilitario,[17] los encuentros internacionales como exponente del afán patriótico,[18] etc.

Y si Giménez Caballero soñó con un arte subordinado al Estado totalitario, de la misma manera Jacinto Miquelarena consideraba que

> El Estado debe incautarse del sport. El sport puede fundar una nacionalidad —y ahí está el caso de los «sokols» checoeslovacos— y puede reducir a fragmentos microscópicos un viejo Imperio. Hay «el amor al club», que es un pobre amor femenino —la atracción de los colores y de los cintajos— y hay o

puede haber «el amor a una gran idea patriótica». La juventud se decide por lo más cómodo y lo más pintoresco. Pero el Estado debe impedir que las juventudes tengan una opción a la hora de elegir rutas fundamentales.

Un Estado que aproveche el torrente caudaloso del *sport*, será un Estado poderoso».

El lenguaje de la formulación falangista

La retórica política falangista se basa principalmente en dos recursos: la antítesis y la reiteración. Ambos recursos pueden observarse en distintos planos.

En primer lugar, la antítesis como figura de fuerza expresiva que refleja la imposibilidad de neutralidad en las ideas y comportamientos políticos: «Se estará en nuestras filas o contra nuestras filas» (FHD, p. 6). La bipolaridad, la reducción de los matices a la fórmula de «todo o nada» será por otro lado, a lo largo del desarrollo de la II República, un rasgo característico de la sociedad española del momento. Es evidente también en la formulación falangista la tendencia al estilo lapidario.

En segundo lugar, la antítesis como expresión de un movimiento cuya ideología pretende y destaca como novedoso el equilibrio de contrarios. Los falangistas argumentaron su originalidad en la unión de tradición y modernidad. Lo que responde al esquema: Falange es A y B, de donde A y B son términos opuestos.

> Queremos ser, sobre la España vieja, el ramo a la vez fresco y antiquísimo de la España nueva (FHD, p. 124)

En tercer lugar, la marcada antítesis entre dos campos semánticos opues tos como expresión de una ideología que se define como radicalmente opuesta a la de los demás partidos políticos. Responde entonces al esquema: Falange es A y Partidos Políticos es B, o Falange no es B. De donde A se opone a B:

> He aquí la diferencia entre un partido político y un movimiento espiritual como es la Falange. Los partidos se apoyan en las cosas exteriores y sólo viven el éxito exterior: los movimientos espirituales viven para su mundo interior ante todo y logran la victoria por expansión de esta fuerza interna lograda en constante ejercicio (FHD, p. 154).

El primer campo semántico, positivo y singular, corresponde a la formulación del proyecto político falangista. El segundo, negativo y plural, caracteriza y califica (descalifica) en su conjunto a las demás posiciones políticas. Ambos están compuestos por una serie de palabras clave:[19] *movimiento* frente a *partidos políticos*; *estilo* frente a *programas políticos*; *unidad-destino* frente a *desunión*; *imperar* frente a *languidecer*...

La Falange es definida, frente a los partidos políticos, como un *movimiento*: «No somos un partido sino un movimiento, lo cual quiere decir un tránsito de la total realidad presente de España a otra futura realidad total y diversa» (FHD, p. 166).

El término *movimiento* es sustituido en ocasiones por otra serie de términos: *hermandad*, *familia*, *comunión*, *organización* frente a *bandos*, *parcialidades*, *organizaciones*.

La antítesis se mantiene en la adjetivación (positiva-negativa) de cada uno de los términos: *movimiento espiritual*, *movimiento nacional*, *partidos inútiles*, *partidos pusilánimes* o *traidores*, *organizaciones extremistas*.

Es común también la utilización de términos semánticamente neutros y que designan una misma realidad que según hagan referencia a una de las dos palabras opuestas (movimiento-partidos) quedan marcados positiva o negativamente: *acto* frente a *mitin*, *doctrina* frente a *ideologías*:

> ... en dos meses hemos hecho mucho más con unas pocas hojas volantes y unos pocos actos que los partidos políticos con sus rotativos y su abundancia de dinero para transportar gregarios a los mítines (FHD, p. 23).

> ... continuaremos celebrando los actos necesarios para que en la España de días próximos queden suprimidos los mítines políticos y toda la palabrería que nos repugna (FHD, p. 162).

Y si utilizan un mismo término, éste queda degradado mediante la adjetivación si pertenece al campo de la palabra clave *partidos*: *doctrinas extremas*, *organizaciones extremistas*.

De esta manera se van creando dos campos opuestos:

Movimiento (*positivo-singular*)	*Partidos* (*negativo-plural*)
hermandad	bandos
familia	parcialidades
organización	organizaciones
acto	mítines
doctrina	ideologías-políticas
espiritual	material
esencia	existencia
mundo interior	cosas exteriores
fuerza interna	éxito exterior
política de fundación	política de opinión

Con el término *movimiento* se intenta la superación de las voces *izquierda* y *derecha*, englobadas en el término *partidos*, tal y como corresponde a la idea de crear un movimiento que se coloque por encima y en contra de los partidos políticos y del sistema electoral: «no somos ni derecha ni izquierda» (FHD, p. 26). Lo que interesa en este caso es dejar claro que Falange es una posición nueva y original que se despega de ambas posturas: «Nuestra Falange —según se ha repetido cien veces— se ha de diferenciar en modo absoluto de todos los partidos; por la finalidad, por la doctrina, por el método, por el estilo» (FHD, p.132). Gran parte de los términos o expresiones despectivas hacen referencia a ambas posiciones: «comparsas» (FHD, p. 29), «aplatanados e informales» (FHD, p. 6), «partidos malolientes y superfluos» (FHD, p. 162), «Goliaths de nuestros días» (FHD, p. 171), «monstruos de materialismo turbio de la época» (FHD, p. 171).

Sin embargo, en sus ataques constantes a los partidos políticos, los escritores falangistas distinguen también con frecuencia entre ambas visiones. Las derechas, atacadas más duramente y con mas frecuencia, se identifican con lo falso y aparencial (*máscaras, disfraces, hipocresías, parodia, apariencias verbales*), con lo viejo, raído, corroído y caduco, con lo utilitario y burocrático, y son sinónimo de decadencia, Estado viejo y capitalismo.

Las izquierdas, aunque valoradas por su autenticidad y pasión, «por ser las únicas posiciones claras, sencillas y resueltas en la política nacional» (FHD, p. 140), «por su ímpetu para ir a cuerpo limpio» (FHD, p. 142), son atacadas por sus yerros y pecados, por su brutalidad y rencor revolucionarios, e identificadas con el separatismo, la desunión, la Anti-España, la antinación, el antipatriotismo, el marxismo y el comunismo.

Posteriormente, ya en la España de la posguerra, se reacuñará la voz *movimiento*, escribiéndola con mayúscula y singularizada: *El Movimiento*. Y no designará ya en exclusiva a la agrupación falangista, sino al nuevo orden surgido de la guerra civil española. Desaparece a su vez la oposición movimiento-partidos, sustituida por la equivalencia El Movimiento-El Partido.

Falange es, según la citada definición de Sánchez Mazas, un «movimiento, un tránsito de la total realidad presente de España a otra futura realidad». Esta futura realidad es la *meta* que la Falange se impone.

El término *meta*, calificado como *urgente, indispensable, clara*, es sinónimo de otra serie de voces clave: *tarea, primavera, mayo, amanecer, victoria*. Pero para llegar a esa *futura realidad*, hay que cumplir una serie de *etapas* o metas («la primavera no viene de una vez», FHD, pp. 26-27): primera etapa («avance espiritual de nuestro movimiento», FHD, p. 26), segunda etapa («fortificar las posiciones ganadas, consolidar el vasto espíritu difuso, unificar el movimiento», FHD, p. 26), etapa fundacional, etapa de consolidación, etc.

Las distintas metas o etapas son definidas por *la esfera de mando* o por el *jefe*, término utilizado por los partidos políticos de derechas con designios autoritarios o planteamientos totalitarios —no empleado por la izquierda— para designar a sus líderes (José Antonio Primo de Rivera, Gil Robles, etc.). Los escritores falangistas, a raíz del establecimiento del caudillaje único en la figura de José Antonio Primo de Rivera, incorporan a su vocabulario el término *jefe* y sobre todo el sintagma *jefe nacional*. Hasta entonces utilizaban el término en plural (*jefes*) o la palabra *mando* (*el mando, esfera de mando*).

Establecidas las *etapas* y las *consignas*, éstas son transmitidas a los afiliados (falangistas) o simpatizantes, designados con el término *camaradas* (FHD, pp. 12, 29, 35, 47). Aunque no es privativo de la Falange, pues el Partido Comunista utiliza el mismo vocablo, es el más empleado. Utilizan también en contadas ocasiones el término *compañeros*.

El empleo de estos términos (*mando*, *jefe*, *camaradas*; a los que habría que añadir *obediencia*, *disciplina*, etc.) refleja la estructura jerárquica de la organización

El vocablo *estilo* es otro de los términos clave, uno de los de mayor importancia, de la retórica falangista. Un concepto más calificado (*servicial, sacrificado, alegre, impetuoso, heroico, paciente, resistente, perseverante, orgulloso, viril, franco, limpio, firme, caballeresco, incómodo...*) que definido, reflejo de la ausencia de programa político concreto: «La Falange más que un programa político afirma un estilo» (FHD, p. 194). Un estilo que se define, principalmente, por oposición:

> La añagaza de esos socialistas y de esas derechas para destruir el régimen fingiendo que lo acatan, entrando en sus juegos y combinaciones, ayudando a sus gobiernos, haciendo usura del apoyo prestado, etc., etc., no es de nuestro estilo (FHD, p. 30).

A su vez, las repetidas consignas falangistas lo perfilan como una simbiosis del espíritu militar, religioso y patriótico, de aquí la abundancia de términos o expresiones propias del lenguaje militar y del religioso, así como expresiones en las que se combinan ambos lenguajes.

Del militar están tomados los términos: *asedio, autoridad, brecha, cerco, columnas, disciplina, enemigo, falange, filas, flancos, instrucción, mando, victoria* ... Así como las expresiones: *vencer a cuerpo limpio*, *bien cerradas las filas*, *cambio de guardia*, *puesto de mando*, *fortificar las posiciones ganadas*, *prácticas de instrucción*, *líneas de fuego*, *campo de batalla* ...

> Ni tiempo, ni espacio material hemos tenido —tal es la prisa con que todo nos urge— para que de Madrid, de provincias, del extranjero esta juventud nuestra se ordene toda ella desde este primer número tras de las columnas de esta publicación inicial. Todos irán haciendo en estas páginas su cambio de guardia. Y toda esa juventud no es más que uno de los cuatro flancos de nues-

> tra Falange al que designamos en esta revista una primera brecha para romper el asedio de maldad y estupidez, de brutalidad e hipocresía que tiene puesto cerco al destino magnífico de la Patria (FHD, p. 7).

Es también frecuente en la retórica falangista la construcción de imágenes militares, así como el empleo del vocabulario de cuartel y el tono castrense.

Del lenguaje religioso son ejemplo los términos *custodia, fariseos, fe, hostia, pecado, noviciado, penitencia, ayuno, cilicio*...; y las expresiones *castillo interior, virtudes edificantes, pecado original, nos queramos los unos a los otros, toma de hábito*... A lo que hay que añadir la utilización, intencionada y efectiva, de una retórica basada en la paráfrasis de fórmulas evangélicas:

> Seréis plagiados, seréis mal entendidos, tendréis que soportar y repeler alrededor furias e hipocresías innumerables (FHD, p. 46).

> Es seguro ya, que en la Falange nos queramos los unos a los otros más que en cualquier otra unión de gentes españolas (FHD, p. 155).

Ahora bien, lo que pretende el estilo falangista es la simbiosis de lo militar, patriótico y religioso, como bien reflejan las siguientes expresiones: «bienaventuranza política» (FHD, p. 21), «fervor militante» (FHD, p. 34), «Santo Sacrificio del patriotismo viril y verdadero» (FHD, p. 39), «la gran hostia solar y española, que es el sacramento de la Falange» (FHD, p. 39), «comunión de la Patria» (FHD, p. 39), «pecado original de España» (FHD, p. 123), «Antes que nadie nos pusimos nosotros por España sayal de penitencia y ceniza en la frente. Antes que nadie, por España hemos padecido ayuno y cilicio» (FHD, p. 247).

Aunque la concepción religioso-militar de la vida la encontramos expresada ya en el bilbaíno Ramón de Basterra, que en carta al padre Estefanía de la Compañía de Jesús, fechada el 14 de septiembre de 1915, afirma: «Quisiera llegar a poseer un cierto aire entre eclesiástico y militar»,[20] lo que en realidad existe en la formulación falangista es un aprovechamiento retórico-conceptual de la concepción religioso-militar tan característica de la historia española.

Los términos *unidad, destino* e *imperio* (frente a *desunión, desorden, separatismo, nacionalismos, rotura, dispersión, antinación, anti-España*) son también palabras clave del vocabulario falangista. Para la Falange, España es «una indivisible unidad de destino» (FHD, p. 123). Ahora bien, esa unidad —aseguran las consignas—, no es posible sin *voluntad de imperio*, ya que la voluntad nacional de imperar es la meta de convergencia para ordenar y unificar las partes de un todo, es *el gran orgullo colectivo*. Dentro de una concepción dinámica del orden nacional, la voluntad de imperio es el motor supremo que justifica la función unitaria, totalitaria y autoritaria.

Con el lenguaje falangista se puede producir un equívoco fácilmente comprensible: que parezca a veces que la pólvora gastada en salvas retóricas, de tan incoherentes y exaltadas como son, no contenga balazos dirigidos a propósitos políticos bien definidos. Por ejemplo, la retórica sobre el imperio parece un ejercicio de «pasadismo» histórico con una finalidad más lírica y emocional que programática. Pero no hay que echar en saco roto que se correspondía, siquiera mínimamente, con lo que siguiendo el título de un conocido libro de los años cuarenta se llamaron *Reivindicaciones de España.* Aunque las dimensiones de las mismas fuesen mucho más modestas que las del imperio español que no cesaban de evocar casi con ánimo de panegírico. Por otro lado, hay algo de una cierta importancia que suele pasarse por alto: la existencia de un pensamiento propiamente imperialista, mucho menos florido que la retórica de pasado imperial y bastante más contemporáneo que ésta, que procede del imperialismo tardodecimonónimo, otro antecedente del fascismo, como cierto darwinismo social al que se asemeja, pero entre naciones, que establece que la conquista o dominio de nuevos territorios es absolutamente esencial para evitar la lucha de clases que puede degenerar en revolución. O dicho de otro modo, que una empresa «nacional» es la única forma de superar la cuestión social.

En Giménez Caballero ese pensamiento se encuentra explícitamente como propuesta no sólo deseable sino inevitable:

> La consigna de «Imperio» lanzada en los momentos más antiimperiales de España —los de la República social-demócrata del 14 de abril— pareció entonces una locura o un desvarío de poeta. Pero nosotros los poetas somos, a fin de cuentas, los hombres más prudentes y sensatos de un pueblo. Ignoraban aquellos social-demócratas que el «Imperio» era la única fórmula capaz de superarles su «lucha de clases». No ahora, con los llamados «regímenes totalitarios», sino desde que el mundo es mundo.
>
> ... Sólo ha existido en el mundo un sistema eficaz para superar ese encono eterno de «clases», y es: trasladar esa lucha social a un plano distinto. Trasladarla del plano nacional al internacional. El pobre y el rico de una nación sólo se ponen de acuerdo cuando ambos se deciden a atacar a otros pueblos o tierras donde pueden existir riquezas o poderíos para todos los atacantes. El sentimiento de «igualdad social» que origina toda lucha de clases sólo se supera, llevando esa «igualdad» en el ataque a otros países que son desiguales a nosotros. Esa expansión de pobres y ricos de un país, contra otras tierras, es lo que constituye la motivación íntima del «Imperio».
>
> ... España sólo terminó sus luchas sociales del siglo XV con la expansión imperial hacia África, América y Europa. Nuestra unidad nacional fue imposible mientras no encontró horizontes expansivos.[21]

Dionisio Ridruejo, ya completamente alejado de su primera ideología pero convertido en estudioso de la misma, también reconoció ese rasgo como propio de un nacionalismo expansivo:

> Era una cosa que el fascismo no inventaba, pues estaba en Europa desde varios siglos atrás; pero él la convirtió en categoría doctrinal. En definitiva, se pensaba que transfiriendo al exterior —a los pueblos dominados— las cargas más pesadas de la sociedad metropolitana —de su proletariado— la lucha de clases quedaba eliminada... por desplazamiento.[22]

Esta *voluntad nacional de imperar* insistentemente predicada por los falangistas parte de ese *proyecto sugestivo de vida en común* del que hablaba Ortega:[23]

> La potencia verdaderamente substantiva que impulsa y nutre el proceso (de nacionalización) es siempre un dogma nacional, un proyecto sugestivo de vida en común. Repudiemos toda interpretación estática de la convivencia nacional y sepamos entenderla dinámicamente. No viven juntas las gentes sin más ni más y porque sí; esa cohesión «a priori» sólo existe en la familia. Los grupos que integran un Estado viven juntos para algo: son una comunidad de propósitos, de anhelos, de grandes utilidades. No conviven por estar juntos, sino para hacer algo juntos. Cuando los pueblos que rodean a Roma son sometidos, más que por las legiones se sienten injertados en el árbol latino por una ilusión. Roma les sonaba a nombre de una gran empresa vital donde todos podían colaborar; Roma era un proyecto de organización universal ... El día que Roma dejó de ser este proyecto de cosas por hacer mañana, el Imperio se desarticuló ... Las naciones se forman y viven de tener un programa para mañana.

Ahora bien, la proyección imperialista del patriotismo parte también, como ya vimos, del bilbaíno Ramón de Basterra y de la «Escuela Romana del Pirineo». Recordemos que Falange Española asumió en su ideario varios de sus puntos fundamentales.

Para la definición, calificación y valoración de los distintos términos clave de ambos campos semánticos, la retórica falangista emplea y consagra una serie de sustantivos, verbos y adjetivos que se repiten hasta la saciedad.

Frente a los sustantivos *alegría*, *amor*, *autoridad*, *claridad*, *destino*, *disciplina*, *heroísmo*, *honor*, *jerarquía*, *júbilo*, *misión*, *obediencia*, *orden*, *orgullo*, *sacrificio*, *servicio*..., los sustantivos *confusión*, *dispersión*, *duda*, *flojera*, *furia*, *melancolía*, *rotura*, *odio*... Frente a los verbos *combatir*, *emprender*, *imperar*, *robustecer*, *romper*, *servir*..., los verbos *claudicar*, *conciliar*, *debilitar*, *descoyuntar*, *eludir*, *languidecer*... Frente a los adjetivos *actual*, *alegre*, *alto*, *ardiente*, *claro*, *ejemplar*, *entero*, *fecundo*, *firme*, *franco*, *fuerte*, *heroico*, *im-*

pasible, *indispensable*, *inflexible*, *leal*, *limpio*, *neto*, *nuevo*, *original*, *perseverante*, *resuelto*, *sencillo*, *supremo*, *total*, *transparente*, *universal*, *verdadero*, *viril*..., los adjetivos *antiheroico*, *caduco*, *camuflado*, *débil*, *descarado*, *estéril*, *estúpido*, *falso*, *flojo*, *grisáceo*, *irreligioso*, *obtuso*, *oscuro*, *parcial*, *rencoroso*, *sucio*, *torpe*, *triste*, *turbio*, *vago*, *viejo*, *vulgar*...

Este contraste se ve a su vez reforzado con paralelismos antitéticos:

> A lo largo de siglos, el lado bueno de España —el lado civil, heroico, religioso, original y limpio— es el que ha mirado hacia la unidad de destino, imponiendo en el mayor apogeo de su historia la tesis católica de la unidad del género humano. A lo largo de siglos también, el lado malo de España —el lado incivil, antiheroico, irreligioso, obtuso y sucio— es el que ha mirado hacia la dispersión y rotura del destino (FHD, p. 123).

Los constantes paralelismos, de uso común en los poemas bíblicos, refuerzan el efecto de una retórica que con frecuencia se basa en la paráfrasis de fórmulas evangélicas.

El acento, como es fácil observar, está puesto en la adjetivación, que es múltiple en un mismo término: «compartimentos ideales y jerárquicos» (FHD, p. 22); «victoria clara, caballeresca y generosa» (FHD, p. 28), «tarea firme, neta, perseverante e impasible» (FHD, p. 121), «posición buena, digna, clara, sencilla, fuerte» (FHD, p. 249), «estructura perfecta, viviente, coordinada, subordinada, fortísima, armónica» (FHD, p. 133).

El alcance del sustantivo queda siempre, por lo tanto, condicionado o limitado por la adjetivación, eliminando de esta manera la posibilidad de juicio. Por otro lado, los referentes son tan vagos, tan imprecisos a veces, que necesitan de la múltiple adjetivación. Esta última es además repetitiva, quedando ciertos sustantivos unívocamente ligados a un adjetivo, en algunos casos redundante.

La reiteración es, como ya hemos apuntado, otro de los recursos fundamentales en los que se basa la retórica falangista. Ésta puede observarse, en primer lugar, en el hecho mismo de la acumulación de figuras o recursos retóricos basados precisamente en la repetición y en la acumulación: anáfora, epífora, anadiplosis y derivación. Es muy frecuente también la repetición diseminada, sin orden estricto, de una o varias palabras clave, en la misma o en diferente función sintáctica, a lo largo del texto como hilo conductor. La reiteración se acentúa a su vez con polítotes, repetición de esquemas gramaticales, similicadencias y paralelismos.

Las distintas figuras basadas en la repetición no son sin embargo fenómenos aislados, no se trata de una suma de recursos, sino que construyen, combinándose, estructuras recurrentes. Recurrencia en la expresión que transparenta la reiteración de contenidos. No debemos olvidar que la insistencia era la clave de las consignas.

Y esta recurrencia tiene una doble función. Por un lado, construir estructuras paralelas que responden al esquema de la suma:

> A la triple anti España no saben estos «victoriosos» oponer la triple conciencia y el triple esfuerzo de una doctrina y una disciplina nacionales, de una doctrina y una disciplina sociales, de una doctrina y una disciplina contrarrevolucionarias, o sea, «directas contra la acción directa» (FHD, pp. 9-10).

Y por otro lado reforzar la antítesis para marcar el contraste de los términos, para resaltar más el enfrentamiento extremo de opuestos. Se describe por lo tanto con colores fuertes, no hay claroscuros, se articula el mundo político en dos extremos en función de la ideología:

> En España, como en toda Europa, no tenemos sino dos fuerzas que han de decidir: una revolución destructiva, desordenada e informe y una revolución constructiva, ordenada y reformadora, que es la nuestra (FHD, p. 31).

Por lo tanto, la construcción reiterativa y paralela puede tener una función sumatoria o antitética. Ambas se suceden, combinan y refuerzan.

> He aquí la diferencia entre un partido político y un movimiento espiritual como es la Falange. Los partidos se apoyan en las cosas exteriores y sólo viven el éxito exterior: los movimientos espirituales viven para su mundo interior ante todo y logran la victoria por expansión de esta fuerza interna lograda en constante ejercicio (FHD, p. 154).

Por lo que respecta a los antecedentes directos de estas expresiones, es innegable la importancia de su origen en d'Ors, aunque no del modo y manera que algunos autores suponen. Francisco Umbral, por ejemplo, se inclina por considerar relevante el papel de Yzurdiaga:

> La influencia de D'Ors en la retórica de José Antonio es más importante que la de Ortega, y esto no lo ha señalado nadie por la sola razón de que a D'Ors no lo han leído. D'Ors tuvo pocos discípulos, pero fanáticos. Palabras como *jerarquía*, *servicio*, *misión* y otras, la Falange las toma directamente del pensador catalán a través del cura vasco y dorsiano Fermín Yzurdiaga.[24]

Sin embargo, las tan repetidas palabras *jerarquía, servicio, misión*, etc., formaban ya, como hemos visto, parte imprescindible del vocabulario falangista mucho antes de que el dorsiano Yzurdiaga ejerciera su influencia a través de la revista *Jerarquía* (1936-1938) o del diario *¡Arriba España!* (1 de agosto de

1937). Lo que sí hizo Fermín de Yzurdiaga, primer delegado de la Delegación Nacional de Prensa y Propaganda, fue llevar a sus extremos la retórica falangista. «Yzurdiaga será la tumba del fascismo», decía malignamente Agustín de Foxá ante los arrebatos lírico-falangistas del sacerdote navarro. Umbral confunde el encuentro original de los autores falangistas con la retórica dorsiana con el primer contacto de d'Ors con la Falange una vez iniciada la guerra.

Con anterioridad a la influencia ejercida a través de Yzurdiaga, Eugenio d'Ors impartió su magisterio sobre el grupo bilbaíno que se configuró alrededor de Ramón de Basterra en la llamada «Escuela Romana del Pirineo». Lo que queremos decir es que la filiación dorsiana de la retórica falangista no proviene directamente de Eugenio d'Ors, cuyo falangismo es posterior y circunstancial, ni inicialmente de Yzurdiaga, cuya influencia es también posterior, sino que proviene, desde la etapa fundacional y principalmente, de los que Dionisio Ridruejo denomina «bilbaínos orsianos»:[25] Rafael Sánchez Mazas y Pedro Mourlane Michelena. No podemos olvidar tampoco a la hora de hablar del dorsianismo de la Falange a Eugenio Montes.

Por otro lado, Ortega y Gasset, considerado por José Antonio Primo de Rivera[26] como «lejano maestro» de la generación falangista, ejerció sobre la Falange no sólo una importante influencia ideológica sino también una gran influencia lingüística. En *Vieja y nueva política*[27] se encuentra ya en germen la terminología que retomará posteriormente la Falange. Ortega, que habla en nombre de la Liga de Educación Política Española, utiliza ya frecuentemente los sustantivos *coraje* (pp. 15, 32), *entusiasmo* (p. 15), *esfuerzo* (p. 32), *lealtad* (pp. 17, 30, 46), *servicio* (p. 17), *valor* (pp. 17, 18); los adjetivos *claro* (p. 17), *digno* (p. 51), *enérgico* (pp. 18, 19, 30), *nuevo* (pp. 16, 19, 22), *vital* (p. 22); los adverbios *enérgicamente* (p. 48), *impetuosamente* (p. 17), *plenamente* (pp. 17, 71), *resueltamente* (p. 17); las expresiones *en su puesto de honor* (p. 19), *en línea de agresión* (p. 43), etc. A su vez, el ataque a los partidos políticos se expresa en los mismos términos opuestos utilizados después por los falangistas: *vieja política-nueva política*, *partidos-asociación*, *programas-ideales*; lo *anquilosado, caduco, inútil, fenecido, domesticado, viejo, petrificado*, frente a lo *vital, sincero, honrado, nuevo, claro, digno, evidente, inequívoco, sencillo*, etc.[28]

Pero no hay nada más revelador que comparar textos. Los que a continuación se citan son del discurso de Ortega y la similitud con muchos de los anteriormente señalados de Sánchez Mazas es evidente.

> ... para que las ideas sean impetuosamente servidas es menester que sean antes plenamente queridas, sin reservas, sin escepticismo, que hinchen totalmente el volumen de los corazones (p. 17).

> ... los partidos se han ido anquilosando, petrificando, y, consecuentemente, han ido perdiendo toda intimidad con la nación (p. 20).

> ... todo ello, de la derecha a la izquierda, de arriba abajo, está situado fuera y aparte de las corrientes centrales del alma española actual (p. 21).

> La Liga de Educación Política Española no es hoy un partido parlamentario preocupado de captar el Poder y a quien sea urgente la posesión de esas ganzúas de gobierno que llaman algunos programas. ¡Ojalá que existieran hoy, como en otros tiempos, breves y sencillos ideales políticos, capaces de encender en llama de fe viva los corazones de todo un pueblo, así de los privilegiados intelectuales como de las muchedumbres pasionales (p. 40).

> ... las fórmulas recibidas y gritadas públicamente no satisfacen íntegramente a nadie y urge renovar los principios mismos de toda batalla política, tejer nuevas banderas, modular nuevos himnos y forjar nuevas interjecciones políticas que no se pierdan en el aire, como meros sonidos, que acierten a poner tensión duradera en los músculos de legiones de brazos (p. 41).

> ... los programas usaderos son caducos e inútiles —venid a trabajar en un edificio nuevo de ideas y pasiones políticas (p. 41).

> Vamos a inundar con nuestra curiosidad y nuestro entusiamo los últimos rincones de España; vamos a ver España y a sembrarla de amor y de indignación. Vamos a recorrer los campos en apostólica algarada, a vivir en las aldeas, a escuchar las quejas desesperadas allí donde manan; vamos a ser primero amigos de quienes luego vamos a ser conductores (p. 42).

A los precedentes e influencias señaladas, que no dejan de ser las más corrientemente citadas, no hay que dejar de añadir lo que la retórica falangista debe al grupo encabezado por Ramiro Ledesma Ramos e incluso a otros ensayos prefascistas anteriores. Pero lo que realmente interesa destacar es que si no fueron en la mayor parte de los casos los creadores de este tipo de vocabulario, sí fueron los que lograron formularlo, acuñarlo, adaptarlo como vocabulario político falangista o fascista. Lo mismo se puede decir de parte de su simbología y estética.

Por otro lado, resta decir algo sobre el tono emocional empleado, tan importante o más que el contenido ideológico. Un tono de exaltación, de revolución apasionada, unido al empleo de una serie de resortes sentimentales con la intención de embriagar a la juventud, plataforma esencial del movimiento. Se potencia, no la reflexión o el análisis político, sino el entusiasmo sentimental, la camaradería, la solidaridad, la unión del «nosotros» frente al «ellos», la hermandad. Pero un entusiasmo disciplinado («camaradas en orden» p. 12) donde se exige la «adhesión incondicional» (p. 27) y la obediencia al mando supremo. Se les imbuye de una misión superior de grandeza espiritual y patriótica. Se trata, por otro lado, de una retórica exaltadora de la acción y el peligro.

Simbología y ritual

Muchas fueron también las aportaciones de la *corte literaria* a la simbología y rituales falangistas. De nuevo hay que citar aquí el nombre de Rafael Sánchez Mazas como el principal autor de los hallazgos con mejor fortuna. Dicho esto hay que precisar que algunos de ellos son una creación colectiva, como en el caso del himno, y de otros no existe unanimidad en cuanto a su autoría o procedencia. Otros autores, como por ejemplo Eugenio Montes, tuvieron peor fortuna. Sus expresiones «Navarra, Esparta de Cristo», «España es teología y sangre», o «España novia de Cristo» tuvieron, gracias al gusto estético de sus «correligionarios», poco éxito.

Falange

La denominación Falange Española[29] se ha atribuido en diversas ocasiones a Sánchez Mazas. Sin embargo, parece ser que fue Julio Ruiz de Alda quien, con un diccionario en la mano, encontró la palabra «falange». Ésta fue rápidamente acogida, sobre todo por Sánchez Mazas, que escribió un artículo sobre los principios de la falange clásica[30] para hacer una especie de justificación aproximativa dentro del gusto humanístico que siempre le caracterizó: como fuente un texto de Quinto Curcio, imbricación de fundamentos corpóreos y espirituales de la falange clásica, citas en latín; pero de todo ello se deducen consignas claras: orden cerrado, una voz de mando, disciplina y austeridad.

Por otra parte, Giménez Caballero, siempre rivalizando con Sánchez Mazas y siempre dispuesto a señalarse o presentarse como precedente, reivindica la paternidad del nombre en la edición de *Genio de España* publicada en Zaragoza en 1938.

El yugo y el haz de flechas

En diciembre de 1931 Ramiro Ledesma lanzaba su manifiesto con los 16 puntos capitales del programa jonsista. El manifiesto estaba encabezado por el emblema del yugo y las cinco flechas, que sería posteriormente el símbolo de Falange Española de las JONS, ratificado el día 6 de octubre de 1934 en el I Consejo Nacional. Desde entonces surgieron varias candidaturas que reivindicaban la gloria del hallazgo.

Por un lado, Ernesto Giménez Caballero se atribuye el precedente: «El Haz y el Yugo —símbolo unitario de los Reyes Católicos— fue propuesto por mí en 1928-1929 en «Carta a un compañero de la Joven España», en mi libro *En torno al casticismo de Italia*, como signo nacional de futuridad. La idea fue recogida por Ramiro Ledesma en «La Conquista del Estado» (1931).[31]

No obstante, hay que anteponer el precedente de Rafael Sánchez Mazas que en la conferencia titulada «Algunas imágenes del Renacimiento y del Imperio»,[32] pronunciada en el Ateneo de Santander la noche del 24 de enero de 1927, propone la reposición en el escudo nacional del yugo y el haz de flechas.

En dicha conferencia, Sánchez Mazas refiere su hallazgo de un escudo de los Reyes Católicos esculpido en un arco de la torre casi derruida de Castellamare en Palermo, lo que le da pie a una serie de meditaciones sobre el imperio español y sobre el yugo y el haz, para acabar pidiendo la reposición del yugo y las flechas en el escudo nacional:

> Nunca tuvimos otro escudo mejor. Con su haz de flechas y su yugo arcaico, él hacía pensar en la patria «rica de cosechas y de héroes» que Virgilio había soñado ...
>
> Repongamos en el escudo, yugo y haz. Si el yugo sin las flechas resulta pesado, las flechas sin el yugo corren el peligro de volverse demasiado voladoras. Tornemos, más que a una política, a una disciplina, a una conducta, a una educación. Unamos a la laboriosidad cuotidiana la audacia vigilante y el ojo seguro del sagitario.
>
> Poco diría el yugo si sólo dijese: Sujección. Dice también instrumento para realizar la fatiga, ayuda piadosa, domesticidad, mansedumbre, coyunda sacramental de amor. Poco diría el haz si sólo dijese: la unión es la fuerza. Dice también que tiene en ligadura presta a soltarse alas de pluma y aguijones de acero.
>
> ¡Escudo virgiliano de la Reina Isabel! Haznos volar, aguijonear, arar, tender el arco en afinada puntería, espolear la yunta y el vuelo, tener una conciencia diaria del surco y de la trayectoria. Entre el yugo del buey y el haz de flechas tú podrías volverte nuestro cuadrante en espera del mediodía.[33]

Años después, en marzo de 1935, en una conferencia de exposición de la doctrina de FE de las JONS, recordará Sánchez Mazas su hallazgo:

> Hemos asumido para nuestra tarea el yugo y el haz. La primera vez que pensé podrían ser emblema de un movimiento imperial español fue en Palermo. Estaba esculpido en un arco medio derruido.
>
> Entonces recordé el artículo famoso de Ortega y Gasset «El arco en ruinas», y pensé igualmente: «con este arco en ruinas podría llegarse de nuevo a construir». El yugo era la labor de la tierra, pero también la disciplina, el orden, el

yugo de las artes y de las ciencias, el instrumento para realizar la fatiga. Las flechas querían decir no sólo la unidad, sino también que estén prestas para lanzarse y hender el aire con ala de pluma y aguijón de acero (FHD, p. 266).

Sin embargo, la propuesta concreta a Ramiro Ledesma Ramos la hizo Juan Aparicio,[34] posiblemente sin conocer ninguno de los precedentes anteriores y acostumbrado a ver el símbolo por doquier en su Guadix natal, pues correspondía al escudo que los Reyes Católicos concedieron a la ciudad a instancia de Alonso de Nebrija, que a su vez lo obtuvo de textos de Virgilio. Por otra parte, Aparicio, que había estudiado en Granada, recordó unas palabras de Fernando de los Ríos, catedrático de Derecho de la Universidad de Granada, sobre el fascismo: el haz de flechas y el yugo sería el emblema del fascismo de haber nacido o surgido en España. Ramiro Ledesma aceptó la propuesta de Aparicio, y el tradicionalista Roberto Escribano, muy en contacto con los primeros círculos jonsistas, realizó en forma conocida el primer dibujo del yugo y las flechas.

Cara al sol con la camisa nueva...

Sobre la composición del *Cara al sol* y las aportaciones de cada uno de los escritores existen diferentes versiones, aunque en realidad no difieren mucho unas de otras. Hemos resumido a lo esencial lo que los mismos protagonistas han relatado.

La decisión de componer colectivamente el himno partió de José Antonio Primo de Rivera y se produjo tras el estreno en Madrid de la famosa película *La Bandera*. José Antonio citó a sus camaradas para el día siguiente, 3 de diciembre de 1935, en la cueva del Or-kompon, un bar vasco situado en la calle de Miguel Moya, en Madrid; en los bajos del local había un piano que facilitaría la tarea. La música ya estaba compuesta, José María Alfaro se había puesto en contacto, a través de Miquelarena, con el maestro Tellería. La letra es una creación colectiva en la que intervinieron Primo de Rivera (explicó las líneas generales de la canción de amor y de guerra que debían componer y traía ya dos versos escritos: «traerán prendidas cinco rosas / las flechas de mi haz»), José María Alfaro (traía también escritas algunas estrofas que quedaron intactas en la versión definitiva; José Antonio le había encargado, como poeta oficial del grupo, que escribiera el himno, pero como no acababa de concretar la tarea, José Antonio decidió que participaran en la composición varias voces del movimiento), Agustín de Foxá, Pedro Mourlane, Jacinto Miquelarena y Dionisio Ridruejo. Rafael Sánchez Mazas actuaba de crítico y revisaba lo que los demás proponían: amputaba sílabas y preposiciones, limaba las estrofas, opinaba sobre cada aportación, se exaltaba con los aciertos y sobre todo elogiaba las rimas fáciles.

El himno, con música del maestro Tellería, se cantó por primera vez en público en el mitin del cine Europa del 2 de febrero de 1936. Los poetas de la Falange consiguieron un himno sencillo, alegre, con mucha garra, majestuoso y de gran belleza.

Un cisne sobre bandera negra

Fue Rafael Sánchez Mazas el inspirador del símbolo cisneriano del emblema del SEU, enseña que estará presente en muchas de las palabras del autor dirigidas al sindicato:

> Lleva el SEU por guión una enseña azul de Alcalá, donde el cisne de plata de Cisneros tiene el escudo. Haced honor al símbolo elegido. El ave parlante del blasón canta el apellido del cardenal letrado, militar y gobernante, duro fundador del tiempo cesáreo. Pero también quiere decir «cultura», «imperio», «estilo», «exactitud». Sólo hay dos aves imperiales: el águila y el cisne. Quizá sea el cisne la mejor. Él parece recordar, con su pura elegancia, con su alejandrina belleza, el clásico Imperio de Alejandro, el primer gran Imperio de cultura ...
>
> Haced, pues, honor al símbolo del cisne y batíos por él. Sed, como él, invencibles en todos los terrenos frente a la barbarie. Ya sabéis que no hay cantos de cisne. Es una mentira inventada por la melancolía poética. Acordaos bien, camaradas, de que el cisne no tiene canto de agonía, sino grito de guerra. Y silencios.[35]

¡Arriba España!

Rafael Sánchez Mazas fue también el creador del grito ritual *¡Arriba España!*, con el que finalizaba la mayoría de sus consignas y discursos y que hizo prevalecer sobre cualquier otro grito ritual jonsista. Este vítor quedó ratificado el 6 de octubre de 1934 en el I Consejo Nacional de FE de las JONS.

Juramento de FE de las JONS

A Rafael Sánchez Mazas se debe asimismo el *Juramento de Falange Española de las JONS*, que aparecía en cada uno de los carnets de dicho movimiento:

> Juro darme siempre al servicio de España.
>
> Juro no tener otro orgullo que el de la Patria y el de la Falange y vivir bajo la Falange con obediencia y alegría, ímpetu y paciencia, gallardía y silencio.

> Juro lealtad y sumisión a nuestros jefes, honor a la memoria de nuestros muertos, impasible perseverancia en todas las vicisitudes.
> Juro, dondequiera que esté, para obedecer o para mandar, respeto a nuestra jerarquía del primero al último rango.
> Juro rechazar y dar por no oída toda voz del amigo o enemigo que pueda debilitar el espíritu de la Falange.
> Juro mantener sobre todas la idea de unidad: unidad entre las tierras de España, unidad entre las clases de España, unidad en el hombre y entre los hombres de España.
> Juro vivir en santa hermandad con todos los de la Falange y prestar todo auxilio y deponer toda diferencia siempre que me sea invocada esta santa hermandad.

Oración por los muertos de la Falange

Al poco tiempo de crearse Falange Española comienzan las luchas callejeras y los derramamientos de sangre, sobre todo en Madrid, entre los estudiantes pertenecientes al sindicato de Falange (Sindicato Español Universitario, SEU) y los pertenecientes a la Federación Universitaria Escolar (FUE). El asesinato de varios falangistas provoca en el seno de Falange grandes tensiones sobre la conveniencia y justificación de la violencia como represalia. Esta tensión se vio agravada con el asesinato del estudiante Matías Montero, uno de los fundadores del SEU, el 9 de febrero de 1934.

En este marco escribe Sánchez Mazas la *Oración por los muertos de la Falange*,[36] compuesta a petición de José Antonio Primo de Rivera para frenar los impulsos de venganza de los escuadristas elementales de Falange Española tras la muerte de Matías Montero.

> Ante los cadáveres de nuestros hermanos, a quienes la muerte ha cerrado los ojos antes de ver la luz de la victoria, aparta, Señor, de nuestros oídos las voces sempiternas de los fariseos, a quienes el misterio de toda redención ciega, entenebrece y hoy vienen a pedir con vergonzosa urgencia delitos contra delitos y asesinatos por la espalda a los que nos pusimos a combatir de frente. Tú no nos elegiste, Señor, para que fuéramos delincuentes contra los delincuentes, sino soldados ejemplares, custodios de valores augustos, números ordenados de una guardia puesta a servir con amor y con valentía la suprema defensa de una Patria. Esta ley moral es nuestra fuerza. Con ella venceremos dos veces al enemigo, porque acabaremos por destruir no sólo su potencia, sino su odio. A la victoria que no sea clara, caballeresca y generosa preferimos la derrota, porque es necesario que mientras cada golpe del enemigo sea horrendo y cobarde, cada acción nuestra sea la afirmación de un valor y de una moral superiores ...

José Antonio ordenó que esta oración se leyera en todos los oficios religiosos por los falangistas caídos en combate, por lo que se convirtió en rito obligado junto con las palabras finales que Primo de Rivera había pronunciado en el entierro de Matías Montero. La oración acompañaría también la lista de los caídos por la Falange que aparecía en las últimas páginas de las publicaciones del movimiento.

Otras aportaciones

De Agustín de Foxá es la letra del *Himno de la División Azul*, con música del maestro Tellería. A su vez, Dionisio Ridruejo es el autor de la *Canción para la División Falangista*, que escribió a petición de Alberto Crespo. Por otro lado, varias de las letras del cancionero falangista son versos de estos escritores. Es el caso por ejemplo del *Himno a la Juventud* (también conocido como *Canción del Flecha*), poema de Agustín de Foxá, incluido en su libro *El almendro y la espada*:

¡En pie, flechas de España, Falange es victoriosa
Dame el fusil pequeño, que oigo una clara voz!
Para que yo creciera sobre esta patria hermosa
Mis hermanos mayores, cayeron, cara al sol.
...

7

Cárcel y guerra

Guerra y propaganda

A partir del encarcelamiento de José Antonio Primo de Rivera (14 de marzo de 1936) no podemos hablar ya propiamente de *corte literaria de José Antonio*, por más que los escritores que la conformaran siguieran compartiendo experiencias. Otras denominaciones la sustituyen ahora: «escritores falangistas», «camisas viejas», «generación fundacional», «vieja guardia»...; todas ellas más generales e imprecisas y de nómina más amplia, aunque siga cumpliéndose la premisa de que sí son todos los que están. Ahora bien, sea cual sea el marchamo, éste, aunque en algunos casos dé cuenta también de experiencias conjuntas posteriores, no deja nunca de referirse a la vivencia común que dio origen al grupo y que los consagró como tal: la estrecha relación con José Antonio Primo de Rivera.

Un rasgo sobresaliente y nuevamente común a todos los escritores en cuya obra nos hemos detenido es que su experiencia durante la guerra resultó singular y relativamente afortunada. Es verdaderamente asombroso comprobar que vistas las circunstancias en que transcurrió para ellos la guerra, que era, a fin de cuentas «su» guerra, todos salieran relativamente bien librados y, desde luego, vivos. Ninguno de ellos combatió en el frente, y las razones no son muy dispares, aunque, bien mirado, eso habría sucedido tan sólo de haber mediado un particular interés por tener una experiencia militar directa; por edad, ya estaban fuera de la movilización inmediata y se consideraron más útiles en la retaguardia ocupados en tareas de propaganda. La temeridad de su retórica no tuvo pues equivalencia con la prudencia de su comportamiento. De hecho, la experiencia de peligro mortal que más evocan literariamente es la del que huye o se esconde en la ciudad enemiga. Una experiencia más reminiscente de situaciones revolucionarias que de un contexto puramente bélico. El género de muchos de ellos es inevitablemente el de refugiados o embajadas.

Ante todo, lo que asombra es que ninguno cayera víctima de la represión republicana cuando tantos andaban en Madrid a la hora del comienzo de la guerra civil y sabiendo que sus vicisitudes pasaron por extremos de un pintoresquismo al borde de lo trágico y algunas absolutamente rocambolescas. Todos ellos en efecto sobrevivieron, aunque, en este caso sí, después de situaciones de desigual intensidad y sufrimiento. Santa Marina, de cárcel en cárcel, sobrevivió a varias penas de muerte; Sánchez Mazas, a su fusilamiento; Mourlane, a un enclaustramiento de tres años; Samuel Ros, refugiado en la embajada de Chile en Madrid, consiguió ser evacuado, como lo consiguió también Miquelarena. Muy otras circunstancias, en Salamanca y en Burgos, vivieron Giménez Caballero, Agustín de Foxá o Dionisio Ridruejo. Y esta distinción es importante, porque las diferentes experiencias de guerra pesaron en la postura que cada uno de ellos mantuvo ante el régimen franquista, sobre todo en la inmediata posguerra. Tal y como precisará el mismo Dionisio Ridruejo,[1] los falangistas que habían vivido la guerra con cierto recelo en la zona nacional se distinguían de los que, recién salidos de las cárceles o liberados de su escondrijo, todo lo encontraban «a pedir de boca». Éstos últimos, recuperados sus puestos y dignidades, contribuyeron al ambiente de conformidad y de empresa cumplida que acabó por ablandar lo que quedaba de tensión condicionante y de espíritu político vivo en los partidos originarios.

Dicha distinción es también importante desde el punto de vista literario, tanto que no ha dejado de influir en la estimación de cada uno de ellos como escritores. Algunos de los miembros de la *corte literaria* que estuvieron en la zona de Franco durante la guerra y desempeñaron labores de propaganda alcanzaron con su pluma el punto más bajo de su estima literaria. Sin embargo, los que en virtud de circunstancias como el estar escondidos, fugados o prisioneros se salvaron, además de otros destinos peores, de tener que escribir cosas que incluso ellos mismos hubieran podido lamentar más tarde.

Con la perspectiva que hoy tenemos, podemos afirmar que una de las funciones que realizaron más cumplidamente estos escritores durante la contienda fue la de suministrar retórica, estilo y estética a la guerra —tan llena de «primaveras», «novias» y «luceros»— y a la España «nacional». Ellos fueron esenciales en la creación e importantes en la difusión del lenguaje o la retórica falangista. Pero esto correspondió según los casos a distintos autores: así, Sánchez Mazas es indispensable hasta 1936, mientras que habiendo pasado la guerra encarcelado, fue Ridruejo el que se ocupó de la labor difusora. En cambio, otros desempeñaron un papel equivalente en ambos períodos. Adscritos a las tareas de propaganda (en España o en Hispanoamérica) fueron oradores de excepción en distintas tribunas; escribieron artículos, editoriales y consignas en periódicos y revistas;[2] redactaron folletos del credo nacional-sindicalista con la intención de ilustrar a los nuevos y numerosos correligionarios; oficiaron de maestros de ceremonias y organizadores de grandes actos públicos contribuyendo de esta manera a la puesta en escena del nuevo régimen; los rituales y la simbología fueron también aportación falangista. Juramentos, himnos, canciones, versos de guerra, poemas conmemorativos...[3] salieron de la pluma de estos escritores. Sus nombres son habituales en las antologías poéticas[4] que reúnen versos escritos durante la contienda referidos al alzamiento, a la propia guerra, a los grandes temas de la patria y el imperio o que conmemoran distintos acontecimientos o aniversarios. En este sentido no cumplieron una labor muy distinta a la que ya habían ejercido en torno a José Antonio. Es más, es evidente el aprovechamiento de su propia labor aunque ésta se ejercía ahora en un contexto más amplio, con más medios y mayor alcance.

Visto lo dicho cabría preguntarse entonces cuál fue realmente su poder efectivo y su influencia real en la esencia del régimen, si es que la tuvieron. Al margen de algunas influencias evidentes (no obstante, varios de ellos fueron consejeros nacionales y miembros de la Junta Política del Partido) que, dicho sea de paso, sirvieron en algunos casos para ayudar a amigos e incluso a enemigos, parece ser que su poder efectivo fue bastante reducido. De nuevo es Ridruejo[5] el que aporta la siguiente reflexión:

> En la lucha por identificar el plan de FET de las JONS con el de la Falange originaria, los falangistas dieron —dimos— una desmesurada importancia a las apariencias externas. No hubo frente a ello resistencias notables, pues era lo que más convenía al dueño de la situación: el saludo, el himno, los emblemas, las denominaciones de los organismos o secciones, todo tuvo el sello falangista, primero a medias, luego en exclusiva. Este juego implicaba una estrategia ambigua y peligrosa: la de presentar como siendo lo que a nuestro juicio debía ser. O, traducido al lenguaje psicológico, autoengaño.

Es evidente que Franco supo aprovechar convenientemente el carácter innovador y la capacidad de entusiasmar de la retórica falangista, bajo la cual conseguía por lo menos la apariencia de cohesión del conglomerado ideológico bajo su mando. Y esta elección, de ningún modo casual, fue interpretada por algunos como un signo claro de que el régimen resultante de la guerra vestiría la camisa azul más allá de la pura simbología. Sin embargo, para muchos la «revolución» quedó «pendiente», a lo que tuvieron que añadir la boina roja, aunque fuera en el bolsillo de la camisa, lo que acabaría siendo lo de menos. A todo ello sin duda contribuyeron las diferencias entre las distintas fracciones falangistas, que facilitaron el proceso de unificación que culminaría con el decreto del año 1937, recibido con entusiasmo por algunos de los escritores de la dispersada *corte literaria*. Nos referimos, claro está, a Giménez Caballero, pero también a Eugenio Montes y a Jacinto Miquelarena. Todos ellos prestaron su pluma a la propaganda de la unificación.

Otro de los cometidos que desempeñaron o empezaron a desempeñar durante los años de guerra los escritores a los que nos venimos refiriendo fue la creación del mito de José Antonio Primo de Rivera, el «Ausente». Una creación, no únicamente suya, que les sobrevivió y cuyas ruinas dificultan, aún hoy en día, el conocimiento de la persona de José Antonio. Pero no hay que olvidar que, simultáneamente a la construcción del mito de Primo de Rivera, estos autores escribieron textos apologéticos, en mayor o menor medida forzados, sobre la figura de Francisco Franco.

Finalmente debemos señalar el hecho de que ninguno de ellos, por difícil que fuera su situación, dejó de escribir; bien relatos testimoniales sobre la guerra, como es el caso de Jacinto Miquelarena o de Agustín de Foxá, o, por el contrario, ajenos a ella, como lo es la novela de Sánchez Mazas. Bien se encontraran en la cárcel —de una de ella salieron los versos de *Primavera en Chinchilla*, de Luys Santa Marina— o fuera de ellas, como es el caso de Dionisio Ridruejo, que publicó en 1939 el libro de poemas *Primer libro de amor*.

Pero retrocedamos a los primeros meses de 1936. Concretamente al 14 de marzo. Este día, la Junta Política de FE de las JONS, bajo la presidencia de José Antonio Primo de Rivera, celebró su última reunión en el centro que la Falange tenía en Madrid en la calle Nicasio Gallego. La policía acudió a cerrar el local y los miembros de la Junta Política fueron detenidos y encarcelados en las dependencias de la Dirección General de Seguridad. Al día siguiente fueron trasladados a los calabozos de las Salesas y, posteriormente, conducidos a la Cárcel Modelo de Madrid donde ocuparon un ala de la galería de presos políticos.

Al poco tiempo, Rafael Sánchez Mazas, alegando cuestiones familiares (su mujer, Liliana Ferlosio, estaba embarazada; iba a nacer su hijo Máximo), obtuvo de la directora general de prisiones, Victoria Kent, un permiso carcelario bajo palabra de honor de no ausentarse de la capital.

A este respecto, *El Mono Azul*, que en septiembre de 1936 dedica su sección «A paseo» a Giménez Caballero y a Sánchez Mazas, afirma:

> El intelectual director de la Falange (cargo que arrebató tras de maquiavélicas luchas al cretino de Giménez Caballero) ... prisionero por su destacada intervención en los cobardes asesinatos llevados a cabo por la canalla fascista, apeló a la benevolencia de los dirigentes republicanos, y aprovechándose de que su mujer iba a ser madre, salió a la calle. Y, naturalmente, «héroe» y «caballero», puso los pies en polvorosa; huyó a Navarra y allí, junto a los clérigos trabucaires (contra los que siempre clamaba) y los requetés de negra historia, luchará contra los leales ... Estará luchando con un pie en Francia, dispuesto a huir a la Roma de Mussolini.[6]

Parece ser que efectivamente huyó, pero no hacia Navarra sino hacia Portugal. Enterado de tal hecho y considerando que se trataba del honor de la Falange, Primo de Rivera le ordena volver. Así lo hace, pero en Madrid le sorprende el estallido de la guerra. A partir de entonces, la vida de Sánchez Mazas, como la de muchos españoles, se convierte en una peligrosa aventura, en su caso salpicada de situaciones rocambolescas que conforman un auténtico anecdotario. Situaciones en las que historia y leyenda, realidad y ficción, intereses y desintereses políticos, familiares o de amistad se entretejen, y que han hecho que, sumados también otros aspectos de su biografía, el personaje de Sánchez Mazas tenga aún hoy en día un gran interés. Así lo ha demostrado el «relato real» construido por el escritor Javier Cercas.[7] Sin embargo, la biografía de Rafael Sánchez Mazas, en algunos aspectos tan azarosa, deriva lógicamente de las circunstancias históricas y políticas que le tocó vivir, lo que resalta en realidad más el retrato de época que cualquier designio aventurero del autor.

Tras varios refugios, Sánchez Mazas intenta huir a la zona nacional, pero es detenido en la calle y se le exige su identificación. Reaccionando rápidamente afirma con autoridad estar encargado de una misión especial secreta y exige comunicarse con Indalecio Prieto, pues debe transmitirle un importante mensaje. Les revela entonces el nombre de la contraseña convenida con Prieto, al que se le debe comunicar que el detenido es el hombre de blanco de los prismáticos que estaba de pie en la barca. Muy sorprendidos y temerosos de intervenir en asuntos secretos, los que le habían detenido consiguen que se comunique con Prieto, que en un acto generoso de amistad y en recuerdo de los tiempos africanos deja paso libre a Sánchez Mazas.

Indalecio Prieto y Sánchez Mazas habían coincidido en Marruecos como corresponsales de guerra en el año 1921. Ambos, desde una barca y con prismáticos —Sánchez Mazas vestido de blanco—, siguieron el desarrollo de una acción militar en la costa africana a cargo de un grupo de legionarios. El objetivo era la ocupación de una cota desde la que se causaban muchas bajas a las tropas españolas. La contraseña que Sánchez Mazas había transmitido a los milicianos no era otra que el nombre de la cota.

Después de este episodio, Sánchez Mazas consigue refugiarse en la embajada de Chile. Allí elabora la novela *Rosa Krüger*, para distraerse y distraer a sus compañeros de cautiverio, que esperaban todas las noches con impaciencia la hora en que venía a leerles, alrededor de una mesa en la cocina de la Embajada, los capítulos que iba escribiendo durante el día como una novela por entregas. Aquella hora de lectura les hacía olvidar momentáneamente la tragedia de la guerra.

Su estancia en la embajada —donde también estaba refugiado Samuel Ros— fue aproximadamente de un año, entre 1936 y 1937. Consiguió entonces dejar la Embajada y emprender la huida a Barcelona, camuflado en un camión, con la intención de alcanzar la frontera. Pero en Barcelona es detenido por agentes del Servicio de Información Militar (SIM) y encarcelado en el barco *Uruguay*, convertido en cárcel flotante y amarrado en el puerto de Barcelona.

Jesús Pascual Aguilar[8] sitúa en este momento la petición de ayuda por parte de Rafael Sánchez Mazas a Indalecio Prieto, tras la cual el escritor recibía en su celda la visita de un comandante del Estado Mayor. Prieto lamentaba su situación y sentía no poder hacer nada en su favor sino ordenar al SIM que lo tratase con la debida consideración. La relación del escritor falangista con el entonces ministro de Marina y Aire explicaría su exclusión como acusado en el juicio contra la quinta columna de Barcelona que culminó con el fusilamiento de todos los procesados el 11 de agosto de 1938.

Según escribe Julián de Zugazagoitia,[9] amigo personal de Sánchez Mazas, se llegó a pensar en la posibilidad de liberar al escritor falangista a cambio de varios cuadernos de las memorias de Azaña que estaban en poder de los «facciosos». Azaña vivía con el temor de que se publicasen determinados juicios que afectaban a Herriot y llegó a insinuarle a Negrín la conveniencia de canjear sus manuscritos por el escritor Sánchez Mazas. Sin embargo, no parece que se intentara gestión alguna. Se trataba de un canje poco común, sobre todo teniendo en cuenta la cantidad de vidas inapreciables que dependían de este tipo de negociaciones. A su vez, Zugazagoitia insinuó la posibilidad de canjear a Sánchez Mazas por el periodista Federico Angulo. Esta propuesta no fue tomada en consideración.

Al final, lo que salvó la vida de Sánchez Mazas fue una ágil pirueta ante un pelotón de fusilamiento. A finales de enero de 1939, Rafael Sánchez Mazas es trasladado al Monasterio de Santa María del Collell, que había sido habilitado como cárcel y al que habían sido llevados numerosos presos procedentes de checas, cárceles y barcos prisión. El 30 de enero, ante el avance de las tropas franquistas —la toma de Barcelona era inminente—, Sánchez Mazas es conducido, junto con 49 presos, a una pequeña explanada en el interior de un bosque cercano. Allí, tras el grito de «¡alto!», una serie de ametralladoras ocultas tras los arbustos empezaron a disparar. En ese momento, Rafael Sánchez Mazas escapa internándose en el espeso bosque. Refugiado en un agujero, oye los ladridos de los perros y los disparos y las voces de los milicianos que lo buscan. Uno de ellos lo descubre pero no lo delata. Siguen unos días atroces vagando por la comarca en espera de la llegada de las tropas nacionales. Dormía de día y caminaba de noche. Mendigando alimento y cobijo en las masías y gracias a la ayuda de tres soldados republicanos fugitivos, que esperaban también el desenlace de la guerra escondidos en el bosque, consiguió resistir hasta la llegada de los nacionales.

Esta historia ha sido confirmada en diversas ocasiones por la mujer y los hijos de Sánchez Mazas, así como por muchos de los amigos del autor. Incluso puede verse en el Noticiario Español correspondiente a la toma de Barcelona al propio Sánchez Mazas contando con detalle la aventura. A su vez,

Jesús Pascual Aguilar, superviviente también del fusilamiento gracias al ejemplo y decisión de Sánchez Mazas, relató en un libro titulado *Yo fui asesinado por los rojos* la conversación que mantuvo con Sánchez Mazas la noche anterior al día del fusilamiento, los detalles del fusilamiento y cómo ambos consiguieron escapar:

> Se nos ordenó avanzar por la carretera en diez filas de cinco en fondo. Rafael Sánchez Mazas ocupaba el primer lugar de la derecha en la segunda fila. Yo ocupaba el segundo lugar de la derecha en la tercera. Ambos lados de la carretera estaban vigilados por numerosos carabineros que nos miraban con rara expresión ... A unos ciento cincuenta metros del monasterio se nos ordenó abandonar la carretera y penetrar por una estrecha vereda en el interior del bosque ... Seguía lloviendo y el suelo estaba blando y encharcado ... No tardamos en llegar a una pequeña explanada y una voz que se ocultaba tras unos arbustos, dio un grito seco de ¡alto! ... En el acto, cuatro o cinco ametralladoras, que se ocultaban tras los mismos arbustos de donde había surgido la voz, empezaron a barrer por la espalda al pobre grupo con nutrido fuego. Todos, instintivamente, se echaron al suelo, como si buscaran protección en la tierra. Yo también seguí ese movimiento general. Mas, cuando ya tenía apoyada la mano izquierda en el suelo, vi escapar a Rafael Sánchez Mazas. Fue como una luz que me inspiró a seguirlo. Aparte las ametralladoras, y previendo que alguien intentara escapar, los asesinos disponían de varios hombres con fusiles. Y todos dispararon sobre Rafael, en torno a cuyas piernas yo distinguí numerosos fogonazos ... Seguí corriendo detrás de Rafael y a punto estaba de alcanzarlo, cuando vi que se caía al suelo. La lluvia había hecho muy resbaladizo el terreno. Me sorprendió que no se incorporara rápidamente. Pensé que, tal vez, estaba herido y no podía seguir corriendo. Al acercarme, me miró con espanto indecible. Creyó que yo era un agente del SIM que le perseguía y ya se había resignado a que lo rematara allí mismo. Rafael, por aquellos días, veía muy poco. No había podido cambiar en varios años los cristales de sus gruesas gafas y su miopía se había agudizado. Pero, al oír mi voz instándole a que se levantara y me siguiera, se animó su semblante e inició la acción de incorporarse. No me detuve ni volví la cabeza en un buen trecho. Y pronto advertí que nos habíamos separado. Cuando volví a verlo, meses más tarde, Rafael era ministro de Franco.[10]

La historia del frustrado fusilamiento de Sánchez Mazas es novelesca, pero cierta. Y son esos rasgos novelescos los que han llevado a algún autor[11] a afirmar, con cierta ligereza y sin ningún fundamento, que Rafael Sánchez Mazas fue canjeado, tras lo cual fabricó, con la ayuda de Eugenio Montes,[12] la leyenda de su fusilamiento. Lo curioso es que esta afirmación, falsa, suena verosímil.

José María Alfaro, miembro también de la Junta Política de FE de las JONS, consiguió sin embargo eludir la detención: «En el momento en que la policía se presentó a por mí, me encontraba en la Redacción de "Ya". Me habían ido rastreando por distintos sitios y no me encontraron. Pude bajar a las máquinas y desaparecer mientras la Policía seguía buscándome».[13] Al cabo de cierto tiempo acudió con nombre supuesto a visitar a José Antonio Primo de Rivera en la Cárcel Modelo. Allí recibió instrucciones concretas como hombre responsable y de mando dentro de la organización. Finalmente fue también encarcelado —con nombre falso— pero logró escapar y encontró refugio en la embajada de El Salvador bajo bandera de Chile,[14] desde donde, con Manuel Valdés, acometió la tarea de reorganizar la Falange madrileña y las milicias clandestinas. A últimos de 1938 llegó a Burgos, escapando por la línea de fuego hacía el frente de Extremadura, donde fue nombrado miembro de la Junta Política de FET de las JONS.

Ernesto Giménez Caballero consiguió también evitar la detención: el sereno de su calle le avisó cuando fueron a apresarlo.[15] A mediados de octubre de 1936, según relata el propio autor,[16] pudo evadirse de Madrid tras recorrer varios refugios de amigos, pasar una temporada en un pabellón de la embajada alemana hasta que lo asaltaron las milicias comunistas y dos semanas en el Instituto Francés. Salió de Madrid en una avioneta que aterrizó en las Landas francesas y desde allí llegó a Milán, donde le esperaban su mujer y sus dos hijas. En Roma solicita ser recibido por Benito Mussolini, con quien mantiene una conversación sobre la situación española y sobre la conveniencia de preparar y enviar a España una legión italiana.

El 1 de noviembre vuelve a España y se instala en Salamanca. Inmediatamente, bajo las órdenes de Millán Astray, se ocupa en tareas de prensa y propaganda: alocuciones en las zonas liberadas o en las academias de alféreces provisionales aleccionando y enardeciendo a los que le escuchaban, colaboraciones con casi todos los periódicos disponibles donde no faltaron sus exaltaciones de estilo delirante sobre el nuevo jefe, discursos en la radio, escritos sobre las directrices del Movimiento... Llegó incluso a lanzar un periódico, que escribía casi en solitario, titulado *Los Combatientes. Hoja de los soldados de Franco en el Frente Nacional*,[17] con la intención de ir consolidando la nueva Falange de Franco. El periódico, que él mismo distribuía en sus recorridos por los frentes, llevaba como emblema la consigna «Uniforme militar, camisa azul y boina colorada significan: Franco». Giménez Caballero escribió también el himno *Camisa azul y boina colorada*. Todo ello alternado con algunas escapadas a Italia.

En enero de 1937, un jurado nombrado por la *Reale Accademia d'Italia* otorga a Ernesto Giménez Caballero el *Premio Internazionale di San Remo* al mejor autor extranjero sobre la Italia del momento. La obra galardonada llevaba por título *Roma Madre*[18] y se trataba de un compendio de los artículos, las conferencias y los capítulos de toda su obra ensayística anterior (desde *Hércules jugando a los dados*, *Circuito imperial* y *Genio de España* hasta *La nueva catolicidad* y *Arte y Estado*) en los que había exaltado la dimensión universal de la resurrección de Roma en el mundo. Recibía de esta manera Giménez Caballero la recompensa de su fe ciega en la grandeza del fascismo italiano y en el destino imperial de Roma, símbolo, según había escrito una y mil veces, de los valores universales de jerarquía y catolicismo. Se premiaban su contribución a la obra de universalización de las ideas de Mussolini y sus servicios a la causa fascista, a la vez que se le reconocía desde Italia como maestro y precursor de la ideología fascista en España. Como afirma Carlo Boselli en el prefacio a la traducción italiana,[19] Ernesto Giménez Caballero no necesitaba ser presentado al público italiano, pues era de sobra conocido por sus frecuentes visitas, sus coloquios con el Duce, su participación en el Congreso Volta, por sus conferencias literarias y políticas y por su asidua colaboración en *Gerarchia*, *Crítica Fascista* y otras revistas y periódicos italianos.

Claro está que este galardón no carecía de intencionalidad política. Las autoridades militares y el general Franco reconocieron en la concesión del premio el apoyo explícito de Roma hacia el gobierno de Salamanca. Giménez Caballero viaja entonces a Italia para recibir el premio y para pronunciar en diversos puntos de la geografía italiana una serie de discursos en los que incide especialmente en los crímenes y en los horrores de la España republicana.[20]

Partidario de la política unificadora —escribió el «Discurso de la unificación»[21] leído por Franco el 19 de abril de 1937— fue nombrado miembro de la Junta Política de FET de las JONS y posteriormente miembro del Consejo Nacional. Nada de ello fue bien recibido por los viejos falangistas. Incluso un grupo duro de las milicias llegó a planear su asesinato. Ridruejo lo supo a tiempo y arrastrando con él a Agustín de Foxá tuvieron con los intencionales homicidas una larga sesión persuasiva. Foxá se había tomado la molestia de llevar unos cuantos textos de Giménez Caballero especialmente afortunados. La orden de cumplir la sentencia fue anulada.[22]

En el otoño de 1937, Giménez Caballero decide hacerse alférez provisional en la academia de Pamplona, tras lo cual se incorpora al frente de Guadarrama. Estuvo también en Teruel y en la Alfambra, pero nunca entró en combate. Iba y venía de los frentes a Burgos, donde se había trasladado el cuartel general de Franco. Se une a la IV División de Navarra al empezar la «reconquista» de Cataluña y en los frentes de Toledo y Murcia. Al frente de la División Navarra marchará Giménez Caballero en el desfile de la victoria en Madrid.

A Agustín de Foxá lo salvó la República, que el 29 de agosto de 1936 lo destina a Bucarest como encargado de negocios.[23] Foxá había firmado una adhesión formularia y colectiva al régimen republicano a finales de julio del mismo año. Sin embargo, no tenía ninguna intención de llegar a Bucarest. Desde San Juan de Luz telegrafió al ministro de la España de Franco en Bucarest, D. Pedro de Prat y Soutzo, poniéndose incondicionalmente a sus órdenes y rogándole que pusiera un telegrama al Gobierno de Madrid, firmado por Foxá, como si efectivamente hubiera llegado allí. Prat le ordenó que se presentase en Burgos y que pidiese instrucciones a Yanguas Messía. Y las indicaciones fueron que se dirigiera a Bucarest. Allí, representando a la República, colaboró con Prat a favor de la causa nacional. Según afirma Luis Sagrera, Foxá, entre otras cosas, boicoteó continuamente las órdenes de Valencia, consiguió, junto con Prat, que el Ministerio de Negocios Extranjeros de Rumania negase el plácet al ministro Gabriel Alomar y obtuvo fondos a través de Álvarez del Vayo que destinó a subvencionar a los diplomáticos de Franco.

Cuando el doble juego fue descubierto (diciembre de 1936), Foxá regresó a la España «nacional». En Salamanca fue destinado (15 de marzo de 1937) a la Secretaría de Relaciones Exteriores y posteriormente, en junio del mismo año, fue nombrado por Franco inspector del Servicio Exterior de FET de las JONS.

Sobre su labor en Bucarest dejó escrito Foxá un relato fragmentario, *Misión en Bucarest*, publicado póstumamente por Prensa Española en 1965. El protagonista del relato, Julio Vega, trasunto de Foxá, narra los días posteriores al alzamiento:

> Yo me había refugiado en casa de una tía mía, pero me denunció una criada. Me escondí en el Ministerio de Estado. Durante el día era un diplomático de la República ... De noche era un perseguido. Cenaba en el archivo con otros compañeros, terminando los restos de comida aquellos ratones eruditos. Dormía en la sección de judiciales, sobre un verde sofá ... Al fin conseguí captarme al secretario particular del ministro Barcia. Tuve que comer con él, para congraciarme, los últimos cochinillos de Madrid en la Sección de Cifra, mientras llegaban, entre las patatas con grasa y las botellas de cerveza, los telegramas atrasados de los compañeros que dimitían. Conseguí, gracias al secretario a que acudí, adicto al ministro, ser nombrado en Bucarest, haciendo valer mi anterior estancia en 1930 y mis conocimientos de la lengua rumana (p. 31).

Instalado en el Hotel Novelty de Salamanca, Foxá escribe la novela *Madrid de Corte a checa*. Era el primer relato de una serie que nunca llegó a escribir. La segunda novela de aquellos pensados episodios se titularía *Salamanca, cuartel general*.[24] Y aunque no la escribió nunca —de haberla escrito, la censura la habría considerado impublicable— tomó en una serie de cuadernos abundantes notas acerca de la Salamanca de aquellos días de guerra, que le ofrecía espontáneamente multitud de anécdotas y personajes. Dionisio Ridruejo[25] ha contado algunos de los sucesos registrados por la pluma de

Foxá, como el frustrado asesinato de Giménez Caballero por parte del grupo «duro» del falangismo o diversas anécdotas protagonizadas por el singularísimo Millán Astray.

A Salamanca, después de salir de la embajada de Argentina en Madrid donde pasó los primeros meses de la guerra, llegó también el escritor Jacinto Miquelarena. Su experiencia como refugiado la narrará posteriormente en el relato *El otro mundo*. Si nos atenemos a lo que el propio autor cuenta,[26] Miquelarena debía partir hacia Berlín el día 20 de julio de 1936 a fin de presenciar los Juegos Olímpicos, en los que estaba acreditado como periodista. El avión de la Lufthansa no pudo salir. Sabedor del peligro que corría abandona su domicilio y decide deambular por las calles:

> Yo tenía, pues, mi vida amenazada por los dos flancos: el de La Ballena Alegre y el del *ABC*. Además, en mi casa había un cuarto de baño, seis o siete botellas de vino de Burdeos, dos latas de foie-gras y una cocinera excelente, porque yo soy vasco, señor. No podía, pues, ocultar ni mi burguesía ni mi fastuosidad.[27]

Este párrafo no le va a la zaga a las conocidas frases cínicas de Foxá sobre su compromiso y su postura reaccionaria.

Posteriormente se refugia en la embajada de Argentina, donde estuvo protegido desde el 27 de agosto de 1936 hasta finales de enero de 1937, fecha en la que es evacuado en autobús hasta Alicante, donde embarcó junto a sus compañeros hacia Marsella en el buque de guerra argentino «Tucumán».[28] En los primeros días de febrero de 1937 Jacinto Miquelarena se incorpora a la España «nacional».

Durante la guerra fue director de programas de Radio Nacional de España y concibió programas como «El plato del día», contando las excelencias del avituallamiento y la gastronomía en la zona franquista. Compuso también semanalmente las aventuras de Pepinillo y Garbancito, que a las tres de la tarde de los jueves hacían reír a multitud de niños. Una de sus frases usuales —el famoso «¡No me digas!, Pepinillo»— hizo furor en las trincheras y se repetía como grito de victoria cuando la prensa o la radio enemigas hablaban de triunfos propios o de desórdenes en la zona contraria. No faltaron tampoco alegatos contra las naciones «enemigas», comentarios a los últimos avances de las tropas y una serie de perfiles irónicos de distintos personajes de la España republicana. La radio fue durante la guerra una sutil arma de combate, aunque en ocasiones estuviera cargada de humor.

La «unificación» decretada por Franco contó también con su pluma. El 25 de julio de 1937, Jacinto Miquelarena publica en el diario *ABC* de Sevilla el diálogo «Por España, unidos en la guerra y en la muerte», al que en 1938 le fue otorgado el premio Mariano de Cavia. Un requeté (*¡navarro!*) y un joven falangista castellano (*Yo soy el más joven camarada de José Antonio*) mantienen, camino del frente (*Huele a pólvora y a patria*), un poético diálogo a lo largo del cual presumen (rivalizan) sobre lo que ambos representan (Navarra-Castilla, tradición-exaltación de la juventud, boinas-flechas, fuerza-ilusión, mujer-novia, familia carlista-José Antonio y los ausentes), antes de que dos balas los hermanen con la muerte. Diálogo oportuno y oportunista (falangistas y requetés hermanados en la guerra y en la muerte) ejemplo de la eficaz retórica literaria utilizada para presentar la guerra como un acto poético y heroico. Posteriormente, en 1938, la Delegación de Prensa y Propaganda editaría este diálogo heroico bajo el título más conveniente y breve de *Unificación*.[29]

Gracias al amparo de una embajada consiguió también evadirse de Madrid el escritor Samuel Ros. Al estallar la guerra es buscado y perseguido en Madrid. Se refugia en la embajada de Chile, donde coincide con Sánchez Mazas. Allí permanece siete meses, con su madre, su hermana y su sobrino. Esta experiencia de refugiado quedará en parte reflejada en el relato *Meses de esperanza y lentejas*.

El 14 de abril de 1937, con cincuenta compañeros, sale de Madrid evacuado con destino a Chile. En Santiago de Chile publica, con éxito rotundo, la novela *Los vivos y los muertos*.

Delegado de Prensa y Propaganda del Gobierno Nacional en Chile, desarrolla una intensa actividad de propaganda falangista. Convierte *La Voz de España* en semanario nacionalista español: «A mi llegada aquí encontré *La Voz de España* en manos ajenas a las de la Falange. Yo he vertido en la publicación el credo nacional-sindicalista y he procurado que todos los números tengan un estilo falangista».[30] Ros fundó también la revista *España Nueva*, publicó multitud de artículos en la prensa chilena, pronunció numerosos discursos de propaganda, redactó folletos con el credo falangista y fundó clubes y agrupaciones patrióticas españolas e hispanoamericanas. Chile, Perú, Uruguay y Argentina fueron el campo de su acción política, acción que compartió con Eugenio Montes.

Alrededor del 20 de agosto de 1938, Samuel Ros y Eugenio Montes regresan a España. Ros se instala en San Sebastián, donde Enrique Jardiel Poncela le presenta a la actriz María Paz Molinero, con la que inicia una relación amorosa.

El caso de Pedro Mourlane Michelena es también singular, pues pasó la guerra en Madrid escondido en su casa. Según el testimonio de su hija, Cristina Mourlane,[31] el portero del domicilio, en la calle Bravo Murillo n.º 15, les alertaba cada vez que los milicianos de la CNT querían registrar la casa. Mourlane buscaba refugio entonces en casa de una vecina. La bondad del autor era conocida y parece ser que no hubo gran interés en encontrarlo, pues los registros no resultaron demasiado insistentes. En cierta ocasión, Mourlane se ocultó detrás de una armario, del que asomaba una de sus manos; uno de los milicianos presentes volvió a introducirla en su escondite. Hay quien ha atribuido esta suerte de protección al siempre benéfico Prieto. Es el caso de Ridruejo: «Ha llegado la guerra. Don Pedro no tiene trabajo y, quizás amparado por la mano lejana y no muy poderosa de su antiguo amigo Indalecio Prieto, vive encerrado en su casa».

Si en Madrid no le mataron, a pesar de su adscripción falangista, sí lo hicieron sin embargo desde Salamanca debido a su condición de escritor. En 1937 un periodista mexicano entrevista a Francisco Franco y le pregunta por los escritores y poetas fusilados por los «nacionales». A modo de réplica, Franco le proporciona una larga lista de los escritores que en la zona republicana «fueron asesinados fríamente, con saña que pone espanto en el ánimo más templado». En dicha lista el general incluye a Mourlane Michelena.[32]

Entre los escritores del grupo, Eugenio Montes destacó durante la guerra por su labor propagandística como conferenciante tanto en España como en Hispanoamérica. Su largo viaje por América fue reputado como un gran éxito personal. Viajó también a Italia en misión oficial junto con Pilar Primo de Rivera, José María Pemán y Dionisio Ridruejo. No faltó a la entrevista con Mussolini, pero no dejó de visitar a Alfonso XIII en el Gran Hotel ni de pronunciar una conferencia sobre el arte literario en Roma.

A la acción política de tribuna unió la del periódico, escribiendo multitud de artículos para distintas publicaciones. Fue otro de los escritores falangistas que apoyó la unificación con su prosa. Como muestra, un botón: «La hora de la unidad. Tanto monta, monta tanto Requeté como Falange», publicado en Burgos en 1937.[33] Montes uniformó su pluma y ésta fue bien aprovechada por el nuevo régimen. Serrano Suñer recuerda[34] como se contó con el escritor gallego a la hora de redactar el proyecto de estatutos del Partido unificado, en el que según fórmula de Montes, se declaraba a Franco solamente responsable ante Dios y la Patria. Montes colaboró también con la embajada italiana —trasladada a San Sebastián— traduciendo las publicaciones de contenido ideológico-propagandístico provenientes de Roma que luego se enviaban a diversas instituciones políticas y culturales.[35]

Pero una cosa era ofrecer su pluma y otra enajenar su vida personal, por lo que Montes prefirió siempre los cargos de escasa significación política, que le permitían mantener sus intereses profesionales y personales. En Salamanca fue nombrado vocal de la Comisión de Cultura y Enseñanza de la Junta Técnica de Estado, pero dejó de asistir a las reuniones, según asegura Vegas Latapie,[36] después de haberse hecho nombrar por la propia comisión director del Instituto Español en Lisboa. El 19 de octubre de 1937 es elegido miembro del Consejo Nacional. Fue también director de *Acción Cultural* en Roma.

Según testimonia Dionisio Ridruejo,[37] la disposición de Eugenio Montes, durante y después de la guerra, para ayudar a amigos o enemigos fue constante: «Quizá Montes ha sido uno de los observantes más estrictos de la máxima "al prójimo como a ti mismo". Indulgente consigo mismo, mucho sin duda, lo ha sido siempre en el mismo grado con los demás. Pero de modo activo». Ridruejo escribe también que Pla, en una de sus notas breves, cita a Montes para dar testimonio de la mencionada disposición del autor.

A los pocos meses de iniciada la guerra, el 22 de septiembre de 1936, Montes, preocupado y dolido por las crueldades que sucedían, se fue con José María Pemán y con Eugenio Vegas Latapie[38] a Cáceres, donde estaba Franco, para pedirle que pusiera freno a los llamados «paseos» en la zona nacional. Pero la guerra era la guerra. No por ello Montes dejó de moverse para aliviar la suerte de cuantos conocidos suyos estuvieron en peligro, acudiendo a cualquier poderoso que tuviera a mano. Sin embargo, hay que decir también que Montes no dejó de acanallar su pluma en algunos artículos con insultos personales: al «pervertido e invertido André Gide» o «el mosquito José Bergamín, que comenzó por hacer diabluras para terminar por ser demoníaco partidario del mal por el mal, poseído hasta las entrañas —hasta sus malas entrañas— por el Maligno ...». Son palabras textuales de su artículo «Ejemplos al revés».[39] Claro que Montes tampoco había sido bien tratado por *El Mono Azul:*

> ¿Y el joven filósofo Eugenio Montes, catedrático por suplantación a fuerza de párrafos alemanes aprendidos de memoria, y que jamás, y por fortuna, nunca llegó a pisar su clase? ¿Qué se hizo de su brillante verborrea neofascista? ¡Ay, el genio del banquete de las catorce duquesas cuando vino de Roma! Defensor ínclito de la religión católica y sus más puras esencias; de la familia —esto sobre todo—, ya que la suya quedaba al cuidado benéfico de los amigos, mientras él, nuevo Chateaubriand de yeso y bilis, recorría Europa clamando por el sacrosanto orden destruido por el furor marxista. ¿Qué se hicieron de sus crónicas, a tantos marcos, de Goebbels, encantado de lo más fino y escogido de la buena sociedad histérica y peripatética?
>
> Lloraba el esplendor del Imperio español —Felipe II, Carlos V, etc.—, sin conocer los más elementales rudimentos de historia. ¿Pero qué importa? Una «crisis de conciencia», ¿quién no la tiene? Después de haber querido ser diputado socialista por Orense, después de haber incendiado el quiosco de «El Debate» ...[40]

Durante estos años, Montes no deja de atender a los distintos acontecimientos de la historia alemana que, como la española desde el 18 de julio, sigue el rumbo fascista de la historia con mayúscula. «En el cuarto aniversario del triunfo de Hitler»,[41] el «Führer» es presentado como «el salvador de Alemania», como «el más profundo, más auténtico y más útil político contemporáneo».

> Apartando del torso de su patria, Lacoonte patético y desnudo, las sierpes del pecado, Adolfo Hitler refutó las sirenas marxistas del suburbio como los

marineros del Mediterráneo refutaban las perversas oceánidas: cantando la misma música, sólo con la letra al revés. Donde los otros exaltaban la alegría del desorden, de la indisciplina y de los apetitos frenéticos, él exaltó la hermosura del orden amoroso y riguroso, la belleza de hierro de la norma, la contención, el servicio y los deberes. De esta suerte, en cuatro años logró convertir el malvado huelguista o marxista en artesano digno, y hacer de su impotente, despedazada patria, la primera potencia de la tierra, aquella que, vigilante en las marcas orientales, guarda Europa del escita arrasador, como aquí los aupados castillos de Castilla se yerguen para darle otra vez al mundo la lección vertical de su destino.

Por eso ahora, cuando se cumple el cuarto aniversario de su ascensión al Poder, desfilan, bajo el arco de Brandeburgo, las antorchas marciales. Antorchas de los S.A., que en vano desea ofuscar con leyendas negras cierta plebe profesoral y liberal para quien la cultura es la calumnia. Un Jiménez Asúa, pongo por tonto, dirá contra vosotros lo que quiera. Pero Sócrates, sabedlo, hubiese ido a asistir, jubiloso, al desfile. En un diálogo de Platón se cuenta su entusiasmo por esas marchas de Falanges juveniles. Él sabía, S.A., que en vuestras antorchas, al paso militar del lacedemonio, tienen su gracia más agradecida las flores puras del saber eterno.

Hay que reconocer que a veces los excesos interpretativos de Montes no desmerecen las desmesuras de un Giménez Caballero. Cada cual además disparata por su lado. El Sócrates de Montes «hubiera asistido jubiloso al desfile de los S.A.», el de Giménez Caballero, sin embargo, fue el responsable de que la juventud comenzara a levantar el puño:

No es una de las menos terribles plagas con que Dios probó la fortaleza del hombre, ésa de soportar la «corriente de los equivocados», «de los herejes», de los «heterodoxos, pedantes, bachilleres e intelectuales».

Grecia, con todo el talento y sabiduría que reconoció a Sócrates, tuvo que eliminarle violentamente de su Estado, porque la juventud que pudiéramos llamar «universitaria» de la nación, tras escucharle algunos años, comenzó a «levantar el puño», a despreciar las sacras tradiciones y a entregar el país al enemigo.[42]

Finalizada la guerra, Luys Santa Marina lucía sobre su camisa azul tres calaveras, éstas correspondían a las tres penas de muerte a las que fue sentenciado.

Condenado a muerte (22-12-1936) por haberse unido al Ejército que se sublevó en Barcelona,[43] fue posteriormente indultado gracias a la conjunción de las influencias de intelectuales y escritores (entre ellos Carles Riba y Josep Janés, cuya argumentación estuvo basada en el sangriento ejemplo de García Lorca en el campo franquista) y de algunos dirigentes de la CNT. Tras el indulto permaneció encarcelado en la Modelo de Barcelona desde donde mantenía contactos con los dirigentes de la Falange clandestina.

Tras la detención de un grupo falangista, Santa Marina volvió a ser juzgado por el Tribunal Popular. El 14 de abril de 1937 se dictó sentencia de pena capital. Sin embargo, los procesados fueron indultados por el Gobierno, conmutando la pena capital por la de cadena perpetua. Santa Marina siguió manteniendo contactos con los quintacolumnistas barceloneses por lo que la dirección de la cárcel Modelo decidió su traslado a la cárcel de Sabadell, donde le fueron dosificadas las visitas. Posteriormente fue trasladado al penal de Chinchilla (Albacete). Allí compuso los poemas del libro *Primavera en Chinchilla* (1939).

En el juicio celebrado contra la quinta columna barcelonesa en mayo de 1938, volvió a ser condenado a la pena capital por el Tribunal de Alta Traición y Espionaje. El 11 de agosto del mismo año todos los encartados fueron fusilados. Santa Marina sin embargo permaneció en el penal de Chinchilla.

A lo largo de la guerra estuvo también encarcelado en el barco prisión *Uruguay*, en el castillo de Montjuïc, en la «Presó d'inadaptats», la de Sabadell y la de Vic, y en la cárcel de Mislata, en Valencia, de donde saldría (25-3-1939) para liberar la ciudad y tomar el mando antes de que la ocupara el general Aranda.

Imprimir el sello falangista al nuevo régimen fue una tarea compartida. Sin embargo, la figura de Dionisio Ridruejo tiene en este caso un interés específico. Y esto por varias razones. En primer lugar, su labor en este sentido fue de las más intensas, directas e influyentes a la par que sincera y apasionada. Curiosamente, fue de los pocos que luego llevarían a cabo una revisión crítica y distanciada de su quehacer. En segundo lugar, porque fue una figura, en aquel momento —y quizá en cierto sentido también después—, valorada tanto por Franco como por Serrano Suñer, a la vez que respetada por los falangistas «auténticos». Aunque, en realidad, Ridruejo no había participado en la fundación de la Falange y apenas en la conformación de su estilo, retórica o estética. Su relación con José Antonio Primo de Rivera fue tardía; recordemos que lo conoce personalmente en el verano de 1935. Y es que Ridruejo, respecto a los escritores de la *corte*, es de otra generación. Entre Mourlane, nacido en 1885, y Ridruejo, mediaban 27 años. Lo que nos da idea de lo que la labor de Ridruejo tuvo de continuación y afianzamiento, de traspaso del «testigo» no ya a otras generaciones sino a la suya propia. A su vez fue una de las figuras clave a través de la cual el nuevo régimen convirtió (utilizó) la retórica y la estética falangistas, así como parte de su esquema ideológico, en la retórica, estética e ideología de El Movimiento (ahora con mayúscula). Ridruejo fue uno de los predicadores más apasionados de las traídas y llevadas consignas de unidad, imperio, destino en lo universal, etc.

El contacto inicial de Ridruejo con la política falangista, sumado a algunas confidencias de su líder, le bastó para entender la fragilidad de la posición política del grupo en vísperas de la guerra civil. La ausencia de cuadros, más el hecho de que buena parte de los principales dirigentes hubieran dado con sus huesos en la cárcel, es la razón principal, junto a las muchas cualidades que adornaban al joven Ridruejo, de su ascenso fulgurante en los medios de propaganda del naciente régimen de Franco. Muchas veces se ha hecho la comparación de Ridruejo con Goebbels, personalidades absolutamente distintas y que también hubieron de desempeñarse con medios absolutamente diversos. No obstante las modestas dimensiones de los recursos a su alcance, Ridruejo suplió con ingenio sus carencias y limitaciones. Sobre todo era consciente —como buen falangista, bien distinto de lo apolillado de las posiciones de otros miembros del Gobierno de Burgos o Salamanca— de la necesidad de un lenguaje nuevo, de un imaginario innovador que prendiese lo mismo en los combatientes que en la retaguardia. Esa recreación de elementos que ya habían dispuesto otros ritualistas como Sánchez Mazas es más importante que su condición, vamos a decir, «técnica» de propagandista.

En cierta medida, además, no sólo resultó ser el intérprete más capaz sino el más fiable de los designios políticos originales de Primo de Rivera, prontamente convertido en el «Ausente». El papel «apostólico» de Sánchez Mazas, que se encontraba a todos los efectos fuera de la circulación, también terminó siendo asumido por Ridruejo.

Cuando los miembros de la Junta Política de la Falange fueron detenidos y encarcelados, Dionisio Ridruejo no fue molestado. Insignificante aún desde el punto de vista político, pudo visitar a José Antonio Primo de Rivera en la cárcel varias veces.

Fue en Segovia, a raíz de un discurso que el jefe provincial de la Falange le empujó a pronunciar en la Plaza Mayor, donde se produjo el descubrimiento de Dionisio Ridruejo como uno de los más brillantes oradores del bando insurgente, lo que significó el inicio de una ascendente carrera política que le llevaría en muy poco tiempo a puestos de responsabilidad. El 29 de diciembre de 1936 es nombrado jefe provincial de la Falange vallisoletana, en 1937 es elegido miembro del Consejo Nacional y de la Junta Política de FET de las JONS y en 1938, formado el primer Gobierno, es nombrado director general de Propaganda, servicio incluido en el Ministerio que regentaba Serrano Suñer. Esta relación puede sin embargo dar una idea equivocada de lo que en realidad fue una compleja trayectoria. Fiel a los postulados falangistas, al espíritu revolucionario original y a la memoria de José Antonio Primo de Rivera, participó apasionadamente en las batallas políticas de la retaguardia. Disconforme con la unificación, fue detenido en diversas ocasiones y sometido a vigilancia policial. Por otro lado, estos nombramientos pueden confundir también a la hora de hacer una valoración del poder real en manos de Ridruejo. Evaluación que el mismo Ridruejo llevaría a cabo años después:

> Yo diría, vistas las cosas con objetividad, que aunque mi figura pública hacía algún bulto en aquellos tiempos (no en vano era ejecutor de la Propaganda y, a veces, su declamador personal) mi poder efectivo era bastante reducido, especialmente si se miraba por el lado en que ésta podría ser interesante: el del poder de realizar. Lo que tuve más bien —y especialmente a través de Serrano Suñer— fue una cierta influencia. Que éste afectase poco a las grandes decisiones del poder no hay que decirlo. Servía, de tanto en tanto, para evitar una persecución, hacer aparecer a algún meritorio en el tablao o seleccionar el lenguaje o la estética de la acción oficial. Poco más.[44]

Efectivamente, Dionisio Ridruejo fue reclamado como organizador de ceremonias y actos públicos, redactó folletos doctrinales, juramentos, discursos propios y ajenos e intervino como orador en multitud de ocasiones, y todo ello convencido de estar influyendo en la esencia y rumbo del nuevo régimen. Notable fue su contribución a la puesta en escena de la jura del Consejo Nacional en el monasterio de Las Huelgas en Burgos el 19 de octubre de 1937. Ridruejo fue también el redactor de la fórmula del juramento de los consejeros *(En el nombre de Dios, juro darme en servicio, con exactitud y vigilancia, con milicia y sacrificio de la vida misma, por la grandeza imperial de España...)*. Posteriormente organizó el funeral de José Antonio el 20 de noviembre de 1937 en la catedral de Burgos. Como parte de la ceremonia, el nombre del líder falangista fue inciso en el muro exterior del templo, junto a la puerta de la Sacramental. A continuación figurarían los nombres de los vecinos que habían muerto en acción de guerra. Y lo mismo habría de hacerse, en cumplimiento de un decreto ya firmado, en todas las iglesias de España. Dicho decreto llevaba la firma de Ridruejo.

Grandes colaboradores de Ridruejo en las tareas de propaganda fueron Ros, Montes y Foxá, Eugenio d'Ors, Rosales, Vivanco, Panero, Laín Entralgo, Torrente Ballester, Masoliver, Pla y Agustí.

Como poeta «oficial», Ridruejo cumplió con poemas del género heroico dedicados al general Franco. No por ello dejo de componer, a pesar de su intensa actividad propagandística, una serie de poemas que serían incluidos en *Primer libro de amor (1935-1939)*, publicado en Barcelona por la editorial Yunque en 1939.

Guerra y literatura

La mayor parte de las novelas elaboradas o publicadas durante el período de la guerra civil española, tanto en la zona nacional como en la republicana, tratan el tema de la guerra. Muchas de ellas son novelas testimoniales que responden al *cuénteme usted su caso*, no siempre inocente. Y gran parte se centran en el Madrid rojo y sus consecuencias. Como considera José-Carlos Mainer,[45] la guerra civil de 1936, supuesto propicio a los entusiasmos, segregó, paradójicamente, una literatura quejumbrosa y acobardada, más dada a exhibir los sufrimientos de los perseguidos en la zona «roja» que a exaltar las glorias bélicas del frente o las hazañas impunes de las escuadras. Algunas novelas escapan a esta norma: *Eugenio o proclamación de la primavera* (1938), de Rafael García Serrano; *Se ha ocupado el kilómetro 6 (Contestación a Remarque)* (1939), de Cecilio Benítez de Castro; *Camisa Azul* (1939), de Felipe Ximénez de Sandoval; y *La fiel infantería* (1943), de Rafael García Serrano.

No son una excepción, sin embargo, algunos de los relatos escritos por los autores de los que nos venimos ocupando. No hay que olvidar que hablamos de escritores no combatientes y que muchos de ellos escribieron —las heridas no justifican pero sí explican— tras arduas y dolorosas experiencias de perseguidos, encarcelados o refugiados. Y si no se dedicaron a exaltar las glorias bélicas del frente, sí se entregaron en muchos casos a la justificación de la contienda y de las grandezas —y miserias — bélicas por medio del relato y la descripción de los «horrores» de la zona «roja».

En el relato *El otro mundo*,[46] Jacinto Miquelarena narra su experiencia como refugiado en la embajada argentina en Madrid durante los primeros meses de la guerra. Se trata de un testimonio en primera persona donde no hay intención novelesca aunque sí armazón literario, por lo que el relato se distancia del puro documento. Este tipo de relatos, dentro de los cuales el tema de los refugiados en las embajadas conforma casi un subgénero,[47] son de interés por lo que de vivencia personal del autor tienen, a la vez que por lo que tienen de testimonio histórico sobre una época (los personajes y las situaciones son reales). Testimonio por la historia y testimonio, también, por el discurso. *El otro mundo* carece de reflexiones, difíciles por otro lado en aquel momento y seguramente impublicables, a la vez que muy lejos de las intenciones de su autor. El libro es, por lo tanto y consecuentemente, partidista, aunque, en este caso, diste mucho de ser un panfleto. El relato no carece sin embargo de ironía y de humor, lo que tiene que ver con su situación de «ya salvado» y con la trayectoria de su escritura. Un humor que nace de lo trágico y que mitiga el dramatismo de la situación a la vez que colabora con la intención satírica. Lo que no sabemos es si sería aquí lícita la siguiente reflexión: en muchos casos, la gran tragedia de la guerra civil, en vez de provocar relatos con profundas reflexiones, produjo una literatura complaciente y partidista, a través de la cual se enconaban las posturas y se prolongaba la guerra, pero que no dejaba de ser útil en aquel momento como arma de convencimiento (al exponer las «horrorosas» situaciones vividas en la «otra zona») y de combate. Durante toda la contienda, los testimonios sobre la situación en la zona republicana y sobre el estado de destrucción en que se encontraban las ciudades liberadas son innumerables. Jacinto Miquelarena fue uno de los cronistas oficiales en este sentido.

Tras su etapa de refugiado y ya en la España nacional, Miquelarena, a falta de arma, desenfunda su acreditada pluma —acreditada por periodista y escritor, pero sobre todo por fugitivo— para prestar servicio a la causa describiendo los horrores, las barbaridades, la «orgía de robo y sangre» del Madrid «rojo». Con el sobrenombre de «El Fugitivo» —que acompañaba o sustituía a su firma—, Jacinto Miquelarena escribe, según él mismo afirma,[48] más de quinientos artículos en pocos meses («El fugitivo combate como puede»): *ABC*, de Sevilla, *La Nación*, de Buenos Aires, *Vértice*...[49] En ellos se van alternando la descripción de las atrocidades con la apología de la heroicidad de los soldados de Franco y de una serie de personalidades de la España nacional. Y el acento suele recaer en la descalificación estética y clasista —que luego veremos también en Agustín de Foxá— de todo lo que tenga que ver con la República, descalificación a la que Miquelarena añade el insulto personal:

> Le mató la caspa y la cochambre y las gafas de carey del Ateneo.
> Le mató el maestrillo y la casa de huéspedes.
> Le mató la España envidiosa y pseudointelectual, hecha de bestia y de Freud a partes iguales.
> Nadie que haya conocido a José Antonio puede perdonar.[50]

> Prieto, por ejemplo, que asegura ser socialista para que no se advierta demasiado que es un republicano de sainete, soñaba por ejemplo con que la República le permitiera ser delgado, elegante, inteligente, consejero de Altos Hornos, delicado, culto, ameno, romántico, simpático y vecino de Cannes.[51]

Indalecio Prieto fue una de las figuras más vituperadas por la literatura de combate y no sólo por la de Miquelarena. Dejando a un lado lo que las descalificaciones tienen de insulto personal, se trataba curiosamente —y como curiosidad lo anotamos— de un personaje al que parece ser que Sánchez Mazas le debía la vida, Mourlane varios favores y oportunidades de trabajo, y acaso una protección salvífica durante la guerra; que había publicado en *El Liberal* la literatura marroquí de Giménez Caballero, el cual lo había señalado como posible jefe del fascismo español y, por si fuera poco, al que el propio José Antonio admiraba y estimaba y uno de los políticos elegidos en su propuesta de gobierno. En suma, un ilustre aunque involuntario invitado, más que un convidado de piedra.[52]

Algunos de los numerosos artículos escritos por Miquelarena son incluidos en las páginas del volumen *Cómo fui ejecutado en Madrid*.[53] El título del libro lo explica el autor en las primeras líneas ofreciendo algunas de las versiones que sobre su supuesta ejecución corrieron por Madrid. De esta manera, prosigue el autor, las páginas siguientes no dejan de ser «lo que ha visto y oído un héroe, contado por su cadáver». Queda por lo tanto ya explicitado el tono irónico y humorístico con el que se llevan a cabo las acusaciones (incitación al crimen de la «prensa roja», partidismo de la prensa inglesa...) o la descripción y narración de los llamados «paseos», de la incautación de edificios, de la vida y la muerte en las cárceles, de las checas o de la llamada «Brigada del Amanecer». Ésta estaba dirigida por Agapito García Atadell, dirigente socialista que, según el autor, capitaneó su persecución. No deja por lo tanto Miquelarena de contar la posterior condena de García Atadell a garrote vil: «La España nacional acaba por hacer justicia».

Sin embargo, el humor acaba cayendo en una mera relación de «chistes» que parecen relatados con la intención de que puedan sazonar cualquier conversación al uso sobre la «zona roja» y que suponen una degradación de ese brevísimo género entre aforismo humorístico y greguería que había distinguido la escritura de Miquelarena. Y lo que a continuación encuentra el lector, sobremanera en el capítulo titulado «Galería de monstruos» («Manuel Azaña, el simulador»; «Indalecio Prieto, el seductor»; «Pepe Bergamín, el excremental»), sobrepasa con creces la barrera del humor —bueno o malo— para convertirse en lo que podríamos denominar «literatura panfletaria» o «pornografía literaria de guerra», en la que la descalificación (tomada por argumento en todo el libro) es personal e íntima. Pluma, pues, y pluma canalla, como arma de combate.

No dejó tampoco Miquelarena de relatar las primeras horas del Madrid «liberado». En la revista *Vértice*[54] fue publicado el artículo «Las primeras horas y los primeros días de Madrid». El tono y el humor son los ya conocidos.

El humor de Miquelarena tuvo también expresión en *La Ametralladora*, periódico de humorismo bélico creado en 1938 por Mihura, Tono y el mismo Miquelarena.

Meses de esperanza y lentejas,[55] de Samuel Ros, es también reflejo de su estancia como refugiado en la embajada de Chile en Madrid. Se trata de un relato de sesenta páginas que no alcanza la consideración de novela —a pesar de lo que reza tras el título—. Existe, sí, un mínimo intento —e intención— de ficción, muy poco lograda. Narrado desde fuera, en el relato aparecen una serie de figuras (no falta la historia de amor que Ros lleva siempre debajo del brazo) que no pasan de ser distintas actitudes del refugiado y que facilitan la narración de anécdotas superficiales sobre el régimen interno de la Embajada (las rifas, la comida, el aseo, los partes de la radio...) o de diversas circunstancias en las que no se profundiza, ni parece que haya intención de hacerlo.

La obra carece de valor literario, pero tampoco tiene apenas valor testimonial. Obra de agradecimiento (a Chile, y, sobre todo, al embajador de Chile en Madrid, don Aurelio Núñez Morgado), parece estar escrita con prisa y por encargo. Aunque, a pesar de algunas comparaciones desacertadas (Dios y Franco) y de estar escrita antes de que finalizara la guerra civil, no es obra de denuncia, ni hay ensañamiento a la hora de describir los «horrores» de la vida fuera de la embajada, en la que apenas se detiene.

Con anterioridad, en el año 1938, Ros había publicado en el suplemento de la revista *Vértice* un relato breve bajo el título de *En este momento*.[56] Parece un intento de Ros de hacer ficción en medio de las tribulaciones de la guerra. Intento conscientemente destinado al fracaso, porque la urgencia de las circunstancias bélicas, tomada como destino de salvación de la patria parece imponer unas condiciones en las que el simple hecho de novelar sin una orientación explícita o pedagógicamente política se revela, viene a decir Ros, completamente banal: «Es necesario que sea así porque hay en España luz de principio y de fin ... Porque la vida se ha puesto seria y verdadera y es inútil el ingenio y el símbolo».

Naturalmente, Ros se equivocaba de medio a medio, y no sólo al deducir la inanidad de la literatura ante otras urgencias. En realidad, lo que los escritores falangistas podían proporcionar, y en cierta medida proporcionaron, era precisamente el ingenio y el símbolo. Pero para un temperamento inclinado a la invención argumental, como el de Ros, más que a la retórica culturalista o política, no podía dejar de antojársele prescindible un género en el que la expresión política no era ni lo primero ni lo primordial. Por eso piezas como *En este momento* fracasan por completo, porque están hechas a contrapelo de las mejores cualidades de Ros, y esto se nota. Es como si Ros se forzase a seguir un método contrario a todo aquello que resulta ser lo mejor que puede dar de sí. Lo único que vale la pena es precisamente lo más novelesco, lo más propio de la invención y no el intento de ponerle un dogal. Y ahí se trasluce, por ejemplo, la preocupación existencial y humanista de Ros, siempre desvelada por los pequeños seres de sus cuentos o novelas, transida de una aire sombrío que hace que parezca ya literatura de posguerra. Ahí se ve asimismo el romanticismo con tentación melodramática y también, del lado formal, el recurso, ahora menos alegre, a una manera de contar. Manera que aunque no se dé explícitamente como juego tiene un afán experimental, que utiliza lo metaliterario como método, aun a riesgo de caer en la abstracción, en lo indefinido de la acción aunque sus descripciones sean muy ricas, casi como si se tratase de un guión cinematográfico. En resumen, fracasa como literatura ideológica porque reafirma lo que es más personalmente literario en su escritura y convierte en árido el mismo compromiso. Finalmente, lo uno no casa con lo otro.

Frente a los relatos hasta ahora comentados, no cabe duda de que *Madrid de Corte a checa,*[57] de Agustín de Foxá, es el testimonio de mayor rango literario. Escrito con técnica de episodio galdosiano, la trama novelesca —trama amorosa, bastante débil y folletinesca pero quizá acertadamente dosificada— está al servicio de la descripción de la circunstancia histórica. Ésta abarca desde el Madrid del resquebrajamiento de la Monarquía hasta el Madrid del primer año de guerra civil. La obra está fechada en Salamanca en septiembre de 1937.

Es indiscutible, por lo tanto, que la novela tiene un gran valor testimonial. Y lo tiene en varios sentidos. En primer lugar, por los sucesos de importancia histórica que relata y, sobremanera, por la descripción de ambientes y retrato de personajes de la época. Personajes reales o imaginarios que la aguda pluma de Foxá va unas veces perfilando y otras despellejando para reflejar el tono y determinados sectores sociales y tipos del Madrid de su tiempo. Interesa especialmente el retrato de la aristocracia y la alta burguesía madrileña en un momento en el que su mundo se tambalea. Un mundo que Foxá conoce y ha vivido desde dentro y que pinta críticamente desde la cercanía e incluso, a veces, e inevitablemente, desde la nostalgia. Testimonio también, en segundo lugar, por la parcialidad de la versión histórica. Y no por el hecho en sí de ser partidista, que obviamente lo es, sino porque tanto la forma como el contenido de su discurso son exponentes de un tipo de retórica y de unos juicios característicos de un determinado grupo social y político (lectores, por otro lado, a los que el autor se dirigía). Y ello es patente sobre todo en la visión que Foxá ofrece, no ya de la guerra civil, sino de la República. Esto lo ha señalado acertadamente Dionisio Ridruejo:[58]

> Todos los elementos de estimación y de sátira que se encuentran en *Madrid de Corte a checa* respecto a la República y a sus hombres y sucesos, repiten, en efecto, los prejuicios y lugares comunes que eran de uso corriente, no ya en la derecha española del tiempo, sino en el círculo social reducido en que Foxá se movía: el círculo aristocrático de Madrid. Según la óptica de ese círculo, la experiencia republicana se reducía, en efecto, a una liberación vengativa de los resentimientos de una clase media intelectual de vida oscura y pobre que, de pronto, se veía en el lugar de los amos antiguos, o de un pueblo que, por no haberlos gozado, destruía los hábitos, los bienes, los ritos, los tesoros y hasta los objetos efectivamente significativos de la clase a destituir. La República que presenta Foxá no es un replanteamiento —más o menos afortunado— de un orden civil y social al que cabe oponer otra hipótesis de trabajo y otros juicios de valor, sino una especie de orgía destructora que convertía la «herencia de los siglos» en profanada tienda de ropavejero. Y ello con la ridiculez del *parvenu* o con el odio nihilista del desesperado. En la sátira hay más desprecio altivo, más voluntad de ridiculización, que auténtica posición ideológica. La aversión o el temor se visten de desdén. Los jueces se calzan tacón rojo, se ponen peluca y estornudan rapé con más asco que ira. Me parece que el mismo Foxá —el

Foxá con el que hablé largamente hacia 1944— no hubiera suscrito en esas fechas lo que escribió, con sinceridad delegada u oportunismo de salón, en 1937.

Quizá Ridruejo —crítico pero finalmente generoso en sus juicios— estrecha en exceso el círculo social al que contenta Foxá. Por otro lado, la expresión de la parcialidad a la que nos venimos refiriendo es, curiosamente, responsable en parte de la estética de la propia novela. Las descalificaciones —ya que no podemos hablar propiamente de argumentos contra la República— son descalificaciones estéticas y clasistas. Lo que produce un relato fundamentalmente descriptivo y en muchas ocasiones enumerativo:

> Un mundo gris y rencoroso de pedagogos y funcionarios de Correos, de abogadetes y tertulianos mal vestidos, triunfaban con su exaltación. Era [Azaña] el vengador de los cocidos modestos y los pisos de cuarenta duros de los Gutiérrez y González anónimos, cargados de hijos y de envidia, paseando con sus mujeres gordas por el Parque del Oeste, de los boticarios que hablan de la Humanidad, con h mayúscula, de los cafés lóbregos, de los archivos sin luz, de los opositores sin novia, de los fracasados, de los jefes de negociado veraneantes en Cercedilla, de todo un mundo sin paisaje ni *sport*, que olía a brasero, a *Heraldo de Madrid* y a contrato de inquilinato (p. 130).

Esto en lo que toca a la burguesía o clase media. Pero su descripción del pueblo llano no es mucho más caritativa:

> Pasaban masas ya revueltas; mujerzuelas feas, jorobadas, con lazos rojos en las greñas, niños anémicos y sucios, gitanos, cojos, negros de los cabarets, rizosos estudiantes mal alimentados, obreros de mirada estúpida, poceros, maestritos amargados y biliosos.
>
> Toda la hez de los fracasos, los torpes, los enfermos, los feos; el mundo inferior y terrible, removido por aquellas banderas siniestras (p. 243).

En realidad es la misma consideración de la República que llevó a varios miembros de la *corte literaria*, entre ellos a Foxá, a vestirse de esmoquin para asistir a las distinguidas «Cenas de Carlomagno». Y, qué duda cabe, la misma retórica basada en descalificaciones de patrón estético y clasista. No debemos olvidar, sin embargo, la tendencia efectista del estilo de Foxá. Aunque lo que le hace distintivo, sobre todo, con respecto a sus compañeros de grupo, que no tenían un origen nobiliario, es que su despecho aristocrático, que se dirige lo mismo contra el pueblo que contra las diversas burguesías madrileñas siempre que sean republicanas, claro, tiene un matiz conscientemente reaccionario y profundamente clasista que cualquier lector no puede por menos que intuir. A primera vista puede parecer que el método de Foxá proviene de una deformación estética que ya existe en quienes son objeto de su descripción: puesto que son feos, son torvos, mezquinos, progresistas, izquierdistas, etc. Encadenando sin más ni más la estética y la ideología en una versión negativa de lo que por otro lado proponía el fascismo. Pero su método topa con límites que son los de su propia clase: cuando a Foxá le toca describir la bancarrota política de la aristocracia al servicio de Alfonso XIII sus reproches son morales, pero se cuida muy mucho de cargar las tintas. Y en esto es absolutamente infiel al supuesto antecedente estético de su propio método: a saber, el Valle-Inclán cuyo *Ruedo Ibérico* había comenzado por ridiculizar sin freno la corte de Isabel II.

A pesar del hecho de que la obra, por el lugar y por el momento en que está redactada, tiene la peor recomendación posible —es decir, la de una invectiva propagandística sin remisión posible—, pasada esa circunstancia, el caso es que representa con bastante fidelidad las intenciones literarias de Agustín de Foxá. Es decir, está concebida como literatura aunque sean evidentes las intenciones propagandísticas. La obra no carece, por lo tanto, de virtudes narrativas y estilísticas. Es más, se podría decir que a pesar de su contenido ideológico la obra tiene una amenidad (diálogos ágiles, la narración como suma de rápidos trazos descriptivos) que es lo que sostiene sus reediciones. El tejido novelesco mantiene el interés por la trama histórica, y viceversa, a la vez que podemos valorar, junto a la sinceridad de su pluma —no disfrazada, por otro lado, de «camisa vieja»—, la facilidad para la sátira y la recreación y descripción de tipos y ambientes.

Aunque inconcluso, en 1965 Prensa Española publica *Misión en Bucarest*,[59] un episodio más de esa serie que Foxá nunca llegó a escribir o a publicar. Incluso hay en el relato referencia al protagonista —José Félix Carrillo— de *Madrid de Corte a checa*. La técnica es la misma, la trama novelesca insertada en una circunstancia histórica que se define como parte o trasfondo directo de esa ficción. Es la misma también la tendencia a la descripción, de un cromatismo llamativo, que se nutre en muchos casos de esas enumeraciones que tanto caracterizan su estilo en la prosa y en el verso. El relato es autobiográfico y su protagonista, Julio Vega, es, más que José Félix Carrillo, un trasunto de Agustín de Foxá. La narración refiere la salida de la España «roja» de Julio Vega, nombrado encargado de negocios de la República en Bucarest, donde servirá, sin embargo, a la España nacional. El relato queda interrumpido cuando el protagonista va a ser descubierto por el siniestro delegado de prensa de la embajada Rusa, por lo que se da la noticia de la inesperada salida de Julio Vega hacia su patria.

La visión de la República no ha cambiado y la contraposición de los dos mundos bajo la lente estética y clasista se mantiene: «Carlos acababa de morir, con valentía de romance, en lo alto de Guadarrama, defendiendo a la Castilla de los labradores, los monjes y los guerreros, contra las hordas de chóferes y chulitos de organillo del Madrid rojo» (p. 33). Una vez más y desde el extranjero se confirma que «gran parte de los diputados y ministros de su Gobierno pertenecen a la masonería» (p. 55), que las revoluciones, «con el pretexto de la libertad o de la igualdad, son, en el fondo, la suplantación de una aristocracia por otra, de una vieja administración por un nuevo deseo de poder» (p. 65) y que Foxá, como su personaje, sentía envidia de aquella Italia «que tenía un noble César, un Papa y un Rey» (p. 13).

Hay otra condena que es moral, y hablamos del antisemitismo benevolente. Su expresión es la del judío que tiene unos caracteres definidos culturalmente y de eso no se puede salir. Es la descripción de un estereotipo. Y en este caso es un estereotipo antisemita: pueblo sin raíces, sin nación, banqueros, usureros. Es el prejuicio cristiano secularizado, pero todavía antisemita. De deicida a usurero, del que no cree en la verdadera fe al que no tiene patria. Y el judío siempre está marcado por ese carácter.

En una novela que evoca bien los ambientes (viajes, mundo aristocrático y diplomático, fiestas y cacerías), el autor enseguida empieza a echar la tralla con esa forma inmisericorde de expresar una condena, porque toda la descripción es una condena. Su relato es siempre unilateral. Su comprensión vital es muy pequeña.

El problema de Foxá no es el de su extremismo ideológico sino el de que no se da cuenta de lo más elemental. No se puede sobrecargar un texto narrativo en el que cada mención del enemigo ideológico queda caricaturizado de una manera panfletaria. La caricatura no tiene interés literario en Foxá. Hay un contraste absoluto entre la minuciosidad con la que se vuelve hacia lo decorativo, lo ornamental, lo colorista y la absoluta incapacidad de matiz ante lo que no resulta de su gusto político. Hay una descompensación absoluta. Y esto es un pecado literario y demuestra la gran ingenuidad estética de Foxá. Porque entonces le sucede como a tantos escritores menores, es decir, que compone a pequeñas dosis sin llegar a mezclar sus ingredientes. Está saboteándose todo el tiempo. Con un poquito de esto, ahora un poquito de lo otro, descripción, narración, más descripción, trazo fino, paleta gruesa todo acaba en un plato que no se mezcla. No hay estilo narrativo como mezcla. No ha alcanzado algo que todo novelista tiene dominado. En el fondo hay mucho estereotipo de un tradicionalista muy personal.

Y es lástima, porque aparte de los estereotipos narrativos a los que pudiera haber dado lugar una narración de ese título —acaso menos trillados que los ideológicos o políticos— Foxá había puesto en escena, desde su primera página, ingredientes narrativos que daban para un resultado incitante en la mezcla de intriga, de aventura, incluso de cierto exotismo, lógico en una atmósfera digna del *Orient Express* que da para tramas entre Somerset Maugham o Graham Greene. Es una configuración añadida también de que su habilidad como narrador iba más allá de lo puramente utilitario y estaba sostenida por su capacidad de escritor pero al mismo tiempo carecía del sentido de la estructura y funcionalidad narrativas que debe poseer el novelista o el escritor de *nouvelles*.

El articulismo de Foxá durante la guerra participa lógicamente de la misma visión y parcialidad ya expuestas. Algunos de ellos más duramente críticos y acusatorios si cabe. Ya no estamos en el terreno de la ficción, aunque ésta fuera histórica.

> El señor Madariaga planea sobre el bien y el mal de la Guerra Civil española como un cóndor desplumado y pálido. Estuvo en Valencia, en septiembre, e intentó aproximarse a Burgos. Todavía no estaba claro el triunfo, por eso ha seguido volando ... La Nueva España no sirve para los extranjeros vendidos. La Nueva España afirmativa, ofensiva, violenta respeta mil veces más a los rojos que nos combaten cara a cara que a ti pálido desertor de las dos Españas, híbrido como las mulas, infecundo y miserable.[60]
>
> Porque Antonio Robles, que firmaba en «Gutiérrez» con el nombre todo seguido y sin iniciales, era un veraneante del Escorial, admirador de Azaña y de todo aquel mundo ramplón y cursi de pedagogos y telegrafistas, lectores del *Heraldo* y partidarios de Marcelino Domingo.[61]

El gusto estético y colorista de Foxá no podía dejar pasar la oportunidad de describir las ceremonias y actos públicos de la zona «nacional». En noviembre de 1938 se oficiaron ceremoniosos funerales por José Antonio:

> Campanas con lluvia a las once de la mañana.
>
> Los moros, con guerrera azul y capas blancas, limpios turbantes de lino, presentan sus fusiles de correajes amarillos bajo las acacias.
>
> En la escalinata gris el Gobierno, la Junta Política, los consejeros nacionales, los diplomáticos extranjeros. Boina roja sobre el cabello blanco de un ministro. Camisas de Falange. Fajines rojos, y los azules de Estado Mayor, la gorra galoneada del almirante y el granate de los obispos .[62]

Escrito, según reza la nota introductoria, en el «más difícil trance de España, mientras su autor padecía cautiverio de los enemigos de ella», *Leoncio Pancorbo*,[63] de José María Alfaro, no fue publicado, sin embargo, hasta 1942 por la Editora Nacional. Fecha a la que hay que adjudicar el marco concreto y superpuesto del «Epílogo» y el «Epitafio», que, a modo de coda, nos indican que «el clarinazo de luz que incendió España» en julio de 1936 se llevó al protagonista, «en volandas de salvación», como voluntario al frente, donde murió como un héroe siendo jefe de centuria de la III Bandera de Castilla.

Lejos de lo que estas concreciones pudieran hacer pensar, *Leoncio Pancorbo*, único relato de José María Alfaro, no es una narración realista de la vida ejemplar del personaje sino una suma de estampas de introspección psicológica («Sus primeras ideas», «Leoncio y la educación sentimental», «Leoncio y la acción», «Leoncio y las multitudes») que más que la progresión intentan la trascendencia, declarada de antemano en el prólogo.

Este «esquema biográfico», quizá escrito con demasiadas pretensiones, lo que le aleja de la pura narración, no deja de recordar a las ficciones orsianas que, de hecho, el protagonista ha leído entre sus primeros libros. Esta suma de estampas sueltas, la ausencia de verdadera trama y anécdota, la introspección psicológica, el intento de representación simbólica del personaje («el hombre de su generación», según declara Alfaro[64] persuadido de la trascendencia de la época que le tocó vivir), la suma de imperativos intelectuales, morales y políticos que se sobreponen a la espontaneidad del relato, el alarde en el dominio de la prosa, nos llevan a preguntarnos si no será Alfaro heredero, en cierto modo, del marcado matiz intelectual de la promoción novecentista.

El relato no deja de tener valor como representante de las ideas que muestra: la mística de la acción y la violencia, el afán de servicio, el cierto ascetismo no exento de esencias militares, la valoración de las masas y del papel rector y decisivo de la minoría rectora, el concepto del héroe, etc. Ideas de contornos más precisos —a veces no mucho más— que el personaje. Éste queda desdibujado entre tantos pensamientos y no es más que una suma de posturas, de vacilaciones, de sentimientos que, muy lejos de la acción, le llevan a la pura meditación.

Respecto a las excelencias retóricas, se muestra en este libro José María Alfaro como un buen representante de, en este caso sí, la retórica falangista:

> Leoncio cruzaba solitario entre todo. Le cosquilleaba una inquietud de desplazamiento y le angustiaban las cerradas nubes. Como el bosque visto a distancia, su España le fue mostrando el exacto contorno de sus tragedias y de sus ímpetus. Bajo los celajes congelados en bruma aprendió a recordar los claros cielos de su adolescencia. España se ofrecía como un objetivo concreto y difícil; allá, detrás de los soles y las montañas, se debatía entre sus angustias y sus caminos cerrados, devorándose a sí misma, de espaldas a los exactos sueños ecuménicos.[65]

Seguramente un pasaje así lo podría haber firmado Sánchez Mazas. Pero, lejos de encuadernarlo, lo hubiera enviado a una publicación falangista. Rafael Sánchez Mazas distinguía perfectamente a la hora de producir literatura.

Un claro contraste con las novelas hasta ahora mencionadas lo ofrece el relato *Rosa Krüger*, de Rafael Sánchez Mazas. Escritor reconocido y comprometido políticamente, refugiado en la embajada de Chile antes de ser encarcelado en Barcelona, escribe una novela ajena al tema de la guerra civil española. En la novela no aparece la menor sombra de la realidad brutal de aquellos momentos. Pensada a imitación de *Las mil y una noches*, en la que el relato y la intriga consiguieron que Sherezade escapara de su fatal destino, o a lo *Decamerón*, escrito como la evasión de unos refugiados en la epidemia de peste de la Florencia de la mitad del siglo XIV, la novela trataba de evitar la realidad a través de una evasión retrospectiva y en muchos aspectos romántica lejos de la literatura comprometida.

Terminada la contienda, Sánchez Mazas pensó varias veces en rehacer esta novela. Revisó algunos capítulos, reescribió un episodio e incluso llegó a publicar algún fragmento en revistas,[66] sin embargo nunca llevó a cabo su corrección definitiva. La novela no verá la luz hasta 1984,[67] año en el que la mujer del autor, Liliana Ferlosio, ante la perspectiva de la definitiva desaparición del relato, decide publicar el manuscrito sin modificación alguna.

Debemos hablar por lo tanto de «borrador» de novela, aunque su edición muestre una obra bastante completa pero no totalmente rematada. Hemos de tener en cuenta también que el conjunto de la obra literaria de Sánchez Mazas no se caracteriza por su vigorosa estructura. Queremos decir con esto que, aunque en el caso concreto de *Rosa Krüger* intervengan también las circunstancias de su composición y edición, la estructura débil, la sensación de encontrarnos ante una serie de papeles sueltos y dispersos, es en cierto modo una característica común en sus relatos.

No deja de llamar la atención el hecho de que el autor nunca llevara a cabo la definitiva corrección y publicación de *Rosa Krüger*. «Su melodía no sería escuchada en nuestro ronco tiempo», se excusaba en conversación con Dámaso Santos.[68] Sin embargo, dedicó su esfuerzo a trabajar en *La vida nueva de Pedrito de Andía*, novela que debió gran parte de su éxito precisamente a su despreciar la moda tremendista, a su línea esteticista fuera de uso y a su refinamiento estilístico. Quizá un excesivo afán de perfección y unas mayores pretensiones respecto a su anterior obra narrativa impidieron la publicación de su mejor novela.

A esto hay que añadir que posiblemente *Rosa Krüger* hubiera tenido problemas con la censura, dado el interés, más allá de lo puramente etnológico, no ya sólo por la cultura catalana sino por la aranesa, por el elemento catalano-provenzal, que podría interpretarse contrario al elemento fascista unificador. Existe en el autor verdadera voluntad de utilizar el registro catalano-provenzal.

Si bien en *Pequeñas memorias de Tarín* y en *La vida nueva de Pedrito de Andía* el autor se concentra en Bilbao y sus alrededores, estaba más justificado dadas su niñez y adolescencia vascongadas y el interés que se desprende de los relatos es más puramente folclórico y de rescate de los valores tradicionales.

Sorprenden en *Rosa Krüger* los exaltados elogios de los catalanes:

> Visto el mundo como yo lo he visto después, os digo que un buen catalán de montaña sólo lo cambiaría por una mujer escogida del Rhin o del Danubio. Y sin duda es hermoso ser como yo un catalán de raza pura. A pesar de nuestros errores, somos de los mejor de España, de los mejor de Europa, porque somos una estirpe capaz de conciliar en su corazón las contradicciones más felices e inconciliables. Así, somos una gente a la vez doméstica y universal, práctica y soñadora, tierna y durísima, sufrida y gozadora, capaz de reunir en un mismo individuo el gesto del comercio y el de la poesía, el del campo y el de la ciudad, el apego firme, entrañable a lo real y la ilusión dorada por lo fantástico. Somos una raza feliz, una raza nacida de pie y nacida en pie entre el mar y montaña, mal comprendida a veces y que otras veces se ha empeñado ella misma en encontrar su desventura (pp. 87-88).

Palabras escritas en un tiempo nada propicio a este tipo de elogios. Resulta peculiar que Sánchez Mazas elija concentrarse en Cataluña y que lo haga no con el interés folclórico de destacar la diversidad o variedad dentro de la unidad española, sino que la novela está narrada en clave catalana. Y sorprende precisamente por la época en la que está escrita y por la actividad política de su autor.

Contrasta por ello Sánchez Mazas con otros escritores falangistas que aun siendo catalanes no se distinguieron por su tarea a favor de lo catalán. Uno de los pocos casos de escritor falangista que después hizo una labor explícitamente pro catalana, siendo castellano viejo, fue Dionisio Ridruejo. Foxá, sin embargo, quiso revincularse tardíamente con la tierra de su media estirpe catalana comprando el castillo de Foixà, situado en el Bajo Ampurdán, solar de sus antepasados. No hemos de olvidar el acercamiento a la cultura catalana que a través de la *Gaceta Literaria* realizó Giménez Caballero. Si bien es cierto que en esta aproximación hubo también intereses ideológicos o políticos —por entonces soñaba Gecé con la gran unión ibérica—, también lo es que lo hizo en un momento —dictadura primorriverista— muy vigilante con la autonomía catalana.

Miguel Sánchez Mazas comenta en un artículo periodístico[69] el profundo amor a Cataluña que su padre sintió hasta su muerte y recuerda con cuánta admiración y emoción le contaba uno de sus viajes «a ese maravilloso trozo de España». Viajes frecuentes desde que, en el verano de 1919, Eduardo Aunós, para salvarle del ambiente sofocante que se había formado en torno suyo en Bilbao y que había llegado a minar su salud, le llevó por unas semanas al Valle de Arán, donde escribió *Las estancias del monte Pirineo,*[70] dedicadas precisamente a Aunós, compañero en los Agustinos de El Escorial.

Es curioso el hecho de que *Rosa Krüger* haya sido finalmente recuperada y apreciada por los propios catalanes. Como curioso es el hecho de que Rafael Sánchez Mazas acabara encarcelado precisamente en Cataluña, uno de los principales lugares hacia los que gravita la novela, y fusilado en la frontera francesa en una peripecia más truculenta y novelesca que cualquiera de las de su relato.

Por otro lado, la novela cuenta también con un elemento erótico y sensual que quizá hubiera tenido también problemas con la censura.

La novela parte de Cataluña, del Alto Pirineo de Aneo y Arán, y desde aquí va subiendo hacia el norte hasta llegar a Estrasburgo (donde Teodoro encuentra al fin a Rosa Krüger). Es una novela abiertamente europeísta. Aunque en este viaje hacia el centro de Europa va trazando un mapa con divisiones premodernas. Es decir, no interesa tanto la división en estados nacionales, como la división menor en culturas, subrayando los signos fraternos: catalanes, provenzales, alsacianos; hasta llegar al centro de unión de los componentes culturales romances y germánicos, que se combinan en el relato. De hecho, no hay referencias a Carlos V, clásica referencia española de europeísmo, sino a Carlomagno, creador del imperio romano germánico en la Europa Occidental, heredero del imperio romano de Occidente, aglutinado bajo una sola creencia: el cristianismo. La ciudad de Estrasburgo adquiere en la novela la categoría de símbolo europeo y católico, exponente de una «Europa fresca y antiquísima» (p. 93), de una cultura y una civilización siempre defendidas por el autor.

El relato ha llegado a ser interpretado como una novela proalemana. «*Rosa Krüger* es, inevitablemente —afirma Francisco Umbral—,[71] la encarnación adolescente de Alemania, exaltada por encima de España o Italia, siquiera en forma de mujeres». No consideramos, sin embargo, que la novela pueda interpretarse en clave política como una exaltación de Alemania por encima de otros estados nacionales, sino como aspiración hacia una Europa, hacia una cultura y una civilización europeísta y católica.

Rosa Krüger, publicada en 1984, completa la obra narrativa de Rafael Sánchez Mazas. En ella el autor abandona su temática habitual del tránsito de la niñez a la adolescencia circunstanciado en Bilbao y sus alrededores. Es ahora un hombre maduro, Teodoro Castells, un comerciante catalán del Alto Pirineo, el que narra la historia de su vida, lo que imprime ya otro sello a la novela. Aunque su historia (como la de Tarín y la de Pedrito) es también una historia de amor: la búsqueda del amor de la mujer soñada. Rosa Krüger, una muchacha alsaciana, jubilosa y católica, encarna —según declara el autor— el «triunfo de la idea cristiana, universal y europea del amor sobre los mitos paganos» (p. 382).

En este sentido, en *La vida nueva de Pedrito de Andía*, Isabel (un ideal, un ser angélico y celestial, norte y estrella del protagonista) encarna también, aunque en menor grado, el amor puro, la idea cristiana del amor, que Pedrito alcanza, al igual que Teodoro, después de distintos avatares, pruebas y aprendizajes (ambos relatos tienen elementos claros de la llamada novela de aprendizaje). Con el logro del ideal se inicia para los dos protagonistas una «vida nueva».

En *Rosa Krüger* el escenario geográfico se amplía, abandonando el localismo de sus relatos anteriores. A su vez, los personajes que rodean al protagonista adquieren verdadera entidad, además de una profunda significación simbólica. Aunque nos encontramos de nuevo con un relato narrado en primera persona por el protagonista, *Rosa Krüger* se enriquece con otros niveles y voces narrativas. La polifonía es un elemento característico y sobresaliente del relato, en cuanto que en él se precisan cada una de las voces, tonos, estilos narrativos, lenguas o dialectos, que son a su vez elementos especialmente caracterizadores de los personajes.

Por otro lado, la estructura de la novela es narrativa-digresiva. Múltiples historias se entrelazan en el argumento principal. En este sentido es una novela renacentista, construida con técnica de novela bizantina. Es revelador el hecho de que entre los distintos niveles narrativos, e incluso entre éstos (ficción) y las circunstancias de la composición de la novela (realidad), existan una serie de paralelismos. Los refugiados en la embajada de Chile, sitiados por la guerra, escuchan cada noche al calor de la cocina el relato de los propios labios de Sánchez Mazas. Al igual que el narrador escucha durante cinco noches al calor de la cocina la historia de Teodoro Castells, ambos sitiados por la nieve en una posada de los Alpes. De la misma manera, Teodoro Castells escuchará en las noches del Hostal de la Bonaygua, al calor de la cocina y sitiados por el temporal, las fabulosas historias de boca de Pepet, el tío Felipet y don Rodrigo, los grandes narradores orales. También otros personajes (Persephone, Cap d'Ail...) narrarán en primera persona la historia de sus vidas.

En *Rosa Krüger* se combinan aventura exterior e interior. Es por lo tanto también una novela psicológica, introspectiva, en la que se explora la conciencia de Teodoro. La narración en primera persona ofrece al autor la posibilidad de mostrar una visión y análisis introspectivos de las experiencias vitales del protagonista. En este sentido, *Rosa Krüger* confirma que las excepciones novelísticas respecto a la tradición narrativa estrictamente realista fueron más frecuentes de lo que a primera vista pueda parecer.

El sentido último de la novela (triunfo de la idea cristiana, universal y europea del amor), la constante preocupación del protagonista por el pecado, el personaje de Girard —antagonista de gran altura— y su posterior conversión, son, por otro lado, rasgos de novela religiosa. *Rosa Krüger* posee además un importante y denso nivel simbólico y filosófico, construido sobre una estructura de contrastes (atracción material y carnal frente a amor ideal, religión egoísta frente a caridad verdadera, lo diabólico frente a lo angélico...) que se va extrayendo, el mismo protagonista lo revela, del acontecer diario, de las experiencias vitales, de los distintos personajes e historias. Las figuras femeninas son las de mayor importancia en la novela y las que sustentan la mayor parte de la arquitectura simbólica: Coloma (la invitación al pecado, el amor incestuoso), Ángela (la pasión carnal, la negación del espíritu, la realidad engañosa), Persephone (la lucha entre el bien y el mal, la renuncia al pecado) y Rosa Krüger (la plenitud del amor como virtud, el amor cristiano que hace mejor al hombre).

A su vez, los distintos niveles simbólicos se entrelazan con múltiples referencias culturales. Y todo ello tiene la densidad de lo esquemático. Por eso el análisis resulta complejo. Estamos ante lo que podríamos denominar literatura de esbozos. En la que la condensación y complejidad es fruto de lo esquemático, de lo fragmentario, de la concentración. Construye una estructura que se hace compleja y condensada porque no está trabajada como lo haría un novelista tradicional. Parece que a Sánchez Mazas le fatiga el desarrollo narrativo de su esquema novelístico. Utiliza una manera deslabazada de narrar, el registro narrativo digresivo (dispersión) se entrelaza con el descriptivo detallista (concentración).

La categoría simbólica de los personajes femeninos de la novela nos hace recordar inevitablemente los relatos dorsianos. Sin embargo, Sánchez Mazas consigue mayor equilibrio entre sistema simbólico y ficción novelesca, ésta última mucho más lograda y rica que en las ficciones de d'Ors. No en vano, José-Carlos Mainer[72] considera que *Rosa Krüger* es un promedio justo entre las fantasmagorías dorsianas y la eficacia de Baroja.

Entre Rosa Krüger y Teresa (símbolo y alma de la Cataluña renaciente) se adivinan identidades. Ambas son divinales figuras que representan el lado angélico del hombre frente al hemisferio diabólico. Éste último, en ambos relatos, identificado con el amor incestuoso: sea Coloma o la *Historia del Cavaller de Nápoles*, en *Rosa Krüger;* sea la canción popular catalana *La dama de Aragón*, en *La Bien Plantada*; o sea Telina, en *Gualba, la de mil voces*. Y no debemos olvidar a Tina, la muchachita germánica que d'Ors conoció durante su etapa alemana y a la que dirige a raíz de la primera guerra mundial, unas cartas ideales que van apareciendo en su *Glosari*. La Europa de d'Ors, como la de Sánchez Mazas, es la del Sacro Imperio Romano-Germánico.

A su vez, Sánchez Mazas, buen conocedor de la obra de Maurice Barrés, tuvo seguramente en cuenta la novela *Le jardin de Bérénice* a la hora de componer su relato, en el que hay referencias explícitas a Barrés, «el primer escritor de Francia» (p. 114). Nacido en Lorena bajo el dominio alemán, Barrés encabezó sin embargo las formas más ardientes del nacionalismo francés. En *Le jardin de Bérénice* intenta la creación de un mito femenino nacional francés, que sitúa por lo tanto, no en el ámbito fronterizo de la espiritualidad germánica, sino en el mediodía de Francia, representación de lo mediterráneo y lo latino. Bérénice es evocada en su tierra natal, en Arles, en Aigues Mortes, en la zona de la Camarga. Lugar en el que se desarrolla gran parte del relato de Sánchez Mazas.

Guillermo Díaz Plaja[73] considera que en la novela de Barrés existen elementos que pueden señalarse como antecedentes del relato dorsiano *La Bien Plantada*. Incluso estima que ésta sería, en su origen, una trasplantación de *Le jardin de Bérénice* a los contornos de Cataluña. Y nos interesan estas consideraciones en cuanto que estimamos que Rafael Sánchez Mazas, teniendo presentes los relatos de Barrés y de d'Ors, intenta la creación de un personaje femenino símbolo de Europa, en un intento de unión de lo romano y lo germánico (este último elemento despreciado por Barrés). Al contorno catalán de d'Ors suma Sánchez Mazas el mediodía francés de Barrés y a ambos añade el ámbito fronterizo de la espiritualidad germánica: Estrasburgo. Y lo hace subrayando los distintos signos fraternos y el elemento católico unificador.

Ajena también a la circunstancia de la guerra es la novela de Samuel Ros *Los vivos y los muertos*,[74] publicada en Santiago de Chile en 1937. La historia de este libro la relata el autor en su primera edición americana:

> El 4 de julio de 1935 murió ella en Madrid. Fue mi revolución personal. Un grupo de amigos me desterró de España, creyendo hacerme un bien, y fui acogido por otro grupo de amigos en Italia ... En Rapallo me aguardaba Eugenio Montes, con su casa y su corazón abiertos para mí. Junto a un mar incomparable y un amigo también incomparable, concebí este libro. Y a pesar de la dicha que se brindaba a mi dolor, no tenía más deseo que éste: volver a España para escribirlo.
>
> El 17 de julio de 1936 estalló la otra Revolución que nos correspondía a todos: la de mi Patria. Perseguido, tuve que refugiarme con mi libro en la Embajada de Chile. Y el refugio se nos convirtió en Chile mismo ... Aquí encontramos, el libro y yo, un grupo de amigos de esos que compensan dolores y un editor de esos que compensan editores. A pesar de la dicha que se brinda a mi infortunio, no tengo más deseo que éste: volver a España para defenderla.
>
> Ella llevaba en su blusa, junto al emblema de la Falange, mi nombre bordado ... Como teoría de sus amores decía refiriéndose a ambos signos: «Son lo mejor».
>
> Por Falange y por mí, Ella está presente.

En el libro, a pesar de la propaganda, lo que pesa es su revolución personal: la muerte de Leonor, su amante. Ambos —Ros y la tumba de la amada— son protagonistas de un relato en el que nuevamente los personajes están amputados, en este caso por el dolor de la muerte de un ser querido. Son los «enlutados consecuentes», que capitaneados por uno de ellos consiguen expresar su dolor en la intimidad de una noche de luna llena tras el bullicio del día de Todos los Santos en el que las «gentes de color» visitan el cementerio. El relato está construido por la suma de las voces de los enlutados, polifonía que acerca la obra al escenario teatral, donde seguramente obtendríamos la mejor medida de esta obra en la que acaba pesando lo humorístico por encima de lo dramático y por encima también de lo poético. La obra cuenta con elementos voluntariamente humorísticos, muchos de ellos de un humor un tanto macabro, como esa tumba que tiene por lápida un espejo, pero la cuestión es que otros momentos de la obra que no fueron concebidos con la intención de producir un efecto cómico, lo acaban desencadenando. Y hablamos del exceso de lirismo y de sentimentalismo. La muerte queda así desdramatizada y en muchos casos las situaciones y los diálogos, puerilizados. ¿Era ésta la intención del autor? Seguramente no.

Desde cualquier punto de vista, el escritor más excéntrico a la estética general del grupo es Samuel Ros. Lo que en otros autores es excentricidad ideológica, por el retorcimiento, el barroquismo y hasta las cabriolas de ideas y ejemplos históricos (y eso se encuentra claramente en Giménez Caballero y andando el tiempo en Montes y otros) en Ros son ideas extrañas sobre los personajes y situaciones de sus obras de ficción. Aunque los últimos años de su producción, que coinciden con la inmediata posguerra, tienen un aire sombrío y apesadumbrado que desmiente el carácter más alegre que su estética tenía antes de 1936, retienen sin embargo parte de ese espíritu inusual que procede de la estética de Gómez de la Serna y de algunas otras aventuras de vanguardia. En efecto, los seres demediados, los «medios seres», como los de la novela de Ramón, son una constante hasta el final, pero el carácter gozoso de su escritura cuando su estilo era tributario del ramonismo difiere hasta casi hacerlo irreconocible como pariente de las lúgubres evocaciones, a veces involuntariamente cómicas, de *Los vivos y los muertos*. Ros, que en vida fue siempre una alma doliente con un temperamento en el que lo romántico es exacerbado por lo trágico hasta llegar a ser macabro, creó en *Los vivos y los muertos* un manicomio lleno de locos por dolor.

Poemas de guerra

En San Sebastián, en 1940, Agustín de Foxá publica su tercer libro de versos: *El almendro y la espada*. De las tres partes en que se divide, «Breve romancero de la niñez», «Poemas románticos» y «Cantos de guerra», nos ocuparemos ahora de la tercera. Ésta tiene ya la unidad de ideología y poética que es lo más conocido de su poesía de signo militante. Se trata de una docena de poemas de una cierta amplitud temática que resumen con bastante justeza la ideología de Foxá en el momento crítico de la guerra. Y al decir la ideología nos referimos también a los énfasis inflamados, declamatorios o acusatorios que constituyen lo más personal de sus obsesiones. Los cantos se inician con «La Brigada del Amanecer», un poema que por tema y aun por estilo es un trasunto en verso de *Madrid de Corte a checa*. «Trincheras del frente de Madrid» es con seguridad la composición en la que Foxá se muestra más cercano al enemigo. Si se quiere, es el poema menos vejatorio, una especie de invitación a compartir su sentimiento patriótico como si se invirtiera lo traumático de la separación en dos bandos y refluyese de manera lógica a un tronco común:

¿No sentís a la Patria, camaradas,
alegres artesanos madrileños?

El poema parte conmovedoramente de la comprobación de una lejanía mucho mayor que la de la mínima distancia física del frente:

Una línea de tierra nos separa.
Pero estamos tan lejos...
Para llegar hasta vosotros, trenes,
rutas extrañas, playas extranjeras.
Y sin embargo, hermanos enemigos,
¡qué cerca nuestra sangre! que aclararon
las mismas frutas, que encendieron, roja,
primaveras y labios parecidos.

Aunque interrogativamente («¿no sentís a la Patria? ¿no sentís a España?»), se trata seguramente del momento más inclusivo de toda la obra de Foxá, en el que, casi teológicamente, está dispuesto a salvar a sus adversarios puesto que con él comparten algo precioso: la comunidad nacional. Lo cual se expresa de manera a la vez física y metafísica, pero también en un orden cotidiano de experiencia al hablar de los mismos niños en un pasacalle, en un columpio de verbena, en las gradas de los toros o en la pradera del Manzanares. Pero no deja de ser llamativo que, con la misma sinceridad con la que Foxá se pregunta o afirma lo que de compartido tienen los otros combatientes y él mismo, aparezca el cerrado sentido de clase con que Foxá los contempla, benévola pero también subordinadamente:

Tú, hermano del taller y la tahona,
cerrajero que abriste nuestra puerta,
sereno de las tres de la mañana,
campanero de abril de altos balcones,
maquinista del tren de mis veranos,
cochero del retiro y de mi infancia,
guarda del césped, vendedor humilde
de globos y banderas;
...

Como se ve, el censo no podía ser más ilustrativo. Y Foxá los describe como una suerte de servidumbre que ha acompañado de siempre su aristocrática vida madrileña. En *De un momento a otro*, Alberti, en uno de sus iniciales instantes de toma de conciencia, registra una nómina parecida, pero para concluir que ese orden está a punto de transformarse. Como decíamos, la sinceridad de Foxá hace que seguramente no advierta que aquellos a quienes describe como parte de su paisaje social madrileño, como figuras de un decorado que parece el del orden natural de las cosas, no parezcan dispuestos a continuar ese estado de cosas. A ello habría que añadir que en su descripción, Foxá no podía o no quería incluir a quienes por situación o formación hubieran podido serle peligrosamente más cercanos y no tan fácilmente reducibles a oficios y menestrales. Acaso por eso, más tópicamente el poema se desliza hacia la conclusión con otra pregunta ociosa que transfiere además la responsabilidad de la rebelión:

> ¿Por qué alzados
> lucháis con odio contra mí y los míos,
> y en la tarde de abril vais a esconderos
> como topos siniestros en la tierra?
> ...

Y entonces el poema se abstrae y termina recayendo en una retórica, la de la victoria, connatural a la estética de Foxá y sus camaradas:

> Cuando ya la victoria da en los trigos
> de nuestros campos, y hay un alba intacta
> endurecida de clarines de oro,
> y de frescas canciones juveniles.

Aunque Foxá suele dejar siempre muy claros cuáles son los términos del dilema y acuñarlos en símbolos o metáforas, su fortuna para expresarlo con imágenes y versos afortunados es menor que su claridad. La expresión suele ser tan antitética que a menudo las comparaciones bordean lo inverosímil, pues Foxá pone, uno junto al otro, elementos simbólicos idealizados con torvas realidades materialistas. Así sucede en poemas como «La Espiga» y el «Poema de la antigüedad de España (Un tanque ruso en Castilla)». Otra vez la claridad simbólica sufre de una doble debilidad: la primera porque está más expuesta que inspirada, a veces más de paráfrasis que de metáforas; la segunda porque la oposición es demasiado inverosímil. La contraposición entre el maquinismo y el espíritu, parecida lejanamente a la de «Poeta en Nueva York», se encarna aquí en lo soviético, no en lo norteamericano. El tanque, y en concreto, el tanque ruso, es en Foxá casi una obsesión, incoherente desde un punto de vista estrictamente militar. Por eso molesta, no su parcialidad política, sino simbólica.

El «Himno a la juventud», escrito en 1937, es pura retórica falangista quintaesenciada y curiosamente una cierta variación respecto a los demás poemas del libro. No sólo es un poema bélico sino una incitación a tomar las armas cuyo vocabulario joseantoniano se asemeja a una paráfrasis del «Cara al Sol» y por esto pertenece casi más al tributo que Foxá y otros poetas pagaron a la causa que a su voz más personal incluso en tiempos tan atribulados. De hecho, estos versos formaron parte del cancionero falangista.

Foxá se tomó la guerra como un episodio cuya evocación histórica más directa es la de la Castilla medieval de la Reconquista, lo cual si se quiere no es de extrañar tratándose de los mismos paisajes, con algún añadido mediterráneo. Ésta forma de apelar a la «épica nobleza castellana» (como dice un verso del *Himno de Infantería*) se comprueba en poemas como «El Cid hacia las huertas» o «La guerra castellana». Tal vez por eso sea verdaderamente tan insólito, aunque nada inesperado, un poema como el «Romance de Abdelacid». De nuevo defendemos la sinceridad poética de Foxá.

Mención aparte merece «Aquel barco con nombre de isla (En el hundimiento del *Baleares*)», donde nueva pero también irónicamente tratándose de la época de guerra pueden oírse los ecos de Alberti, sobre todo de «A un capitán de navío».

El «Romance de Abdelacid», dedicado nada menos que «A Su Alteza Imperial el Jalifa», es otra muestra de la plasticidad ideológica que podía mostrar un poeta del bando nacional. Puede antojarse que dar cuenta del mismo es hacer sangre con un poema no particularmente diestro, descartable incluso como ejercicio de propaganda, que no lleva más que a una lapidación muy a posteriori del poeta, pero hay algo interesante en juego. En general, hemos defendido la sinceridad de los propósitos de Foxá. Lo notorio es que su ardor militante rebasa con mucho lo que se necesitaba. Como en otros casos, más allá incluso del tono exigible por la época, hay añadidos que son exclusivamente de su responsabilidad. No hay que excluir un rasgo, presente también en Montes o en Giménez-Caballero: un exceso de compromiso, un deseo de agradar, de hacer el trabajo demasiado aplicadamente al verter su cultura y conocimientos de historia a las metáforas que la situación parecía exigir. Es bastante improbable que el destinatario del poema o sus conmilitones lo leyese, pero es inapreciable como expresión de cómo las asociaciones históricas, lejos de la supuesta rigidez ideológica atribuible, podían despegar hasta conllevar una retahíla de incoherencias históricas verdaderamente apabullante. Parecería un exceso acudir a los análisis del orientalismo de Edward Said, pero el poema no tiene desperdicio:

— ¿Harás el té en las trincheras
Abdelacid, por España?
Platerillo de Tetuán
babuchero de sus plazas
el que vendió las ajorcas

desde Arcila a Casablanca
y en Fez, no estudió el Korán
porque Fez no era de España.
— Sé, que caerás una noche
y Alá sabe en qué batalla
no sé si será en Toledo
en Oviedo la cercada
o te helará, con la luna
la Ciudá-Universitaria.
Pero sé, que está tu cuerpo
defendiendo mis campanas
mis libros de El Escorial
y mis Custodias labradas.
Que al otro lado del monte
los hombres sin Dios, te aguardan
con tanques de oro judío
y cien banderas de Asia.
Si mueres Abdelacid
sobre estas tierras de España
no, el zoco chico de Tánger
celebrará tus hazañas
ni el domador de serpientes
cantará, sólo tu fama.
Los poetas de Castilla
te dirán con lengua brava
«También tienes tu lucero»
«Español, de piel tostada»

Resumamos. Además del pintoresquismo de hacer té por España, Foxá dice de este combatiente: que no ha podido estudiar el Corán en Fez porque no estaba bajo administración colonial española (dando a entender acaso la seriedad de sus compromisos en materia de observancia religiosa con otras creencias, y tal vez desacreditando de paso al colonizador francés), que como soldado moro de Franco, aparte de prometerle una muerte segura, su destino está en defender el sanctasanctórum filipino de los vencedores, por ejemplo, de Lepanto, que antes que la diversidad de credos, por riguroso que haya sido su enfrentamiento, está la división entre los que creen y los que no,[75] con una nota antisemita en la que lo asiático es lo mongol-judeo-bolchevique y no, pongamos por caso, lo árabe-semita. Para colmo, los poetas españoles que celebran la cruzada de Franco como remedo de la épica del Cid y la Reconquista son quienes cantarán sus hazañas. Convengamos en que Foxá utiliza identidades, culturas, creencias tan definidas moldeándolas de forma tan libérrima, incluso en un contexto ajeno, que como propaganda directa hubiera podido resultar del todo contraproducente. Es inevitable recordar la recusación de la estética de Alberti en «Los Homeros rojos».

Aún más resumidamente: Foxá ofrece morir en tierra extraña, de la que el poeta católico le reconoce una legitimidad, digamos, de origen (Al-Andalus), en defensa de otra religión para ser cantado por poetas de otra lengua.

El examen comparado de Foxá y Alberti, poeta al que hemos acudido también anteriormente, resulta aquí ejemplar, al detenernos en dos poemas curiosamente de idéntica extensión (57 versos cada uno) y muy diversa técnica, y ante todo de asunto vidriosamente complementario, vamos a decir, y en parte coincidente, sin inocencia. Se trata de «La Brigada del Amanecer», de Agustín de Foxá, y de «Madrid-Otoño», de Rafael Alberti. Para empezar, nuevamente una contraposición ya conocida se hace presente: el poeta revolucionario utiliza la rima consonante mientras el falangista se refugia en el verso libre:

La Brigada del Amanecer

Subían con el alba...
como piratas de nocturnas voces,
—patillas y fusiles— encendidos
odio en el dril y el corazón saltando.
Cercaban las angustias de las casas
la intimidad de lechos y de alcobas,
y ya era la escalera
cascada de palabras y de luces.
Y el ascensor, posándose en su hueco,
como un grito que queda en la garganta.
Y un revolver de Cristos con alfombras,
de paños y juguetes, libros, rosas,
espadas de panoplia, con marfiles.
Y allí la ropa tenue, blanca o rosa,
de la muchacha, con olor a novia.
Y el tiragomas del hermano muerto,
la almohada de la niña con su lazo,
la sábana nupcial, y la vitrina
con abanicos de óperas antiguas;
la violeta secada en la novela,
el rizo, el primer diente en orla de oro,
los lentes del difunto padre, helados
con el vago recuerdo de sus ojos.
¡Todo —furia infernal—, todo lo tierno
se rompía en sus dedos sin pasado!
Asesinaban los borrosos muertos,
supervivientes en pequeñas cosas.
Rasgaban con las duras bayonetas
los lienzos con las Vírgenes pintadas,
las copias, inocentes de Murillo,

cuyos corderos presidieron sueños,
fiebres, suspiros, besos y agonías.
Era la horda cargada de intemperie
fumando en un balcón de Reyes Magos
junto a la palma de un domingo antiguo.
Se llevaban al pálido muchacho
(de latín, y de novia), y la escalera
repetía el sollozo de la madre
ululando en la noche sin faroles.
Y abajo estaba el auto, y la siniestra
sonrisa del «paseo» hacia la muerte.
Hacia un polvo y un yeso de cipreses,
para tirar en un solar la carne
que abrigaron la madre y las hermanas,
para llenar de hormigas una boca,
que bebió dulce leche y tibios besos.
Era la horda del alba, la manchada
y descompuesta y verde; entre dos luces
entre luna y aurora; con la sangre
como un aceite sobre el mono infame.
¡Brigada de las tres de la mañana!
¡Maldita seas, enemiga nuestra!
Violadora de cándidos secretos,
cuando el reloj del comedor sonaba
evocando las cenas familiares.
¡Las casas sin honor y sin recuerdos,
maldicen vuestra sangre vagabunda!

Los rasgos de la descripción pasan involuntariamente a lo surrealista (como esos corderos de Murillo que de pronto parecen transmutados en buñuelescos) o son melodramáticos, francamente melodramáticos, aun para un destino trágico, al encarnarse en los habitantes y víctimas de la casa, como la doble mención de la novia.

Como a menudo sucede en Foxá, sus imágenes irracionales son demasiado esperables y las imágenes tópicas están al borde del absurdo. La combinación de sugestiones originales y tópicas lastra el éxito del poema en su conjunto. Incluso parece más conmovido por el destrozo que por los malos de «patillas y fusiles», que tienen algo de folletín y son a veces más decimonónicos que modernos.

MADRID-OTOÑO
(de Capital de la Gloria)

Ciudad de los más turbios siniestros provocados,
de la angustia nocturna que ordena hundirse al miedo

en los sótanos lívidos con ojos desvelados,
yo quisiera furiosa, pero impasiblemente
arrancarme de cuajo la voz, pero no puedo,
para pisarte toda tan silenciosamente
que la sangre tirada
mordiera, sin protesta, mi llanto y mi pisada.
Por tus desnivelados terrenos y arrabales,
ciudad, por tus lluviosas y ateridas afueras
voy las hojas difuntas pisando entre trincheras,
charcos y barrizales.
Los árboles acodan, desprovistos, las ramas
por bardas y tapiales
donde con ojos fijos espían las troneras
un cielo temeroso de explosiones y llamas.
Capital ya madura para los bombardeos,
avenidas de escombros y barrios en ruinas,
corre un escalofrío al pensar tus museos
tras de las barricadas que impiden las esquinas.
Hay casas cuyos muros humildes, levantados
a la escena del aire, representan la escena
del mantel y los lechos todavía ordenados,
el drama silencioso de los trajes vacíos,
sin nadie, en la alacena
que los biseles fríos
de la menguada luna de los pobres roperos
recogen y barajan con los sacos terreros.
...
¡Palacios, bibliotecas! Estos libros tirados
que la yerba arrasada recibe y no comprende,
estos descoloridos sofás desvencijados,
que ya tan sólo el frío los usa y los defiende;
estos inesperados
retratos familiares
en donde los varones de la casa, vestidos
los más innecesarios jaeces militares,
nos contemplan, partidos,
sucios, pisoteados,
con ese inexpresable gesto fijo y oscuro
del que al nacer ya lleva contra su espalda el muro
de los ejecutados,
este cuadro, este libro, este furor que ahora
me arranca lo que tiene para mí de elegía
son pedazos de sangre de tu terrible aurora.
Ciudad, quiero ayudarte a dar a luz tu día.

El terreno que describe parece también el aledaño o paredaño a la línea del frente, a la Casa de Campo cantada por Foxá como recinto exclusivo de la nobleza alfonsina, cerrada al pueblo de Madrid.

No es que ambas sean visiones tan sólo contrapuestas de dos poetas enfrentados, sino que están entrecruzadas. Para empezar, las dos casas (al menos la de la segunda parte del poema de Alberti) podrían ser la misma. Ambas están deshabitadas, vacías, huecas, destrozadas (por los milicianos) o destruidas (por los combates y bombardeos). Hay líneas de una sugerencia obscura, ominosa, fatalista, para quienes acusaron a Alberti de oficiar en la checa de Bellas Artes. Son los versos que hacen referencia a esos retratos familiares de los varones de la casa, «con ese inexpresable gesto fijo y oscuro / del que al nacer ya lleva contra su espalda el muro / de los ejecutados».

Por un momento, las víctimas lloradas por Foxá se han convertido en protagonistas (los únicos humanamente reconocibles) del poema albertiano. Fijémonos en que «partidos, sucios, pisoteados» son los retratos, pero ¿son esos «ejecutados» una amenaza futura a los del otro bando o justificación de crímenes recientemente sucedidos por un destino fatal de clase llamado a perecer?

Para Foxá no hay cosa peor que la sacrílega irrupción de las turbas en el seráfico hogar burgués (así lo parece, más que aristocrático) y ni siquiera aparecen los terrores impersonales, anónimos, azarosos, absurdos, de la guerra moderna, de la metralla y los bombardeos, el horror de la guerra por sí sola, lo que sí se hace presente en Alberti, en éste y en otros poemas de guerra. Lo que en Foxá son «casas sin honor y sin recuerdos» mancilladas por sus asaltantes, lo son en Alberti por los estragos bélicos (también del enemigo): los palacios arrasados (como el del duque de Alba en Madrid) por las bombas de la aviación.

Con un destino paralelo al de Sánchez Mazas durante la guerra, de cárcel en cárcel y salvado milagrosamente el pellejo, pese a sus repetidas condenas a muerte aunque sin los azares extremos del fusilamiento, Luys Santa Marina que en general fue bastante fiel a sus temas, a su imaginería ideológica a lo largo de su obra literaria, produjo sin embargo algunas piezas poéticas que deben figurar más bien como excepción de su tono habitual. Encarcelado en la prisión de Chinchilla en Albacete, la experiencia le ofreció, a lo que se ve, un recogimiento que aprovechó para dar forma a una lírica meditativa, sosegada, impregnada del paisaje y de los valores del paisaje, distinta del ardor habitual o del ardor que se encontraba habitualmente en su obra anterior, incluidas las composiciones estrictamente poéticas de *Tras el águila del César*. Dicho sea de paso: también aquí se aplica el principio de contraposición que hemos descrito al referirnos al Sánchez Mazas de *Rosa Krüger*, aunque éste se encontrase en la seguridad de una embajada y no en la incertidumbre de una prisión enemiga. Cuando ambos escritores, evocadores o nostálgicos de situaciones épicas o bélicas, se ven completamente rodeados por una situación de tumulto, riesgo, caos o peligro, reaccionan con una suerte de introspección intimista e incluso romántica.

Primavera en Chinchilla[76] contiene seguramente los poemas más logrados de toda la obra lírica, no demasiado extensa, de Santa Marina. En ellos están también algunas de sus limitaciones. Santa Marina no era un gran versificador, rara vez condesciende a la rima consonante y en ocasiones el ritmo de los versos trastabillea y no remata la continuidad que el mismo poema parece pedir. Por otro lado, se trata de composiciones de corte tradicional, asonantadas, como letrillas o canciones que se asimilan a un modo de hacer tradicional de la lírica castellana, renovada además por el 27, en la que hay algunos ejemplos de innegable depuración. Así, por ejemplo, en los poemas «La ciudad»:

Llanura descolorida
y, al arrimo del castillo
triste y señora, Chinchilla.

Ya sin color
—huesos mondos—, Chinchilla
de Monte Aragón.

O el poema «Las tierras»:

¡Qué gratas de ver
con sol estas «tierras
de don Juan Manuel»!

Gris lejanía.
Soledad en la tarde.
Melancolía.

Se harta la vista:
Trigos, trigos y trigos.
¡Ancha es Castilla!

A la vista de estos versos, es fácil deducir cuáles habían sido las lecturas e influencias de Santa Marina, a saber, como en el caso de Foxá, la línea principal de la poesía española: Antonio Machado, Juan Ramón Jiménez y poetas del 27 como Lorca o Alberti. A ellos habría que añadir en otros poemas algún que otro espectro romántico del espíritu becqueriano o de Espronceda, sin desdeñar las formas de la copla e incluso el pastiche del romance gitano al estilo de Lorca.

A pesar de las influencias que hemos señalado (y que señalaremos), los poetas y prosistas de la *corte literaria* llevarán a cabo la recusación, por lo menos en la teoría, de la estética de los poetas del bando republicano:

> El que tiene hambre y sed de verdad se magnifica y eleva. La verdad tiene tal grandeza objetiva, tal grandeza cósmica, que agiganta a quien se le aproxima. En cambio, la mentira empequeñece al mentiroso, y no dejándose desmenuzar, desmenuza a quien por ella es poseído. Por eso los mentirosos, los perversos, se reconocen en su impotencia de hacer cosa alguna de ancho aliento, un poema épico, con trote de paladines y de estrofas; una arquitectura lírica capaz de sustentar el firmamento; un plan con razón de Estado; una metafísica de gran estilo o una abarcadora agustiniana, síntesis histórica. En vez de hacer poesía, hacen poemitas; en vez de un mundo divino, hacen diablos mudos o diablos mundillos; en vez de un Estado, hacen jarana demagógica; en vez de hacer Filosofía, aforismos; en vez de «grande y general Historia», hacen historietas, chistes, chismes, malicias.
>
> ... Hay que ver, o hay que oír por la «radio», los romancillos de Rafael Alberti a mayor gloria de los milicianos, para comprobar como el comunismo es una musa al revés, musa de pervertidos o invertidos, que enarena de prosa, de fealdad y desierto, el ánimo poético, donde un día hubo oasis, música de aguas y rosas frías patinadoras de la luna. No; esa no era, es cierto, poesía aristocrática, pues le faltaba el soplo ardiente de Dios, zarza profética y auténtica raíz de tierra y patria, surco, espiga, labranza y camposanto. No tenía virtudes señoriales y populares, profundas en lo eterno, y sí, en cambio, vicios de señorito o señorita. De señorito del barrio de Salamanca, que ve el Guadarrama desde el punto de vista del esquiador y no con la mirada del amor, como aquel arcripreste bien garrido que la corrió a lomos de mula, a la grupa, la Edad Media. Para «Alberti» no ha existido jamás el drama cósmico, nacional y aldeano de la lucha entre un tallo que quiere subir madurando en fruto y el viento regador que pugna por abatirlo y tronchar su rendimiento. Ignora siempre por igual las fuerzas ciegas de la Naturaleza y las claras angustias defensivas de la cultura. Pero aun así, ignorándolo todo, sin letras y sin sangre, su poesía de poetiso era bonita, y porque era bonita no era plebeya. Si no palpitaba en sus versos un corazón tembloroso de noche y de infinito, tampoco esa epidermis lírica, tan débil, se sarpullía de granos, reventando en pus. Bastó, no obstante, que Isidro en Rusia se aturdiese con la tesis marxista del materialismo histórico, para que ya de sus versos se alejara la gracia fugitiva, embarullándose en charanga arrabalera la armonía inicial. Es que la poesía únicamente tiene sentido bajo la música pitagórica de las esferas y el cielo sereno, plateado, de Fray Luis, con un orden de números platónicos: Y ese orden sólo se percibe amándolo, y sólo regala su llovizna de coros evangélicos si el alma del poeta es armoniosa —*ordo est amoris*—, en paz con Dios y con Satán en guerra ...

La cita es larga pero reveladora. Son palabras escritas por Eugenio Montes en 1937 bajo el título de «Ejemplos al revés».[77] Aún abundaría en ello pocos años más tarde, en el prólogo a la novela de Ros *Los vivos y los muertos*:

> Las formas heredadas, conservadoras, burguesas, no correspondían ya a la vida, pero ésta no era capaz de encontrar sus formas propias con nobleza y decoro y por eso teníamos una vida informe, agusanada, vida en que la sangre se revolvía en pus, y el espíritu en la corrupción de la materia. República, o ausencia de forma en el Estado; Socialismo, o ausencia de forma en la sociedad. Colocado un poeta ante esas fatalidades, ¿qué podía hacer? Lo que hicieron los demás, ya se sabe, fue eludirlas. La poesía en verso de la época lorquiana y albertina, elude el drama y la tragedia íntima —«Bodas de sangre» es una tragedia externa, decorativa, casi un «ballet»—, pero así elude también la poesía, y por eso es artificio, pero no es arte; juego, pero no alma. Le quedaba reservada a la poesía en prosa recoger aquella angustia a que la poesía en verso, por frivolidad, por cobardía y posturitas le escapó.

Foxá se expresaría también en parecidos términos:

> Sender, Herrera, Benavides, Falcón, en la prosa; Alberti, Cernuda, Miguel Hernández, Altolaguirre, en el verso, son los tristes Homeros de una Ilíada de derrotas.
>
> Porque sólo fulge el soneto como un diamante cuando los talla una espada victoriosa ...
>
> La poesía roja es químicamente pura, deshumanizada y tenía que concluir en el marxista concepto helado, simple esquema intelectual, de la vida y el alma del hombre ... Desarraigados de la patria, tenían que cantar el plan quinquenal o el movimiento «stajanovista», sin ninguna norma moral. Los poemas de Alberti, de Cernuda, de Miguel Hernández, son unos poemas de laboratorio, sin fuerza ni hermosura, equívocos, cobardes y llorones, donde sólo se habla de la sangre derramada de los niños, donde están ausentes la pasión de la mujer y la alegría de la batalla.[78]

Ya lo había dicho Rafael Sánchez Mazas refiriéndose a la pintura de Velázquez:

> No se pinta lo mismo «bajo el sol que no se ponía» que bajo la triste y vergonzosa claridad casera de 1898 ... Sin una política, sin una gloria militar, sin un régimen que aspira a la universalidad, el pincel de Velázquez no podría pintar así. Existe así este gran pintor de la España del siglo XVI; pero jamás existirá un gran pintor de la Sociedad de Naciones.[79]

Como ocurre con harta frecuencia en las elucubraciones teórico estéticas de los escritores citados, una cosa es la coherencia de las argumentaciones ofrecidas que va de lo arbitrario o dudoso a lo paladinamente evidente, y otra lo que dejan ver de las creencias o aspiraciones de los mismos. Lo que hay de común en los textos citados es un rechazo de la modernidad que va bastante más allá de los autores y circunstancias, ya sea el 27, el 98 o la Sociedad de Naciones. Señalar los límites o incapacidades de la creación poética o pictórica moderna puede constituir una constatación muy dolorosa, pero actuar despreciativamente contra dicha estética obliga a expresar un desiderátum alternativo o a enunciar la existencia de otras posibilidades. No cabe duda de que ésta era la intención, lo cual es tan evidente como nulos son sus resultados: dicho de otro modo, los productos estéticos que habrían sustentado, o bien los que aparecen como obra suya, son del todo insuficientes como alternativa a la estética moderna, dicho sea generalmente, y si hemos de tomarlos como productos contemporáneos de ésta no están, ni mucho menos, en condiciones de competir con ella. Las objeciones «teóricas» de Montes y Foxá a la más importante poesía de su tiempo sólo ponen de manifiesto dos cosas. Una, que la poesía que salía de sus propias filas no podía ni de lejos competir ni comparársele. Y dos, que esas observaciones de preceptiva eran todo lo contrario de lo que en la práctica hizo la mayoría de los poetas falangistas, que lógicamente no podía desprenderse de la influencia de tan importantes figuras de la corriente central e inalienable de la poesía o de la cultura poética española. Y esto es así para el propio Foxá, que tal vez no ignorase el hecho al señalar que, después de todo, aunque la postura resulte más bien indefendible, más valía una visión adecuada del mundo, aun al precio de una poesía defectuosa: «Una poesía jugosa, intuitiva, incluso con ripios y defectos, pero con piel y sangre y con misterio debía, en cambio, surgir en nuestras trincheras». El extravío crítico de Foxá lleva el equívoco incluso al análisis de una querella estética contra la poética del 27: la acusación de producir una lírica fría y deshumanizada. Además de que la polémica ya era antigua y estaba por completo fuera de lugar cuando se refirió a ella, Foxá relaciona esa gelidez con los propósitos de un arte de orientación marxista, lo que resulta a todas luces un dislate. Lo cierto es más bien lo contrario: la «deshumanización», como ya había señalado atinadamente Ortega, era producto de la modernidad de las vanguardias, pero carente en principio de signos de compromiso político. Lo que es más: en realidad, aunque hubo ensayos de lírica fría en el experimento bolchevique, de literatura «industrial» o incluso «proletaria», no se dio nada de este género en España, sino todo lo opuesto. La «rehumanización» de la poesía es producto del creciente compromiso político y emocional de escritores que descubrieron su compromiso en las turbulencias de los años treinta. Y que en algunos casos renegaron de la falta de temperatura de sus anteriores esfuerzos: es el caso conocido de Alberti y Miguel Hernández, lo mismo que de Vallejo y Neruda, todos ellos poetas comunistas.

Para decirlo con una expresión poética, da asimismo la impresión de que vates como Foxá no perdían ripio de lo que sus enemigos, poéticos y políticos, escribían, de modo que parecían estar bien informados de cual había sido su producción durante los años de la guerra, a tenor de los ejemplos que cita (versos de Alberti y Miguel Hernández dedicados a las Brigadas Internacionales).

Parecida experiencia fue la de Ridruejo, aunque con mucha mayor inteligencia se preocupó de invertir su sentido. Recién entrado en la Cataluña conquistada, en febrero de 1939, tuvo ocasión de comparar la calidad de las publicaciones de literatura y propaganda de la España republicana (como *Hora de España*), a lo que dedica muy elocuentes palabras en *Casi unas memorias*, sin engañarse ni por un momento a reconocer que aventajaban a la producción propia de la España «nacional». Y en un terreno más específicamente poético, fue el mismo Ridruejo el que comprendió ante ciertos talentos que, fuera de lo que se pensase sobre el hombre, no se podía desechar así como así la obra. Todavía más, llegado el caso, el aprovechamiento retórico de un gran poeta era legítimo una vez hechas o formuladas las advertencias de rigor sobre lo errado de su comportamiento cívico-político. Y así lo hizo en más de una ocasión con Antonio Machado. Como tantas otras veces con Ridruejo, es de justicia reconocer que recapacitó abochornado en años posteriores sobre lo improcedente de ésta forma de actuar, rindiendo el debido tributo (incluido el de modesto discípulo poético) a la memoria del poeta muerto en el exilio.

Ridruejo comenzó pues con una manipulación interesada e interesante. Al abrir la «Semana de José Antonio en la Radio Nacional», el 15 de noviembre de 1938, afirmó no desear que José Antonio se convirtiese en un mito inoperante y lejano, y aborrecer cualquier forma de duelo romántica. Y, textualmente, prosigue:

> Decía Antonio Machado, el gran poeta traicionado y traidor: «Quiero un duelo de trabajo y esperanza. / Yunques: sonad». Pues bien, camaradas de España: No hagamos un duelo estéril y flojo. No hagamos una pantomima de dolor por José Antonio. Que suenen los yunques. Trabajemos, camaradas, para que José Antonio no sea el lucero lejano propicio a la contemplación en las noches tristes».[80]

Esta alusión es un ejemplo claro de la admiración por la poesía del poeta, aunque le añada los adjetivos «traicionado y traidor».

Al desdecirse años más tarde de este y otros textos, lo hizo recriminándose con su habitual honestidad:

> Cuando yo escribí el prólogo para las poesías de Antonio —con lo que evitaba su ocultamiento para Dios sabe cuántos años— puse en él más de una tontería: visiones maniqueas del enemigo, subestimaciones frívolas del Machado pensador y crítico, deformaciones de la impulsión causal que lo puso donde había estado.[81]

Tendría posteriormente Ridruejo una postura conciliadora de superación de las dos Españas (literarias). Ejemplo de ello es el artículo titulado «Sobre los Machado»[82] donde niega la representación de esas dos Españas en la figura de cada uno de los hermanos Machado, como respuesta a una visión maniquea de Francisco Umbral, sobre todo en lo que se refiere a Manuel.

Los poemas de guerra de Dionisio Ridruejo fueron apareciendo en diversas publicaciones durante los años que duró la contienda. Terminada ésta fueron recogidos en un volumen bajo el título de *Poesía en armas, 1936-1939*.[83] Sin embargo, muchos de ellos fueron luego desechados por el autor:

> Cuando en 1949 preparaba la colección de poesías publicada bajo el título de *En once años*, pensé eliminar por completo este cuaderno, compuesto de poemas muy retóricos, algunos de ellos ocasionales y ya escasamente representativos de mis sentimientos y convicciones. Hoy, el modo de vivir la ocasión histórica que estas poesías documentan me resulta no sólo extraña, sino inconcebible. Y principalmente porque el retoricismo y la superficialidad evasiva de estas composiciones no trasluce de ningún modo una experiencia viva, y más parece eludir a cosas ocurridas en el país de los sueños que a furias, dolores y esperanzas encarnizadas en un pueblo real.
>
> Sin embargo, parte de la honradez o el pudor que me impidió descartar este cuaderno en la ocasión antedicha, me impide hacerlo hoy por completo. Hay aquí un testimonio. Es el testimonio de una aspiración que dominó en el espíritu del joven de veinticuatro años que escribió estos versos. Selecciono los que la expresan más puramente. También ella, la aspiración, era retórica, mal o nada apoyada en la realidad, y tan evasiva como sincera. Pero me sentiría desleal hacia mis lectores si se la hurtase, siendo como es, este libro de *Poesías Completas*, una fe de vida y existencia.[84]

El reconocimiento de los cambios y supresiones de su obra obedece, una vez más, a una intención que además de plenamente asumida por lo que tuvo de compromiso se explica de forma abierta y humilde. No es sólo que los tiempos hayan cambiado y que Ridruejo haya cambiado con ellos, sino que Ridruejo se aparta lúcida y críticamente de su experiencia primera también en sus frutos poéticos resultado de sus convicciones políticas. Ridruejo no fue dado nunca a ocultar su pasado militante. Sabía que estaba a la vista, lo mismo para él que para los otros. Y su transformación ideológica, que no se hizo por conveniencia política ni intelectual, partía también de ese hecho. Sabía que tenía valor a partir de ese hecho. Por lo demás, no hay que perder de vista tampoco que no se trata exactamente de una recusación puramente estética. Algunos poemas resultaban inaceptables por su tema, al que poéticamente hablando Ridruejo tampoco añade nada digno de mención. Es decir, no hay una pérdida estética de valía.

Lo que sí hay que indicar es que el título *Poesía en armas* pasó de ser el que recogía el conjunto de los poemas de origen bélico de la guerra de España al que recogía los poemas de la campaña de Rusia. En Ridruejo, la corrección, refundición y omisión era un procedimiento estético frecuente. Y la ordenación de sus libros sufrió numerosas variaciones surgidas de la insatisfacción de su autor con partes de su producción poética, al margen de las razones políticas.

Para Ridruejo, la poesía se daba con unas condiciones de lenguaje clasicista y muy retóricas, pero muy abstractas también que podían perfectamente, como diría Eliot, «devorar cualquier clase de experiencia». Aunque no consigan ciertamente transfigurarla en una experiencia literaria que hoy podamos leer como ejemplar y casi diríamos que tan siquiera interesante. Es decir, la estética de Ridruejo que se mantendría durante bastante tiempo producía esa clase de poesía cualesquiera que fuesen las circunstancias. No es que fuese una poesía gélida, ni antihumana, sino que, de hecho, parece una poesía muy sentida y muy a la medida precisamente de los sentimientos del poeta. Pero es una poesía a la vez de una considerable abstracción que como el mismo Ridruejo diría algún tiempo después refiriéndose a parte de ella, «es, simplemente, monótona».

De los poemas que quedan de la original *Poesía en armas* poco hay que decir. En un poema como «18 de Julio» (antes «Oda a la guerra»), que es un poema que pasa de los tercetos a los cuartetos y luego a los quintetos en verso libre, el manejo de su tema, aunque claramente tiene una interpretación ideológica, se hace desde una distancia simbólica tan poco movilizadora poéticamente que para un lector contemporáneo no resulta conmovedor ni a favor ni en contra. Si se compara con la poesía de Foxá, por hablar de un autor que estamos tratando, llena de invectivas, de rabia y hasta de odio, aparte de sus sentimientos positivos, y con un apasionamiento mil veces más comprometido y peligroso, resulta insípida.

En realidad, la poesía de guerra de Ridruejo tiene tan poca relevancia porque no es demasiado distintiva respecto a la guía poética que estaba en el fuero interno del escritor. A pesar de que Ridruejo se ha preguntado muy humanamente y de modo general: «¿Por qué la guerra no afectó más seriamente mi discurso poético ni en la temática ni el técnica?».[85] Con esto quiere decir Ridruejo que la inmensa mayoría de la producción de esos años no tiene que ver con el conflicto bélico y que aún dentro de la colección *Poesía en armas*, las composiciones que se refieren directa y expresamente al tema de la guerra son las menos. Es decir, la experiencia tiende a estar abstraída y simbolizada, sobre todo porque en su voz poética adquiere, como cosa general en este periodo por otro lado, mayor vida la personificación de seres inanimados (un río, el aire, la piedra) que la presencia de quienes sufren o hacen la guerra.

En cuanto a la disociación, la preocupación de Ridruejo es poco importante. Simplemente, su quehacer poético, aunque no fuera consciente de ello, suponía simbolizar de un modo elevado, verbalizar de una manera más bien inconcreta, tomar como general invocaciones y modos de sentir en lugar de dramatizar y transmitir una exaltación o una pesadumbre paralelas a la esperanza o desesperación producidas por la guerra.

Por otro lado, la poesía de guerra de Ridruejo también es clasicista hasta el punto de no parecerlo, de no parecer poesía de guerra. El lenguaje interno de su poesía imponía su ley por encima de la circunstancia bélica. Los poemas escritos durante la guerra por Ridruejo se parecen todos ellos en un modo de hacer general más de lo que éste puede parecerse a lo exigido por la circunstancia de la guerra.

8

La posguerra: entre el mito y la política

En los meses posteriores a la conclusión de la guerra civil, el grupo de escritores del que nos ocupamos continúa siendo protagonista en la construcción del mito de José Antonio. Una construcción que tiene mucho de literaria y estética pero que cumplió una gran función política. Ahora bien, no solo quedaría mitificada la figura del primer jefe nacional sino a su vez todo lo que le rodeó o estuvo cerca de él en aquellos tiempos juveniles y peligrosos de la fundación de la Falange. Junto a las tertulias de La Ballena Alegre o «Las Cenas de Carlomagno», los miembros de la *corte literaria de José Antonio* pasarán a formar parte también de la mitología joseantoniana o falangista. Lo que en cierto modo acabaría sepultándolos, aunque fuera un entierro con honores, envejeciéndolos, políticamente hablando, y permitiría, tras un aprovechamiento inicial y tras comprobar su inoperancia, sacarlos de la escena política, o, como mucho, darles de vez en cuando un papel de viejas glorias. De uno u otro modo —en la prensa o en la radio, a través de conferencias o discursos— cada uno de los escritores, sobre todo en la inmediata posguerra pero también de manera intermitente hasta su muerte, aportó su testimonio sobre su relación con José Antonio y sobre su participación en los tiempos fundacionales. Todos ellos, qué duda cabe, apologéticos de la figura, de su obra y de su pensamiento político. Es decir, muy lejos de la reflexión o de la revisión crítica, incluso en los testimonios más alejados en el tiempo. La excepción en este caso es únicamente la de Dionisio Ridruejo.

Fueron, por otro lado, generosos y no sostuvieron, salvo excepciones, reivindicaciones personales fuera del orgullo de la colaboración y la amistad, aunque no dejaron de ser conscientes de la importancia de su labor. En este sentido son reveladoras las palabras de Luys Santa Marina (*nosotros lo hicimos*) aún a sabiendas de que, conociendo su trayectoria y el calor de su adhesión, no se estaba refiriendo, o por lo menos no sólo, al grupo de escritores:

> Pensando en vosotros, camaradas de la primera hora perdidos por todas las tierras de España, dedico nuestra lucha al olvido. Lo importante es hacer las cosas, no quiénes las hicieron —¡no éramos vanilocos, ambiciosos de honras!—, por eso aquí sólo hallaréis su nombre; parafraseando un texto de la *Anábasis*, en que Jenofonte dice a Seutes, rey de Tracia, aludiendo a los diez mil griegos, sus compañeros de armas: «Porque primeramente bien sé que, después de Dios, ellos te pusieron en el estado en que estás, pues te hicieron rey de muchas tierras y señor de muchos vasallos», podemos decir que, después de Dios, quien le hizo tal cual era, nosotros lo hicimos, si no señor de tierras y vasallos, de un señorío mucho más firme y perdurable, contra el que el tiempo nada puede, pues está fuera de sus leyes y dominio.[1]

Ya desde la desaparición de José Antonio algunos escritores falangistas tuvieron una visión retrospectiva concientes del hito que suponía su participación activa en una aventura que enseguida iba a tener ribetes casi míticos. Este es el caso, por ejemplo, de Eugenio Montes, que ya en octubre de 1936 escribía: «Fue en abril de 1933 cuando, a semejanza de la estación, con el orden numeroso del calendario y el rito justo de los ciclos cósmicos, un grupo de intelectuales españoles nos decidimos a "consagrar la primavera"».[2]

Claro está que no hay que olvidar, y ahora sí nos referimos solamente a los escritores, que, como dijo en su día Foxá refiriéndose a las aportaciones de Sánchez Mazas, si no las «hubiera sellado José Antonio con su sangre, todo habría quedado reducido a tertulia literaria».[3] Aunque también fue Foxá el que pronosticó que los eruditos futuros estudiarían la influencia de Sánchez Mazas en José Antonio y en la Falange.[4] Ambos puntos de vista son complementarios en una circunstancia en la que difícilmente puede imaginarse una cosa sin la otra. Es decir, ni los intelectuales sin José Antonio, ni José Antonio sin los intelectuales. En este último caso, sobre todo teniendo en cuenta que el éxito de esta formación política no deja de ser un éxito fundamentalmente estético.

1939 es el año de la culminación del mito de José Antonio con la ceremonia del traslado de sus restos mortales desde Alicante a la basílica de El Escorial a hombros de sus camaradas. De nuevo, Dionisio Ridruejo tiene la oportunidad de dejar su impronta en el estilo oficial como maestro de ceremonias. El escritor Samuel Ros participó también con el diseño de los símbolos que acompañarían las jornadas de traslado. A su vez, escribiría para el diario *Arriba* la crónica de las ceremonias, ritos de traslado y entierro. De esta labor resultaría un libro: *A hombros de la Falange: historia del traslado de los restos de José Antonio*,[5] un extenso y detallado reportaje, muy documentado, escrito desde la emoción y el apasionamiento. Otros miembros de la *corte literaria* señalaron también la fecha con sus colaboraciones.[6] 1939 es asimismo el año de la publicación de los volúmenes *Corona de sonetos en honor de José Antonio Primo de Rivera* y *Dolor y memoria de Es-*

paña en el segundo aniversario de la muerte de José Antonio, ambos publicados en Barcelona por Ediciones Jerarquía. Alfaro, Ridruejo, Montes, Foxá, Samuel Ros, Miquelarena y Giménez Caballero aportaron sus versos o sus recuerdos.

Sin embargo, la realidad política tenía otro nombre propio y unas nuevas siglas: Francisco Franco y FET. Dejando a un lado el hecho de que sumaron a los recuerdos de «el Ausente» los elogios, en algunos casos desmedidos, a la persona de Franco[7] y de que algunos de ellos aprovecharon su posición de privilegio para endurecer la antinomia vencedores-vencidos ofreciendo ejemplos de lo peor de su prosa y de su persona;[8] lo que aquí nos interesa consignar es lo granado de su intervención pasada y lo pobre de su ganancia política. Parecía que lo podían haber tenido todo y sin embargo su papel político quedó reducido al mínimo. Bien porque no supieron encontrar su sitio o no hubo intención de que lo encontraran, bien porque demostraron su incapacidad para la política real, bien por su desinterés progresivo de la labor política en su sentido más alto y también más pedestre. Sólo en un caso muy concreto, de nuevo la excepción de Ridruejo, podemos hablar de desencanto y posteriormente de revisión y distanciamiento ideológico, aunque el desencanto y la nostalgia también sobrevolaran por encima de otros. Unas u otras razones confirman nuevamente que su perfil no era el de políticos.

Pero antes de las conclusiones generales detengámonos en el caso concreto de cada uno de ellos. Podemos decir que hay tres perfiles, aunque en intersección. Uno es el de los que por carrera o por influencia desempeñan la labor de diplomáticos o puestos relevantes o bien remunerados. Otro caso es el de los que mantuvieron un perfil o unas señas de identidad periodísticas que constituían su labor principal y su supervivencia. Estos dos últimos perfiles se mezclan o se suceden en la mayor parte de los casos. El último perfil es el de quienes quedan apeados o renuncian, o pierden estas dos características anteriores y tienen más dificultades personales.

Tras su liberación, Rafael Sánchez Mazas aún estuvo unos días en Barcelona, que aprovechó para reunirse con Eugenio Montes, Luys Santa Marina y Giménez Caballero en el despacho de Dionisio Ridruejo, pocos días antes sede central de la Oficina de Propaganda de la República. Con la cabeza rapada y todavía vestido con su vieja zamarra parda, repetía con detalles novelescos su fuga de un pelotón de presos. Inmediatamente llegaron los elogios y los homenajes, tanto literarios como políticos, centrados principalmente en su condición de *camisa vieja*.

El diario *ABC* de Sevilla[9] se complace en hablar de

> la liberación del gran escritor Sánchez Mazas, en quien, además de su alta estirpe literaria, concurren circunstancias sobremanera notorias de activo militante y de colaborador en la fundación de Falange Española de las JONS.

Como es sabido, Sánchez Mazas, con José Antonio y con los discípulos y camaradas del fundador, fue uno de los profetas y de los poetas, es decir, uno de los elementos más eficaces y brillantes a un tiempo de la santa rebeldía contra un criterio y unos estilos de la política que llevaban a España a la ruina y al deshonor.

Sánchez Mazas, que añade a esta clara ejecutoria de su personalidad un espíritu depurado por su positiva tribulación en el cautiverio rojo, aportará al Movimiento nacional que él supo presentir y preconizar con talento y con cultura las luces y los atributos inestimables de estas sus cualidades señeras.

Es agasajado en Bilbao,[10] sus amigos escriben artículos elogiosos sobre su figura,[11] e interviene como orador en distintas ciudades.[12] Todo parecía indicar su inmediata incorporación a las instancias políticas del régimen. Y así fue. En marzo de 1939 es nombrado consejero nacional de FET de las JONS y vicepresidente de la Junta Política. El nuevo Estado contaba así con otro *camisa vieja*, amigo personal de José Antonio Primo de Rivera, perteneciente al cuadro de mando de la «vieja Falange». No era además un elemento que pudiese resultar nocivo y, en cierto modo, estos nombramientos le desviaban de una, con todo improbable, tendencia falangista «auténtica», más propia, en principio, de algunos de quienes habían pasado la guerra entre Salamanca y Burgos. Pero, sobre todo, era un elemento valioso que podía aportar al régimen un nivel intelectual y una retórica adaptada a la nueva situación, como demostró con creces en el gran acto de su presentación en Zaragoza, el 9 de abril de 1939, acto organizado y presidido por Serrano Suñer, con el que posteriormente se enfrentaría. En su discurso,[13] de nuevo, el imperio, la patria, la unidad, la jerarquía, el servicio, la obediencia (al «Caudillo vivo»), los valores espirituales... Sin olvidar el recuerdo al «Caudillo muerto», pero tampoco el elogio al «Caudillo al mando, ceñido de laureles que saluda a la primavera con el sin par saludo de su espada».

En mayo de 1939 es nombrado delegado nacional de Falange Exterior y, finalmente, en agosto del mismo año, ministro sin cartera del primer gobierno de la posguerra.

El cargo de ministro ofreció a Sánchez Mazas la posibilidad de ayudar a viejos amigos. Es conocida la anécdota, reveladora de su teatralidad pero también de su condición de ministro asequible, de su amabilidad con Ramón Aras, contertulio del Lyon d'Or de los años veinte. Éste escribió una carta a su amigo ministro explicándole su situación de exiliado tuerto y pidiéndole el favor de que, con su categoría de ministro, se acercara a la calle del Víctor y adquiriese en el oculista Llaseras un ojo de cristal color avellana claro. Aclaraba también que por su condición de nacionalista vasco y de exiliado le habían congelado su cuenta en el Banco de Vizcaya por lo que le rogaba que se acercara al Banco y les obligara a abonar el ojo. Sánchez Mazas se vistió con las galas ministeriales y se acercó al oculista, después se dirigió a la sede central del Banco y exigió al sorprendido presidente de la entidad que se le pagara aquel ojo de cristal que don Ramón Aras le había solicitado.[14]

Además de estos pequeños favores, Sánchez Mazas intercedió en más de una ocasión ante el general Franco para evitar la muerte de algunos de sus conocidos. Así, sus gestiones directas consiguieron que se conmutara la pena de muerte que pesaba sobre el poeta Miguel Hernández. José María de Cossío, Sánchez Mazas y José María Alfaro se personaron en casa del general José Enrique Varela, ministro del Ejército. La argumentación se basó esencialmente en las nocivas repercusiones que tendría la ejecución de un poeta de la significación de Miguel Hernández, repitiéndose un caso similar al de Federico García Lorca. La gestión dio resultado y el general Varela, acompañado de Sánchez Mazas, se entrevistó con Franco. Días después, el Caudillo determinó conmutar la pena del procesado.[15]

Según testimonio de José Antonio (Chicho) Sánchez Ferlosio,[16] hijo de Sánchez Mazas, su padre se dirigió a Franco diciéndole: «Mi general, quiero pedirle gracia para un poeta». A lo que Franco contestó: «Si fuera un buen poeta...». Entonces, Sánchez Mazas, seguro de que Franco no entraría en una discusión literaria sobre la valoración del poeta, cerró la conversación con seguridad afirmando rotundamente: «Es un buen poeta». Franco firmó la gracia, consciente de que la ejecución de Miguel Hernández sería una publicidad muy negativa para el Régimen.

Una carta de Miguel Hernández dirigida a su mujer el 3 de junio de 1940 testimonia también la intervención de Sánchez Mazas:

> Esta mañana me han dado mejores noticias que otras veces. Hasta me han traído una carta que ha recibido Vergara, en la cual se interesa por mi asunto el ministro Rafael Sánchez Mazas. Tengo bastante confianza en él, ya que es antiguo amigo y espero que, como amigo, dará solución a esta situación mía.[17]

Tras la decisión de Franco, el general Varela escribe a Sánchez Mazas participándole la conmutación de la pena:

> Madrid, 24 de junio de 1940. Excmo. Sr. D. Rafael Sánchez Mazas. Vice-Secretario de FET de las JONS. Madrid. Mi querido amigo y compañero: Tengo el gusto de participarle que la pena capital que pesaba sobre DON MIGUEL HERNANDEZ GILBERT (sic), por quien se interesaba, ha sido conmutada por la inmediatamente inferior, esperando que este acto de generosidad del Caudillo, obligará al agraciado a seguir una conducta que sea rectificación del pasado. Le saluda afectuosamente su atento ss. y amigo, firmado: J.E. Varela[18]

A su vez, el secretario de Sánchez Mazas, Carlos Sentís, transmitirá la buena nueva a José María de Cossío tres días más tarde, el 27 de junio, por medio de una nota en la que expresaba: «Mi querido amigo: Te adjunto copia de la carta que acabo de recibir del general Varela, comunicando la conmutación de la pena de tu recomendado. Te envía un abrazo afectuoso, tu buen amigo, [firmado] Carlos Sentís».[19]

Tiempo después, sería otro miembro de la *corte literaria* el que visitaría a Miguel Hernández en el reformatorio para adultos de Ocaña. Dionisio Ridruejo acompañó a José María de Cossío en una de las últimas visitas de éste a Miguel Hernández con la intención de llevar a cabo una nueva tentativa de rescatar al poeta. Se trataba de ofrecerle incluso la libertad si cedía finalmente a su posición ideológica. Mostrar de modo explícito su arrepentimiento y afirmar su voluntad de colaboración con el nuevo régimen político equivaldría a un casi inmediato indulto. Pero la respuesta de Miguel Hernández fue una contundente negativa.[20]

El 15 de agosto de 1940, Rafael Sánchez Mazas cesa, sin sustitución, en su cargo de ministro sin cartera.[21] La versión de los hechos más relatada, conocida y comúnmente aceptada —y la que, curiosamente, le ha granjeado más simpatías por no ambicionar un puesto oficial— afirma que los consejos de ministros no lograban centrar su atención y se aburría considerablemente en ellos. Así que, alegando enfermedad, presentó en diversas ocasiones su dimisión, pero ésta no fue nunca aceptada. Tomó entonces la determinación de no aparecer en dichas reuniones presentando distintas disculpas. Francisco Franco, harto de ver el sillón de Rafael Sánchez Mazas vacío en los consejos de ministros, mandó que lo retiraran cesándole de esta manera como ministro.

De nuevo en la biografía de Sánchez Mazas se unen circunstancias oscuras a leyendas y medias verdades sin mucho fundamento —ni tampoco mala intención, más bien al contrario— que dan pie a datos imprecisos que se repiten de autor en autor y que hemos tratado de corregir.

Carlos Sentís, secretario de Rafael Sánchez Mazas durante su ministerio, ofrece otra versión de los hechos:[22] Sánchez Mazas dejó de asistir a los Consejos de Ministros porque dejó de ser convocado. Una intervención desafortunada provocó su caída en desgracia.

Parece ser que en ausencia de Serrano Suñer, presidente de la Junta Política, se celebró una manifestación en pro de la españolidad de Gibraltar. Sánchez Mazas, entonces vicepresidente de la Junta, salió al balcón y dedicó una serie de frases literarias a los manifestantes, además de mantener alguna propuesta desacertada y poco diplomática relacionada con Gibraltar. Serrano Suñer juzgó como totalmente inadecuada dicha intervención, sobre todo cuando España intentaba mantenerse entre dos frentes en guerra mundial.

Este hecho, que debió de colmar el vaso de la paciencia de Serrano Suñer, resultó suficiente para dejar de convocarlo como ministro; unido a que Sánchez Mazas empezaba a resultar un elemento perturbador e incómodo. La decisión desconcertó a Sánchez Mazas, que quedó además prácticamente secuestrado en su casa de la colonia de El Viso. Los dos policías que anteriormente le protegían como escoltas se convertían ahora en carceleros. Carlos Sentís se dedicó entonces a reclutar a una serie de personas para que visitaran al autor y que éste les pudiese relatar su situación. «Pocas personas acudieron, avisadas como debían estar —afirma Sentís— de que los policías tomaban nota de su presencia.» Por otro lado, su situación económica se volvió difícil al dejar de percibir sus emolumentos oficiales.

El testimonio de Carlos Sentís coincide con lo que Ramón Garriga afirma en su libro *Panorama del franquismo 1939*:[23]

> Más tarde Sánchez Mazas aceptó el puesto de ministro secretario del partido y cuando se demostró que no estaba capacitado para la actuación pública se le apartó fríamente del poder, después de haber reñido escandalosamente con Serrano Suñer. Menos afortunado que Fernández Cuesta resultó Sánchez Mazas, puesto que el haber reñido públicamente con Serrano Suñer le costó una Embajada (siempre soñó con ser embajador en Roma, donde contaba con buenos amigos por ser italiana su esposa) y el estar confinado durante unas semanas en su domicilio.

José Antonio Sánchez Ferlosio relaciona también el cese de su padre como ministro con una intervención política desafortunada que le enfrentó con Serrano Suñer.

Es evidente, por lo tanto, que Rafael Sánchez Mazas no abandonó voluntariamente el cargo de ministro, lo que a todas luces hubiera sido sorprendente —y una temeridad— en el año 1940. No parece razonable que buscara un enfrentamiento directo con Franco dejando de aparecer por voluntad propia en los consejos de ministros, por mucho que éstos le aburrieran.

A Sánchez Mazas no le interesaban determinados quehaceres políticos y pronto se convenció de que sus largas y eruditas disertaciones sobre temas históricos y culturales más bien aburrían a su Excelencia y a los demás ministros. En este sentido son reveladoras las siguientes palabras de José María de Areilza:[24]

> Le faltaba dedicación y paciencia y le aburría soberanamente cuanto significaba discusión burocrática, asuntos administrativos o problemas personales, es decir, el ochenta por ciento de la actividad política real. Yo formaba parte con él de la Junta Política, cuando la presidía con admirable tino e infinita paciencia Ramón Serrano Suñer, en la inmediata posguerra. Se discutía una noche el texto de una posible Ley fundamental del Estado que como proyecto se pensaba elevar a las alturas. Rafael, visiblemente fatigado, intervenía sólo para corregir el estilo de algunos artículos de aquel borrador. Al cabo de un rato me hizo una seña y salió del salón. Me levanté y le seguí hasta un despacho donde lo encontré sentado en un sillón, rodeado de cuartillas. «Escucha esto —me

dijo—. Quiero que lo conozcas antes que nadie y me des tu opinión». Me disponía a oír un texto distinto del discutido o alguna enmienda importante cuando Rafael, aspirando el cigarrillo, me espetó: «Es un ensayo, inédito todavía, sobre la danza como arte mayor, y completa, en cierta manera, aquel otro que tú conoces que se llamaba *Tacto y geometría en el arte de pintar*. La lectura —deliciosa— duró mas de una hora y al terminarla nos habíamos quedado solos en el entonces siniestro caserón de la calle de Alcalá.

Ahora bien, a su inoperancia política (lo que ya había intuido en su día y preocupado a José Antonio Primo de Rivera y que, por otro lado, pudo ser a su vez razón de un nombramiento meramente retórico) parece ser que Sánchez Mazas añadió, además de ciertas actuaciones desacertadas, su participación en una serie de intrigas políticas que le enfrentaron directamente con Serrano Suñer. Éste siempre fue tajante en su juicio sobre la labor política de Sánchez Mazas: «fue siempre pieza meramente nominal, nulo e inoperante en el organismo, ni tuvo la iniciativa ni el valor de apoyar una postura».[25] En sus memorias cuenta también Serrano Suñer diversas maniobras políticas en las que participó Sánchez Mazas:

> ... una comisión de falangistas presidida por Sánchez Mazas, y sin que yo lo supiera, había visitado a Franco para indicarle la inoportunidad de ese nombramiento de Pabón (Ministro de Educación Nacional), especialmente inconveniente —a juicio de ellos— para mí, y le manifestaron —según me contó— que se oponían a ese nombramiento porque sinceramente querían ayudarme en mi tarea. Esta gestión me disgustó y mi insistencia en la candidatura de Pabón resultó ya infructuosa porque Franco estaba convencido de las razones, y de la sinceridad del grupo falangista opositor ... La situación se repitió poco más tarde cuando se trató de proveer la Subsecretaría de Educación Popular, cargo que a Pabón le ilusionaba tanto como el de Ministro —iba a tener bajo su mando a todos los escritores— y ello tampoco fue posible por la intervención de los mismos jerarcas falangistas.[26]

En otra ocasión, afirma también Serrano Suñer,[27] Sánchez Mazas y el general Yagüe, junto con otros falangistas, estando él en Berlín en su primera visita, acudieron a la Embajada alemana para explicarles que él era el antialemán del Régimen, el italianista, mientras que el general Yagüe era entonces el hombre de Alemania.

Sin empleo ni ingresos, Sánchez Mazas pensó entonces en viajar a Italia. Sin embargo, el fallecimiento en 1940 de Julia Sánchez Hernández, la acaudalada hermana de su padre, cambiaría radicalmente su situación de impecune. Hasta entonces triplemente desheredado —una vez por el doctor Camisón, otra por su abuela y finalmente por su tía—, dadas las malas relaciones con su familia paterna, era ahora el único beneficiario de sus cuantiosos bienes. «Antes eras un escritor y un ministro, ahora no eres más que un millonario», solía repetirle el irónico Foxá. Entre otros bienes heredaba el palacio y la casona de Coria,[28] que desde entonces jugarán un importante papel en su vida y en su obra.

A mediados de los años cuarenta, Sánchez Mazas comienza a abandonar su activa vida política —de la que nunca se desprendió totalmente—[29] recluyéndose cada vez más en Coria y en su mundo de escritor.

No obstante, en 1957 Ediciones del Movimiento publica *Fundación, Hermandad y Destino*, título bajo el que se recogen sus textos políticos escritos entre 1933 y 1936 y publicados, la mayor parte de manera anónima, en *FE*, *Arriba* y *Haz*.

La recopilación, bajo el significativo subtítulo de «Memoria de la Falange», está precedida por la reproducción de la carta que José Antonio Primo de Rivera escribe a Sánchez Mazas desde la prisión provincial de Alicante el 19 de noviembre de 1936 y por un «Pórtico» que reproduce un texto laudatorio redactado por Eugenio Montes en Burgos el 14 de febrero de 1939, inmediatamente después de la liberación de Sánchez Mazas. La inclusión de ambos documentos, a modo de presentación, tiene la finalidad clara de afirmar la amistad íntima de Primo de Rivera y Sánchez Mazas, la condición de *camisa vieja* del autor, sus aportaciones a la Falange e, incluso, su comportamiento heroico durante la guerra civil española.

A continuación, como prólogo, figura una frase manuscrita de Rafael Sánchez Mazas, firmada en Madrid en la primavera de 1957:

Ni me arrepiento
ni me olvido.

«Que ya es decir —apunta Dionisio Ridruejo—[30] en los tiempos de las deserciones». Con esta frase, Sánchez Mazas salía al paso de las distintas críticas que le acusaban, sobre todo a raíz de la publicación de *La vida nueva de Pedrito de Andía*, de evadir su compromiso político. Era una manera de dejar bien sentado dónde había aposentado sus reales, desde lejos y con una sola frase. Aunque por otro lado no deja de tener un aire de punto y aparte.

Cabría pensar también que Rafael Sánchez Mazas, en 1957, apartado de su colaboración activa más o menos operante con el régimen surgido de la guerra civil española, a los sesenta y tres años de edad, publicase esta recopilación, que significativamente no incluye ningún texto político posterior a 1936, con la sincera intención de afirmar, no sin arrogancia y cierta obstinación, su falangismo ortodoxo y auténtico. Arrogancia y obstinación, interesada o no, la ingenuidad queda descartada, puesto que el brevísimo prólogo del autor, única frase de toda la publicación escrita con posterioridad a 1939, no parece en absoluto hijo de la experiencia, la reflexión y el desencanto. Y por supuesto no lo es la publicación en sí, que no sólo carece de un prólogo revisionista fruto de su experiencia política, sino que carece también de una intención selectiva de los textos, publicados todos ellos íntegramente.

Dada la muy especial naturaleza de lo escrito por estos autores como parte de su obra más militante, era lógico esperar que no tuviesen interés, ni ellos ni la época, por indiferencia o distancia, en reeditar sus textos más comprometidos. Por más que en el ecuador del franquismo no se vieran sujetos a ninguna clase de actitud abiertamente hostil. Para Sánchez Mazas, cuya actividad política vital estaba ya cerrada o concluida, era como revindicar un patrimonio intelectual e histórico.

Durante el franquismo, del que siempre hay que recordar que fue un periodo extraordinariamente largo, los escritores que tratamos no tuvieron por qué sentirse avergonzados de lo que habían escrito en el calor de los años anteriores a la guerra civil; sin embargo, las conveniencias políticas también obraban tratándose de los desplazamientos de poder en el interior del franquismo. De este modo, Montes disfraza su inclinación monárquica a favor de un falangismo, o franquismo, más puro o más obediente, o da valor de referencia general a lo que era una caracterización ideológica precisa. Lo que contrasta con Sánchez Mazas, que no mueve una coma, o con Ridruejo, que se desdice o elimina algunos poemas de guerra. En Montes hay una falta de humildad, hay una soberbia. Y esta soberbia es hipócrita, porque proviene del hecho de que es incapaz de reconocer que ha escrito cosas que ahora resultan inconvenientes y poco oportunas incluso en el contexto del franquismo, porque se refieren a elogios desmedidos a potencias y jerarcas fascistas como Hitler y Mussolini, cuando estos son ya derrotados de la segunda guerra mundial y el franquismo ha completado ya un distanciamiento absoluto de ese período para llevar a cabo su alianza con Estados Unidos. De la misma manera que retoca sus elogios directos a la monarquía.

La soberbia de Sánchez Mazas, al sostener no arrepentirse de nada, no encierra ninguna hipocresía; antes bien, encierra una soberbia indiferencia hacia la política, incluida la propia, que se resuelve en que reedita sus textos políticos tal cual como parte de un patrimonio personal cuya funcionalidad política ha desaparecido, salvo en lo que pueda tener de ritualización del régimen. Y no es que sea exactamente letra muerta, pero tampoco mueve ningún molino político. Es decir, no hay actitud reivindicativa o de interés para reclamar al franquismo los servicios prestados, ni la adjudicación de unos derechos de antigüedad o de prelatura.

Rafael Sánchez Mazas fue ministro. Ernesto Giménez Caballero, no. «¿Y por qué habrá sido eso, Ernesto?» —le preguntaba Franco pasados los años.

A Giménez Caballero aquella interrogación le quitaba el sueño. Es Haro Tecglen el que lo cuenta:

> Viajábamos en un avión hacia la Alemania de la posguerra; Ernesto Giménez Caballero, en el asiento junto al pasillo —no quería mirar por la ventanilla: le daba miedo—, dormitaba por el exceso de tranquilizantes. Entre sueños murmuró: «¿Cómo no habré sido yo ministro?». Se lo dije cuando despertó: «Es cierto, es cierto... No lo he entendido nunca. Franco me llamó un día, durante una recepción en Lisboa, y me preguntó: "Ernesto, ¿usted nunca ha sido ministro?" "No, mi general". Y entonces Franco dijo: "¿Y por qué habrá sido eso, Ernesto?" Luego siguió hablando con otras personas, pero a mí me dejó con esa preocupación, que me asalta en sueños. ¿Por qué no habré sido yo ministro? Ya ves, Rafael (Sánchez Mazas) sí lo ha sido y yo no...». Giménez Caballero había sido embajador en un país poco brillante, había tenido algunas misiones diplomáticas; pero no ministro. Cuando aterrizamos, alguien nos enseñó un periódico —el *Frankfurter Allgemeine Zeitung*— cuyo editorial estaba titulado «Otra vez nazis en Francfort»: se refería a Giménez Caballero. Quizá era la respuesta de por qué no había sido ministro, y por qué no lo sería nunca. Comprometía demasiado.[31]

Y no sería porque no lo había solicitado: «En 1933 se creó en Alemania para Goebbels, el mago del nacionalsocialismo, el Reichsministerium für Volksaufklärung und Propaganda... Yo os pido, fascistas de España, que seáis piadosos conmigo cuando triunfemos. ¡Dadme ese Ministerio! ¡Sólo os lo cambio por un sillón de Gran Inquisidor!».[32]

Claro está que, en opinión de Gecé, Franco se equivocó. No le faltaban desde luego méritos, pero ni el ministerio hubiera podido asumir la ingente cantidad de sus propuestas, ni España estaba preparada para sus innovaciones, ni el régimen dispuesto a aceptar sus despropósitos. En *Memorias de un dictador*, [33] Giménez Caballero escribe:

> Muchas gentes y amigos me pronosticaban que sería ministro de Educación ... Pero era no conocer a Franco. Quien a pesar de su estima hacia mí me tenía sólo por un «peso pluma» o inspirativo, como confesó un día su ayudante, Martínez Maza, del que yo era amigo. En lo que se equivocó Franco. Pues cuando gracias a Stroessner y Castiella llegué a embajador en Paraguay demostré que hasta EE.UU., por uno de sus maestros diplomáticos, Franklyn Roudybush, me condecoraron como el mejor Jefe de Misión del 1968 en Hispanoamérica.

Además de embajador en Paraguay, nombrado en 1958, lo que no dejó de ser una manera de exilio, Giménez Caballero fue consejero nacional y Procurador en Cortes.

Terminada la guerra, Eugenio Montes pudo elegir y mantener aquellos cargos que se ajustaban a sus intereses de siempre. Y entre éstos parece ser que estuvo, antes y después de la contienda, el de residir en el extranjero. El Gobierno español lo destinó como director al Instituto Español de Lisboa y posteriormente, en 1954, dirigiría el de Roma, cargo que ocupó hasta su jubilación en 1971. En 1953 fue nombrado consejero nacional.

Hay que suponer que Montes sacó partido de las alturas a las que podía llegar en el universo burocrático cultural del franquismo, puesto que su irregular situación familiar[34] no le hacía presentable para otras dignidades políticas. Otra cosa es que Montes verdaderamente aspirase a éstas, cuando los cargos de responsabilidad cultural y las corresponsalías en el extranjero le bastaban para una existencia que venía a ajustarse bastante exactamente a lo que de veras deseaba.

En el extranjero pasó también gran parte de su vida Agustín de Foxá. Sus distintos destinos diplomáticos le permitieron conocer muy diversas ciudades y países: Rumanía, Bulgaria, Constantinopla, Atenas, Roma, Finlandia, Montevideo, Buenos Aires, La Habana, Manila. En noviembre de 1939 es nombrado jefe de la Falange Española en Italia, donde permanece hasta 1941, año en el que Mussolini pide la expulsión del escritor. Sobre las causas de tal expulsión Luis Sagrera ofrece varias versiones:

> Según una de ellas, Agustín recibió una orden del Gobierno italiano, dándole un plazo de veinticuatro horas para abandonar el país. La causa era una acusación de espionaje. Según orden del Ministro de Asuntos Exteriores, Sr. Serrano Suñer, no abandonó Roma, sino que buscó refugio en la Embajada de España en el Quirinal. Con ello, puso en el trance, a los autores de aquella orden demencial, de tener que recurrir a la fuerza material o de admitir su error. José Antonio Giménez Arnau supo luego, por el propio conde Ciano (ausente de Roma cuando fue tomada aquella determinación), que todo se había producido en un momento de mal humor de Mussolini, al conocer una respuesta burlona que Agustín había dado en una recepción a una diplomática alemana. Al parecer, ésta le había preguntado, inoportunamente, cuándo se iba a decidir España a intervenir en la guerra. A lo que Foxá había contestado: «La verdad es que los alemanes son valientes. ¿Todavía se atreven ustedes con otro aliado?». La frase, ingeniosa, pero impertinente, según esta versión, había cegado al Duce, especialmente susceptible debido al lamentable giro que había tomado la guerra en Grecia.
>
> Según la otra versión, Agustín había escrito un despacho destinado a las autoridades españolas, en el cual, de forma clarividente, había pronosticado el desastre lamentable que esperaba al fascismo. En él, describía la corrupción interna del Partido, su fraccionamiento, su impopularidad en los altos medios italianos y la predominante lealtad del mariscal Badoglio a la Corona, que terminaría por llevarle a dar un golpe de Estado en contra de Mussolini. Dicho informe, que no contenía sino exactitudes, fue interceptado, según esta versión,

por las autoridades fascistas, y provocó el desagradable incidente que protagonizó Foxá.[35]

En julio de 1941 es destinado a Helsinki como encargado de negocios. Malaparte ha historiado en su libro *Kaputt* esta etapa de Foxá que se prolonga hasta junio de 1943. Vuelve entonces a Madrid. En 1945 estará en Montevideo. En 1947 es designado consejero cultural en Buenos Aires. Posteriormente, se unirá en viaje poético a Leopoldo Panero, Antonio Zubiarre y Luis Rosales durante el que recorrerá, pronunciando conferencias y recitando poemas, gran parte de Hispanoamérica. Esta misión poética tenía también por objetivo el tratar de vencer los recelos contra el régimen español que existían en algunos sectores intelectuales y políticos de Hispanoamérica. En abril de 1950 es nombrado secretario de la embajada de España en La Habana. Volverá a España en 1955 por problemas de salud y en Madrid es donde sufre una fuerte depresión nerviosa.

A lo largo de su carrera diplomática, Foxá estrechó los vínculos culturales de España con otros países. A ello colaboraron sobremanera sus numerosos artículos, sus recitales poéticos y sus conferencias, a lo que hay que sumar su intensa vida social. Sin embargo, parece ser que demostró cierta desgana a la hora de redactar despachos y, en algunos momentos, falta de formalidad. Hay testimonios que afirman también que los excesos de su ingenio le inhabilitaban en muchos casos a la hora de cumplir funciones representativas.[36] Las anécdotas son innumerables.

Destinado en Buenos Aires, llegó en visita oficial el ministro de Asuntos Exteriores, Alberto Martín Artajo, uno de los representantes más característicos del catolicismo español. Se retrasaba en llegar a la Casa Rosada y el presidente Perón preguntó a Foxá por la causa del retraso. «Se habrá ido de curas» —fue la respuesta de Foxá.

En otra ocasión, Foxá vino a Madrid en el séquito de Eva Duarte de Perón y alguien le pidió una definición de la primera dama argentina: «Es una mujer —dijo— que tiene más cama que cuna».[37]

Las conocidas y agudas muestras de su ingenio fueron probablemente la razón de su último destino: ministro plenipotenciario en Manila (1958). «Castiella me lleva al matadero», decía Foxá. De Manila volvería medio muerto («¡Ya véis: soy el último de Filipinas!»). Murió el día 30 de junio de 1959.

Tras la guerra, también Jacinto Miquelarena residiría en el extranjero, en este caso como periodista corresponsal. Nunca dejó de ser un periodista a todos los efectos, evidentemente con una cierta significación en los medios culturales del franquismo. No se había destacado precisamente por ninguna aportación al ideario o doctrina falangista y profesionalmente sobrevivió en los medios como *ABC* y otras publicaciones afines al Régimen. Su nombre estuvo relacionado con la red de espionaje «To» que, dirigida por Ángel Alcázar de Velasco, transmitía información de carácter estratégico al Gobierno de Japón durante los años 1941 a 1943.[38]

No habían entrado aún las tropas nacionales en Madrid cuando Serrano Suñer en Burgos llamó a José María Alfaro, vocal de la Junta Política y miembro del Consejo de FET, para encargarle la dirección del diario *Arriba.* Manuel Aznar, propuesto primero para el cargo, había declinado a favor de Alfaro. Más tarde sería también director de la revista *Vértice* y de *Escorial.* Dejó la dirección del diario cuando en agosto de 1939 fue nombrado subsecretario de Prensa y Propaganda, puesto desde el que colaboró en la fundación de la Escuela de Periodismo. En 1942 pasó a presidir la Asociación de la Prensa en Madrid. Un año después, en marzo de 1943, fue elegido vicepresidente de las Cortes. El 10 de febrero de 1950 ocupa el cargo de ministro plenipotenciario en Colombia. Al elevarse a la categoría de embajada la representación española en Bogotá, fue designado embajador. Desde 1955 hasta 1971 desempeñó la labor de embajador en Argentina.

En una entrevista publicada en *Informaciones* el 17 de febrero de 1976, a caballo entre la desaparición del franquismo y el advenimiento del nuevo régimen, Alfaro hace pasar por virtud personal y hasta por ejercicio de gratitud y a la vez de cierta decencia incomodada, entre la fidelidad y el disentimiento, un voluntario ejercicio de desmemoria, tan a tono con el clima general de la transición:

> No. He decidido no escribir mis memorias. Mi última lealtad al Régimen será esta: no contar todos los desencantos que he sufrido a lo largo de mi vida, no enumerar la historia de estas desilusiones, ya que, inevitablemente, mis memorias hubieran sido la crónica de una desilusión.

Se podría decir que Alfaro explotó su perfil profesional de periodista, como director de numerosas publicaciones muy representativas del nuevo régimen, sobre todo en sus primeros años, para después pasar a desempeñar cargos de gestión u honoríficos que resultaban ya poco expuestos políticamente, como es el caso de la Asociación de la Prensa. Al mismo tiempo, su labor de diplomático también le proporcionaba un estatus suficientemente acomodado y no demasiado comprometido en el tramo medio y final del franquismo. Alfaro parece haber mantenido buenas relaciones con los distintos mundos culturales y políticos de la España de sus años de madurez. De todos modos, ese carácter desvaído o desdibujado de su personalidad es quizás paradójicamente lo más reseñable, pues es fácil consignar los lugares en los que estuvo, aunque sólo fuese como colaborador, más que la huella que haya podido dejar.

Finalizada la guerra, Luys Santa Marina regresó a Barcelona. Fue nombrado consejero del Movimiento, ocupó la dirección del diario *Solidaridad Nacional* (cesó en 1963) y presidió el Ateneo Barcelonés.

Responde Santa Marina con bastante fidelidad al modelo de *camisa vieja*, ex combatiente, o más bien ex cautivo. Fiel a sus ideales falangistas, pero sin actividad política relevante, su tarea política no rebasó el papel de sus responsabilidades periodísticas. No fue un hombre que buscara medro, no reclamó cargos ni beneficios que hubieran podido derivarse de su ascendiente sobre el régimen.

Según afirma Javier Onrubia,[39] en vez de acudir a las sesiones como consejero del Movimiento, Santa Marina prefería dedicar sus esfuerzos a buscar textos de los clásicos españoles. Anécdota que no deja de revelar lo que en Santa Marina hay de incapacidad, de inadaptación, de desinterés por la política con minúscula, por el ejercicio del poder o la busca de las ventajas que de él se podían derivar.

Se distinguió también Santa Marina durante la posguerra por el auxilio que prestó a diversos intelectuales republicanos salvándolos de amenazas graves. Así ocurrió en el caso de Josep Janés o de Agustín Esclasans.[40] Ridruejo destaca este hecho en sus memorias:[41] «No creo que —con la excepción, quizá, del marqués de Lozoya— se haya dado, en el campo nacionalista de la guerra, una persona que más salvamentos o "quites" haya hecho a personas que corrían el riesgo de la represión».

Distintos testimonios conocidos coinciden en la caracterización de Santa Marina como una persona humana y liberal aunque impetuosa en sus creencias y fidelidades. Nuevamente es Ridruejo el que ofrece una acertada pintura de su contradictorio carácter:

> Este montañés obstinado (mezcla españolísima de tradicionalista y anarquista con todos los truenos del nacionalismo heroico en la mano) era una paradoja. Pues la verdad es que hablando parecía un fanático y actuando resultaba un liberal. Un contraste parecido se da también en su literatura, que pasa de un puritanismo lingüístico casi arcaizante —aunque noble— a un lirismo de evocación (el de sus papeles de recuerdo) verdaderamente suave y coloquial ... En cualquier caso su obstinación militante (que a mí me resulta extraña) merece, a su vez, un aval que nadie tiene que extenderle: el de su espartana sobriedad y su ascética recusación de todo provecho.[42]

Apegado a sus razones e ideales, Santa Marina mantuvo su compromiso falangista, sin diluirlo, hasta el final de sus días. Y como exteriorización de su fidelidad siguió siempre uniformado con la camisa azul falangista. ¿Quijotismo? Quizá. ¿Desencanto? En todo caso sería un desencanto que no difiere, por lo menos literariamente, del que había ya expresado antes de la guerra, o más precisamente, tras la otra guerra, es decir, la de Marruecos.

Ya hemos observado, a propósito de los poemas de *Tras el águila del César*, que en éstos quedaba aminorada la extremada brutalidad de la prosa del libro a cambio de evocaciones lírico imperiales vueltas hacia el pasado. También en ellos estaba presente el tema del veterano, la figura del viejo soldado despreciado por los civiles que tanto le deben y que es una constante desde los legionarios romanos a los *grognards* napoleónicos. Esas evocaciones, tan características de Kipling, escritor tan querido de José Antonio y otros miembros del grupo, y al que al parecer Santa Marina tradujo, rebasarán la guerra de África y traspasarán la experiencia de los camisas viejas y de la guerra civil, doblada también de sátira política en un poema como «La canción de los viejos camaradas».[43] De nuevo Santa Marina hace recuento —esta vez literalmente de los años— para concluir que quienes más se arriesgaron fueron también los que cayeron en mayor número y en todo caso no quienes finalmente se beneficiaron («esos caimanes que venir las ven»). La retórica del veterano se ha transformado, porque ahora ya no se trata sólo del ex combatiente incómodo en tiempos de paz sino también del revolucionario que observa el sacrificio del que han sacado partido arribistas y oportunistas.

Del 33 al 47
van catorce años, si cuento bien,
mucho ha llovido desde entonces,
mucho ha caído, mucho está en pie,
mucho ha caído como las hojas
que sirvieron cuando fue su vez...
Quizá justo sea,
pero sólo sé
que de cada cuatro
cayeron tres.

Eran locos, violentos,
algo perdularios, ¿y qué?,
ni temían ni debían
y todo lo afrontaban en pie,
mas cuando los irreprochables
—carrerita y mucho quinqué—
chaqueteaban y se escondían,
ellos se fueron con él,
y a fuerza de ir a la fuente
de cada cuatro cayeron tres.

Y los prudentes y los sensatos
cual siempretiesos quedaron en pie,
es lo de siempre, claro está,
pero esta vez

fue porque de cada cuatro
cayeron tres.

Los veo a veces, serios y amargos,
otras riendo, con o sin mujer,
pero en sus ojos —ojos de antaño—
veo no tienen nada que aprender
de esos caimanes que venir las ven,
porque palacios, templos y fábricas
—ellos lo saben, y bien—
se alzaron sobre los huesos
de esos tres, y otros tres, y otros tres.

No era más que un paso previo a la elegía. Santa Marina, como ya había hecho en los versos de *Tras el águila del César,* envuelve en molde clásico el desencanto:

AÑOS DESPUÉS[44]

Los que hicieron a diario cosas propias de arcángeles,
los niños hechos hombres de un estirón de pólvora,
los que con recias botas la vieja piel de toro
trillaron, en los ojos quimeras y romances,
¿adónde están ahora? —decidme—, ¿qué se hicieron?

Pocos años bastaron para enfriar sus almas,
aquel sueño glorioso creen que no vivieron,
no yerguen las cabezas ni les brillan los ojos
al mirar como pasan sus marchitas banderas.
¿Adónde están ahora? —decidme—, ¿qué se hicieron?

Al florecer la plata de las primeras canas,
piensan ya que pidieron demasiado a la vida,
que va siempre más baja la bala que el deseo.
Escepticismo en suma, final de juventudes...
¿Adónde están ahora? —decidme—, ¿qué se hicieron?

Pero no naufragaron ante grandes tragedias,
cayeron entre tedios, roídos por la hormiga
de lo vulgar; penurias, mujer ajada y agria,
el mes que no se acaba, la ilusión de otra hembra...
¿Adónde están ahora? —decidme—, ¿qué se hicieron?

Ya no sé si la paz es mejor que la guerra
—quizá sea lo mismo en el pausado péndulo

de la vida y la historia— pero aquella alegría,
aquellos ojos llenos de quimeras y romances,
¿adónde están ahora? —decidme—, ¿qué se hicieron?

Su desengaño no es pues la desilusión personal del falangismo, ideología que siguió profesando con obstinación hasta su muerte, sino la amargura ante el olvido y aprovechamiento de muchos otros que también lo fueron. Lo que opinaba sobre otros desengaños lo dejó escrito: «Sépanlo de una vez "esos desengañados" —no son más que unos maricas—, que se creen listos y se pasan de listos».[45] Así pues, fuera del terreno literario, donde los reproches se hacen en abstracto como categorías, Santa Marina no parece que expresara censura o distancia del régimen de Franco o de la Falange oficial, y ya se ve cuál era su opinión de muchos de los que lo hacían, desabridamente expresada en esa otra categoría de «desengañados», con el añadido de un insulto que parece devolverle a los mejores tiempos legionarios o a la pulsión más antiintelectual del fascismo. Pero ya dijo Ridruejo que más valía juzgar sus actos que sus palabras, aunque tratándose de un escritor hay que tender a las últimas, por lo menos a las escritas.

Testimonio de su compromiso falangista y de las características de su adhesión es el libro publicado en 1958 —testimonio por lo tanto también de fidelidad— bajo el título de *Hacia José Antonio*,[46] síntesis de las actitudes y aptitudes del jefe nacional, así como del ideario falangista a través de sus textos y discursos. Hay que destacar que se trata de la única monografía de carácter casi «hagiográfico» dedicada por uno de los miembros de la *corte literaria*, en un momento además en el que casi todos habían perdido ya sus señas de identidad políticas. Apenas es una biografía, extendiéndose más bien en una suerte de comentario de textos joseantonianos —al hilo de su trayectoria política, eso sí—, pero ante todo es una evocación construida sobre los paralelismos con semejantes o lejanas experiencias heroicas. Por un lado, Santa Marina necesita la coartada erudita, aunque desprovista por supuesto de toda intención primordialmente libresca. Coartada en realidad heroica, sustentada por una prosapia de ejemplos que van desde los clásicos griegos hasta los místicos españoles. Por otro, se confirman los rasgos de la literatura de Santa Marina incluso en un texto como éste, presuntamente alejado de la ficción. El vitalismo de la heroicidad hace, como hemos dicho, que los antecedentes no sean pura historia sino que ayuden a confirmar una ejemplaridad en la que, como de costumbre en Santa Marina, se unen las armas y las letras, el esfuerzo y la virtud, los hechos y la fama, todas las características de un héroe clásico traspasado por la tradición española. Y hay que reconocerle a Santa Marina que, no obstante lo disparatada que pueda parecer su construcción de José Antonio casi como un campeón de la Antigüedad, no le falta tino a la hora de escoger los ejemplos literarios, retóricos e históricos, lo mismo de los clásicos grecolatinos que de los hispanos, de forma que evita cualquier ñoñería. El libro es tan apasionado como sincero. Y si Santa Marina no se llama a engaño sobre lo que fue su compromiso tampoco intenta vestir al falangismo con ningún disfraz: «En un Movimiento como el nuestro, lo más importante era sentir, mas aún que comprender las ideas claves que lo formaban, que constituían su esencia (p. 94)... Entró en nosotros más por el corazón que por el cerebro» (p. 100). Aunque no deja de haber en estas afirmaciones una identificación del falangismo con las vivencias de su personal militancia, sin olvidar lo que el libro tiene de «síndrome del veterano». Tampoco olvidemos que Santa Marina es el más puramente fascista. El libro es la apología del hombre de acción. No es la defensa del *condottiero* sino la presentación de un ideal en el que se unen las armas y las letras, que es una de las obsesiones de Santa Marina, recogida de la tradición española —Garcilaso, Manrique, Cervantes, Cadalso— y que supone que en la excelencia individual se juntan los méritos de las humanidades y el valor militar.

José Antonio, el héroe, es a su vez un héroe trágico y por lo tanto no puede faltar una reconstrucción, incluso patética, de las circunstancias de su muerte con un fondo que inevitablemente (aunque haberlo reconocido hubiera parecido excesivo en boca de un católico) recuerda el de la pasión de Cristo.

Con seguridad podemos afirmar que Santa Marina fue el único de los escritores del grupo que murió falangista. Tan falangista como escritor, pues Santa Marina no se diluyó en ninguna otra entidad. Su obra literaria se había terminado hacía ya años —por los sesenta— y su vida se fue apagando. Y aunque seguramente hubiera deseado otra manera, con las «botas puestas», murió tras una dolorosa y larga enfermedad en una sanatorio barcelonés el 15 de septiembre de 1980.

Como se comprueba de continuo, la palinodia, la corrección o revisión de las propias posiciones, las dudas sobre los hechos y pensamientos de juventud que asaltan en la edad madura y otros vericuetos de la conciencia sobre la conducta, no fueron la norma de la generalidad de estos escritores. Las excepciones coincidían con lo que eran excepciones intelectuales y acaso también de carácter. De éstas nos interesa destacar al menos dos, tal vez las únicas existentes, si bien absolutamente opuestas. Toda vez que en Sánchez Mazas, como hemos visto, lo que hay es una creciente indiferencia hacia la ideología que contribuyó a crear, pasada la pasión política, pero que dada entre otras cosas su soberbia personal —perfectamente representada por el «ni me arrepiento ni me olvido»— no se resuelve en ninguna reconsideración, testimonio de lo cual es la reedición de sus escritos falangistas sin cambios, pero también sin añadir ninguna nueva explicación, autojustificación o renuevo teórico. De modo que quedaba fijado como si fuese parte inmodificable de su obra creativa.

En Santa Marina hemos visto las variantes del conocido reflejo o síndrome del veterano y aún más del excombatiente. El que retrata en su libro sobre Marruecos carece de la componente ideológica del falangismo lo mismo que del oportunismo del «situado». Los soldados veteranos son casi remedos barrocos de los antiguos combatientes que sobreviven casi como marginados o mendigos. En la guerra civil, el añadido de la creencia en una causa que movió a arriesgar la vida se contrasta con la pérdida del entusiasmo y la adaptación oportunista a una vida civil, muelle y llena de molicie.

El caso de Dionisio Ridruejo es del todo distinto y como de costumbre mucho más singular. Para empezar, el autoexamen sólo es primordialmente y como su nombre indica, personal. Aunque los análisis de Ridruejo tienen un innegable valor generacional, la bondad o prudencia de su autor no los trasladó agriamente a muchos de sus contemporáneos, con los que siguió manteniendo buenas relaciones y a quienes por lo general estimaba, bien que con un grado de responsabilidad, intelectual y política, variable.

Durante toda la guerra, Ridruejo, que se había mantenido en general obediente a las consignas y a las tareas que le fueron asignadas, conservó a su vez una cierta capacidad de independencia y también un juicio crítico sobre todo lo que veía y sucedía a su alrededor. Algunos episodios sucedidos durante la guerra, como la resistencia a admitir la unificación con todas sus consecuencias y sobre todo la frustración del proyecto de llevar a cabo propaganda en catalán tras la entrada de las tropas nacionales en Barcelona, pusieron enseguida de manifiesto los límites políticos de los que para Ridruejo adolecía el nuevo régimen. No obstante su distancia progresiva, conservará todavía algunos lazos con amigos en puestos de relevancia, sobre todo el de Serrano Suñer, convertido en ministro de Exteriores de Franco. Muestra de ello es el viaje a Berlín de septiembre de 1940, en el que acompaña a Serrano. Sin embargo, su crisis política no dejará de acentuarse y a finales de 1940 renunciará a su puesto de director general de Propaganda, aunque su dimisión no se hará pública hasta el 18 de mayo de 1941. Ese mismo año, Ridruejo decide partir con la División Azul, en lo que es una mezcla de motivaciones compleja: un modo de alejarse del país y del régimen a la vez, que profundizaba de manera dolorosa en su compromiso político y también en sus dudas, y por otro lado, la partida hacia una experiencia militar de la que carecía, lo que se le había reprochado en diversas ocasiones. Ridruejo, por otro lado, mantenía su creencia en la lucha contra el comunismo, así como en los proyectos de Hitler y Mussolini.

Al volver de la División Azul, en abril de 1942, su reencuentro con el panorama político español le provocó una desazón aún mayor. No se había enfriado en él su compromiso falangista, pero sí las posibilidades de conciliación con el régimen. Consecuencia de ello es la renuncia de su cargo de consejero nacional y de miembro de la Junta Política en agosto de 1942. Los resultados de este apartamiento no se harían esperar y comienzan sus detenciones y, en seguida, su confinamiento en la ciudad de Ronda. Después de unos meses, consiguió ser trasladado a Cataluña y reanudar así su amistad con Juan Ramón Masoliver y el grupo de intelectuales agrupados en torno a la revista *Destino*, publicación originalmente falangista que había ido «liberalizándose». El contacto con estos escritores, en muchos casos claramente aliadófilos, fue decisivo para el cambio de orientación de Ridruejo. Éste afirmaría siempre que Masoliver fue la persona que más obstinada y eficazmente contribuiría a su cambio de ideas.

En junio de 1944 contrajo matrimonio con Gloria de Ros Ribas. Su confinamiento se mantuvo hasta 1947 y a finales de 1948 llegó a Roma como corresponsal de la agencia de noticias Pyresa. Veinticinco años después de que Sánchez Mazas, también corresponsal, contemplase la Marcha sobre Roma como experiencia fundacional del fascismo italiano y también de un proceso que le llevaría a su conversión al fascismo, Ridruejo viviría en la capital italiana una experiencia que era equivalente a desandar lo andando. En Roma se confirmó su transformación política, su abandono de cualquier asomo de fascismo o de resto autoritario y su adhesión a ideas democráticas, gracias al trato con personalidades de distintos campos ideológicos y a la observación de la vida política de la naciente república italiana.

Ridruejo regresó a España en 1951 como director de Radio Intercontinental, cargo que deberá a su amistad con Serrano Suñer. Pese a que su alejamiento de las instancias políticas oficiales se había consumado ya hacía unos cuantos años, Ridruejo conservó lazos con instituciones culturales de una cierta influencia, y por otro lado todavía era considerado un miembro activo de la vida cultural española, de modo que siguió teniendo algunos premios y ofrecimientos. No desaprovechó ninguna de las tribunas que se le ofrecieron o que encontró a su disposición. En esos años se significó en la defensa de causas culturales, abiertas y renovadoras, desafiando las condenas del inmovilismo político y cultural.[47] No abandonó sin embargo una cierta actividad política, que terminaría por llevarle a la cárcel de resultas de los sucesos de febrero de 1956 y los choques entre estudiantes demócratas y falangistas. Desde ese momento se le puede considerar integrante de la oposición antifranquista. Forma el partido Acción Democrática y será detenido en diversas ocasiones y pasará varios periodos de encarcelamiento. En junio de 1962 participa en el llamado «contubernio» de Munich, Cuarto Congreso del Movimiento Europeo, lo que le acarreará nuevas represalias. Exiliado en París durante dos años, vuelve a España en abril de 1964. Mantendrá su actividad política simultaneada con estancias en universidades norteamericanas como profesor. Su orientación política quedará plasmada en una formación de corte socialdemócrata, aunque abierta a una restauración monárquica democrática, que sin embargo no llegará a ver, pues muere el 29 de junio de 1975.

Según confesión propia, Dionisio Ridruejo mantuvo hasta 1956 al menos un resto de su fidelidad ideológica originaria, por lo menos en lo que toca a no pasarse a las filas de la oposición al franquismo, lo que es tanto como decir que si su compromiso y ascenso político se consumó escasamente en cuatro o cinco años, le llevó dieciséis años, casi cuatro veces más, desvincularse de su visión del mundo y transformarla en una aproximación política por completo distinta. Incluso pese a su voluntad de desatar esos lazos, le resultó complicado que esa rescisión fuera aceptada por quienes le habían visto como camarada colaborador o corresponsable.

Por muy a primera vista que aparezcan las diferencias entre Ridruejo y los mayores del grupo (que no sólo son las de edad, sino también las políticas, intelectuales, vitales y hasta de temperamento), lo que en realidad resulta fundamental para considerarlo como coda y contrafigura de todas las demás es justamente lo que no se explica sólo con esa diferencia esperable. Lo que queremos decir es que no todo se cifra en decir fácilmente que era mucho más joven, que tenía otros intereses u otras virtudes. El asunto es que aún considerando la posible similitud de experiencia del falangismo, la andadura de Ridruejo dentro del falangismo ya tenía caracteres verdaderamente singulares; ya los tenía, queremos decir, antes de desandar ese mismo camino. Ridruejo aspiraba ya desde un principio a la integridad intelectual, entendiendo por ello la noción de que las ideas tienen consecuencias y responsabilidades. En tanto que en alguno de nuestros autores la caracterización ideológica final es oscilante o dubitativa entre las distintas variantes del pensamiento político de la derecha o la ultraderecha.

Aún como fascista, Ridruejo es el más eticista de todos, el menos oportunista, el más expuesto, pero no el más temerario, incluso seguramente el más auténticamente fascista en términos ideológicos (en actitudes, sin duda, Santa Marina). Los riesgos los corrió Ridruejo en su experiencia histórica y moral, pero nunca se dedicó al ejercicio de la temeridad político-intelectual. No se dedicó al juego de la especulación que peligra y a veces cae en el delirio o la pura inconsistencia, como es tan frecuentemente el caso en Giménez Caballero, en Montes o en Foxá.

Por otro lado, más bien se puede afirmar que en sus primeros años de activísimo propagandista en tiempos de guerra y de la inmediata posguerra, Ridruejo pulió, perfeccionó y puso a punto el equipaje retórico simbólico de una Falange ya incorporada al movimiento.

Todo lo antedicho se explica mejor cuando se llega a entender que la pasión política o intelectual de Ridruejo estuvo siempre en el presente y a sus correspondientes actitudes éticas les sucede exactamente lo mismo. En él no hay pasadismo, ni tampoco nada de la grandilocuencia con la que se adornan los demás autores. Si a esto le añadimos que se trata del único escritor —con Alfaro—, o del único autor por origen verdaderamente castellano y castellano viejo, el retrato se va haciendo más completo. Porque en Ridruejo hay virtudes que identificamos de manera tolerablemente tópica con lo castellano, pero siempre en clave menor, humana, compasiva, cotidiana, temporal; nunca con los avatares épicos, guerreros, conquistadores, soberbios y autosuficientes que son moneda común en algunos de los otros del grupo. Esto es casi tanto como decir que el talante de Ridruejo fue realista en lo político y lo intelectual e idealista en lo moral. Y no al revés como era el caso de los otros. Es más, Ridruejo continúa por un lado e inaugura por otro la figura del escritor castellano, proveniente de una región en decadencia, pero contrario a toda mixtificación histórica, que ahora encontramos en figuras tan humanamente nobles como Miguel Delibes, Francisco Pino, José Jiménez Lozano o Antonio Gamoneda, e inspirada en ese castellano de adopción que fue don Antonio Machado. Y en ese cambio del modo mayor al menor de lo castellano tendrá su parte: el hombre que había reivindicado en la posguerra el primero al poeta sevillano que describió una «Castilla miserable, ayer dominadora», fenecidas las ínfulas evocadoras de Montes, Foxá y los ensayos de épica biográfica de Santa Marina, se dedicó a la tarea de escribir una guía de *Castilla la Vieja*.[48] Si en otros como Montes, ese paso de lo imperial a lo turístico es casi una venganza del tiempo moderno, en Ridruejo el empeño es modesto pero aprovechado y sistemático.

9

Hacia la posteridad literaria

La victoria y la supervivencia se mezclaron en la reconstrucción de la vida literaria de la inmediata posguerra, confundiendo las lindes de literatura y política en una prolongación de lo que había sido el conflicto, si bien sin la necesidad de las embrutecidas invectivas contra un enemigo ya derrotado, preso, exiliado o en trance de aniquilación. Pero el «cautivo y desarmado» del último parte bélico, más propio del «laconismo militar de nuestro estilo» de José Antonio que de otras perlas retóricas falangistas, no debe hacernos olvidar que entre los escritores que estamos tratando los había supervivientes —«ex cautivos» era el término aceptado— de una experiencia que de milagro no los había puesto definitivamente bajo tierra. Su prestigio literario estaba ahora imbricado con sus cargos políticos o político-culturales. Eran los *camisas viejas* de un régimen que los necesitaba, tanto más por cuanto que su retórica era paralela a la de las potencias amigas y patrocinadoras: ahora era la retórica de una variedad tonante de fascismo meridional sólidamente instalada en el poder. Su cometido como intelectuales del régimen franquista fue de decidido apoyo al nuevo orden político, tanto en la elaboración de una doctrina cultural como a la hora de dotarlo de cierto prestigio de cara a la opinión pública nacional e internacional. Y ahora era también el turno de cantar positivamente las glorias y esperanzas, una vez realizada la tarea de destrucción y hegemonía.

Sánchez Mazas, Alfaro, Foxá, Montes... fueron considerados escritores «oficiales» («se ha declarado de interés nacional la obra de ...»). Menudearon las colaboraciones en volúmenes colectivos editados aquí y allá con el fin de adular las más esperables causas. Así sucedió en el caso de los *Poemas de la Alemania eterna*, salidos de la imprenta de Ernesto Giménez Caballero en 1940, con recopilación y prólogo de Federico de Urrutia, especialista de estas operaciones de eternidades.[1] En él se incluyeron poemas de José María Alfaro («Poema de la adolescencia») y de Dionisio Ridruejo.

Otro volumen colectivo fue la *Ofrenda lírica a José Luis Arrese en el IV año de su mando*[2] que contiene un poema de José María Alfaro. Parece ser que Alfaro era pluma en todos estos volúmenes compuestos por un rosario de poemas laudatorios.

En lo que se refiere a las relaciones culturales hispano-italianas tras la guerra, éstas estarán basadas principalmente en el intercambio de artículos, publicaciones y trabajos de los intelectuales y escritores de ambos países, que servirán para reforzar la imagen de validez y la proyección internacional de su ideario político. El gobierno de Madrid se comprometió a enviar «all' Istituto Nazionale per le Relazioni Culturali con l'Estero, per la stampa italiana, articoli mensili degli scrittori Alfaro, Salaverría, Aznar, Víctor de la Serna, Eugenio d'Ors, Marqués de Lozoya, Sánchez Mazas, Marquerie, Montes, Ridruejo, Ros y Halcón, da considerarsi tra i maggiori della Spagna contemporanea».[3]

Con el mismo objetivo se creó la revista mensual *Legiones y Falanges* (1940-1943), editada en Italia y en España para mostrar la colaboración entre los fascistas italianos y los españoles. Dirigida por Giusseppe Lombrassa y Agustín de Foxá, en ella colaboraron Giménez Caballero, Montes, De la Serna, Santa Marina, Samuel Ros y José María Alfaro.

«Musa Musae»

Al propósito de reconstruir la vida literaria española correspondió la reunión del 17 de enero de 1940 en la Biblioteca Nacional de la primera tertulia de *Musa Musae*, academia privada creada por José María de Cossío y bautizada con este nombre por Gerardo Diego. Bajo el lema «Ocio atento», la formaban Rafael Sánchez Mazas, Eugenio d'Ors, Pedro Mourlane Michelena, José María Alfaro, Dionisio Ridruejo, Adriano del Valle, José María de Cossío y Manuel Machado, lo que era como decir una selección de glorias pasadas y talentos contemporáneos que habían quedado tras el naufragio general de la contienda, allegados o esenciales al movimiento vencedor. Las sucesivas reuniones se celebraron en el Museo de Arte Moderno, integrado en el edificio de la Biblioteca Nacional. Por allí pasaron Eugenio Montes, Samuel Ros, José del Río Sainz, Álvaro Cunqueiro y otros...

Abrió la primera sesión Manuel Machado, con unas palabras y la lectura de algunos poemas acompañados por la guitarra de Ángel Barrios. Leyó después unos sonetos Dionisio Ridruejo y cerró la sesión Rafael Sánchez Mazas con la lectura de un trabajo relativo a las condiciones religiosas de la poesía.

«Musa Musae», afirma José-Carlos Mainer,[4] «pretendía revivir el tono arbitrario y locuaz de la conversación literaria renacentista y ser, tras tres años de violencia, el reencuentro del escritor con su condición de diletante y creador de belleza. Por eso, la nueva tertulia contribuyó, como *Jerarquía* o *Vértice*, a dar la tónica literaria de aquellos años: una absoluta gratuidad, una impecabilidad formal y una vocación contemplativa». Sin embargo, añade Mainer, «"Musa Musae" no pasó de un intento efímero y aislado, cuya trascendencia palidece en comparación con la formación del primer café literario de la posguerra —el Café Gijón— y de la primera difusión periodística de la nueva literatura —el suplemento literario de *Arriba* (dirigido por Lope de Mateo y Pedro de Lorenzo), el viejo semanario de José Antonio que reanudó sus tareas como diario en 1939 ocupando la que fuera redacción de *El Sol*».

Es interesante que, desde su exilio norteamericano, Pedro Salinas opinara también sobre la reunión de esta academia literaria en una carta dirigida a Jorge Guillén:

> ¿Leíste la primera reunión de esa academia que «atiende» por Musa Musae, sin duda bautizada por D'Ors o Mourlane? Supongo habrás visto la referencia del *ABC;* yo tengo una más extensa de *Arriba*, con el discurso de Sánchez Mazas. Todo trasciende a la cursilería imperante. ¡Qué inmensa ola de cursilería desatada sobre España! Da pena ver en esa reunión, aborregados y juntitos, a personas que nada tuvieron ni pueden tener que ver. Lo divertido es asistir a la reaparición del gran José María, con su traza de eterno tentetieso, de gran tragón de la vida, jovial, y danzante. También se asoman, en el coro, Claudio y Gerardo. Este último sé que ha escrito uno o varios sonetos a Primo de Rivera. Me alegro de ver a tantos amigos salvados, aunque adheridos. Pero lo importante es que estén vivos. Mi lema, en lo moral, es el del médico en lo fisiológico: mientras hay vida hay esperanza.[5]

Salinas no se equivocaba y el esteticismo voluntarista de la tertulia se extinguió pronto. Quedaba claro que los vehículos de cultura, oficialistas, laterales o a la contra estaban en otro lado; por ejemplo, frente por frente, sin ir más lejos, del mismo edificio de la Biblioteca Nacional, en el citado Café Gijón. Y les quedaba sobre todo a los escritores una dedicación singular a la obra propia, lo único que podía determinar una estimación más perdurable.

La Real Academia

El 1 de febrero de 1940, Rafael Sánchez Mazas y Eugenio Montes fueron elegidos miembros de la Real Academia Española. ¿Merecida fama de escritores? Es de suponer. ¿Política cultural de emergencia? También. El 6 de diciembre de 1956 será elegido Agustín de Foxá que, como Sánchez Mazas, no leyó nunca el discurso de ingreso. El de Foxá versaba sobre el periodismo y la literatura.

Se cuenta de Sánchez Mazas y Montes que habían suscrito un pacto entre caballeros para no leer su discurso, conscientes de que su elección había sido por motivos más políticos que literarios. Aunque también se cuenta[6] que dicha decisión partió sobre todo de Sánchez Mazas, y que Eugenio Montes la suscribió por temor a una reacción airada de su gran amigo. A su vez, posponer el ingreso definitivo no dejaba de ser conveniente para apaciguar algunas críticas provocadas por el nombramiento. El de Montes no fue bien recibido en determinados ambientes gallegos, y de las críticas se hicieron eco las publicaciones del exilio y de la emigración gallega. Luis Seoane, en la revista *Galicia*, de la Federación de Sociedades Galegas, en la sección «Mercado de las artes y las letras», dibuja a Montes sentado en una *cadeira* de brazos desmesurada, con el titular: «Euxenio Montes, académico... ou o sillón que fica ancho».[7]

Al fin, el 24 de enero de 1978 Eugenio Montes leyó su discurso de ingreso. «El Romanticismo de los clásicos» fue el tema de la disertación, que llevaba preparando desde hacía años. Sánchez Mazas había muerto en 1966 y Montes debió de dar por caducado el pacto.

El nombre de Dionisio Ridruejo se barajó también como posible candidato para ocupar un sillón en la Real Academia, pero su encarcelamiento en 1956 tuvo como resultado que no se volviera a hablar de esta posibilidad.

Hacia la posteridad literaria

Rafael Sánchez Mazas

Durante la década de los cincuenta, conociendo ya los límites de su vida política y pública, contemporáneo de figuras importantes de la cultura y de la literatura, de la política y del periodismo, que van muriendo y están en definitiva situadas, Rafael Sánchez Mazas culmina una obra literaria siguiendo una vía cerrada para otros escritores, en la medida en que no produce discípulos ni seguidores, exceptuando el artículo divagatorio del que participan contemporáneos suyos y escritores posteriores a él. Y siendo un escritor muy reconocido a pesar de su poca obra «compacta», se dedica justamente a afianzar su perfil literario con la publicación de diversos trabajos.

1951 es la fecha de la publicación de *La vida nueva de Pedrito de Andía*,[8] novela que le confirma definitivamente como narrador y que fue saludada como posible camino alternativo a la moda tremendista.[9] Sin embargo, y a pesar de su éxito,[10] el relato no actuó de recambio eficaz; la novela iría por otros derroteros.

Escrita en la madurez, la novela está llena de añoranzas y evocaciones que construyen un mundo excesivamente idealizado y falto de verdadera realidad humana. El protagonista, Pedrito de Andía, un muchacho vascongado de buena familia, relata una corta época de su vida de adolescente que coincide con el enamoramiento de Isabel, personaje que encarna el amor puro e ideal. La escasa acción se sitúa en 1923 en Bilbao y su contorno, ámbitos bien conocidos por el autor. Confirma, por lo tanto, también esta novela la tendencia del autor a la evocación nostálgica y autobiográfica de un tiempo antiguo, casi ido, aquel de las viejas tradiciones y costumbres, de los antiguos valores, que no es otro que el de la propia infancia y adolescencia vascongadas. La biografía de Rafael Sánchez Mazas, quizá está de más decirlo, explica muchas de las circunstancias de su obra. Pero no está de más el decir, en cambio, que la explican de manera directa y en mayor medida que la de muchos otros escritores. En suma, Sánchez Mazas hace uso de su biografía desde un principio y hacia el pasado, y en ella por consiguiente el trasfondo familiar y los primeros años cobran una categoría privilegiada. No sólo es hijo de sus circunstancias, sino que les saca partido literario.

La evocación teñida de añoranza de ese tiempo vascongado (local, pero exponente de un mundo mayor), hilada con vivencias y recuerdos, con historias secretas y personajes familiares, la construye en 1951 bajo forma novelesca. Pero, en realidad, la crónica de ese tiempo la había escrito mucho antes. La leyó el 14 de octubre de 1939 en la Sociedad Bilbaína, que celebraba su primer centenario. *Vaga memoria de cien años*[11] es el logrado título (la precisión del lapso recordado alterna con lo difuso de su recuerdo) de este recorrido exquisito y nostálgico por el Bilbao que fue: las historias íntimas como claves de la Historia con mayúscula, las figuras locales, la alta sociedad, el tono, las tradiciones...Y mucho después, en 1957, con ocasión de otro centenario, el del Banco de Bilbao esta vez, escribirá la *Apología de la historia civil de Bilbao*.[12] Prosa ensayística ahora para el elogio del desarrollo mercantil e industrial de Bilbao y la apología de las virtudes civiles bilbaínas: la moral familiar, la sociabilidad depurada, la ritualidad de la conducta, la unión de los ciudadanos, la política de familias, la religiosidad... Como vemos, no dejan de ser distintas elaboraciones para una misma necesidad, para una misma obsesión expresiva volcada hacia el pasado.

Por sus alusiones a la fe y a la religión, así como por la valoración positiva del ambiente del colegio de jesuitas, *La vida nueva de Pedrito de Andía* fue considerada, equivocada o interesadamente, como novela católica y como tal la leyeron muchos adolescentes españoles. Su publicación reavivó la polémica sobre la existencia de novela religiosa en España.[13] Sin embargo, el elemento religioso es en la novela aproblemático, en consonancia con el mundo que presenta, y no intenta ser más que la expresión, en una novela de recuperación de los valores tradicionales, de la «firme religiosidad» bilbaína: «Dio la religiosidad fundamento a toda la historia de Bilbao. Ella sostuvo y elevó las virtudes civiles hacia su fin último y sobrenatural». Son palabras del capítulo dedicado a «Bilbao y la religiosidad» en la ya citada *Apología*.[14]

De la misma manera, el Colegio de Nuestra Señora de la Antigua Orduña, donde estudia Pedrito y donde estudió el autor, es considerado un «centro de una influencia grande y especial en la formación de varias generaciones bilbaínas».[15] La novela, por lo tanto, no sólo transparenta una experiencia positiva del autor como alumno de los Jesuitas, sino que, de nuevo en este caso, insiste en un elemento de tradición bilbaína: el Colegio y la orden ignaciana, cuya labor pedagógica, cultural y espiritual fue defendida y elogiada siempre por el autor.[16] Razones suficientes para considerar el relato como réplica a *A.M.D.G.*, de Pérez de Ayala, o a *El jardín de los frailes*, de Azaña, novelas autobiográficas que coinciden en revisar críticamente su vida colegial.

En el caso de *Pedrito de Andía*, la cercanía temporal de los hechos narrados y la edad del protagonista no favorecen el análisis crítico y distanciado, que por otro lado estaba muy lejos de la intención del autor, nada dispuesto a abordar problemáticas de verdadera hondura. Ello le valió algunas críticas, como la de Juan Fernández Figueroa,[17] verdadero comisario político que se sintió en la obligación moral de denunciar la evasión de la pluma del escritor falangista. Consideraba Fernández Figueroa que Sánchez Mazas tenía contraída y no saldada una vieja deuda política «con un importante número de españoles, a los que un día sacó de sus casillas e hizo vivir ardientemente, hablándoles de cosas incómodas pero bellas por las que merecía la pena dejarse matar». No podía por lo tanto «poner a la venta una novela de trescientas cincuenta páginas para contarnos, todo lo singularmente que se quiera, la aventura de un muchacho de buena familia a quien todo lo que le sucede es que se está haciendo hombre».

Despojando los *Comentarios* de su calor y entusiasmo políticos, algunas de las críticas formuladas son acertadas y coincidentes con las de otros críticos menos apasionados: inferioridad de la obra respecto al autor, exceso de idealización y de estetización o tendencia a eludir pensamientos y problemas.

Siendo como es *La vida nueva de Pedrito de Andía* una novela con grandes aciertos (el retrato psicológico del niño, la adecuación del lenguaje, la caracterización de los distintos escenarios y personajes), éstos no compensan las debilidades del relato. El exceso de literaturización e idealización, sobre todo en determinados momentos, compromete la narración en su conjunto. Son los protagonistas, creados con intención de trascendencia sobre falsillas difícilmente acordes, los mayores responsables de la impresión de artificiosidad que el relato produce.

En la misma década, en el año 1956, publica Sánchez Mazas *Las aguas de Arbeloa y otras cuestiones*,[18] libro misceláneo que recoge distintas prosas breves del autor (algunas ya habían visto la luz en diarios o revistas, otras lo harían posteriormente). A lo largo del volumen no puede el lector en ningún momento acomodarse a una forma, tono o contenido; de ahí la dificultad de agruparlas bajo una misma designación formal. Esta variopinta colección contiene relatos, breves ensayos, crónicas, artículos, epístolas, fábulas, cuentos, diálogos, escenas teatrales... Cada una de las piezas conforma un denso cosmos independiente y entre ellas no existe otra relación que no sea la del estilo y la de una misma voz.

Es en la independencia de la pieza breve donde Rafael Sánchez Mazas es maestro. En este sentido es una de sus obras más representativas. No sólo se recopilan distintos quehaceres del autor sino que en ella muestra y demuestra con creces sus dotes de prosista. Destacan el manejo del diálogo,[19] el tono conversacional y la gran imaginación retrospectiva del autor que reconstruye con su prosa ambientes extinguidos, hechos pasados, personajes de otro tiempo que se tratan con familiaridad en una recreación, como le caracteriza, más intrahistórica que histórica. A su vez, a través de la multiplicidad de «cuestiones», aparecen y reaparecen sus temas de siempre: historia, pintura, astrología, geografía, literatura, relojería, botánica o juguetería mecánica. En el volumen encontramos también reunidas las distintas inspiraciones del autor, en un recorrido por su geografía biográfica: Bilbao, Madrid, El Escorial, Italia, La Rioja o Coria.

Las aguas de Arbeloa y otras cuestiones quizá sea la obra que despeja con mayor seguridad las dudas sobre su talento, mostrando su condición innegable de prosista. Denominación ésta muy general, pero a su vez muy explicativa. En ella permanece lo esencial, la parte mayor, más extensa y caracterizadora de su obra. Asimismo, esta calificación indica ya algo sobre su condición de escritor que acepta una pluralidad sobre la que es difícil destacar más holgadamente una especialización como la del ensayista o la del novelista. En este caso hablamos de un escritor cuya multiplicidad se mueve siempre en un plano muy variable. «Novelista es en su caso una categoría probada, pero insuficiente; articulista» es un cajón de sastre literario que haría menor su envergadura. Ensayista nos confundiría sobre las intenciones de su literatura. Siendo como es un escritor de páginas, no sin más aliento sino sin mayor perspectiva, en sus obras apreciamos a la vez la belleza de su prosa, y, despreocupado por otro lado de la perfecta estructura, la dispersión de su conjunto. Muchas de ellas quedan unificadas por el estilo y por su temática, más que por una cierta capacidad estructural. A ello hay que añadir el hecho, no inusual en su tiempo ni en la literatura a la que pertenece, de que es maestro de la prosa breve.

En el fondo, lo que se advierte en Sánchez Mazas es que sus intereses se centran en una serie de obsesiones —por lo persistentes, recurrentes y fieles a lo largo de toda su vida intelectual—, que él intenta traducir mediante el ejercicio de la literatura. Incluso a veces hasta pudiera parecer que a Sánchez Mazas no le interesó la literatura por sí misma, ni su ambición, aunque no dejara de reconocerse siempre como escritor. Cierto es que buena parte de sus obsesiones fueron literarias, otras culturales y otras personales, como mezcla de su pasado, su niñez y sus raíces. Esas obsesiones, convertidas en temas, le rondan toda su vida desde el momento en que aparecen, y son, como hemos dicho, las que trata de traducir a través de la literatura, de igual modo que trata de traducirlas mediante su particular ejercicio del periodismo. Siendo de toda su vida, es lógico que esas obsesiones sean siempre las mismas, con pocas variaciones: el tiempo antiguo, la infancia, Bilbao, la Italia renacentista, la España imperial, la política como arte, etc. Bien es verdad que esa temática la comparte con otros escritores de la época o incluso es él mismo quien las traspasa.

Quizá sus esfuerzos literarios siempre quedaron por debajo de su verdadera y real capacidad. Tal vez sea esto un elogio del escritor por encima de su obra. Pero cuando consideramos su envergadura como prosista, dejando aparte las condiciones de su producción, lo que apreciamos es que su esfuerzo literario es fácil de establecer. Siempre está en la misma provincia de su propia cultura e imaginación. Su territorio es, en este sentido, un solar delimitado por él mismo, en el que tiene una cierta comodidad, del que se siente satisfecho, y no va en busca de territorios nuevos, porque no siente esa necesidad ni temática ni estilísticamente. De hecho, en Rafael Sánchez Mazas no se puede hablar tanto de evolución de su escritura, como de fidelidad, con mayor o menor distancia, según la época de la que se trate y los recubrimientos de experiencia que impone la vida. Su interés está hasta tal punto volcado en el pasado que explica incluso en cierto modo otros órdenes de su experiencia vital, como el político. Es un escritor, tal y como se le ha calificado, «pasadista», con un interés más que relativo por la modernidad y un miedo aun mayor, declarado o no, por mucho de lo que representa, si bien no tiene la inquina por el mundo moderno que podrían demostrar otros autores de parecida filiación, en España o en otros lugares.

Es, por otro lado, absolutamente impermeable a técnicas nuevas, con exclusión de lo que adopta de modo natural como consustancial a su quehacer literario, como ciertas formas de introspección de la conciencia, que tampoco hay que rastrear demasiado rigurosamente en Proust o en cualquier otro maestro moderno. Lo que establece las diferencias es el paso del tiempo que impone la cercanía o la distancia. Podemos establecer una división cronológica, pero no tanto una evolución de su obra. No podemos hablar de distintas etapas que no sean confirmación o consolidación, depuración y afianzamiento de lo sentado por su literatura. La sustancia de la que está hecha su literatura es siempre semejante y son las circunstancias las que le imponen en cierto modo variaciones en la manera de producir, que no en la materia. Y aunque sus obsesiones no sean siempre el tema central, sí son constantes y se dejan traslucir a través de cualquier tratamiento.

No menos evidente es que en las obras de Rafael Sánchez Mazas, se trate de la elaboración que sea, la voz siempre es la misma. A veces sabe ensayar encarnaciones, si no más vivas, sí más plurales, que aunque ocasionalmente algo acartonadas, sirven para insertar el tú y yo de un diálogo. Ensaya con los elementos dialogados, como en bocetos, a modo de recurso alternativo para sus evocaciones. Pero es casi siempre una voz inconfundible la que aparece más tarde o más temprano. De modo que no es exactamente un escritor polifónico, pero tampoco «monótono» en su acepción original. Todo ello no se contrapone con el hecho de que sea genérica en sus relatos la narración autodiegética del protagonista, perfectamente caracterizada en su habla y estilo narrativo, ni con la continua utilización del estilo directo y del juego de voces.

Junto a la pieza breve, Sánchez Mazas es también autor de una serie de ensayos cuya intencionalidad en algunos casos no es principalmente literaria sino que responde a otros motivos de orden crítico o político (*España-Vaticano*) sin que por ello dejen de tener valor estético o literario. Casi todos ellos vieron la luz, fraccionada o unitariamente, en periódicos o revistas, o fueron leídos en conferencias. Unos son más narrativos, cercanos al relato («Vaga memoria de cien años»; *La famosa noche de Robinsón en Pamplona*);[20] otros, más puramente expositivos, de tono más científico o académico (*Introducción al «Diccionario Geográfico de España»*);[21] otros divagatorios, llenos de alusiones culturales, refinadas, exquisitas, a veces un tanto caprichosas y recurrentes en su función, donde pesa el tema italiano recreado con la finalidad histórico-política de exaltación del elemento imperial («Algunas imágenes del Renacimiento y del Imperio»).[22] En otros muestra su postura esteticista ante la política y reaparece el tema del arte de gobierno (*Las tres edades de la política*).[23] De estos últimos se desprende una teoría política autoritaria, jerárquica, católica, monárquica y europeísta. Sánchez Mazas no es sino un conservador ilustrado. Sus rasgos de modernidad los encuentra en el fascismo, sobre todo en el italiano. No fue sin embargo un teórico del fascismo. Su admiración por el fascismo italiano es sobre todo una admiración italiana, aunque luego sería lo más efímero de su admiración por Italia.

Conservador hemos dicho, pero no tradicionalista ni reaccionario. No es reaccionario en lo político, ni clerical en lo religioso, ni intolerante en lo cultural. Aunque sí recoge buena parte del tradicionalismo francés del siglo XIX que culmina en Maurras. Sin embargo, no comparte la línea tradicionalista, católica y reaccionaria de su especificidad vasca, sino ciertos rasgos liberales de la ilustración vascongada (Los Caballeritos y Los Amigos del País). Hay en Sánchez Mazas cualidades de tradición ilustrada, liberal, con rasgos bilbaínos.

Existe en él, por otro lado, una manifiesta hostilidad a la teoría política de la Ilustración francesa —de la que se derivan unos ideales que desembocan en la Revolución—, a muchos ilustrados franceses, sobre todo en la medida en que son ideólogos de lo que viene después (recordemos que la pieza fundacional de la Falange comienza con la repulsa visceral de todo lo que supone «Juan Jacobo» Rousseau). Hostilidad por lo tanto a todos los productos ideológicos y acontecimientos derivados de la Revolución Francesa, a toda su progenie, como por ejemplo el socialismo. No menos fuerte es su desprecio hacia los distintos marxismos y hacia el bolchevismo; como evidente es también su animadversión hacia el romanticismo ideológico que desemboca en los nacionalismos.

Como teoría política en el sentido positivo, Sánchez Mazas considera la monarquía ilustrada, autoritaria y jerárquica como el mejor método de gobierno. Es la monarquía, en la historia, de San Luis de Francia a Carlos III de Borbón, de Federico Suevo a Carlos V; y expresada en la teoría de Tomás de Aquino a Giambattista Vico y de Tommaso Campanella a Charles Maurras. Autoridad, selección, jerarquía, armonía y sabiduría son los principios que según el autor sustentan el ideal de la monarquía mixta, y estos principios, como en Campanella, Comte y Maurrás, le vienen de su admiración por el orden católico.

Son para Sánchez Mazas el reinado de San Luis y el de los Reyes Católicos, las dos aproximaciones más altas de la historia al modelo político propuesto por santo Tomás, a la vez que dos ejemplos máximos en la formación de las grandes unidades civiles, hasta llegar a resistencias notorias frente a la curia. Ya hemos visto anteriormente cómo el autor es un acérrimo defensor de la independencia del Estado frente a las intromisiones de la Iglesia.

La monarquía mixta es pues presentada como el mejor método político. Incluso dentro de su admiración por el fascismo italiano, Sánchez Mazas afirmó siempre la conveniencia y necesidad de que el fascismo se hiciese monárquico.

No hay que olvidar, sin embargo, que la teoría política de Sánchez Mazas es en cierto modo una teoría estética (rasgo por otro lado caracterizador del fascismo), pues tiende a hacer declaraciones políticas como si hiciese declaraciones que buscan la armonía, la belleza y la forma. Sus análisis políticos son, más que análisis racionales, comparaciones estetizantes, sobre todo con figuras de la teoría política renacentista italiana: el príncipe, el cortesano, el *dux* o el monarca.

Quizá por ello su papel en la política real activa fue secundario y a veces inoperante. Hasta en la política le puede la estetización. Mantuvo ante ella una actitud contradictoria que truncó cualquier posibilidad de mantenerse en puestos que no fueran decorativos o de pura representación una vez destituido como ministro del Gobierno de Franco. En realidad, la política le interesó siempre más como obsesión teórica o estético-cultural, y así la tratará en sus obras sobre la teoría política o el arte de gobierno, con ciertas preocupaciones ideológicas. El Sánchez Mazas más profundo políticamente no es posiblemente el de *FE*, sino el conservador de tintes maurrasianos, con mayor sinceridad religiosa y menos reaccionarismo virulento.

Durante este período de los años cincuenta que venimos analizando, mantiene también Rafael Sánchez Mazas su intensa actividad como colaborador de diarios y revistas. Es una de las plumas más prestigiosas del diario *ABC*, donde firma con sus conocidos tres asteriscos, y del diario *Arriba*, en cuyas páginas literarias de los domingos hay que buscar sus mejores colaboraciones.

En realidad, el periodismo fue el único emplazamiento profesional con el que se rozó, sin ser nunca profesionalmente un periodista, ni siquiera en una época como esa dorada para la prensa española, por su cantidad y calidad, a la que sin duda contribuyó. El periódico fue un medio a la medida de las dimensiones de su producción, en el que, por otro lado, encontró una forma cómoda de ejercer su profesión de escritor y que le permitió ser testigo de primera mano de acontecimientos históricos de primera magnitud. En el periodismo tuvo Rafael Sánchez Mazas las responsabilidades más libres y más independientes: las de articulista y las de corresponsal. Responsabilidades de importancia, en las que queda de manifiesto todo lo que Sánchez Mazas le debe al periodismo, pero teniendo en cuenta que es su literatura quien se lo debe. Además, el periodismo le permitió de manera privilegiada preservar sus intereses, por algo que constituía un rasgo de la época. Y es que en ella destaca Sánchez Mazas, antes y después de la guerra, como muchas otras personalidades, como autor de piezas en las que queda al albedrío del autor, respetando ciertas convenciones de atención y consistencia por respeto al público lector, hablar de lo que estime conveniente y en el modo que desee. Así pues, el periodismo español supuso no sólo una posibilidad económica, sino también un medio en el que desarrollar sus talentos literarios. En un autor que no concibió ni realizó su obra precisamente como una sucesión de libros calculados y llevados a efecto, el periodismo garantizó la continuidad de lo escrito. Si bien no dejó de ser un medio peligroso, pues condicionó su propio esfuerzo en contra de un aliento creativo más prolongado, más sostenido en otros géneros, en otro esfuerzo literario, además de predisponerle a cierto manierismo en una prosa que, por otro lado, no posee nada de alambicamiento barroco intencionado, y de determinar en algunos casos la composición y estructura de su obra.

Durante casi medio siglo, desde antes de su mayoría de edad hasta su muerte, Rafael Sánchez Mazas se distinguió como colaborador de distintas publicaciones, y sus colaboraciones (artículos, crónicas, ensayos, relatos...) todavía por localizar y recopilar en su totalidad (dado lo vasto de su colaboración y la diversidad de medios que contaron con ella) se cuentan, sin exagerar, por miles. Pero con todo, de nuevo se nos aparece aquí la figura de Sánchez Mazas con singularidad, que convierte el periodismo en medio: medio de vida o sustento en determinadas épocas, medio para transmitir sus ideas, medio en el que propiamente desarrollar sus talentos literarios y medio de conseguir una estima o reputación intelectual, literaria y periodística. Dicho de otro modo, la profesión de periodista nunca fue la de Rafael Sánchez Mazas, no dirigió periódicos, ni desempeñó cargos de importancia en diarios, no fue editorialista sino en contadas ocasiones y dentro de su papel político. En realidad, Rafael Sánchez Mazas se sirvió del periodismo más allá de lo que éste pudo servirse de él en otra función que no fuera la de dar lustre y ornato a las publicaciones que acogían su trabajo.

Es sorprendente advertir que hasta 1951, fecha de la publicación de *La vida nueva de Pedrito de Andía*, la obra y la reputación de Rafael Sánchez Mazas tenían como base innumerables colaboraciones periodísticas de las que se derivaba su inmenso prestigio erudito, estético y literario. Así como hay figuras contemporáneas de Rafael Sánchez Mazas que hicieron su obra sobre la base de unidades menores que elevaron a la categoría casi de género de cultivo propio, como por ejemplo Eugenio d'Ors con sus «glosas» y Ramón Gómez de la Serna con sus «greguerías», sin llegar a tanto, sí puede afirmarse que toda la obra literaria de Sánchez Mazas es posible, directa o indirectamente, gracias a la práctica continua del artículo. De modo que cuando escribió sus obras mayores, no aparecían como muestra de una escritura, que siendo meditada detenidamente, no se hubiera probado en un estilo real. Pues Rafael Sánchez Mazas no dejó nunca de escribir, y si su obra procede por acumulación, ésta es posible gracias a esa definitiva continuidad.

Es en 1960 cuando Rafael Sánchez Mazas abandona su colaboración con el *ABC* y con el diario *Arriba*. Refugiado en su mundo personal, cultural y literario y en sus lecturas y aficiones, entre su casa de Coria y Madrid y algunas estancias en Gandía y en Las Palmas, mantiene ya sólo relación con contados amigos, aquellos que sabían de su compleja personalidad, de sus reacciones ásperas, de sus apariciones y desapariciones, pero también de su ansia de afecto y de su soledad.

Rafael Sánchez Mazas muere el 17 de octubre de 1966. Tenía setenta y dos años. A su muerte, la Real Academia Española dedicó una sesión necrológica de despedida a un miembro electo que se quedó en sus umbrales. La elegía corrió a cargo de Juan Ignacio Luca de Tena.[24] En Bilbao, otro apellido ilustre ligado al escritor, el de Javier de Ybarra y Bergé, presidía la sesión (19 de noviembre de 1966) del Ayuntamiento que tomó el acuerdo de dar el nombre de «paseo de Rafael Sánchez Mazas» a uno de los del Parque de la Viuda de Epalza.

Con todo lo dicho hasta ahora sobre la escritura de Rafael Sánchez Mazas, parece claro que su obra no carece de consistencia propia e interna, que le viene dada por su fidelidad a sus intereses más íntimos y por la envergadura de su escritura, narrativa o no. Esa es la razón definitiva que sostiene la recuperación de sus obras: esa combinación de gran cultura, de muestras de una erudición atractiva, de ritmo narrativo. Esa suma de relatos y evocaciones, de artículos, de ensayos breves o dilatados, divagatorios o intencionales. Y ese estilo demorado en párrafos largos, arrollador unas veces, detenido otras, digresivo, que se explaya todo lo que haga falta y que no violenta al lector.

Además de la calidad de su obra, de su categoría literaria innegable, hay otra serie de factores que explican la paulatina recuperación de Rafael Sánchez Mazas. En primer lugar, las circunstancias que podían hacer «desconfiar» de la figura de Rafael Sánchez Mazas se han disipado casi por completo o ya no conservan interés. En realidad se han añadido paradójicamente para darle un cierto toque de «maldito», categoría ésta que sí parece estar prestigiada en la vida cultural actual. Por otra parte, las peculiaridades de su compromiso político no ofrecen problemas a la hora de su recuperación. A ello hay que añadir que su obra literaria se mantuvo al margen, al contrario que en otros autores, de su labor política, lo que, como ya hemos indicado anteriormente, se le recriminó en su día por parte de elementos del falangismo más exaltado. No deja de ser curioso que durante la guerra, aunque en circunstancias excepcionales y peculiares, escribiera *Rosa Krüger* y no algo siquiera mínimamente relacionado con circunstancias tan apremiantes como las de una guerra civil. Su obra literaria, libre de adherencias políticas, alcanza un valor que la obra política no tiene en modo alguno. También debe parcialmente su recuperación a su pertenencia a una época que hoy adquiere interés para ser juzgada históricamente con mayor perspectiva.

Por otro lado, se trata de un escritor relativamente accesible y de una gran claridad expositiva. Siendo un novelista que no se caracteriza exactamente por su solidez estructural, resulta en cambio muy hábil para llamar la atención literariamente sobre sus propios temas. Es decir, se trata de un escritor muy comunicativo, el lector participa enseguida en sus evocaciones, en sus emociones y demostración de sensibilidad que prende en el lector. Es por lo tanto un escritor que crea y convierte a muchos de sus lectores en fieles, tanto más cuando se lee por placer y no como lectura obligada.

En su recuperación interviene también el hecho de su relación con Bilbao y su condición de «bilbaíno». Así Rafael Sánchez Mazas torna a formar parte de las señas de identidad de la ciudad, junto a otros escritores tan distintos de él, desde Unamuno a Blas de Otero, y a expresar de manera muy acusada el orgullo cívico de la ciudad en descripciones y explicaciones de la historia e intrahistoria local.

Ahora bien, la recuperación de Rafael Sánchez Mazas no parte de una oscuridad absoluta. *La vida nueva de Pedrito de Andía* ha permanecido en el gusto general, con algunos altibajos desde su primera publicación. Para el gran público, para el que parece haber sido escrita, se edita hoy de nuevo esta novela, mientras se recuperan para una sociedad literaria más amplia y sofisticada una serie de obras de indudable interés.

Como autor de *La vida nueva de Pedrito de Andía* es conocido Rafael Sánchez Mazas en las páginas de la historia de la literatura española, a las que hay que añadir la inacabada *Rosa Krüger*, que revela la categoría literaria indiscutible del autor.

Pero la denominación innegable de novelista no da cuenta sin embargo de la características de la obra de Rafael Sánchez Mazas. No es un novelista con un desarrollo suficiente a lo largo de numerosas obras como para enunciar una teoría sobre las mismas. La teoría aquí posible es la de la escritura y las preferencias de Sánchez Mazas.

Puede que resulte difícil situar a Rafael Sánchez Mazas entre otras grandes figuras del siglo XX. Puede que resulte un planeta menor, de ésos entre raros y curiosos que merecen la visita casual, o el desvío de los estudiosos para llevarse una grata sorpresa. Pero es también parada obligada en cualquier estudio sobre la prosa de su generación. Su obra guarda una coherencia personal y literaria que es mayor que la de otros compañeros afines a él en estética y preocupaciones. Por eso tiene también la virtud de representar a otras figuras menores que no merecen ese detenimiento y atención que en su caso le hemos prestado. Y además es inexcusable su mención en la historia literaria del periodismo español de antes o después de la guerra, tras la que se le situó entre los «siete magníficos» del articulismo de los años cuarenta y cincuenta.

En resumen, podemos afirmar que Rafael Sánchez Mazas se ha desprendido ya de toda otra circunstancia que le atenazaba en vida, amenazando su condición de literato —político, ministro, ideólogo, periodista, etc.— para perdurar sólo por su obra literaria, siendo así que ésta desborda la importancia histórica del personaje Rafael Sánchez Mazas, y que esa perduración viene por algo que se desprende de un estilo y una obra más allá de los hechos circunstanciales de su producción. Ahora que Rafael Sánchez Mazas parece haber salido del «purgatorio», al que todos los escritores se ven condenados alguna que otra vez a lo largo de su posteridad, pero del que sólo salen si su envergadura literaria lo permite, es decir si resisten a la prueba del tiempo, es posible afirmar que Rafael Sánchez Mazas quedará como el autor de una novela relevante en la narrativa de posguerra española, con la que continuaba la misma línea narrativa iniciada en su juventud; como autor de una curiosidad literaria llamada *Rosa Krüger* que sigue teniendo algo de misterioso e inexplicable para su época y las coordenadas de su autor; de numerosos textos sobre su lugar de origen (y más que local en la medida en que «el mundo entero es un Bilbao más grande» como diría Unamuno), es decir, como un escritor de Bilbao (pero como Galdós lo es de Madrid, es decir, encarnando su espíritu, identificándolo e insuflándole vida); y como ensayista y articulista de primera fila, indispensable en la historia de la prosa ensayística o periodística de este siglo. Y que a pesar de no caracterizarse por tener un gran plan ni una solidez estructural, se salva de la actualidad, de la fugacidad y falibilidad de la pieza periodística y tiene apoyos suficientes de pura literatura, evocativa o novelesca, como para granjearse el interés de los lectores y las disquisiciones de la crítica y la filología para establecer o restituirle su verdadero lugar en el conjunto de la literatura española del siglo XX, labor que lejos de haber terminado está seguramente muy distante de haberse completado.

Ernesto Giménez Caballero

Finalizada la contienda, Ernesto Giménez Caballero retorna a sus clases del instituto Cardenal Cisneros de Madrid. En 1935 había ganado la cátedra de Lengua y Literatura con un tribunal presidido por Unamuno, que dio su voto a pesar de lo controvertido que ya resultaba políticamente. La labor docente la desarrolla también Giménez Caballero en la universidad y en la Escuela de Periodismo.

De los primeros años de la posguerra cabe destacar su edición en seis volúmenes de *Lengua y literatura de España y su imperio,*[25] que luego refundiría en tres tomos bajo el título de *Lengua y literatura de la Hispanidad*. Las distintas regiones españolas así como algunos países americanos fueron objeto de sus afectos literarios, lo que traducido en libro u opúsculos supone una gran cantidad de publicaciones: *Amor a Cataluña* (1942), *Amor a Andalucía* (1943), *Afirmaciones sobre Asturias* (1945), *Amor a Galicia* (1947), *Amor a Portugal* (1950), *Exaltaciones sobre Madrid* (1978), *Revelación del Paraguay* (1958), *Las mujeres de América* (1971), etc.

Una ojeada a la bibliografía produce el mismo y desconcertante efecto de aventurarse en sus escritos o tomarle la medida al personaje: a tal punto se refleja su personalidad en algo tan somero pero esencial como son los títulos. Desde el título, casi todos sus libros son harto reconocibles y, sea elogio o denuesto, completamente inconfundibles. ¿Qué decir de volúmenes como *Relaciones de España con la Providencia, El mundo laboral en los clásicos españoles, Don Ernesto o el procurador del pueblo en las Cortes Españolas* o *Don Quijote ante el mundo (y ante mí)*? Giménez Caballero tenía al menos una capacidad productiva tan persistente como sus obsesiones, y su grafomanía acompañó a un inagotable activismo que sólo cesó con la muerte. Protagonista absoluto de su vida y su obra, en él se realizan a la perfección las conocidas frases de rigor en el franquismo de «adhesión inquebrantable» (a sí mismo) e «inasequible al desaliento». Y al mismo tiempo, es como si su egomanía o su perturbación, cualquiera que ésta fuese, se hubiese visto acompañada siempre de una estupenda salud, de una sanidad inatacable por ningún frente y sólo aminorada ocasionalmente por su perplejidad ante algún que otro escollo que se le resistió, como el de llegar a ministro.

Memorias de un dictador[26] —*dictador* por dictadas a una mecanógrafa— es el último libro importante de Giménez Caballero, una reelaboración memorialística de su biografía y experiencias publicada ya en época democrática. Es la síntesis más conseguida de su personalidad y de los entrecruzamientos entre el escritor y su época. Al mismo tiempo, esa inocencia a prueba de bombas que le hace tan indigno de suscitar verdadero odio, habida cuenta de una bondad de intención general (en él está ausente, incluso durante la guerra civil, la inquina y malignidad de otros como Miquelarena y hasta Foxá), le permite al lector enterarse de cosas que por disimulo o interés otros habrían preferido callar. Más que indiscreto e inconveniente, desvergonzado o falto de pudor, Giménez Caballero sigue la corriente de su propia e inevitable sinceridad. Aunque naturalmente, hay que asegurarse de que lo que cuenta responda a una verdad comprobable, pues el peligro no es la deformación interesada sino el recuerdo de una conciencia tan absorbida por su propio yo como la del autor.

Por más que las descripciones, numerosas, del «tipo» Giménez Caballero confirmen una y otra vez sus perfiles más estrambóticos, inocentemente estrafalarios o imperdonablemente aduladores, nadie pudo superarle en el arte de ponerse concienzudamente en ridículo con absoluta seriedad. Giménez Caballero nunca defrauda. En esto también hay una paradoja que acaso nos ilustre sobre lo relativamente inofensivo del personaje: la del oportunista que a la vez que dirige su loa al político, caudillo o intelectual de turno —y esta propensión, pegada a sus espaldas, como él a las de algunos, no le abandonó nunca—, siempre termina por dirigir demasiada luz cenital sobre sí mismo, arruinando todo lo que ha levantado; el ansioso de protagonismo aparentemente incapaz de entender que una mayor modestia le habría convenido para llevar a buen fin sus proyectos; el intérprete omnímodo que de tanta retorsión verbal y conceptual se desacredita y mueve a risa antes que a la ira. Fue un camaleón que no quiso nunca dejar de ser al tiempo un pavo real, que es el ave más vistosa aunque nada agresiva. De ahí que, como Tartufo, sus empresas se contaran por fracasos políticos y se aprecie que le faltó la inteligencia que necesitaba su vanidad. De ahí también que después de la guerra civil, rebasado su tiempo de importancia cultural e histórica, y sin grandes manos que jugar, aunque sin dejar nunca de intentarlo, sus libros constituyan básicamente documentos de su muy particular caso. La tendencia a modificar la historia a conveniencia propia tampoco enmascaraba que ya se había quedado por detrás de ella, lo que se acentuó a medida que se fue haciendo no ya innecesario sino superfluo para el franquismo. Como visionario, no tenía nada de la seriedad del místico. Estaba demasiado distraído por un mundo del que fue fiel espectador hasta su muerte, y resultó que fue a desaparecer entre los últimos. Ernesto Giménez Caballero murió en Madrid en el año 1988.

No sabemos qué *Quijote* hubiera podido escribir Alonso Quijano, pero con frecuencia da la impresión de que Giménez Caballero fuera un loco que escribe sus propias novelas de caballerías. Presidió su quehacer literario la persuasión, el ansia de convencer, el afán de propaganda. En la nota a la edición española del libro *Roma Madre*, afirma el autor: «Lo que me pasó siempre, con lo poquísimo que lograba aprender, era desear enseguida que lo aprendieran aquellos a quienes yo más quería. Comunicárselo, transfundírselo. Con ansia dominicana, de fraile mendicante y misionero: con ansia dantesca de alucinado».[27]

Su alma, reconocerá después, «no es la de un filósofo, ni la de un literato, ni la de un humanista o sabio: sino la de un predicador que toma sus apologías de donde le salen al paso, para blandir su fe con tenacidad de bandera, con ardor de llama, con vehemencia de púlpito».[28]

Con todo, los servicios prestados a la cultura española en su época vanguardista son verdaderamente inapreciables y como tales han sido reconocidos por los historiadores de la cultura del periodo en el último cuarto de siglo. De este modo, Giménez Caballero figura hoy en las historias del arte moderno y del cine en España, aparte de su papel como animador de la vida literaria. También hay que decir que de manera recíproca con su época, Giménez Caballero heredó una capacidad imaginativa y un estilo capaz de acuñar fórmulas y de manejarse con soltura y amenidad que hacen que sus obras más personales, o si se quiere más biográficas, como las *Notas marruecas de un soldado* o *Memorias de un dictador*, puedan seguirse leyendo hoy. Claro que a condición de leerlos, sobre todo este último, en clave casi inevitablemente paródica. Se podría decir que la «recuperación» de Giménez Caballero tuvo lugar tras la muerte de Franco y antes de la suya, circunstancia esta última que no pudo dejar de satisfacer sobremanera al autor. Además de la importancia, difícil de exagerar, como introductor de las vanguardias, Giménez Caballero se benefició del interés de nuevas generaciones menos resabiadas y más abiertas a un anarquismo epistemológico en el que parecían caber algunas de las formulaciones de Gecé. Es más, en ocasiones, en un momento como el de la Transición en el que se avecinaba un período de confusión y descreimiento ideológico, daba la impresión de que dichas afirmaciones, cuanto más gráficamente disparatadas, mejor. No fue ni un epígono del «fin de las ideologías» ni un antecedente de la posmodernidad, pero sí un curiosísimo residuo histórico cuyo grado de confusión mental parecía poder llegar a estar en sintonía, por una vez, con el de las propias confusiones de la época.

Eugenio Montes

El 26 de enero de 1940, la Asociación de la Prensa organiza un homenaje a Eugenio Montes por el reciente premio José Antonio a su obra *El viajero y su sombra*. Era el primero, tras la guerra, de una larguísima lista de agasajos que Montes recibiría hasta su muerte. Fue insistentemente solicitado como conferenciante y como colaborador en diarios y revistas, recibió múltiples distinciones y galardones tanto en España como en Hispanoamérica y su presencia era requerida en cócteles y almuerzos. Y todo ello con un pie en España y el otro en el extranjero. Además de sus cargos oficiales como director del Instituto Español en Lisboa y posteriormente en Roma, Montes mantuvo tras la guerra su preferencia por las corresponsalías fuera de España: para el diario *Arriba* escribió desde Lisboa y desde Roma, ciudad esta última en la que residiría durante muchos años y desde la que finalmente, de 1971 a 1977, ejerció también la labor de corresponsal para el *ABC*. No faltaron tampoco largos y frecuentes viajes a Hispanoamérica como conferenciante.

El homenaje por el premio José Antonio al que nos referíamos no era para menos, se trataba de su primer libro en castellano, antología de su labor periodística. El volumen estaba ya compuesto antes de la guerra pero distintas circunstancias retrasaron su publicación.

Tras más de sesenta años de escritura, Eugenio Montes sólo publicó cuatro libros, todos ellos con fecha posterior a 1939. Libros que se deben, por supuesto, a su pluma de periodista, pero también, en gran medida, a requerimientos constantes de sus amigos y a esfuerzos de composición ajenos. Son, por otro lado, libros que recuperan textos ya aparecidos anteriormente en la prensa. Todo ello daba pie a ironías, como la de Salvador Lisarrague,[29] que saluda la aparición de las obras completas de Eugenio Montes: ni más ni menos que un tomo de 7.657 páginas en papel biblia.

No deja de ser curioso que el estallido de la guerra civil impidiera la aparición del primer libro de Eugenio Montes: *El viajero y su sombra*.[30] Según dice él mismo en el prólogo, la edición ya compuesta fue guillotinada por un comité revolucionario. Y esta demora supuso que ese primer volumen no viera la luz hasta 1940, cuando su autor ya tenía casi dos décadas de trato directo con el periodismo y las letras. Pero Montes fue siempre un experto en sacar lo máximo de publicaciones que consistían en recopilaciones de trabajos a su vez breves y de carácter periodístico. Los homenajes que suscitó su persona y su obra son innumerables cuando se comparan con el número de estas obras. En todo caso, lo cierto es que en la década de los cuarenta y los cincuenta Montes reunió lo esencial de una obra que al menos literariamente una vez enfilado su rumbo esencial tuvo pocas transformaciones y ninguna otra derivación fuera del ensayo corto y divagatorio publicado en prensa.

Si se puede afirmar que todos esos libros de artículos y ensayos breves tienen una unidad de preocupaciones y de estilo, es sobre todo por el parecido con el primero y más acabado de ellos: *El viajero y su sombra*, que guarda trazas de unos años, los primeros treinta, que como el mismo Montes reconoce, eran muy distintos de la década de los cuarenta en la que el libro se publica: «Estas crónicas de caminos fueron escritas en las posadas, sin vocación de eternidad, en 1931, 1932, 1933 y 1934. Hace seis y siete años. Es decir, dada la andadura de la vida y la muerte en España, hace seis y siete siglos».

En el prólogo del libro, escrito por Montes en 1939, hay, como bien afirma Ridruejo,[31] una serie de afirmaciones desusadamente comprometedoras; lo cual sorprende en Montes, nunca comprometido del todo. Pero esto es algo que efectivamente asombrará en un recorrido por las publicaciones de Montes posteriores a la guerra civil. En ellas encontramos una serie de identificaciones que no eran tales antes de la contienda, o, mejor dicho, no eran exactamente ésas (pues las suyas eran al menos doctrinalmente monárquicas) o no fueron expresadas con la misma rotundidad. Por otro lado, y ello no deja de ser paradójico, también leemos con sorpresa otra serie de artículos que revelan la clara identificación con los fascismos europeos de un escritor considerado poco amigo de los imperialismos modernos.

La gravitación central de *El viajero y su sombra* es alemana, con alguna excursión belga, holandesa y francesa, pero todo en la esfera de alguien que lo interpreta en clave germana. Que en Montes es tanto como decir en clave imperial y por tanto con la posibilidad de enlazar siempre de modo directo con la tradición española. Se diría que en esta clave Alemania es más síntesis y eje de la idea de Europa que la misma Francia. Los artículos de *El viajero y su sombra* apuntan generalmente al pasado, pese a lo cual Montes se avino a recoger algunos elementos de un presente que resultaba crucial por lo que se refiere al cambio de régimen. Aunque la identificación ideológica no es el fuerte del escritor —eso abunda de modo mucho más consciente y hasta sensacionalista en otro escritor como Giménez Caballero—, la asimilación culturalista tiene efectos parecidos: Montes asiente satisfecho cuando un rasgo cultural o político contemporáneo se asemeja a un recuerdo —que él siempre juzga necesario— del pasado que nunca deja de evocar. Y así sucede con algunos acontecimientos significados de la historia alemana. Sin ir más lejos, la marcha de antorchas organizada por los nazis el 30 de enero de 1933 en Berlín como celebración del acceso de Hitler a la Cancillería. Se podría decir que la fidelidad que Montes quería mantener hacia la historia hoy se volvería directamente en su contra, pues registra hechos que tomamos de modo mucho más siniestro con una fidelidad que lo ata en esa semejanza, aparte por supuesto de que fuera capaz o incapaz de observar otras cosas.

Nos hallamos ante algo que, paradoja, contradicción, doblez o sinsentido, necesita, si no una explicación, al menos un planteamiento claro, puesto que Montes es el escritor del grupo más decididamente entusiasta al hacerse resonante eco de la puesta en escena nacionalsocialista que tuvo el privilegio de observar en persona, empezando por su llegada al poder. Las loas más encendidas, los ditirambos desmedidos, bien que con algún apunte crítico del racismo pangermanista, le pertenecen a él, el único que asistió al despliegue de fuerza del nazismo como corresponsal de *ABC* en Alemania, antes incluso que Giménez Caballero.

Ahora bien, además de los textos de Montes, algunas otras fuentes, en particular las memorias de Eugenio Vegas Latapie, dan cuenta de otras posiciones; y al hacerlo, sin embargo, añaden nuevos elementos de contradicción. Esto dice Vegas que le escribe Montes en «crónica privada» tras la «noche de los cuchillos largos» de 1934:

> No hay palabras. No hay palabras para contar lo ocurrido. Y, ¿cómo contarlo desde aquí? Estoy lleno de susto, de pavor, de espanto. Resultó que era cierto lo del rusonianismo. Resultó que yo tenía la razón. ¡Y qué sólo me he sentido en mi modo de interpretar los hechos![32]

Hay más autores que señalan la distancia de Montes, a medida que los acontecimientos dejaban claro el dominio absoluto del hitlerismo sobre los demás elementos ultraconservadores: es el caso de Ridruejo. ¿Se trata de una cuestión de énfasis? ¿De una esquizofrenia entre los grandiosos sentimientos que le inspiraba y el horror que su razón no podía dejar de ver? Al menos debemos advertir que si Montes registró ambas reacciones siempre lo hizo por separado, sin tomar nota de su abierta contradicción. Sea por soberbia intelectual —tan frecuente en él— o por temor a mostrar un principio de contradicción, aunque fuese a título de dilema moral.

Véase la comparación entre Dollfuss y Hitler, que es como decir entre el fascismo católico y el nazi:

> Ejemplo, el caso agónico de Austria, pobre alma en pena. No logran los cristianosociales, populistas católicos, suscitar una fe, una ilusión de futuro ni agitar en lo hondo las entrañas. Quizá se le escape Austria a Dollfuss. Quizá se le escape con Hitler, Fausto de naciones. El uno la aburre, el otro la fascina. La fascina con joyas —buenas o malas— de metáforas, imágenes corruscantes, brillo de versos. Y Margarita duda porque también duda Dollfuss. Porque, sociólogo y prosaico, habilidoso y empírico, no sabe elevarla, de un salto, a cimas de hermosura. A esperar el amanecer, luz adolescente. Y a esperarlo cantando, dándole la unánime emoción a las estrellas.[33]

Esto lo firma Montes el 31 de marzo de 1934, inopinadamente profético, sin dejar lugar a dudas de qué estrella brilla con mayor fuerza. Profético, porque Dollfuss es asesinado por los nazis austriacos sólo tres meses después. Y lo que Montes escribe entonces —una crónica de su entierro de cuya resonancia da testimonio el hecho de que mereciera ese año nada menos que el premio Mariano de Cavia de *ABC*, donde fue publicada originalmente—[34] es un panegírico en el que, sin mencionar una sola vez a los asesinos ni a sus mentores, Austria llora y llora al canciller. En sus palabras: «Mínimo y dulce fue el canciller en vida. Ahora, en el ataúd, parece grande. Cuando se muere por lo que él murió y como el murió, la muerte no engrandece, que agiganta». Se exalta: «Y entonces yo he visto lo que no había visto nunca, lo que no sé si volveré a ver jamás. Entonces vi en aquella atmósfera cálida, compungida, católica, cómo corrían las lágrimas por el rostro con cicatrices de un viejo soldado». Y termina: «El pueblo, el pueblo católico de Austria antigua y católica, le siguió hasta el último instante. Murió en olor de multitud, como los héroes. Y murió en olor de humildad, como los Santos».

Sabemos por testimonios diversos, e incluso por sugerencias escritas del mismo Montes, que él se jactó más de una vez de que su método histórico era correcto, es decir, anticipatorio de lo que habría de venir. No obstante, para un lector atento, la impresión es justamente la contraria. Aunque Montes no cayera por sistema en los excesos y ridículos de Giménez Caballero —pero sí con bastante más frecuencia de lo que la mala memoria recuerda—, una y otra vez la historia le encuentra finalmente a contrapié. Para Montes, de manera nietzscheana, la derrota se debe siempre a lo que no pudo ser, a una insuficiencia fatal o a un error de juicio que lo es también de carácter. Así, por ejemplo, se manifiesta con relación a lo que llama «la tragedia romántica de Guillermo II». Con todo, sus juicios se contradicen si se leen de corrido sus opiniones sobre Hitler y Mussolini, según se escribieran con ellos en el poder o una vez derribados.

Dionisio Ridruejo[35] escribe: «Un día oí decir a Montes en una taberna de Roma, con gran énfasis: "Me alegro de la derrota de Hitler porque es la derrota del obrero". Naturalmente no se refería a ningún trabajador de carne y hueso sino a un modelo cultural, que es por donde él se mueve siempre». Esto que dice Ridruejo es muy significativo de la opción cultural y política de Montes. Las posiciones políticas de Montes estuvieron inspiradas más bien por predilecciones estéticas y por cálculos de probabilidad que por profundas y arraigadas convicciones. En la posguerra decía haber detestado a Hitler porque le parecía un convencido y hasta un alucinado. La fórmula italiana era más de su agrado porque le parecía más elitista o aristocrática que la alemana.

En su recorrido europeo, Montes analiza la Europa de cada país, y su juicio, basado en el conocimiento histórico, cultural y artístico, se eleva en muchas ocasiones por encima de la realidad circunstancial. Entiende e identifica los países por lo que son sus elementos culturales más refinados. Por otro lado, nostálgico del predominio imperial español en el que la España del momento debe hallar sus valores, busca en Europa la huella española, como la buscará, nostálgico del imperio de ultramar, posteriormente en Hispanoamérica durante su etapa de embajador cultural de la España nacional. Huella fundamentalmente artística y estética, lo que dice mucho de la relación entre sus preferencias estéticas y políticas, cuyo análisis, interpretativo, se convierte en interpretación histórica.

Un repaso minucioso por los libros de Montes de los años cuarenta que se detenga a escuchar el tono de fondo encontrará que se le devuelve un eco más agriamente político del que un comentarista de ínfulas tantas veces olímpicas como es el caso hubiera querido dejar a la posteridad. *Melodía italiana*[36] parece una excepción más que un ejemplo, aunque a veces es un «ejemplo de excepción». Pero cualquier lectura atenta concluye fácilmente por qué Montes se abstiene de opinar: el cambio reciente de las tornas.

> Escritas en horas de dicha para Italia, aparecen reunidas en un volumen estas páginas cuando sobre esa tierra de maravillosa hermosura sopla enconado un viento de pena. Si por mi condición de no beligerante debo evitar aquí todo comentario político, recabo todavía el derecho a expresar en estos días dolorosos la misma simpatía a Italia que en días de paz y ventura.

En realidad, se trata de que no hará explícito nada respecto a la suerte corrida por el fascismo y sus fogonazos los reserva para escarnecer en el pasado los desafueros políticos españoles.

Así sucede incluso cuando se trata un *locus classicus*, un tema capital de la propaganda mussoliniana: la desecación de las lagunas pontinas que rodeaban a Roma y su conversión en tierra agrícola fértil, una de las grandes realizaciones autoproclamadas del régimen italiano. En ese «Cuando madura el grano en el Pontino», Montes hace un recorrido desde los tiempos del imperio romano en el que, por momentos, adopta un aire horaciano y hasta virgiliano. Pero el Montes consciente de su labor política, es decir, de la tarea doctrinaria que llevaba aparejada, se despacha también en el mismo artículo con vistazos conminatorios a la historia recientemente transcurrida en España a fin de fulminarla, y con una seguridad que era la del mismo régimen de Franco. La dureza de su tono no ha de atribuirse sólo a un compromiso ideológico-político, puesto que el deseo de servir o de ser útil parece más propio de la idiosincrasia de Montes, en sus escritos como en su persona.

Por lo demás, las enumeraciones apabullantes, la cita y la erudición «sabihonda», siempre al borde de la contradicción, la historia como ejercicio cortés, galante, o bien de armas y sangre es lo esperado en un cronista con títulos como los suyos, a la hora de hablar a la manera «stendhaliana» de Orvieto, Siena, Rimini, Piacenza, Pisa, Parma, Roma y Ostia.

El progreso como abolición del pasado inspira acentos melancólicos y a veces hasta un rencor reaccionario. Y así queda con la certeza «imperial» de lo que ha sido como reaccionario «cultural» antes incluso que fascista, pues del fascismo se podía prescindir en su derrota sin que pasara a ser parte de las glorias previstas. Montes no renuncia en cambio a sus imposibles imágenes italianas ni tampoco las califica de irrevocables, triste o alegre utopía del tiempo.

Si bien la relación apasionada del escritor con diversas culturas europeas es a su vez reflejo casi cegador de la pasión que dedicaba a sus intereses, poner a Italia como cima no puede sorprender ni un segundo, ni por gusto generacional, ni por vivencia profesional ni por filia y norma estética: «Éste no es un libro acerca de Italia, sino cerca de Italia, escrito teniéndola a ella al lado, frente a los ojos y a dos dedos del corazón». Aunque comparada con otros títulos más combativos, el de Montes parece más ajustado a una cinta del Hollywood de los años treinta.

Una cierta forma de prosa, una forma tipo, más compleja que cualquiera de las fórmulas que utilizaron en la política, se desliza en las obras de ensayo de los tres cultivadores de la prosa de pretensiones clasicistas: Montes, Mourlane y Sánchez Mazas, que no son por lo general otra cosa que recopilaciones de artículos o piezas de «folletones periodísticos», como dice Jesús Suevos en su introducción a *Elegías europeas*.[37] Importa decirlo así, porque esta forma, sin ser del todo indistinta entre aquellos escritores en quienes se reconoce, parecería, sin embargo, poder transferirse sin mayor esfuerzo de Sánchez Mazas a Montes, de éste a Mourlane, y vuelta. Bastaría con leer, unas a continuación de otras, muchas de las crónicas elaboradas en los años cuarenta y cincuenta. El tema: para Montes, el de siempre, valga esto como resumen de sus preocupaciones y también de su continuidad estilística, es decir, la evocación de los datos culturales aderezada con una cierta sensación de tiempo ido. Sospechamos con todo que la unidad del libro es la que tiene la época, que juntó las preocupaciones de Montes de modo continuado en un puñado de artículos. Tampoco esto es ilegítimo: se puede aceptar como esperable que «escribiera» así sus libros, por entregas. No habría sido muy diferente de haberlo concebido como material no publicable hasta tomar el cuerpo de un volumen hecho y derecho.

Pero la continuación de *El viajero y su sombra* y *Melodía italiana* tiene un perfil, pese a su pasadismo, que es inseparablemente contemporáneo de los avatares del continente de los primeros cuarenta. A su modo, desde luego, pero sin disimulo, Montes es beligerante de la segunda guerra mundial y el suyo es el europeísmo filogermánico en boga entre los partidarios del Reich. Con una claridad que ninguna lectura benevolente puede atenuar, éste es el libro más fascista, más nazi incluso, de un hombre con poca pasta ideológica. Acaso por eso mismo no deja de sorprender que sea en 1949 cuando Montes recopila crónicas fechadas en los años de la guerra, con loas palmarias a algunos de los que ya estaban derrotados y muertos: para empezar, a Adolf, aquí Adolfo, Hitler. Sólo unos años después, muy pocos, ya perfectamente definidas las líneas de la guerra fría, y concluida la alianza del franquismo con el poder victorioso hacia el que Montes se muestra tan poco comprensivo y tan frío, Estados Unidos, estos ensayos quedarían peligrosamente obsoletos en sus «dedicatorias», en su doctrina, en sus ejemplos, en parte considerable, en suma, de su texto.

Como otras veces, la vocación de escritores «áulicos» que persiguieron rebasaba la figura del Caudillo español y se solazaba en la contemplación de los que, sólo fuera brevemente, regían a sangre y fuego los destinos de Europa. Por ende, con menor delirio que el de Giménez Caballero, pero con una lógica a todas luces sazonada con las conveniencias políticas del momento, o mejor dicho, dedicada a ilustrar las teorizaciones culturalistas del fascismo europeo, Montes subraya líneas maestras no muy diferentes de las que estaban presentes en los propagandistas de una época funesta. Su ideología de la cultura —Montes no llega, a Dios gracias, a descender a hablar de caracteres raciales, o no abunda al menos en la mención de la «raza»— produce enunciados muy semejantes a los que legitimaban las atrocidades de entonces. Ésta sí es, bastante estrictamente, literatura fascista. Dato curioso: justamente por europeísta, Montes está más cerca del fascismo germano-italiano durante la segunda guerra mundial, del nazismo, que los otros escritores, con la excepción de Giménez Caballero. Y eso que no hay apelaciones a la violencia y el exterminio.

De esta guisa, Montes pasa por razonar la vocación tutelar de Alemania sobre Europa y en particular sobre la Europa del Este, la negación del carácter cultural europeo a rusos y eslavos, y su asimilación a las hordas tártaras de Gengis Khan, a las formas, en suma, del «peligro asiático».

El primer capítulo, «Qué es Europa», se ve seguido de otros sobre «Roma», «Francia», «Portugal», «Inglaterra» y «Alemania». Alemania abre y cierra la serie como signo de los tiempos, pues su pieza inicial es precisamente un reconocimiento del genio político de Hitler en el momento en que el nazismo ya se había enzarzado con su antiguo aliado soviético.

Y los reproches antiliberales, que también los hay (como los que hace, llamando «cascarrabias» a Croce) no son nada comparados con los ditirambos a los conductores: el *Führer*, ya mencionado, Salazar, con una interpretación básicamente imperialista de los dos estados ibéricos. Con esto contrasta, en cambio, la comparación de Mussolini con Cola de Rienzi —un lugar común luego en Italia, empezando por Luigi Barzini, en el que insistirán muchos— que está basada en algo del «ya lo decía yo» o del «tenía que pasar», «no podía ser de otro modo», como juzgando valerosa pero insensata una cierta temeridad en la que inevitablemente carácter es destino.

La «Actualidad y ejemplaridad de las guerras púnicas», es decir, el conflicto entre Roma y sus enemigos como norma es seguido por otra pieza sobre los contrastes entre el imperio romano y el británico: no hace falta subrayar que a fin de negar los parecidos.

Pero aun así, en la discusión de las pretensiones comparativas entre el imperio británico y el romano, a fin de negar las pretensiones del carácter «romano» del imperialismo anglosajón, también la intensidad se mide acorde con el interés. Pues aún más claramente se demuestra en el caso del capítulo que dedica —es un decir— a Inglaterra, bien limitado. Consta de dos artículos, y si uno habla de «Inglaterra en la poesía clásica española» el otro es una «Balada irlandesa», de modo que casi nada hay estrictamente inglés.

Y es que su descalificación cultural de lo religiosamente heterodoxo no toca, claro está, a lo germano, protestante, salvado por imperial, pero sí desde luego a todo lo anglosajón, al imperio británico, cómo no, y tanto más al nuevo poder hegemónico, el norteamericano. La suya es una interpretación romana en la que lo imperial pasa a ser católico. De este modo, Trajano se salva. Si hay algo, sin embargo, que salva a la prosa es que sigue siendo como tal un instrumento legible, que en tanto que evocación poética sería imposible.

Más claramente que en ninguno de sus trabajos, Montes muestra que podía vestir con galas eruditas elucubraciones brutales y nocivas, en el punto más bajo de su trayectoria, inexcusable por impiedad moral y debilidad mental. Y a la vez declara sin remisión sus límites culturales y morales, como cuando confiesa: «Los nombres de esos archipiélagos donde mocetones yanquis de gramófono y rugby se las zurran con menudos nipones ágiles y elásticos como gatitos, ésos, la verdad sea dicha, no me sugieren nada».

La versatilidad adquirida en el trato con culturas distintas topa por tanto con sus primeras e irrevocables fronteras. Confirmación, como si dijéramos, de sus intereses, también lo es de las filias y fobias de su saber: lo clásico, lo romano, latino, germánico, hispano o francés, frente a lo anglosajón.

En resumen, las *Elegías europeas*, cuyo título en realidad es un reconocimiento de la derrota del Eje, es seguramente el trabajo más comprometido de una figura que por visión tenía una política de la cultura correspondiente con dichas actitudes, pero no del todo dependientes de ellas. «Se vuelve siempre, porque la vida es ciclo, retorno. Y entretanto melancolía», que son las líneas finales del libro. Pese a todo, nada de la vocación nihilista o del pesimismo existencial que podría deducirse de su diagnóstico histórico se vierte en este libro. El talante de Montes —aún menos tratándose de una derrota a la que podía sobrevivir— no fue nunca sombrío.

Publicado en 1953 por Ediciones del Movimiento, *La estrella y la estela* es, sin olvidarnos de la fecha de su aparición, el libro «falangista» de Montes. El prólogo, de Sánchez Mazas («Desde los días fundacionales, y con amistad anterior a esos días, Eugenio fue siempre y hasta hoy mi mayor y mejor camarada en el afán de poner las letras humanas al servicio de nuestra Falange»); los textos, en su mayoría, del diario *Arriba*, cuando no, transcripciones de conferencias sobre el pensamiento falangista y los días fundacionales; los temas, casi todos ellos, referidos a la figura de José Antonio Primo de Rivera y a la Falange.

Montes incluye en el volumen, significativamente uno de los pocos en cuya composición intervino ordenando y corrigiendo los originales, algunos textos anteriores a 1936. Tal es el caso del «Discurso a la catolicidad española». Pero no se pasa tan fácilmente de los años treinta a los cincuenta. Por ello donde dijo «Pero la República española no es, ni española, porque España es, en su esencia, monárquica ...» dice ahora «porque España es, en su esencia, antirrepublicana»; o donde dijo «El propio estado llano pide aristocracias y monarquía», dice ahora «pide autoridad: que lo manden». Otros párrafos simplemente desaparecen, como el siguiente: «No le demos vueltas. En los países católicos, los más católicos son siempre, por poco que lo sean, los Monarcas. Como individuos podrán quizás, ser pecadores e incrédulos, pero en tanto reyes no, porque son reyes por la gracia de Dios, y para invocar sus títulos invocan a quien todo lo puede».

Son sólo unos ejemplos de las variaciones y amputaciones que sufrió el texto, que ni siquiera respeta las fechas correctas de su composición y publicación.[38]

En este caso no resta sino decir que el volumen certifica una militancia, la de 1953, que no dejó de ser incierta en los años treinta.

Jaime Campmany, que lo conoció de cerca en sus años romanos, dice de Montes: «Eugenio Montes se alineaba habitualmente con el poder, siempre que no estuviesen en juego sus intereses o aspiraciones ...»[39] Dionisio Ridruejo,[40] más sutil y más benévolo, describe a Montes como un hombre «escépticamente despreocupado por su propia coherencia». Una sentencia que hace casi pasar por virtud su desparpajo ético. Aunque en realidad habría que invertir o aclarar el sentido de la frase y afirmar que de lo que estuvo preocupado Montes fue de su propia conveniencia, lo que le llevó a tener que revisar, actualizar o renovar de vez en cuando los compromisos de su pluma.

Lo que resulta llamativo es que, entrados los años cincuenta, Montes borrase los matices de su inicial alineación filomonárquica para señalar más si cabe su identificación con el régimen de Franco, una vez derrotados además los otros regímenes fascistas europeos (lo que le obliga también a otras modificaciones) en lugar de proceder a lo que otros harían andando el tiempo, o ya desde entonces, a mostrar una línea señaladamente liberal, monárquica, desde luego, juanista o luego juancarlista. Qué mejor ejemplo que el del propio autor enmendando sus textos casi veinte años después. Y al mismo tiempo, mostrando de paso una dificultad que experimentará todo lector de Montes. A saber, que el rescate de sus obras, aun de las supuestamente conseguidas, resulta complicado sin expurgarlas de parte de su contenido ideológico o directamente político. Aunque su oportunismo consistía más en estar a bien, en mostrarse solícito y dócil antes que en perseguir alguna clase de ambición política de fuste. Por eso el oportunismo de Montes resulta más que nada conservador de su estatus y mucho menos frustrante que el histriónico o adulador de Giménez Caballero.

Una vez que Montes se acomodó a lo que iba a ser su estilo conocido durante muchos años, éste experimentó relativamente pocas variaciones. Abandonada la poesía y la ficción, se podría afirmar que la experiencia de Montes en esos dos géneros también se vertió en su trabajo en prosa. Al leerlo, se adivina que la suya es una prosa de orador. Entiéndase bien: se lee con un ritmo muy parecido al que se aplicaría de leerse en voz alta. La combinación de frases largas sucedidas de otras mucho más cortas funciona como un principio de alternancia que introduce una variedad de la que también precisaría la voz. Incluso los excesos retóricos de Montes no están en su prosodia, por eso decimos que se trata de prosa de orador, no de una retórica declamatoria que se haga insufrible por su ornamentación o su falta de ritmo. Es evidente que Montes, tan característico de lo que se entiende como arquetipo de la prosa del grupo, trabajó en una dirección opuesta a la de buena parte de la prosa periodística que hoy consideramos de cierto mérito y cuya lectura todavía merece la pena. No es una prosa costumbrista ni con ánimo de sencillez. Tampoco cabría llamar a la suya una prosa barroca, recargada. En realidad, el adjetivo «clásico», que hubiera agradado al mismo Montes, sería el adecuado a condición de describirlo con cierta exactitud. Montes hace uso de un hipérbaton frecuente pero no exagerado, nunca abusa de las subordinadas y no compromete la legibilidad de su texto como si éste estuviese siempre pendiente de su lector aun por encima de las pretensiones de su autor.

Eugenio Montes muere en Madrid el 28 de octubre de 1982, fecha que coincide sólo sea casualmente con la llegada del Partido Socialista Obrero Español al poder.

Agustín de Foxá

Un recorrido por la poesía de Foxá, pese a que su nombre no está en los recuentos generales de la poesía española del siglo XX, se justifica con holgura en razón de que su obra tiene extensión y diversidad singulares en el grupo, sobre todo en lo referente a la poesía y el teatro, y a un teatro, por ende, de calado e intención directamente líricas. La obra poética de Sánchez Mazas guarda algunos registros paralelos, pero su insistencia es mucho más ocasional y su destreza más limitada. Y la obra de Ridruejo tiene un carácter muy alejado de ambos, estando sin duda más próxima a promociones que pudieron representar en un principio la estética falangista ideal de la poesía, decididamente en otros derroteros (aunque hay ejemplos temáticos de esto en Foxá). Además, la querencia extrema de Foxá por el género hace pertinente comprobar si en su poesía aparecen como salvedad o cumplimiento lo que hemos enunciado como acusadas preferencias estéticas, sin olvidar la exclusión del realismo y una muy particular aproximación al pasado.

Así pues, su lírica, lograda o no, personal o epigónica, ¿tiene dónde insertarse, en un momento colectivo, por estética, edad o amistades? A todas luces, una parte considerable de sus esfuerzos le dejarían clasificado como eco menor de algunos autores del 27, dado que —y eso queremos demostrar— poetas como Lorca y sobre todo Alberti parecen estar detrás de buena parte de sus intentos recogidos en libro antes de su muerte. No obstante lo cual, históricamente hablando, Foxá se desliga de cualquier estética de posguerra, sea «azul» o «roja». Aparte de que sus poemas puedan estar a años luz de la poesía existencial o social, salvo alguna que otra excepción digna de nota, es notable apreciar que su empeño tampoco siguió la dirección garcilasista, de aliento clasicista, empecinada en cincelar sonetos berroqueños. Patentemente, y con independencia de lo felices que puedan resultar sus esfuerzos, su tono, aunque pueda ser ocasionalmente engolado, tiende a la calidez personal.

Por lo que se refiere a los autores mayores de la que al menos por edad era su generación, y aparte del poderosísimo influjo de Lorca que analizaremos inmediatamente, pocas cosas hay tan reveladoras como poner juntos poemas suyos y de otro esteticista de contraria orientación y origen: Rafael Alberti. En ocasiones da la impresión de que los ecos de Alberti se pueden rastrear, aquí y allá, a lo largo de toda la obra poética de Foxá. En otros casos, es productivo en cambio contrastar el enfoque de ambos líricos, como vimos al analizar la poesía de guerra. Da la impresión de que hasta en una denuncia tan conocida como la de «Los Homeros rojos», Foxá lanza sus peores invectivas sobre un rival del que no le es fácil despegarse estéticamente y al que parece no dejar de prestar atención. Por si fuera poco, habría que decir que el Alberti que rememora experiencias de infancia ligadas, por ejemplo, al colegio, es decir, el niño burgués gaditano de *Cal y Canto* más que el de *Marinero en tierra*, parece lograr con mucho más acierto poético aquello que en Foxá son evocaciones con un éxito estético mucho más relativo. Esta paradoja, como la de que el vate comunista fuese un garcilasista de mucha mayor entidad, se añade también a la circunstancia de que técnicamente comparados, el formalismo de Alberti, tradicional y renovador a la vez, se eleva a gran distancia en su dominio de la versificación y la rima. En cualquier caso, los ejemplos de esos ecos son repetidos, bástenos con uno:

> Ainó la esquiadora, desnuda por los mares
> que el hielo inmoviliza; pastora de los renos.
> Mendiga de las nieves, que has cubierto tus senos
> con la piel plateada de los zorros polares.
>
> («Ainó», en *Varia poética*)[41]

Estos son versos de 1941. Compárense con los del célebre poema de Alberti del libro *Marinero en tierra*:

> Las floridas espaldas ya en la nieve,
> y los cabellos de marfil al viento.
> Agua muerta en la sien, el pensamiento,
> color halo de luna cuando llueve.
> («Malva-Luna-de-Yelo»)

Sin embargo, se diría que tras la guerra su registro poético más historicista se convirtió técnicamente en trasunto del modernismo en numerosas ocasiones, con resonancias de Rubén o Manuel Machado, y las constantes de su poesía son variaciones de esta melodía, como deja en evidencia el cultivo del alejandrino y varias de sus formas rítmicas.

Por último, se puede afirmar que Foxá fue de los escasísimos poetas que tuvieron Madrid como tema de importancia (para el 27, que tanto debía a la ciudad, ésta no apareció —épicamente— hasta que la transfiguró la guerra civil); en todo caso, forma parte de un tema sentimental que no puede dejar de mencionarse. O bien, dicho al revés, poetizó como tantos otros su lugar natal: es sólo que son pocos los poetas de alguna relevancia que no nacieran forasteros de la capital.

Si la crítica fue dura con el primer libro de Cernuda por lo que tenía de seguimiento de las fórmulas de Guillén, ¿qué no habría dicho de los romances lorquianos de Foxá? El primero de sus libros, *La niña del caracol*, con título más flamenco aún que lorquiano, es de un año para él fatídico como 1931. Con intención tan admirable como ingenua, su editor, Manuel Altolaguirre se preguntaba en voz alta en el prólogo: «Rama de qué árbol, final de qué río son estos romances ... Porque lo admirable de la poesía de este libro es que nace a la vez de un alma de poeta y de otra mayor, del alma de un pueblo. Es la poesía popular, desnuda de palabra, fantástica e invisible, que vive eternamente jugando a encontrar un labio en el que vestirse». Y a todo ello añade: «Algunos poemas de este libro podrían ser considerados anónimos y en esto reside uno de sus mayores aciertos». Este cumplido de Altolaguirre, a quien Foxá maltrataría luego en *Los homeros rojos*, se refiere más a la vocación del romance en la poesía popular que a lo conseguido por el poeta. El *Romancero Gitano*, en realidad, se encuentra tan omnipresente que, más que una perfecta imitación, parecería incluso un subproducto poético del mismo poeta granadino (entre paréntesis, hay un entrecruzamiento muy expresivo de la contigüidad de gentes y personajes en la época: Lorca dedica sendos romances a Eugenio Montes y Alfonso García Valdecasas, mientras Foxá hace lo propio con María Zambrano y la pareja Concha Méndez y Manuel Altolaguirre, además Juan Ramón Jiménez, Gutiérrez Solana y Gomez de la Serna). La seguridad de su gusto también se pierde a veces en asociaciones poco apropiadas. Y los romances, siendo pura estela lorquiana despliegan imágenes a veces excéntricas, o combinaciones de imágenes chocantes, más modernas que su tema.

Importa resaltar que el romance tuvo para Foxá una utilidad divulgativa de sus sentimientos ideológicos, por así decir, de ahí que recurriese episódicamente a él a lo largo de toda su vida poética. Éste fue un procedimiento común en ambos bandos durante la guerra, acaso por esa facilidad de metro y rima que impulsa hacia delante, a quien lo intente, de modo que existe siempre un resultado medio más accesible, siendo sus cultivadores de muy distinto orden y talento. Pero antes, durante y después de la contienda, Foxá acudió a esta forma para glosar personajes y episodios, ya se tratase de los Alfonsos XII y XIII, Onésimo Redondo y hasta los soldados moros del bando nacional. En el «Romance del rey muerto» hay un buen resumen de Alfonso XIII, y la más sincera de las identificaciones ideológicas, pero tan previsible como esos datos ya conocidos.

Su siguiente colección de poemas, *El toro, la muerte y el agua* no parece menos recordatorio de temas y personajes del 27. El *Pórtico de Antas* que le escribiera Manuel Machado son versos de verdad espléndidos que piden una poesía sostenida en igual tono:

> Quieres ser con la tierra, Foxá... Labio de mares,
> hombro de montes, sangre mineral...
> (Vaho de nebulosas estelares
> el aliento de Dios en tu cristal.)
>
> Pero tú quieres ser con la tierra... La sal
> sedienta, el agua viva, los cantares
> del viento, o de la piedra callada los pesares.
> Porque tú quieres ser con la tierra inmortal.

Por contraposición, la voz de Foxá, ahora mucho más personal, muestra más sinceramente sus asperezas técnicas. Además, el clima de exuberancia rítmico propio de los contemporáneos más brillantes deja en humilde su música. La manera de rematar el poema, siempre en tono menor o en sordina, que será un problema constante en su poesía, queda aquí bien reflejada. También aquí se ve lo más cerca que llegó de un cierto lenguaje irracionalista o surrealista. Aunque la mezcla de lo sencillamente descriptivo con lo más primario no siempre cuaja, hay que reconocer que el intento es sin duda el más logrado de Foxá en su empeño de escribir una poesía que fuese, por así decir, a la vez moderna y contemporánea. Tanto más si se piensa que *Poeta en Nueva York* estaba ya escrito, pero no publicado, aunque no hay que olvidarse del tránsito presurrealista de otros del 27, así como de los esfuerzos rehumanizadores de Neruda y demás, que resuenan en versos como éstos:

> Que me entren por las plantas de los pies
> duros efluvios de los minerales;
> notar que tengo carne de caballo,
> albúmina de insecto palpitante,
> ...

Tal parece, incluso, que hubiese evolucionado a la par que Lorca en esa forma de identificación existencial hasta con la más pequeña forma de vida. Dividido en «Poemas de lluvia», «Poemas de fuerza», «Poemas inertes», «Poemas crueles» y «Poemas en sombra», hay poemas asimismo como «Los pescados muertos» que podrían recordar al Neruda de las *Odas elementales*.

No obstante, sería injusto decir que no hay más que eso. El termómetro de Foxá parecía haber registrado la deshumanización y rehumanización consecutivas de las corrientes predominantes de la época en torno a los años treinta. Y por eso causa sorpresa que haya composiciones y un tono estético general absolutamente no ya alejado sino contrario a temas y expresiones identificadas con el Foxá anterior y posterior como Foxá más característico. Pese a todo lo cual, el libro contiene uno de los poemas más conocidos de Foxá, la evocación de un Madrid de infancia tan exclusiva de la suya, que pasa por ser uno de los poemas representativos de obra y, en cierto modo, de vida:

> Un coche de caballos, lento hacia el horizonte;
> landó viejo y violeta, de caballos canela,
> y en él, mi niñez triste, mirando las acacias
> y los escaparates de antiguas primaveras.
>
> Brisa en sus ventanillas y entierros bajo lluvia;
> en mis manos de niño, alguna vez, las riendas,
> dando a las frentes toscas de los pobres caballos
> las nociones, difíciles, de derecha e izquierda.
>
> Yo os evoco, paseos de la Casa de Campo.
> Penumbras de eucaliptus, y el auto de la Reina,
> del radiador dorado, cruzando silencioso;
> sus neumáticos blancos, dorados de hojas secas.
>
> El Rey siempre de luto; lacayos; las Infantas,
> en fondos de Velázquez, con un mirar de inglesas;
> y aquella concha rosa, con venas de arco iris,
> donde bebía el agua después de la merienda.

En la Casa de Vacas, cubos llenos de espuma.
Al fondo, la casilla blanca de la guardesa,
con patos y con cabras, y un vendaval de expresos,
verdes de madrugada, en sus enredaderas.

Mis hermanos ponían soldaditos de plomo
en las vías heladas, alfileres, monedas,
y el tren los laminaba, corriendo hacia las olas
que, en mi niñez de Duero, imaginaba quietas.

Lagartija en el yeso de las tapias y cardos.
En el Tiro sonaban lejanas escopetas
de Marqueses, y a veces un pichón moribundo,
macizo por los plomos, volaba con tristeza.

Desde el coche veía, peonando, a los faisanes,
con la sangre enjoyada de cacerías regias,
y allá, en las «Garabitas», entre tomillos suaves,
el sol de los insectos rosaba el agua fresca.

Mi padre me contaba la historia de Don Álvaro
o el drama de Cyrano, cuando íbamos de vuelta
hacia un Madrid caliente de acacias y faroles,
cuesta de San Vicente, jardín con centinelas.

En la plaza de Oriente, fuego en los miradores,
niños en cochecitos de burros con banderas,
y el golfo que encendía al coche los faroles,
y al fondo el Real, guardando sus palcos en la niebla.

¡Oh coche de caballos de mis primeros años!,
cuando aún no conocía ni el mar ni la belleza,
que cruzas mi nostalgia, trotando eternamente
con un olor de parque dormido entre las ruedas.

¿Dónde estarán tus hierros? ¿En qué plaza de toros
o en qué noria murieron tus caballos canela?
¿Y dónde está aquel niño de comunión y de aro
que hoy, en mi sangre de hombre, como un fantasma juega?

Tras la poesía propiamente de guerra, Foxá prosiguió con *Poemas a Italia* (1941), «A Italia, que, como las cosas demasiado hermosas, me ha producido hasta el dolor», con dedicatorias suprimidas como la hecha «Al Duce» en el «Canto a Roma imperial». Los poemas más culturalistas, incluso más venecianos (el «Poema de las ciudades sin caballos»), y curiosamente muy pronunciados en sus alusiones estéticas, pero muy neutros en el tono, se resienten más bien de que a veces apenas son más que paráfrasis retóricas del entusiasmo por la romanidad, con poca elaboración propiamente poética. Son el resultado de una exaltación estética que no dista demasiado de la prosa, con igual convicción aunque un punto menos «político» que el de otros contemporáneos. El libro contiene dos famosos sonetos, el «Soneto del centauro joven» y el «Soneto al centauro viejo», acaso los más celebrados de su autor. La «Iberia romana» es un recuento del toma y daca entre Roma y España y lo que ésta ha devuelto de su legado con la conquista americana. También aquí la adaptación del símbolo es más general que personal.

Por último, el *Retablo de la Edad Media* (1948) mejora con la regla de la rima concentrada en la pintura de un tipo, de un arquetipo, tallado como las figuras que describe, sobre el dicho popular de las horas dormidas.

Pero basta ver que es Foxá demasiado tradicionalista incluso para ser un romántico. La obsesión del Retiro, devoción por lo que parece ser el paraje de infancia, junto a la por entonces exclusiva Casa de Campo, llegó a poetizarla en romance, forma que poco le convenía. Y en el tradicionalismo de las formas poéticas, con acentos de Machado, esta vez Antonio, y Gerardo Diego, por mencionar otra voz del 27, obtiene Foxá algunos de sus mejores resultados:

¡Ay de mi sola!
Como la amapola,
dice el cantar extremeño
pero es muy vano tu empeño
cuando se tiene esa cara.
Sola no te quedarás,
que no lo está la amapola
que está en medio del trigal.

...

¿Es acaso tu destino
ser borde y nunca camino,
rueda que no ha de moler,
torre en quieto señorío,
orilla de un claro río
que ve a las aguas correr?

...

Pero tú no estarás sola,
ni tu corazón se inmola
en perpetua soledad;

para ti rosa amapola
de ensangrentada corola
crece mi verde trigal.

Quien busque, con todo, no sólo versos logrados sino poemas inesperadamente memorables los encontrará fuera de su canon más querido. A veces, siendo elegíaco de sí mismo, celebrando los adioses, en verso y metro libre, como en la «Despedida a Madrid y los amigos». Aquí se evita el tono declamatorio que concluye en impostación retorizante.

Ciertamente, el esfuerzo por encontrar voz propia que no fuese la de epígono le hace un poeta de sus temas. Pero sus temas, más que emocionar, se reconocen simplemente, es decir, aparecen como una descripción sensible de su interés lírico más que como verdadera fuerza de arrastre en lo poético.

De cualquier manera, leer a Foxá como poeta anacrónico no sea acaso del todo improcedente para un poeta de intención tan historicista. La mayor paradoja de toda su poesía es que tan celebérrimo «pasadista» fue hacia atrás en la historia de la poesía en términos de técnica poética, y no porque pasase de una estética vanguardista a otra clasicista. No. Foxá, que comenzó en los alrededores del 27, se fue retrotrayendo al modernismo de Rubén o Manuel Machado, y en esto es difícil, insólito o imposible encontrar caso parecido.

Ésta es otra paradoja mayor de los poetas de más edad del círculo joseantoniano: no se entregaron a la poesía garcilasista que empezó a hacer furor hacia 1936. Se ve que les encontró mayores para un giro estético que encabezaron los más jóvenes.

Críticos hay, como Andrés Trapiello, que han intentado dar una relevancia a la obra de Foxá como si ésta hubiese adquirido de seguro una voz personal y relevante. Los resultados son parcos y discutibles, menos visibles que la profundidad de la influencia. Parecido éxito, sin menoscabar sus aciertos, fue el de la poesía de Santa Marina, de menor entidad. Por eso el nuestro es todo lo contrario del dictamen final de Trapiello: acertó en lo accesorio y se equivocó en lo esencial.

1938 es el año en que Foxá se estrena en el teatro.[42] Y lo hace con un drama poético en verso: *Cui-Ping-Sing*. No cuesta mucho suponer cuáles fueron las intenciones de Foxá a la hora de dedicarse al teatro, y en ellas se mezcla como es lógico y frecuente la búsqueda de éxito social en o de la literatura y la de poner a prueba ciertas pretensiones estéticas. Los resultados de ambos intentos no fructificaron en el caso de Foxá en obras que hoy estén vivas desde un punto de vista teatral o literario. Por eso es juicioso investigar en qué medida ambas cosas se lastraron mutuamente. Por un lado se aprecia claramente que las soluciones escénicas que Foxá previó para sus piezas se regían por el gusto de la época. Dicho de otro modo, no estaba lejos de querer agradar al público teatral que podía haber apreciado su teatro y que había apreciado su obra en otros géneros. Pero al tiempo se enfrentaba a dos inconvenientes que unidos resultaban mortales para ese mismo éxito. Un conocimiento o habilidad insuficiente para la carpintería y la tramoya estrictamente teatral y un gravamen estilístico, el del verso, demasiado oneroso para otros oídos que no fueran los de un público predispuesto y benévolo.

Desde luego, desde un punto de vista puramente literario, obras como *Baile en capitanía* y *Cui-Ping-Sing* parecen la culminación de las concepciones poéticas de Foxá aplicadas a un mecanismo colectivo como es el de la escena teatral. Es decir, que Foxá realizó sus ambiciones de teatro poético sin cortapisas utilitarias. Por eso mismo se advierte que no es sólo la utilización del instrumento poético la que pone a las obras de Foxá ligeramente fuera del tiempo, como ensayos heterodoxos comparados con otras obras digamos «burguesas» de la época. El lenguaje, y sobre todo el gusto poético de Foxá, es todo lo refinado que se quiera, pero suele estar a un paso más acá o más allá de lo cursi o de lo decimonónico, y no pudiendo imprimir dinamismo a personajes y situaciones, con frecuencia estas piezas se convierten en recitativos todavía cuestionables como literatura pero difíciles de defender como teatro.

Como de costumbre, Ridruejo, el mejor crítico de esa generación, acierta en sus caracterizaciones, al hablar por ejemplo de «la debilitación que el elemento trágico sufre en su bonito drama —más lírico que dramático y más plástico que dialéctico— *Cui-Ping-Sing*». Refiriéndose a *Baile en Capitanía*, escribe Ridruejo:

> La fuerza dramática de la idea no ofrece dudas. En rigor se trataba de denunciar la cortesía y las buenas formas caballerescas de otros tiempos como enmascarado refinamiento de una tortura superior a la sordidez del calabozo y a la soledad de la espera ... Pero lo cierto es que cuando Foxá escribe el drama todas esas posibilidades de tragedia cruel se desvanecen, y lo que queda en escena es una estampa romántica de trama amorosa cuya dimensión trágica no cubre la situación entera de la pieza sino que parpadea en un instante de ella.[43]

Y fuera de las obras en las que se pueden apreciar sus versos, sean expresión del sentimiento o de la añoranza, evoquen épocas pasadas o ambientes exóticos, es decir, cuando declara y ensaya otras pretensiones ajenas a su conocido caudal poético que tienen que ver con «los problemas que atormentan a nuestra generación», estas pretensiones, además de reducirse a las obsesiones conocidas de Foxá, enemigo personal del futuro y la modernización y todavía con cuentas pendientes respecto a la historia más reciente, se traducen escuetamente en el enfrentamiento de dos mundos (antiguo y moderno, aristocratismo e igualitarismo, nobleza y llaneza) que se desliza con excesivo sentimentalismo y dramatismo nada convincente.

El segundo tomo de las *Obras Completas* de Agustín de Foxá recoge más de mil páginas de artículos, escritos en el curso de los veintiséis años que van desde su primer destino diplomático en Bucarest, con piezas publicadas dos meses escasos antes de la caída de su bienamada monarquía, hasta 1957, dos años antes de su muerte en Madrid tras su destino último en Manila. Y no es nada casual que su obra completa fuera publicada por Prensa Española, pues si algo es Agustín de Foxá como articulista es un hombre de *ABC*, con una fidelidad que lo es a la vez a unas señas periodísticas, a una especial querencia por la realeza española y en suma a un corte ideológico que explica mucho más del autor que su adhesión, lógica pero circunstancial, a Falange Española. En 1949 se le otorgó el premio Mariano de Cavia por el artículo «Los cráneos deformados», publicado en el diario *ABC*.

En su día, Foxá fue clasificado ente los «Siete magníficos» del articulismo de posguerra.[44] A tenor del número y de la calidad sostenida de sus piezas periodísticas, la designación no resulta en absoluto inadecuada. Pero siempre sin olvidar que Foxá puso su ambición en géneros bien distintos, la poesía y el teatro para empezar, y la novela, de modo si se quiere más pasajero, pero al fin y al cabo más definitivo. Dicho de otro modo, su articulismo ocupa un lugar relevante entre su producción pero no da, ni mucho menos, el perfil fundamental y totalizador del escritor, al contrario de lo que sucede señaladamente en Montes o Mourlane. En estos autores, la idea del artículo como «soneto del periodismo», que dijera Umbral ,[45] de cima, de justificación estilística, literaria última, es una necesidad, a falta, entre otras cosas, de más géneros seriamente cultivados.

Esto no quiere decir que sus escritos para el *ABC* —una y otra vez se trata del mismo diario, ininterrumpidamente, fuera de sus colaboraciones en la prensa de Hispanoamérica—[46] no reflejen extensa y precisamente sus ideas culturales, generales o políticas y sus obsesiones estéticas. Pero esto se aprecia todavía mejor cuando se ha pasado por el resto de su obra, lastrada tantas veces por una ganga ideológica que resultaba peso muerto literariamente hablando. Otro tanto sucede en los artículos: cuando no se adentra en honduras políticas, sale más limpiamente del trance. Y entonces puede comprobarse que no toda la poesía de Foxá está en sus poemas.

Un dato curioso de la «circunstancia» periodística de Foxá —vocación sería mucho decir: nunca fue periodista ni profesional ni culturalmente— que le diferencia de los otros cultivadores de la prosa de diario, con ser casi todos de perfiles muy especiales, es que sus andanzas internacionales, numerosas y prolongadas, no fueron las del corresponsal sino las del diplomático. Es más, llegó geográficamente bastante más lejos que los «clásicos» Montes y Sánchez Mazas, y aun que el viajero Miquelarena.

El Foxá de periódico, aún más que el de la pura literatura, no consigue que sus inmersiones en el pasado le hagan olvidar más que un instante la desazón que le causa el presente. Presente que es el cambio sin remedio, la transformación destructiva, la aniquilación aplastante, implacable de lo recordado. Como si fuese un poeta barroco para el que el dolor no es ya el del tiempo que se va sino el de lo moderno que se queda, cambia y lo cambia todo a su alrededor. Sí, para Foxá, mil veces más destructivo que el tiempo lo es la época moderna, porque va más rápida si cabe.

Sus artículos, con todo, no son tan morosamente descriptivos como muchas de sus piezas narrativas, como si respetase mínimamente las convenciones del género. Y, dentro de su amenidad, son asimismo bastante más dinámicos que las oraciones solemnes de otros del grupo. Son ciertamente dialógicos y no sólo se dirigen muchas veces al lector sino que se interesan por él. Y esto viniendo de alguien que no le iba a la zaga en culturalismo a los demás. Agrupados cómodamente en su obra completa por temas y lugares geográficos, toman entonces una forma de continuidad que va más allá de la pieza ocasional: la de la crónica de viajes.

Una parte de esta labor fue reunida por Foxá en dos volúmenes: *Un mundo sin melodía*[47] y *Por la otra orilla*.[48] El primero de ellos expresa en su título lo que las crónicas que recoge expresan en su líneas, es decir, tanto la desazón por el presente como la insistencia en recordar músicas pasadas. El segundo es muestra de lo escrito por Foxá desde América. Un articulista más de contexto que abrumadoramente culturalista como un Sánchez Mazas o Mourlane y con un interés muy relativo por la política. Lo que se ve claramente es que siempre mantuvo su desaforado orgullo por la cultura española. Son interesantes también sus crónicas de viaje como exotismo, incluso como distracción de otras obsesiones ideológicas.

Un complemento necesario de la obra narrativa de Foxá —en la que *Madrid de Corte a checa* se hace omnipresente y por tanto excesiva— son los relatos agrupados póstumamente bajo el título de *Misión en Bucarest y otras narraciones*.[49] Esas «otras narraciones» tienen un interés inesperado y particularmente sugestivo pues no podrían ser más diferentes en su imaginación —el estilo, del que hablaremos, ya es otra cosa— de la orientación imaginativa del primero de los relatos, esa *Misión en Bucarest* que constituye a su modo una prolongación natural en lo biográfico, cronológico y, por supuesto, ideológico del Madrid, ya checa, del que su autor salió con igual destino que el del relato para camuflarse en un puesto diplomático antes de dar el salto a la España de Franco.

Foxá se interna en estos otros relatos en el terreno de la literatura fantástica y en variaciones propias casi de la ficción científica, el género ucrónico y utópico con trasfondo con posible lectura política, en la fábula, en la narración alegórica, en el terror y el misterio. Nos estamos refiriendo a *Hans y los insectos*, *Viaje a los Efímeros*, *Olor a cera*, *Santarán*, *El príncipe Pablo* y *El lobizón*.

Si no la inspiración, los antecedentes de otras literaturas sobre todo de habla inglesa se dejan sentir, ya se trate de los cuentos de Wilde o lord Dunsany, o de las imaginaciones utópicas de Swift. Hay también un historicismo tomado desde la esquina más reveladora e inesperada, como en la historia titulada *Santarán* y también soluciones narrativas insólitas e innovadoras escenificas en un ambiente ranciamente castizo, como en *Olor a cera*. En este último se recrea el universo del toreo, donde un banderillero apodado el «Avellano» adivina repetidamente la llegada de la muerte en el ruedo por el repentino olor a cera. El relato, superando lo meramente supersticioso entra en el terreno de la fantasía y el misterio. La pluma colorista de Foxá encuentra aquí un campo propicio, dominando bien su tendencia descriptiva que alterna en justa medida con la acción y el suspense bien mantenido. Incluso encuentra la medida a la hora de narrar con economía, más allá de la pura descripción:

> El toreo es anacrónico; en más de dos siglos de toreo a pie, apenas ha variado un poco la forma de las monteras. Y toda la vida de fuera se refleja, para los toreros, sobre el ruedo, como un espejo. Así, para el «Avellano», la Dictadura del General Primo de Rivera fueron los petos y el lazo negro de los toros mansos, aunque no llegó a cuajar su idea de soltar un novillo de prueba, embolado, cuando el suelo estaba mojado por la lluvia, para ver si era posible la corrida. Una tarde, en Sevilla, después de caer el primer toro, al que, por cierto, había banderilleado con garbo para sacar un aplauso de sus paisanos, vio salir a las mulillas con pequeñas banderas sobre su lomo, con una franja violeta; había venido la República (p. 108).

Sin salirse del mundo del toreo se traza a la vez un cuadro de época poblado de personajes reales. Ahí está «Marismeño» pidiendo conferencia con Madrid para que Federico García Lorca oiga a Bernardo «el de los Lobitos» y escuche el zapateado de la «Niña de los Peines». Al Lorca poeta y a su *Llanto por Ignacio Sánchez Mejías* suenan algunas de las pinceladas poéticas de Foxá: «Los toreros no ven las ciudades, sino ruedos y ruedos. No contemplan la hierba, ni las praderas, ni los ríos, sino arenas y arenas, como un interminable desierto» (p. 108).

La poesía alterna en ocasiones con la descripción realista fundida ésta con el cromatismo tan característico de Foxá:

> Un carnicero, transformado en leñador, dejó caer el hacha afilada sobre la cepa de los cuernos y sonaba terriblemente a leña seca; y parecía imposible, puesto que aún conservaba su forma de toro, que no rugiese de dolor; tan unida tenemos los hombres la Forma a la Vida.

> Descornado, se transformó en inmenso topo o en gigantesco ratón; le quitaron la piel como un gabán de húmedo forro rojo; lo izaron con una polea con cadenas, ya mutilado, amputadas las manos desde la rodilla y las patas desde los jarretes. Y le echaron unos cubos de agua, para refrescar su muerte; y la carne se hizo de un rosa azul ajamonado.
>
> Como era el quinto toro, el desolladero estaba lleno de despojos. Era como un taller donde se desmontaba todo el aparato jubiloso de la Vida. Montañas de patas todavía con pelo y las pezuñas hendidas; y haces de cuernos sanguinolentos en su base; y cubos de hinchados pulmones, y de hígados de color de lodo, donde parece que está el barro orgánico (p. 92).

Tanto *Hans y los insectos*, en el que un ingeniero sueco consigue descifrar el código de señales de las hormigas y abejas y revelar los secretos de su civilización, como *Viaje a los Efímeros* son los más abiertamente fantásticos, pero en ellos también juega la idiosincrasia estilística de nuestro autor e incluso el peso de lo ideológico, bien que muy tamizado y hasta ironizado por un Foxá más autoconsciente:

> ¡Son cien millones de años —afirmó enfáticamente— anteriores a la aparición del hombre! Son el soviet auténtico. Poseen un esófago social común. Comen sus excrementos; edifican ciudades con su cemento de seis metros de altura. Poseen jeringas venenosas. Reyes y guerreros. Hablan con las antenas. Son, desde hace millones de años, enemigas de las hormigas ¿Qué significan, al lado de estos combates, las guerras púnicas? (pp. 179-180).

Ahora, la recreación de un rasgo como el del «comunismo» de los insectos no tiene la intención de invectiva sino sólo el de símil, pues el terreno es el de la fantasía que hace su trabajo en otro plano, que no es el estrictamente realista; lo social ya no tiene los tintes cargantes con los que dibujaba al populacho o las turbas. Es un poder más ciego e implacable, el de la misma naturaleza, y por eso su trasposición a términos humanos debe pasar por un cierto misterio. Esta vez Foxá lo entendió, pues de otro modo se habría despachado con el naturalismo áspero sobrecargado ideológicamente de otros momentos. Esto no quita para que la impresión de desigualdad permanezca a ratos, sin menoscabo de continuidad en el relato, de modo que en ocasiones, como en las descripciones de las mujeres, Foxá tire por la vía más trivial y decorativa, como cuando habla de «senos de ébano» o describe una pelea en términos que parecen salidos de Roberto Alcázar y Pedrín.

En *Viaje a los Efímeros* dos supervivientes de un accidente de avión llegan a un país donde la medida del tiempo es otra, de tal manera que en las treinta y dos horas que los protagonistas están en «Efímera» ven transcurrir ante sus ojos ocho siglos de Historia. Narración alegórica sobre el valor del tiempo, el absurdo transcurrir de la Historia a través de la cual Foxá (siempre mediante un narrador trasunto de su figura y pensamiento) inevitablemente, con ironía o sin ella, muestra lo ideológico (son las milicias revolucionarias las que persiguen a los protagonistas).

> Habíamos perdido Catalina y yo la cuenta del número de revoluciones, contrarrevoluciones, dictaduras, protectores, libertadores, nuevos monarcas, democracias que se habían sucedido después de la gran revolución regicida. Observamos que la Monarquía era un régimen más perfecto; duraba un cuarto de hora más que la República

Escepticismo ante la Historia, con un último destello de optimismo final (anhelo ante el siglo XXI) apagado por una lejana explosión atómica:

> ... un lejano estampido y el hongo anaranjado de una explosión atómica nos convenció que, desgraciadamente, los efímeros iban por nuestro mismo camino. Entonces me di cuenta de que la Historia no era un arte loco y romántico, sino una ciencia como la Matemática. Y que con los mismos hígados, y riñones, y corazón, y nervios, y con las mismas plantas y animales y climas, los hombres repiten monótonamente su ciclos históricos y llegan a las mismas consecuencias previsibles, como la órbita, anotada segundo a segundo, de las estrellas (p. 166).

Una última razón ideológica, que poco tiene que ver, curiosamente, con la política, es que el Foxá que se encontraba desplazado, incómodo, melancólico y decepcionado en su tiempo, más allá de las contingencias histórico-políticas, es el que celebra un pasado que, a diferencia de otros escritores, ve aplastado ya por la modernidad que lo invade todo, y para la que no hay escape ni en la España «imperial» de Franco. El escepticismo que se hace extensivo al rumbo de la especie, fatigoso y mortal, con su imagen de la bomba atómica estallando en *Viaje a los Efímeros* es el anuncio del final de algo más que un relato. El del cuento es uno de los más logrados del autor: «La cogí por la cintura y la besé lentísimamente— lo que en Efímera dura un reinado— en la roja boca».

Nunca desprendido de su necesidad compulsiva de comentar y anotar el relato, Foxá detiene, demora o complica la acción insertando bien descripciones de los propios elementos de la trama a veces mucho más allá de lo meramente funcional, bien teorizando sobre las implicaciones de aquello que aparece en la narración. De modo que lo que surge como cimiento de la fantasía tenga también algo de representación de un orden que es el del mundo humano, político y aun teológico. La sociedad de los insectos es figura de las formas políticas que pueden adoptar las sociedades humanas, y la aceleración del tiempo en *Viaje a los Efímeros* también encierra otra lección semejante.

Los relatos antedichos, que son como un sobresalto en el conjunto del corpus de Foxá, más que un paso previsible, juzgada su voz literaria, no sólo arrojan luz sobre una concepción imaginativa que no tiene eco en el resto de su producción, que no se adivina ni se sospecha, pero que acaso represente una solicitación más profunda, no transida por urgencia política propagandística alguna; también nos hacen interrogarnos en efecto sobre la parte conocida y celebrada de sus ficciones, de modo que nos preguntemos si sus narraciones no habrían sido más excepcionales como género en el conjunto de la literatura española si la circunstancia histórica no lo hubiese sido.

Agustín de Foxá fue hombre de agudas e irónicas frases —también sobre sí mismo— que parecen reflejar afiladamente su compromiso: «Soy conde. Soy gordo. Soy diplomático. Soy académico. ¿Cómo no voy a ser reaccionario?». Hasta Umbral y Trapiello lo retratan entre la leyenda y lo estrafalario, con su buena carga de cinismo excedente que quiere hacerse pasar por ingenio. Pero en ningún caso perdió la conciencia de su condición, hasta el punto de que Foxá tomaba a José Antonio, antes que como caudillo o como proyección o encarnación de los valores que predicaba, como una garantía, alguien de su clase, otro aristócrata, en todo caso espejo de virtudes de un caballero español. Pero también aquí los espejos son los del Callejón del Gato. Y la idealización de la vida madrileña, que es la de su infancia, no puede esconder que la nobleza española y en particular la de la capital carecía de rasgos de grandeza o incluso de un decadentismo de altura, y que sus rasgos mesetarios no daban para Proust o Lampedusa, sino tan sólo para las *Pequeñeces* del padre Coloma, no en vano un jesuita, es decir, un miembro del que era entonces el cuerpo de instrucción de buena parte de esa élite (Sánchez Mazas, Alfaro, Ros, Ridruejo... se educaron en colegios de la orden).

De e ntre todos los autores de obsesiva mirada hacia el pasado, cultivadores del recuerdo personal o histórico (Montes, Mourlane, Sánchez Mazas), Foxá pasa por ser el más «exquisito» en su prurito compositivo volcado hacia tiempos pretéritos frecuentemente identificados con su propia infancia, bien que añadiendo comillas al calificativo.

Hemos comentado que Foxá tenía —y exhibía, como otros— una cercanía a José Antonio que era menos política que personal. Y que se trataba, aparte del mismo Primo de Rivera (cuya familia había sido ennoblecida tan sólo dos generaciones atrás), del único aristócrata del grupo. Esta observación es capital para internarse en los temas y orientaciones estéticas de Foxá, y no debe desvincularse el comentario social sobre su figura e «ideología» de diplomático de la alta alcurnia madrileña de sus ambiciones estéticas si quiere comprenderse la razón de que sus intentos poéticos y teatrales, lo mismo que su obra en prosa, siguieran una orientación muy personal, comparados con los de otros miembros del grupo.

Pero primero que nada es apropiado hacer recuento de los elementos que comparte con los autores antes citados para así subrayar su singularidad. Es verdad que su devoción casi absoluta por la figura de José Antonio coexistió, antes y después de la muerte de éste, con un desinterés por la acción política de Falange y, en general, por la política de tejas abajo, lo que comparte con Montes, aunque a diferencia de éste y de Sánchez Mazas no escuchó antes de la guerra cantos de sirenas para que ejerciera de retórico de cualquiera o de alguna de las derechas antirrepublicanas. Otra cosa es que viera depositadas en el falangismo virtudes morales y estéticas como estela de la figura del fundador. Y por tanto, como proyección de un espíritu aristocratizante impecable. Escribió sobre la guerra con una eficacia militante semejante a la de Miquelarena, pero soportado por un convencimiento literario que está ausente de aquél. Compartió el cultivo del artículo literario como síntesis urgente y acabado de un cierto arte de la palabra. Y, por último, se desvivió por entenderse como parte de un tiempo desaparecido, en un pasadismo que era personal como el de Sánchez Mazas, y no tan exhaustivamente culturalista como el de Montes y Mourlane. A partir de aquí, que no es poco, en casi todo lo demás son diferencias.

Por si fuera poco, era evidente que se trataba del único o del más genuinamente monárquico del grupo. No es casual que en su libro más conseguido, *Madrid de Corte a checa*, el comienzo de todos los males se identifique con la caída de Alfonso XIII, o en todo caso que Foxá prefiera fecharlo así.

> Y era triste pensar que aquellos majestuosos caballeros de las ordenes militares y aquellos gentileshombres y mayordomos, y los del brazo militar de la nobleza de Cataluña y los maestrantes de Sevilla y Zaragoza que trepan por la desnudez de su árbol genealógico hasta llegar a la pureza del octavo apellido y los fastuosos primogénitos de los Grandes, indolentemente apoyados en las mesas de mármol junto a los lentos relojes musicales, y los Monteros de Espinosa que entre la nevisca y la piedra gris de El Escorial custodian los ataúdes de los Reyes antes de meterlos en el pudridero, que toda aquella espuma de la Historia de España, la nata y la flor de los más bellos nombres de Castilla... es sólo una expresión de su monarquismo elevado a categoría estética.

La sospecha de que en otros escritores hay mucho de *parvenus* pequeños o medianos burgueses a la conquista de Madrid, de un público conservador, de unos patronos ilustres y poderosos, que intuimos en gentes como Montes, está fuera de lugar en Foxá. Y no tanto porque su origen le hiciera indiferente a la cuestión de clase. A lo que resultaba ser más bien insensible es a la llamada «cuestión social», pero su instinto de casta, generalizado a su vez hasta abarcar a las que tenía por gentes de bien está muy patente y poco trascendido en la mayor parte de su producción. Tal vez por eso, las invectivas de Miquelarena en su copiosa producción de época bélica pueden emparejarse muy cómodamente con las de Foxá en *Madrid de Corte a checa*.

Aunque se citen con frecuencia opiniones de sesgo muy cínico, propias de una desengañada edad madura paralela a la de Sánchez Mazas, su empeño estético no lo fue en absoluto y eso hace que su perfil crítico se ofrezca con bastante nitidez. Siempre se concibió ante todo como un poeta. La paradoja es que su mayor éxito, de ayer o de hoy, fuese una novela de circunstancias, es decir, nada comparado con los géneros en que hubiese querido permanecer. Pero es en la poesía, en el teatro poético o en el de gusto más convencional, donde con toda claridad sus limitaciones estéticas se vuelven agudamente contra él. Y explicar el porqué de esto resulta absolutamente relevante, partiendo de su rechazo explícito, ético y estético de cualquier modalidad de realismo.

En una tradición como la española, esto equivale a una condenación, al suicidio literario, a menos que se disponga de una estética de recambio lo suficientemente dúctil y, sobre todo, moderna. Algo que los poetas del 27 o Gómez de la Serna, por dar sólo dos ejemplos, tenían y Foxá, evidentemente, no. Otro método posible, el de la novela moderna, con su recurso a la introspección, el psicologismo, etc., quedaba también lejos. Recuérdese que en su novela, el rechazo de lo realista, es decir, de lo feo, es al tiempo ético y estético —lo que es malo es feo y viceversa—, pero asimismo —y esto es igualmente importante—, que sólo debido a esa condición, la de penosa necesidad, añadida a la de ser un libro escrito durante la contienda, se debe que aparezca.

Por otro lado, la utillería, la descripción decorativa cumple con creces su papel en *Madrid de Corte a checa* en razón de su contraste. Pero la presentación de una experiencia como la suya, idealizada, estetizada, embellecida con visos de naturalidad, no de maquillaje, que él deseaba sublimar en sus logros poéticos, se condecía mal con el verdadero contexto histórico, social y hasta urbano de Foxá. El Madrid aristocrático necesita dosis de realismo, porque sus aristócratas, ya lo hemos dicho, no son stendhalianos ni tolstoianos sino que vienen a lo sumo de las *Pequeñeces* del padre Coloma, autor que Foxá recuerda entre sus lecturas de infancia. Y así, el paradigma estético de Foxá, es puro casticismo. No el de la zarzuela ni el del pueblo o la clase media madrileña, desde luego. Pero sin duda también conlleva la misma orientación sentimental. Lo cual resulta lógico, habida cuenta de la estructura de la sociedad madrileña. Recuérdese que hasta los reyes alfonsinos, el XII y no digamos el XIII, parecían tipos populares madrileños, y no sólo en las revistas satíricas.

La ausencia en Madrid de una sociedad burguesa verdaderamente orgánica, presente en Francia y Cataluña, la inexistencia de un mosaico más diverso entre aristocracia y pueblo llano, y la consiguiente adopción de modas y modos populares por parte de la aristocracia desde la elección de Madrid como capital es harto conocida. ¿Qué otra cosa hay, por ejemplo en Goya, maestro del refinamiento, pero a la vez de lo más descarnado? La madrileña, alicorta como el vuelo estético de Foxá sólo había permitido dos retratos: el moralista y jesuítico ya mencionado o el inmisericorde de Valle-Inclán. Carente del sentido crítico que forzosamente hubiera precisado cualquiera de los enfoques posibles, su estética tiene mejores intenciones que resultados, aun dentro de su sinceridad, y también, no se olvide, más ambición que destreza técnica, pues tampoco fue Foxá un grandísimo versificador. Con estos mimbres, no ha de sorprender que sus poemas parezcan bastantes veces «unos versos sentimentales en la tapa de cartón de una sombrerera», como dijo él mismo de uno de sus personajes.

Y conste que Foxá era consciente del ambiente solanesco de cualquier descripción del Madrid popular, y esas descripciones, lo mismo que otras de factura elevada, fuera de la intención del *Madrid de Corte a checa*, son con frecuencia soberbias. Pero su estética deliberada, purgada de ese contacto, recae en lo cursi con la misma frecuencia. Aunque comparado temerariamente con Wilde, no satirizó a la clase de la que provenía ni tampoco a la burguesía con la que compartía intereses y creencias, ni siquiera al modo del irlandés o, si acaso, de contemporáneos de Foxá en el teatro.

La muerte de Agustín de Foxá en 1959 tuvo todavía la resonancia propia de un autor que aún guardaba correspondencia fiel con buena parte de la vida española que le rodeaba, por lo menos del mundo en el que se había desenvuelto, política, literaria y periodísticamente (por contraposición a otros autores más longevos, como Alfaro, Montes o Santa Marina, que en el momento de su desaparición eran sólo supervivientes de su época como de sí mismos). De ello da fe el que sus *Obras Completas* —las únicas editadas de cualquiera de estos autores— comenzaran a publicarse tan sólo cuatro años después, en 1963, por parte, además, de Prensa Española, una de las empresas —en todos los sentidos— a las que Foxá permaneció siempre fiel.

Seguramente no murió Foxá sin comprender que su posteridad literaria no estaba nada asegurada en aquello que le era más querido: la poesía y, seguidamente, el teatro. Y que corría el riesgo, como ha sucedido, de pasar por uno de esos autores de una sola novela y varios centenares de artículos periodísticos. Para colmo, un esteticista de su categoría quedaba, no sólo de por vida sino para la eternidad literaria, encadenado a una obra producto de la más rabiosa necesidad de compromiso político.

Jacinto Miquelarena

Concluida la contienda, Miquelarena abandona, sin dejar rastro, el tema de la guerra civil. Su caso es idéntico al de Foxá, el otro escritor que se había ocupado del asunto en forma narrativa. No es ocioso observar que la guerra civil, que sería tema o referencia casi obligada de la literatura de posguerra, en la medida en que la censura lo fue permitiendo, jamás volviera a las páginas de estos que habían sido propagandistas en los momentos de mayor intensidad del conflicto. Da idea de la medida en la que su enfoque era casi de puro presente, de una utilidad inmediata, sometida a criterios que sólo secundariamente parecerían literarios (tal vez por eso, la supervivencia de *Madrid de Corte a checa* sea todavía más llamativa, aunque cabe añadir que no se trata solamente de una novela sobre la guerra civil).

En 1939, Miquelarena publica una colección de relatos breves bajo el título *Cuentos de humor*. Encabeza el libro «El entierro de Carpóforo», cuento que se inicia con la promesa de un relato de mayor extensión sobre la vida del criado fiel que lo protagoniza. El cuento no tiene cabida sin embargo en lo que acabará siendo una novela que compensará este ensayo malogrado de cuento y personaje. El humor es el centro de cada una de las piezas de esta colección; no obstante, lo que tan bien había funcionado en sus crónicas viajeras aquí no resulta: chistes apenas esbozados, historietas que se agotan sin interés o desarrollo, cuentos que no se elevan sobre la mediocridad del tono general. Relatos, pues, que apuntan pero que no dan en el blanco.

De todos modos, lo que indicamos no son rasgos infrecuentes en tantos volúmenes de escritores de humor, a los que les cuadraba la pieza cuanto más breve mejor, propia de revistas humorísticas y colaboraciones de diario. No por casualidad Miquelarena fue colaborador de primera hora de la *Codorniz*, así como de la revista *Horizontes* (en la sección «El mundo tonto») y del semanario *Tajo*.

Será en 1940 cuando Miquelarena publique con el título de *Don Adolfo el libertino. Novela de 1900*[50] el mencionado relato sobre la vida de Carpóforo. Se trata de su primera y de su única novela, género en el que se mantiene también dentro de los caminos del humor. La novela, como el año, recoge sobre todo lo que hay de final pero no se olvida de lo que la época tiene de principio. Caricatura costumbrista pues de un Madrid que acaba y comienza con el siglo. Hay en el relato de Miquelarena una proyección irónica pero también hay una proyección sentimental sin la cual lo primero no sería posible. Es decir, es un mundo lo suficientemente alejado para que muchos de sus rasgos formales aparecieran ya afectados, ridículos o exagerados, pero que también tiene mucho de *belle époque*, de última época féliz, lo que en Europa corresponde al periodo anterior a la primera guerra mundial. En realidad, la época no podía ser tan feliz en España, porque Miquelarena reconoce la pérdida de las colonias y sus consecuencias, pero con todo, a escala doméstica, la vida aristocrática y burguesa aún se podía sentimentalizar, comparado con lo que vendría después. También esa será la norma en el teatro y hasta en el cine. Representaciones, como se ve en parte en el teatro de Mihura y Neville y en películas como *Novio a la vista*, de Berlanga, felices y sentimentalizadas que es lo que permite también la ironía.

Relata el autor las aventuras de un libertino aristocrático —don Adolfo, marqués de Soloeche— que acabará volviendo al redil gracias al amor y a un oportuno duelo perdido. Pero a pesar del título de la novela, el personaje central del relato, el más logrado y mejor construido es Carpóforo. Y su importancia está, por otro lado, muy bien construida y retardada, incluso por el mismo título. A su vez, es Carpórforo el que permite la conducción del relato entre dos mundos: el aristocrático y el popular o pequeño burgués. Personajes singularizados de ambos mundos protagonizan diversas tramas en un Madrid con sus casas de huéspedes, sus serenos, sus carnavales, sus espectáculos de circo, sus cronistas y crónicas de sociedad, con sus grandes fiestas aristocráticas, sus duelos de sable con punta, su palcos en el teatro, sus tardes de toros, un Madrid que se asombra con el cinematógrafo, que es recorrido a veces por un automóvil y que espera el esplendor de la Exposición de París. Y en este decorado «Madrid 1900» se suceden escenas casi teatrales (una de ellas, el duelo entre don Adolfo y el conde de Somorrostro, se desarrolla sobre el escenario del teatro de la Comedia), lo que inevitablemente acentúa el aire teatral de un relato que tiene mucho de representación caricaturesca con matices críticos de un mundo y una sociedad, de representación amena, humorística, evasiva, sin mayor profundidad. La comicidad del relato está sostenida en gran parte por los diálogos y por la hilaridad de muchas de las escenas y situaciones. Según lo dicho, no sería desacertado considerar el relato como una crónica teatral, cuyo resultado, por otro lado, es más que honroso.

No había finalizado todavía el año 1940 cuando Jacinto Miquelarena escribe su primera crónica desde Berlín (16 de diciembre de 1940) como corresponsal de guerra del diario *ABC*. Continúa de esta manera con un oficio, el de enviado especial en el extranjero, que la guerra había interrumpido y que no abandonaría hasta su muerte. Desde 1944 hasta 1949 trabaja como corresponsal de la Agencia EFE en Buenos Aires. A partir de 1949 se ocupa de la corresponsalía en Londres para los diarios *ABC* y *Diario de Barcelona*. En Londres permanece hasta 1960, fecha en la que se traslada a París como corresponsal de *ABC*. No dejó mientras de colaborar con otras publicaciones: *El Correo Español*, *Fénix*, *El Español*, *Clarín* (Buenos Aires)...

De las innumerables crónicas enviadas por Miquelarena, sólo una selección de las escritas desde Alemania y desde los frentes de guerra en el año 1941 para el diario *ABC* han sido publicadas en libro por el autor. Se trata del volumen titulado *Un corresponsal en la guerra*.[51] En la advertencia preliminar afirma Miquelarena: «No intentaba hacer literatura en mis impresiones —y si la hay, es un error—, sino que quería contar lo que veía, sencillamente. Nada he quitado ni nada he añadido a lo que escribí en el clima de la tragedia». Su enfoque es, pues, profesionalmente periodístico y por tanto consciente de las limitaciones del trabajo de prensa, pero también del valor del testimonio directo («después de haber vivido su breve vida de pocas horas en la prensa diaria»). Miquelarena comprende por esta misma razón que sus apreciaciones han de ser realistas y no se puede dejar llevar por ninguna épica partidista, aunque resulta sencillo descubrir con quién se alinea. También entendía que el carácter enormemente destructivo de la guerra moderna, que es eso que Mourlane Michelena no llegaba a otear, impone hacer mención de los detalles ominosos y siniestros aunque los tome sólo como consecuencia natural del combate. No es obstáculo, sin embargo, para que introduzca alguna nota más afirmativa o más valorativa pero generalmente consciente del contexto:

> He visto de cerca una lucha gigantesca, tan llena de tumbas y de material destruido y de fortines rotos a cañonazos como de canciones. He marchado muchas veces con los soldados que van y con los prisioneros que vienen por carreteras infernales. He sufrido el olor, y el hambre, y la sed, y el sueño del combatiente.

Miquelarena habla también en la advertencia preliminar de «lo que escribí en estas aventuras y de esta guerra fabulosa y de la toma de contacto con ella de un corresponsal de periódicos» como sintetizando la llamada «magnitud de la tragedia» de forma ambiguamente poética —aparte el peligroso romanticismo consubstancial al reportero bélico— pero sin perder nunca un punto realista, entre otras cosas por la mínima veracidad exigible a un «testigo» de los hechos. Entre paréntesis, no hace falta decir que este tono hubiera sido del todo impensable en sus escritos sobre su propia guerra, la guerra civil —lo mismo en él que en otros del grupo—, y no sólo porque no conocieran de primera mano el frente o el desarrollo de las operaciones militares. Es que además, no siendo una guerra cualquiera, sino la más excepcional que podían concebir, para bien y para mal, sólo podían o querían reflejarla de un modo absolutizado, idealizado con las fórmulas del propagandista.

En cualquier caso, los datos objetivos son fáciles de consignar. En primer lugar, Miquelarena escribe menos abiertamente entusiasta de los triunfos del Reich que dispuesto a zaherir o mostrar la irrisión de británicos y soviéticos principalmente. Aunque sea a la inversa, su educación inglesa revela un interés notable por las tropas británicas y los discursos de Churchill. No necesita señalar que es un adicto al régimen del país que le acoge tanto como a las virtudes de su maquinaria militar. ¿Qué mejor que dejar que los hechos de armas hablen por sí mismos de la invencibilidad germana y la inutilidad de oponerse a ella? En segundo lugar, tal cosa era posible por el momento todavía dulce que la guerra representaba para Berlín. Miquelarena titula, es cierto, su primera crónica «Para empezar, bautismo de bombas en Alemania», la única fechada en 1940, en diciembre, palpando ya cómo la capital era objetivo alcanzable para las fuerzas aéreas británicas. Pero en realidad, su libro consiste en un acompañamiento de lo que hasta el momento seguían siendo paseos militares: el avance sobre Yugoslavia, Grecia y Creta y finalmente la invasión de la Unión Soviética. La última crónica que aparece en el libro está fechada el 15 de agosto de 1941 desde Smolensko, antes incluso, por cierto, del envío de la División Azul al frente ruso. Lo que hubiera podido escribir un año más tarde, y no digamos ya dos o tres, habría debido ser por fuerza mucho menos complaciente.

Y con todo hay ideas sugestivas más allá de la germanofilia y el antisovietismo: por ejemplo, la de saber que se estaba penetrando en un país en buena medida cerrado a Occidente desde la Revolución y su primer contacto con los restos del orden soviético —incluido un museo antirreligioso— como quien entra en un reino exótico y prohibido. O las descripciones de ambiente, los modos de pulsar la tensión de la población civil en una capital como Atenas, la descripción de los rumores e incertidumbres que preceden a una operación militar en las zonas cercanas al frente de guerra, o la vida en la retaguardia, la vida cotidiana en la misma Alemania, todo ello salpimentado con informaciones sobre fotos encontradas en Oslo en las que Roosevelt aparece con mandil de masón, acerca de la captura del hijo de Stalin o veladas con Charlie Rivels [*sic*].

En lo que un cometido como éste tiene de narrativo, Miquelarena se desempeña bien y hasta hace gala de una ironía que no carece de inteligencia sobre lo que supone vivir y sobrevivir en guerra. Y consigue presentar a su vez a un ejército, el alemán, que sin necesidad de énfasis propagandísticos, al fondo o en primer plano, parece demostrar siempre profesionalidad, eficiencia, organización y hasta cortesía, mientras las tropas británicas pasan por la experiencia de verse derrotadas y prisioneras.

Como fue común entre algunos de sus compañeros, también Miquelarena mantuvo una cierta actividad de antólogo y recopilador, en este caso de frases y citas ingeniosas entre las que no deja de incluir las propias. Es el caso de *El lenguaje del amor* y *Las mil y una frases peregrinas*[52] resultado de su tendencia y gusto por la nota breve, la oración concentrada e ingeniosa. Las primeras hacen todas ellas referencia al amor; sin embargo, las sentencias, paradojas o sutilezas recogidas bajo el título de *Frases peregrinas* —que son más de mil y una— no tiene otro común denominador que no sea el del ingenio y la sutileza.

El 11 de agosto de 1962 los periódicos recogían la noticia del fallecimiento de Jacinto Miquelarena en París:[53] había sufrido un «desvanecimiento» y había caído en la vía en el momento de pasar el tren. Fue enterrado en el cementerio bilbaíno de Derio.

Miquelarena ejercía, desde el año 1960, la corresponsalía del diario *ABC* en París, aunque las últimas crónicas las había enviado un sustituto interino, ya que Miquelarena había tenido que suspender sus actividades profesionales a fin de seguir el tratamiento preparatorio de una intervención médica.[54] La suma de sus problemas de salud así como los familiares, añadidos a un proceso depresivo, culminaron en lo que a todas luces se revela como un suicidio la mañana del 10 de agosto en la vía del metro de la estación de Michel Ange-Molitor, próxima a su domicilio en el barrio de Auteuil.

Tras su fallecimiento, se extendió un rumor: poco antes de morir, Miquelarena había recibido una carta de Luis Calvo, en aquellos momentos director del diario *ABC*, que le había empujado al suicidio. Rumor que puede seguirse en la misma prensa: «Escribo de Miquelarena al cabo del tiempo. Escribo, incluso, sin resentimiento hacia la mano intangible que le empujó al Metro, una mano de buena pluma que anda por ahí mandando crónicas excelentes».[55] Y las consecuencias del rumor terminarían por llegar a los tribunales. D. José María Zaldívar, yerno de Jacinto Miquelarena, fue desterrado por seis meses de Madrid y multado como responsable en concepto de autor de un delito de injurias graves por escrito y sin publicidad a la entidad Prensa Española. Se declaró probado que el procesado había dirigido dos cartas, al presidente y secretario de Prensa Española respectivamente, en las que, refiriéndose a las circunstancias de la muerte de Jacinto Miquelarena, se vertían frases contra Prensa Española que ésta consideró injuriosas y calumniosas. Estos son los hechos probados. A su vez, el diario *ABC* del día 23 de marzo de 1965 al recoger la noticia de la sentencia no duda en afirmar que Zaldívar fue el «activo propagador» de los rumores «en diversos círculos oficiales y periodísticos españoles y —según podía deducirse de su correspondencia— también extranjeros».[56]

Todos los indicios y testimonios recogidos[57] confirman la existencia de la carta enviada por Luis Calvo, misiva que obra en poder de la familia Miquelarena. Todo apunta también a que el tono desabrido y duro de la carta contenía hirientes alusiones a la insuficiencia de su trabajo periodístico en ese momento. Hay quienes han supuesto que ese desenlace condujo al apartamiento de Luis Calvo de la dirección del *ABC*, tras lo cual fue nombrado corresponsal en Roma.

Cuando hablamos de Jacinto Miquelarena, ¿hablamos de un periodista que hace incursiones en la literatura, más que de un escritor que utiliza el periodismo como medio de vida o como espacio para publicar sus imaginaciones? La distinción no es precisamente sencilla, porque así como el periodismo toma carta de naturaleza literaria a poco que exista voluntad de estilo y visión personal del mundo, hay también muchísima literatura en estos autores que fue sólo posible primordialmente gracias a su aparición en un medio como el de los diarios, de modo que la interrelación debe examinarse en ambos sentidos. Cuando comparamos dos escritores tan disímiles y parejos como Miquelarena y Montes entendemos algo de las dificultades que lo antedicho supone. De un lado, ambos fueron profesionales del periodismo y corresponsales en el extranjero durante buena parte de su vida. Podríamos decir que en el rango estrictamente técnico la relevancia de Miquelarena es mayor debido a su papel en el surgimiento y desarrollo de la prensa deportiva, como fundador del diario *Excelsior* y redactor especializado en la prensa vasca y madrileña. A primera vista, juzgamos la obra de Montes más literaria por su estilo de «alta cultura», pese a que su origen sea tan periodístico como el del mismo Miquelarena, cuyo enfoque de muchos de los asuntos tratados por el mismo Montes es irónico, moderno, contemporáneo, propio de reportero, ahí donde Montes es solemne, retrospectivo, divagatorio, elevado e incluso anacrónico. En Miquelarena podemos encontrar un cierto número de volúmenes (de humor, varios relatos, una novela... y hasta un libreto de zarzuela) sin relación directa con su labor periodística. Lo que no es el caso de Montes, en el que veleidades vanguardistas aparte, la ingente mayoría de su obra publicada en forma de libro consiste en recopilaciones de artículos más o menos largos. Así sucede que el prestigio y la figura de Montes, tan cuidadosamente cultivados por él, remitieron siempre a un perfil enaltecedor en lo cultural, el de académico, conferenciante, orador, y siempre escritor, con todas las letras, para el que el periodismo supuso un medio de supervivencia no desdeñable pero al que no contribuyó profesionalmente con nada destacable, excepción hecha de su literatura. Miquelarena en cambio, hubo de bregar con tareas que parecen más propias de la letra pequeña, es decir, escritor pero de «humor», corresponsal «de guerra», apeado de ese pedestal áulico que, de todos modos, no ha tenido mejor posteridad.

Miquelarena es el único que haciendo un trabajo que es propiamente periodístico lo recopila en libro con una intención básicamente informativa y analítica, pero sin despojarlo de sus virtudes literarias. No cabe duda de que escritores como Sánchez Mazas hubieran podido hacer otro tanto con sus crónicas italianas del advenimiento del fascismo o sus piezas sobre la guerra de Marruecos. El tono de las crónicas de Miquelarena es el esperable de un corresponsal experimentado, sin los excesos literarios de un Sánchez Mazas en su peripecia marroquí, pero con dotes de sobra para evocar situaciones y describir lugares y personas El otro perfil, además del periodista, es en Miquelarena el de humorista. El humor de Miquelarena tiene la consistencia irónica que conocemos de periodistas como Camba y tantos otros anteriores a la guerra civil, aunque hay que hacer notar que la búsqueda y explotación de recursos humorísticos es más intencional y persistente, por tratarse funcionalmente de una modalidad literaria explícitamente escogida por Miquelarena en libro o publicaciones varias. Cuando se le compara con otro de los miembros del grupo, Samuel Ros, el único que escribió también novela de sentido humorístico, la primera distinción que se impone es puramente literaria. Las novelas de Ros son una aplicación del método ramoniano de la greguería y la síntesis basada en la brillantez de las definiciones, al que Ros añade versatilidad narrativa sin la que no podría leerse como novela, en tanto que en Miquelarena lo literario no está ni mucho menos tan caracterizado. El humor tiene más de resultado perseguido en Miquelarena que en Ros, a falta de otro propósito estilístico, siendo como es un humor más de escuela, pero de escuela de la sonrisa y la ironía, de la escuela de los periodistas y humoristas gráficos. Hay un propósito de hacer humor en Miquelarena, no de hacer literatura. En Ros, el humor forma parte de su manera de hacer literatura, incluso de su originalidad en la construcción del relato, siempre novedoso. Además de que el humor en Ros, incluso el método ramoniano —parcialmente compartido por Miquelarena— es aplicado como método ante lo trascendente. En Miquelarena, por contrario, se dirige más a lo cotidiano desprovisto de ese otro horizonte que no se transparenta en el fondo de su escritura. Sus temas son temas, no obsesiones personales. En Miquelarena lo ramoniano es pincelada, en Ros es más método y finalidad. Por descontado, Miquelarena poseía el ingenio adecuado a sus temas y punto de vista. Sometió a irónica consideración, con una visión decididamente contemporánea, muchos de los elementos que gentes como Montes, Mourlane y Sánchez Mazas parecían tratar sólo bajo especie histórica e imperial. Sin olvidar que la capacidad negativa del humor, a saber, el poder de zaherir, de satirizar, del sarcasmo y la irrisión, lo utilizó como recurso Miquelarena cuando llegó el momento de convertirlo en arma de ataque contra el enemigo republicano, una vez comenzada la guerra civil.

Pese a todo lo dicho, el de humorista fue sólo uno de los varios papeles representados por el Miquelarena escritor y periodista. Frente a otros cabezas de fila del humor de la posguerra como Tono, Mihura o Neville, Miquelarena, que no se aventuró salvo en una ocasión en el teatro, palidece por comparación.

Pedro Mourlane Michelena

La primera posguerra tuvo para Pedro Mourlane Michelena una sucesión de cargos en los medios más relevantes del periodismo falangista y del Régimen, bien como director de las revistas *Vértice* y *Escorial*[58] o como subdirector del diario *Arriba*, bien como vicepresidente de la Asociación de la Prensa de Madrid. Pese a todo lo que pueda impresionar mencionarlo, ello parece decir más de las relaciones de amistad que siguió manteniendo con sus «correligionarios» y del respeto que le profesaban que de sus dotes profesionales, poder o influencia dentro del periodismo diario o cultural.

Aunque no publicó en vida ni un solo libro más tras la contienda, sí escribió algunas secciones fijas de cierta extensión, como la crónica de política internacional en la *Revista de Estudios Políticos*[59] durante la segunda guerra mundial y prosiguió una labor de conferenciante en España y América, fruto de la cual fue la publicación de algunos opúsculos. Fue colaborador asimismo de los diarios *Arriba* y *La voz de España* y de las publicaciones *Vértice*, *Escorial*, *El Bidasoa*...[60]

Por desgracia, no tardó en morir en Madrid el 25 de noviembre de 1955. «Ha fallecido un gran escritor y un gran caballero pobre», subtituló *ABC* la noticia. Las crónicas y necrológicas se refirieron, igual que algunas memorias (como las de Ridruejo o las de Marino Gómez Santos), a que «vivió pobre toda su vida, y en esto y en el culto a la caballerosidad puso una noble altivez. Ha muerto pobre como vivió»,[61] lo que resulta difícilmente explicable, habida cuenta de la posición de esas amistades que le habían valido cargos de responsabilidad en la prensa y de las dignidades de las que se había hecho acreedor, a menos que su falta de sentido de lo práctico, su «antirrealismo», en palabras de Ridruejo, cayese en lo catastrófico. Acaso no quiso recurrir a ninguna de sus posibles ventajas ni asegurarse un mínimo sustento, pero más bien, como verosímilmente confirma su familia,[62] tuvo un modesto pero suficiente pasar que su leyenda hizo interpretar como la digna pobreza de la hidalguía. Este lujo de la cultura de su persona, combinado con las escenas de miserabilismo que a veces asoman en este y otros escritores nos recuerdan que, además de escribir como si fuese el siglo XVI, a veces parecen recortarse contra ese pasado como figuras salidas de él, y no en sus perfiles más opulentos o acrisolados, sino más negros, o por nobles o por picarescos. En Mourlane no deja de estremecer, teniendo en cuenta que se trataba de un hombre de setenta años, decano de todo el grupo y el segundo en morir después del joven Ros, en un momento en el que el franquismo todavía tenía cobijada bajo sus alas a buena parte de los miembros del grupo.

En la hoy Hondarribia, antes Fuenterrabía, en las antípodas de lo que fue su pensamiento político, hay una calle con el nombre de Pedro Mourlane Mitxelena. Él, que dejó escrito: «Dar nuestro nombre a una calle es poco; dársela a una estrella, demasiado. Basta con que quede en el casco de un barco vagabundo».

A partir de su muerte, irrecuperable salvo en una forma semilegendaria, se convirtió en un excéntrico (un «raro» según Gimferrer)[63] para el que todavía ha podido tener noticia de él. Para los que le habían conocido había sido una figura, un gesto, una voz, una estampa, un énfasis y la influencia de la suntuosidad de su prosa, pero nunca una obra unitaria. Hoy es un nombre que se pronuncia e impresiona por lo desconocido y lo sonoro, con su «don» delante. Pero que muy pocos han leído, ya que no ha vuelto a reeditarse su obra. Así fue que Ridruejo[64] pudo concluir: «Mourlane era un maestro del estilo enfático que tuvo sus valores y tuvo, sobre todo, su tiempo y su escuela».

Para tratarse de un escritor al que la leyenda mal informada hace pasar poco menos que por ágrafo, la obra publicada de Mourlane Michelena se basta y se sobra, aunque sin largueza, para desmentir una reputación de simple inspirador de los contemporáneos que le rodearon. La «publicable», tal y como la cifraba Federico Carlos Sainz de Robles en su *Diccionario de la Literatura*, habría podido llegar a cincuenta volúmenes, reuniendo lo escrito aquí y allá, a vuelapluma, en los diarios, pero esto es un lugar común, otro modo de hablar, cuando se trata de reafirmar la profesión de fe de un periodista: «abrazó el periodismo, vocación a la que se ha mantenido fiel toda su vida». Aquí no queremos tratar a Mourlane de «periodista», a modo de confirmación profesional. Por el contrario, es la suposición de que se trata de un escritor con todas las letras, también en los diarios, la que debe confirmarse. Tal vez la única definición justa, más que bienhechora, habida cuenta de que no le cuadran otras adscripciones posibles, con la salvedad de la de «poeta», claro está que muy ocasional.

No hay novelas, no hay dramas, no hay, en rigor, monografías; hay, todo lo más, un puñado de poemas, alguna que otra separata y, eso sí, una miríada de artículos, en un perfil semejante al de Montes. Hay, para entendernos, escritura o estilo. El largo aliento, la obra cuidadosamente meditada, lo es a condición de que no se escriba; el desdén por la estructura pesadamente lograda se hace teoría transformada en consejo de brevedad, sea por indolencia, o por incapacidad, o por una mezcla de las dos. La tenacidad empleada es algo así como la constancia al mínimo. Que su erudición diera sólo para piezas breves tan admirables es el colmo de la eficacia de la pereza literaria. Mourlane es el hombre que celebra grandes empresas, literarias o históricas, pero siempre las de otros.

¿Fue entonces Pedro Mourlane Michelena más, algo más que una leyenda? ¿Es hoy un literato que pueda volverse a leer —esto es, a publicarse, antes que nada—, que valga la pena de su resurrección? Otros compañeros cercanos derrocharon genio y figura y a ellos se ha vuelto anteponiendo razones literarias, como es el caso de Sánchez Mazas. Verificar si esa misma operación es factible comprobando que más allá de la despistada reputación que se le atribuye hay un autor legible y complejo, es tarea que se reduce básicamente a dos libros. Dos volúmenes divididos por la frontera de la muerte: sólo uno de ellos publicado en vida del autor, el otro, inmediatamente póstumo (*Arte de repensar los lugares comunes*). Cierto es que la contemporaneidad de su escritura con su vida tuvo reflejo en primer lugar en ese monstruo acogedor llamado periodismo. Y el escritor de periódicos que fue Mourlane asoma también la cabeza en ese par de libros.

Pero por más que quede fijada, sin ser sumaria, su imagen de escritor partiendo de su obra y más allá de su figura, es imposible que pueda quedar fija: necesitamos todavía conocer mucho más de Mourlane, de quien sin particulares enigmas biográficos tampoco poseemos todos los datos. La leyenda tiende a ser benevolente, la verdad comprobable es mucho más tosca e inapelable, aunque sea sin acritud y con calma. Es lo que ha sucedido con otros autores, camaradas de grupo, apeados del reverente trato en que los había dejado la admiración partidaria de amigos, correligionarios o simples contemporáneos.

Con todo, en Mourlane se adivinan costumbres y características que eran las de la vida intelectual y literaria española del XIX y principios del XX, caracteres que perduraron todavía con ellos, que les hacen parcialmente equiparables al 98, y que con ellos desaparecieron, sobrepasados para bien o para mal por las generaciones de posguerra e imposibles de revivir. Al tiempo, una caracterización más singular, a contrapié o a contrapelo de los rasgos de otros colegas, descubre cómo variaron en la organización, el método e intencionalidad de ese trabajo llamado «obra».

Comparado con Pla, por dar un ejemplo máximo, Mourlane también se definiría como hombre de escritura y periodismo, unidos ambos por la relativa desconfianza de lo moderno acentuada con la edad. Pero a partir de aquí todo son variaciones: la prosa de Mourlane, nunca redimida por libros de viajes o de cocina, por una intención práctica, siempre resultará engolada en la comparación, aunque no sea ese acento el dominante en una lectura aislada; además, los viajes de Mourlane son de intelectual sin salir de casa. Su prosa es algo que se pone como un traje, como Maquiavelo al escribir. Comparado con Gabriel Miró, por indicar otro registro paradigmático, la manera de Mourlane es muchísimo más viva y posee elementos de persuasión intelectual, aunque sean discutibles, de intelección, de estímulo.

Por ende, al haberse desdibujado casi por completo la memoria de Mourlane, muerto hace casi medio siglo, revivirla en su calidad estilística nos transmite un parecido inevitable hasta la identificación con escritores como Sánchez Mazas y Montes, una unidad de estilo inseparable, que lleva a una confusión con mucho sentido entre estos compañeros de grupo, de generación o de ideología (que es mucho más que la falangista).

En realidad, si el círculo de José Antonio hubiera sido más estrictamente una generación, Mourlane habría pasado por ser el decano de la misma. El magisterio de edad —cercana a la Sánchez Mazas— lo fue también de empresa cultural —pontífice en funciones, en feliz expresión de Mainer— y tuvo frutos más voluntaristas que logrados.

Arte de repensar los lugares comunes[65] continúa con la destreza de hilar los datos arcanos o eruditos con la divagación del pasado convertido en nobleza de cultura. Pero se ve la transición de una cierta arrogancia cultural al caballero maduro, producto y conservación de una clase. Y esto vale igualmente para el estilo. ¿Cómo establecer las diferencias entre el Mourlane de 1915 y el de 1955, siendo que entre los dos median cuarenta años, toda una vida? Todos llegaron a su conservadurismo: eso se ganaron, del fuste grotesco de Giménez Caballero a la maduración consciente y novelada del pasado o a la simple costumbre de retorizar con modestia y sin disparatar demasiado.

Precisamente otro carácter irrevocable de sus libros es que, aunque están fechados, no responden modernamente a su fecha; parecen estar inmersos en tiempo pasado, de manera que, como una extraña paradoja, su voluntad de antiguos los ha salvado de envejecer de forma insalvable, como sucedería si atendiésemos sólo al tiempo al que fueron publicados. Nunca habían tenido pretensión de modernos estos volúmenes y en eso son menos característicos y menos falibles que las obras de vanguardia de esos decenios limitados al gesto de la última hornada, y desde entonces encerradas en el museo que las codifica precisamente como muestras de época. Es curiosa, por cierto, la coexistencia de escritores de origen «vanguardista» frente a los «clasicistas» entre los primeros autores de la Falange, convivencia que de hecho condujo a una cierta conversión de los primeros al canon de los segundos, al canon, más que al estilo, de modo que se produjo una comunidad cierta en la ideología estética, mucho más que en el modo de escribir. Algo parecido se puede afirmar de su acción política: una cosa es su pareja identificación con los ideologemas y otra su actuación política específica.

La ejecutoria literaria de intención clásica se quedó tan pegada al estilo, más allá de la estética, que terminó por determinar también el tema de los literatos falangistas más viejos. Escribieran de lo que escribiesen seguirían idéntica guía. Para entonces, en los años cincuenta, esta prosa había desaparecido de la prensa europea. Su antimodernidad más o menos declarada, que le lleva a escribir a veces de asuntos contemporáneos con una extrañeza que parece mutua, no es sino un ensimismamiento naturalizado en una forma de fluir tema y escritura, que no ha actualizado siquiera sus referencias, o se cuida de que no sean contemporáneas, y ésa es una diferencia entre el primer y el segundo, tercero o último Mourlane. Todo ello provisto de un vocabulario que sólo aquí tiene su razón de ser, que tiene, con la salvedad de su contexto, más de hallazgo común que de rebuscado: «contumelia», «facecias», etc.

Sea porque se vea en ello una variación fervorosa del *grand style*, voluntad de estilo precisamente o reproducción de un calco latino, Mourlane Michelena permanece no como un escritor imposible, sino tan solo como un prosista relevante.

Los lugares comunes de Mourlane vienen a ser más bien *loci*, es decir, la tópica cultural clásica de Occidente, que se transparenta en motivaciones y meditaciones hispánicas o europeas. Los vericuetos de «cultura hispánica» por los que transitaban de modo semejante Montes y Sánchez Mazas y disparataba Giménez Caballero: Don Juan, la Celestina, el padre Vitoria, san Ignacio, Castilla, Garcilaso el Inca o las leyes de los reinos de Indias.

Volviendo a Sainz de Robles: «era uno de los escritores españoles contemporáneos de mayor cultura, de crítica más serena y elevada, de estilo más personal, de prosa más barroca y señorial». «Era» es la palabra más definitiva de esta caracterización: ya lo estaba sepultando. En el mismo prólogo, Aunós lo proyectaba al futuro: «algún día, la figura de Mourlane aparecerá en el horizonte español como uno de los más altos ingenios de nuestra Patria». Hipótesis reivindicativa, esperanzada, pero que ya contenía el germen de su desaparición como escritor presente en tiempo y forma: señal de que no las tenía todas consigo. Señal de que los buenos deseos tenían que estar por encima de un azar que bien podía dejarlo relegado al olvido.

«Sobre Don Pedro Mourlane se ha escrito muy poco, por lo menos con seriedad. Y ya nunca se volverá a escribir». Es difícil encontrar un epitafio más concluyente que esta apreciación de Aranguren.[66]

José María Alfaro

Hacer mención de las muchas actividades contenidas en la trayectoria de Alfaro puede parecer algo parecido a un cruce de *cursus honorum* y *curriculum vitae* que nos lo dice todo sobre el personaje político-administrativo y casi nada sobre el escritor, de modo que la pregunta es si en efecto hay mucho más que decir. En realidad, Alfaro es otra coda que sólo puede figurar en letra minúscula o pequeña en casi cualquier otra historia, sea la del periodismo o la influencia ideológica de estos autores, y por si fuera poco aparece con frecuencia doblado de lo que menos se espera: cuando uno lo intuye político, deviene diplomático, y cuando lo hace funcionario se las arregla para figurar como poeta. La diferencia general señalada con respecto a Ridruejo, como escritor que cierra el grupo, se hace patente en su caso, en cierto modo con resultados precisos, por dos razones: veintiún años más joven que Mourlane, diez más que Sánchez Mazas, fue más longevo que cualquiera del grupo y el último en morir, en 1994. Por otra parte, cubrió cómodamente toda su trayectoria vital sin demasiados sobresaltos. Precisamente, una comparación «evolutiva» de Alfaro con el más joven del grupo lo deja bien claro: con frecuencia se nos antoja una especie de anti-Ridruejo. Y no por animosidad entre ambos, sino por casi absoluta disparidad. Castellanos viejos los dos, mientras el escritor soriano se dio de bruces siempre y en todo momento con su inesquivable conciencia, lo que le llevó a darse de golpes con las autoridades del Régimen, prácticamente desde el inicio de su carrera política, el de Burgos se deslizó cómodamente, y con la misma facilidad entró que salió de las responsabilidades políticas, disparado hacia arriba o, aun mejor, hacia una Embajada, dejando siempre que la coyuntura se moviese antes que él.

En todo caso, si su peripecia cultural y periodística parece abultada en cargos y premios, su obra se asemeja a veces a una realidad más bien fantasmal, y o bien no aparece por ninguna parte, o se reduce a proyectos cien veces anunciados o queda por último en magros resultados, en cantidad y calidades. Sin duda el menos significativo del grupo, literariamente hablando, aunque fuese el que mejor carrera política hiciese, es sorprendente que en la anteguerra Alfaro fuese considerado algo así como el poeta oficial del grupo, la esperanza lírica, frente a un Foxá que, aunque epígono del 27, ya había publicado dos colecciones de versos. Para hacernos una idea de lo que esto significa, hay que aclarar que Alfaro publicó el mismo número de libros, dos, en casi cuarenta años. O mejor dicho, dos separatas (de *Escorial*), *Versos de un otoño* y los *Versos de un invierno* en 1941 y un libro propiamente dicho, *El abismo*, en 1978.

Antes de la guerra, Alfaro, aún menos que Ridruejo, apenas si había publicado aquí y allá algunos poemas. Durante muchísimo tiempo, al igual que Foxá, pareció ser poeta de un solo poema. Si Foxá aparentaba siempre encarnar al vate uncido a su *Coche de caballos*, recitándolo a la menor ocasión, citado por él una y otra vez, hijo predilecto de su obra, vanagloria y resumen de su expresión lírica, a Alfaro le sucede otro tanto con su *Oda a Burgos*, que es en realidad una *Pequeña oda a Burgos,* que figura titulada a veces como *Pequeña oda a Burgos, con sus ríos*, una composición elogiada por Unamuno.

La poesía de Alfaro es, aparte de *El abismo*, prácticamente inencontrable como no sea recurriendo no ya a las bibliotecas sino a las hemerotecas. En sus mejores momentos, se trata de otro digno eco epigonal del 27. Desde luego, cabe reconocer en él a un escritor con condiciones, independientemente de que sus esfuerzos poéticos no fueran muy prolongados.

Véase este cuarteto «lorquiano-neoyorquino» de *Versos de un invierno*:

> Quizá habrá primavera sobre otras tierras y olas,
> donde la sangre bata tambores y deseos;
> mi alma ya no verá sin cadenas la nieve
> cantando en los molinos su nuevo forcejeo.

O bien, el poema *El Escorial*, una décima cuya filiación en Guillén reconocía su autor:

> Clavada piedra de vuelo,
> índice de gravedad
> que mensura la oquedad
> entre la tierra y el cielo.

de la tragedia, ataúd,
y la razón, plenitud:
número, regla y enseña
entre vientos, panteón
de España y mi corazón
en tanto la luna sueña.

Es llamativo también de su trabajo cultural, y aun político-cultural, desde la Falange originaria, que sus condiciones de gestor fueran las que se adivinan tras las diversas labores que se le fueron encargando, más incluso que las de inspirador al estilo de su jefe. Precisamente su responsabilidad al frente de las publicaciones falangistas de preguerra tuvo todos los matices de una dirección técnica, al frente como estuvo de todas las responsabilidades conducentes a poner el periódico en la calle, o a estampar los artículos de otros en el papel, más que un papel de rector intelectual o ideológico de sus contenidos.

La relevancia de Alfaro no se hace públicamente visible hasta el final de la guerra: en marzo de 1939 Serrano Suñer, ministro de la Gobernación, le pone al frente de *Arriba*, convertido en diario, de modo que se le encarga la reanudación del que había sido órgano de expresión por excelencia y más difundido símbolo de la actividad de Falange. Durante sus breves cuatro meses al frente, Alfaro aprovechó para reunir a Mourlane, Montes, Sánchez Mazas, Samuel Ros, además de a nuevos periodistas como Xavier de Echarri, Sánchez Silva, Ismael Herraiz o Julio Fuertes. Durante los años cuarenta, Alfaro escribiría una sección diaria titulada «Sobre la marcha», firmada con el pseudónimo de José de Aguilar.[67] La dirección del periódico la abandonaría, escaleras arriba, al ser nombrado subsecretario de Prensa y Propaganda.

Alfaro se convertiría en director de la revista *Escorial* a partir de noviembre de 1942, en su número 27, tras la partida de Ridruejo para Rusia, según testimonio propio, como el que confirma que la revista «murió, desgraciadamente, cuando yo fui nombrado ministro plenipotenciario en Bogotá»,[68] es decir, en 1950. También llegó a dirigir *Vértice*.

Aunque autor de algunas piezas narrativas (*Cuatro Estaciones, La muerte del héroe, Libro del llanto)* y de algunos pecados teatrales[69] en su juventud, fue fundamentalmente periodista. Alfaro se orientó muy bien en la salvaguardia profesional de la prensa de la posguerra y en una defensa digamos más gremial frente a la concepción más uniformizadora del verticalismo sindical, con la consolidación de la Asociación de la Prensa, primero, la Federación de Asociaciones, después, y la gestión de la «Hoja del Lunes». Colaboró extensamente en *ABC*, *La Vanguardia*, *La Gaceta del Norte* e *Informaciones*.

En 1976 presidió el Consejo de Administración de la Agencia Efe, manteniendo abierto y controlado a la vez ese cauce informativo en los años delicados de la Transición. Además de otros renombrados, como el Mariano de Cavia, recibió el premio periodístico Manuel Aznar, concedido por EFE en 1981 a su artículo «El miedo», que apareció en las páginas del diario *ABC* el 24 de julio de 1981: «La sola cosa a la que debemos tener miedo es al mismo miedo», una paráfrasis de la conocida expresión atribuida a Roosevelt. Todavía viviría hasta 1994. Tal como lo describió una amistad tardía, José Ortega Spottorno, «se fue de veraneo y ya no volvió».

Alfaro llegó a las postrimerías del franquismo y los albores del nuevo régimen con una reputación de liberal y hombre de letras, así en general, aunque fuera un tanto desdibujadamente, asociado entre otras muchas empresas culturales a la *Revista de Occidente*. En 1978, el que era todavía Instituto de Cultura Hispánica publicó un poemario que era en realidad la edición reprográfica de un manuscrito con su caligrafía original: *El Abismo*. Aunque está ocasionalmente salpicado de imágenes logradas, revela en cualquier caso a un poeta discreto, interesante sí, pero más desvaído que intenso. En un intento de sacar partido del campo semántico del título, de todas las posibles evocaciones de la palabra, Alfaro se ciñe a una exploración romántica y de ensoñación. Como una suerte de confesión de hombre del siglo, abatido y melancólico ante los acontecimientos, compuesto por 36 poemas elaborados en un verano cinco años antes, casi en forma de memorial, con una serie de sugestiones en torno a una misma imagen, la del abismo, corporeizado en cosas como la caída, el árbol, el mar, el bosque. Alfaro declaró que era un libro de entonación más humana frente a los ejercicios de retórica en los que el propio autor confesaba alguna vez haber caído.

Si sobre tantos de nuestros autores sobrevuela a veces la impresión de que la figura se come al escritor y el escritor, como personaje, a la obra, en Alfaro esto resulta una completa certeza, bien que por razones completamente distintas. Como hombre joven, de carrera primero política y luego diplomática, persistente pero discreta, nunca estuvo entre las leyendas sonadas, éticas (Ridruejo) o estéticas (Mourlane, Sánchez Mazas, Foxá), genio y figura, del grupo. Su contribución periodística no tuvo los perfiles comprometidos de otros en los años primeros, y se centró después básicamente en efemérides, críticas y reseñas de carácter cultural. Con Ridruejo es el único que llegó a ser mínimamente cosmopolita y moderno, al menos en el sentido de percibir y acomodarse al cambio del mundo posterior a la segunda guerra mundial. Su vida prosiguió como si fuese hombre de otra generación, y en verdad lo fue. Recordemos que su edad era la de Foxá, pero éste jamás pudo disimular su disgusto en un mundo moderno en el que Alfaro sobrevivió bastante confortablemente desde un punto de vista intelectual. Tampoco pareció atacado de ninguna variedad de cinismo. Dos décadas en América Latina (Colombia y Argentina, donde vio desfilar a ocho presidentes distintos) le dieron el barniz cosmopolita propio de una sociedad cultural como la bonaerense. Su carrera diplomática le otorgó un perfil más neutro y elevado de responsabilidad política sin comprometerle demasiado peligrosamente. En esto, sin duda su peripecia se asemeja en gran manera a la de José María de Areilza. A diferencia de éste, no escribió sus memorias, alegando, en una declaración ambigua y diversamente interpretable, que era el mejor servicio que podía prestarle al Régimen.

Tal vez lo mejor de su actitud personal fuera su positividad, su vitalismo, su renuncia a tomar por lo trágico sus circunstancias, pese a que siempre insistiera en su desengaño y decepción, aunque sin dar mayores pistas sobre el particular. ¿Puede que ello estribase en que consciente de su falta de facultades o esfuerzo había entendido que no podría cumplir sus iniciales ambiciones literarias? ¿O era una pantalla lo bastante ambigua para irse desentendiendo del franquismo, evitando los riesgos de la oposición y la intemperancia de los adictos? Se convirtió en un crítico bien informado, aunque no tuviera por lo general mucho que decir más allá de las apreciaciones caracterizadoras de un divulgador o periodista cultural (y llegó a escribir hasta de Warhol).[70] Esto confirma la tendencia de Alfaro a no profundizar o comprometerse: en la cultura fue más un comentarista que un verdadero autor; en la política, fue más un funcionario eficiente y discreto que un gustador de la cosa pública a toda costa; tal vez sólo en el periodismo equilibró su papel de gestor voluntarioso y concienzudo con el de articulista pertinaz, pero carece del perfil estilístico que para bien o para mal reconocemos nítidamente en otros. Su obra estrictamente literaria fue, en todo caso, difusa y menguada, y es hoy poco más que un recuerdo deshilachado y tenue.

Luys Santa Marina

«Cuando esto acabe, volveré a mi pluma», fue la rotunda declaración del autor de *Primavera en Chinchilla* («Adiós a las armas») hacia el final de la guerra. Su contradictorio destino, el de superviviente ex cautivo que afrontó tres penas de muerte en lugar de los peligros del combate abierto de la guerra civil, no le impedía reconocer que su vocación real eran las letras, y ese compromiso se basó más en poner por escrito, con prosa del Siglo de Oro, las glorias militares españolas del imperio que en buscarlas en otros lares o anticiparlas con designios y afanes de política imperialista, algo tan propio del falangismo exaltado de los años cuarenta. A primera vista, por ejemplo, da la impresión de que le hubiera cuadrado más que a Ridruejo un destino en la División Azul. En Barcelona fue presidente del Ateneo y continuó con sus tertulias en el café Oro del Rhin, en el Turia, en el Café del Teatro Comedia y en el Tascacho. Sin embargo, la resolución de su vida profesional se dirigió estrictamente hacia el periodismo, aparte sus aventuras literarias, donde sin duda su ascendiente político fue decisivo para desempeñar el puesto más alto en un diario, el de director de la barcelonesa *Solidaridad Nacional*, en el que permanecerá hasta su cese en 1963. El diario contaba con una página literaria en la que colabora todo el equipo de *Azor*, lo cual no fue óbice para que lo hicieran asimismo en *Escorial*, *El Español*, etc., ni para que la revista con el nombre del grupo reapareciese en 1942, también dirigida por Santa Marina. Sus avatares no terminan ahí, pues aún volvería a desaparecer para resurgir en su tercera época en 1961 sin que variase su director. Colaboran entonces Tomás Borrás, José María Castroviejo, Gerardo Diego, César González Ruano, José Jurado Morales, Carlos Murciano, Julián Pemartín, Carlos Rojas y Félix Ros.

En los años cuarenta, los de *Azor* propenden a incurrir en la evocación de pasados hechos de armas de la historia bélica y triunfante del imperio español, con una prosa que quiere ser contemporánea de la época que describen. Es verdad que la tendencia estaba en el aire, pero es de justicia advertir que Santa Marina se había anticipado no solamente en la moda de biografiar celebridades de la historia, algo al fin y al cabo corriente en la cultura de la época, antes o después de la guerra civil, sino que ya le había injertado una carga ideológica y un tratamiento estilístico que no en vano habían movido a algunos de sus lectores falangistas a suponer correctamente que, si no estaba ya en el movimiento, como era el caso, debía de figurar imperativamente en él. En 1944 publica *Italia, mi ventura (Últimas guerras del Gran Capitán)*,[71] cuyo título proviene del dicho imperial *Castilla mi natura, Italia, mi ventura, Flandes mi sepultura*, y en 1957, *Alonso de Monroy*.[72]

Antes de la contienda había publicado *Estampas de Zurbarán*,[73] un volumen sobre la vida y obra del pintor, con glosas e interpretaciones literarias de las pinturas que se reproducen en 54 láminas, y *Baltasar Gracián. Páginas escogidas*.[74] Tras la guerra continúa con sus labores de edición de los clásicos. *Las nubes de antaño* [75] es ampliación de las dos colecciones de sermones que bajo el mismo título había publicado en la revista *Cruz y Raya*. En *La vida cotidiana en nuestros clásicos* [76] recopila escritores menores de los siglos XVI y XVII.

Es digno de reseñar, por otro lado, que en los poemas recogidos por Santa Marina en *Halladas*,[77] aparece una imaginación que aunque tal vez no pueda servirse de la técnica que hubiera necesitado, sí resulta original e iluminadora en su resolución, a medias entre un cierto romanticismo, una nota modernista y la influencia de los maestros poéticos del XIX y primer XX español. Es el caso de poemas como «La goleta», escrito en versos que constituyen una tranquila divagación aventurera, una ensoñación en la que lo pequeño —como en el mundo infantil— se convierte en emblema de lo real como si hubiera sucedido, en la que la evocación parece casi de algo pasado y por pasado, sucedido:

Como la amaba mucho, la goleta
diminuta, colgada de mi techo,
poblóse para mí de simulacros
diversos de ella, y como en fabuloso
bajel pirata el capitán guardara
su parte de botín, cobrada en dulces
mujeres-flores y por la mar fuera
como un gigante gerifalte blanco
con arrullos de amor bajo las alas,
así también mi espíritu embarcaba
en la gallarda navecilla muchos
momentos suyos llenos de armonía...

... Y hoy mientras miro, sólo, su periplo
ilusorio, que envuelve la luz pálida
de un vidriera heráldica, poblada
de grifos y leones, salto a bordo,
y rumbos a playas, sede de quimeras,
pongo el bauprés, índice de aventura...

El tono y ambiente machadianos permanecen de forma ostensible en otros poemas de *Halladas*, pues la actitud de melancolía siempre se dejó ver en la poesía de Santa Marina que además se veía más inclinado a considerar el lado perecedero o amargo de la gloria a la que tanto se alude en sus escritos. Es de notar que su nostalgia es por completo distinta de la de autores como Foxá o Montes; por otra parte, Santa Marina nunca posó de vencedor y más bien parece alguien que está a un paso del descontentadizo. Baste decir que las imágenes del pasado histórico no están libres de deshacerse en el polvo. Así le sucede a «La bandera de Lepanto en la Catedral de Toledo». Después de proclamarla como emblema de su antiguo triunfo con una adjetivación más bien convencional («En la ocasión más alta de los siglos / flameaste gozosa a los vientos ... y la victoria de alas áureas / posó sobre tu mástil enhiesto») Santa Marina concluye con cuatro versos de aire finalmente machadiano:

Ahora yaces entre cristales
tendida como sudario de muerto,
en una sala silenciosa
del inmenso templo viejo.

No falta además la evocación de la vieja Barcelona con los nombres de sus calles y gremios escritos en catalán en una identificación paralela a la que ciertos poemas de Madrid obraron para Foxá.

Por último, hay que añadir a la paradoja viviente que era Santa Marina, la paradoja literaria de que su lenguaje poético —siendo la poesía tantas veces refugio de un idioma más raro, exquisito, y hasta casi anticuado— sea mucho más vivo, contemporáneo, sencillo y cercano al habla, muy próximo en ocasiones al prosaísmo, que lo habitual en sus artificiosos aunque logrados intentos arcaizantes en prosa. El hilo narrativo de Santa Marina se veía muchas veces entorpecido por fórmulas morfosintácticas innecesarias incluso para su propósito de envejecer y ennoblecer la lengua. En cambio, la poesía tiene una fluidez que, si bien no es la del versificador consumado, cae más veces por el lado de la simplicidad, de la llaneza, del ritmo regular o incluso del peligro de banalidad de la canción antes que por la pendiente de lo florido, del apego a modos de poetizar periclitados ya entonces, como el modernista, que es en cambio el riesgo en el que se sumía Foxá.

La madurez introdujo la infancia y las rememoraciones consiguientes del paisaje natal relegando la faceta bélica y heroica. Para ejemplo de ello está el volumen *Perdida Arcadia*,[78] conjunto de glosas de su niñez, infancia y juventud y el volumen *Karla y otras sombras*.[79] En ambos casos, la nostalgia no se remite a la historia heroica, supuestamente vivida o inventada, sino a la personal. *Karla...* es evocación de personajes, de objetos, de sagas y genealogías familiares, de figuras femeninas... una maraña de sombras entre paisajes detenidamente dibujados. No sabemos cuánto de autobiografía se esconde detrás de algunos relatos, pero éstos destilan añoranza por la tierra, el norte mítico que tanto aparece, por esos objetos que acumulan los recuerdos en tantos personajes que, a pesar de sus raíces, se mueven indecisos a un lado u otro, y vuelven o no vuelven. Las figuras más interesantes son las femeninas —cosmopolitas, con un algo de misterio y elegancia— y de su mano viene el tema del amor, siempre un amor entre distancias y entre personajes cuya concreción se escapa. Lo mejor del libro es lo que tiene de niebla, de aire de enigma. Aunque, hay que decirlo, en Santa Marina el relato realista —el de Pelagia y Fructuoso, por ejemplo—, incluso bronco, es el que se ajusta mejor a su pluma, de igual modo que se ajusta más la narración que la descripción o el diálogo que quiere ser poético. Al final del libro («Octubre. Fragmentos de unas memorias») se funden los recuerdos: los tiros, la muerte, los parapetos, los blocaos, las miserias de la guerra, y los «años atrás, cielos alegres de verano y mares azules, fondo de balandros blancos y playas rubias», y los perfiles femeninos y el norte fresco con sus días de lluvia. Así se pregunta entonces en el último de los relatos: «¿Por qué, mil diablos, tendré el alma partida?».

Como en otros autores del grupo, cuya defensa se ha basado primeramente en la riqueza y autenticidad de su temperamento, la fogosidad de su militancia estuvo acompañada de la limpieza de carácter. Pero, también como en los demás, hay que investigar esa paradoja en el campo de lo netamente literario. Desde luego, se corre el riesgo de personalizar su ficción hasta el punto de tomarla por autobiográfica: de ahí que siempre quede la curiosidad, por otro lado legítima, de averiguar si estuvo o no de veras en La legión en tiempos de la guerra de África. La verdad está seguramente en algún punto medio menos fácilmente localizable. Para entendernos: Santa Marina no pasó la guerra civil ni en la comodidad de la retaguardia ni en la zozobra del frente, es decir, no tuvo ni la seguridad civil ni la heroicidad militar. Lo que tuvo fue la incertidumbre de la prisión en campo enemigo, que no pertenece a ninguno de los dos polos antedichos. Otro tanto ocurre con su literatura: lo observado acerca de la simplicidad de su poesía y las complicaciones de su prosa se pueden generalizar para internarse en los vericuetos de su obra, donde al refinamiento hidalgo de un lenguaje a veces casi especializado y rematadamente historicista se contrapone con la brutalidad de la acción y una psicología propia de la soldadesca; a su ornamentación anacrónica e inactual no se le escapa sin embargo un real rigor filológico; y a su estoicismo de raíz militar se le añade una vena melodramática en aquellas situaciones donde la acción viene a determinarla, por activa o por pasiva, una mujer deseada.

La primera imagen de Santa Marina es casi invariablemente la de un elemento de acción en la política lo mismo que en las letras, pero su refinamiento, su erudición y su destreza verbal no le fueron nunca a la zaga de los más culturalistas del grupo, sólo que dejó para la narración lo que otros vertieron en el articulismo, en el que no destacó particularmente, por más que se tratara de un profesional del trabajo periodístico. No tuvo ni pizca de énfasis vanguardista en sus inicios, y aunque fuese moderno al modo fascista —no por nada le hemos llamado «escuadrista de la literatura»—, su modernidad se encuentra (paradigmáticamente en *Tras el águila del César*) en la plasmación sin tapujos de una violencia absolutamente contemporánea al autor.

Samuel Ros

Tras la guerra civil, Samuel Ros se estrena como autor teatral. Seguramente tuvo mucho que ver con ello su relación con la actriz María Paz Molinero, que actuaría en la representación de muchas de sus obras. *La felicidad empieza mañana* es su primer título. En 1940 adapta con gran éxito y bajo el rótulo de *Mujeres*[80] la obra *Aurora Clara Boothe, norteamericana*, de Aurora Clara Boothe. En noviembre del mismo año estrena *En el otro cuarto*,[81] pieza con la que obtiene su mayor éxito de público y crítica. No logra sin embargo el mismo aplauso con *Víspera*, estrenada en abril de 1941. A esta obra siguen la comedia *La digestión del hambre* (1942) y *Otra vez vivir* (1943). Su interés por el teatro se tradujo también en artículos y conferencias.

Aunque tengamos noticias del estreno de su teatro, éste, salvo contadas excepciones, no trascendió a la publicación, de modo que tenemos sólo una idea aproximada de su cultivo del género. En obras como *En el otro cuarto* lo que es digno de atención son rasgos que cualquier lector atento puede reconocer como propios de la literatura de Ros en otros géneros. Es decir, la tensión existencial, el romanticismo dolido y un aire de fatalismo que impregna los últimos años lo mismo de la obra que de la vida de Ros.

No obstante sus éxitos teatrales, Samuel Ros se mantendrá fiel al relato breve.[82] Constancia que le valdrá en 1944 el Premio Nacional de Literatura por el volumen de cuentos *Con el alma aparte*. El libro no llegó a publicarse aunque algunos de sus relatos aparecieron en *Arriba*, *Fantasía* y *Escorial*.

En los relatos de Ros, tras la guerra y tras su tragedia personal, se siente un elemento angustioso, una pesadumbre constante ante la muerte y ante el paso del tiempo. Preocupado por el destino, por el pasado y el futuro, la suya es una continua búsqueda de trascendencia, que suele resolverse en el amor como plenitud, finalmente malogrado e incompleto por la muerte de la amada. Ésta siempre desaparece en sus relatos y sólo tiene entidad como recuerdo, como angustia. Este Ros, lleno de interrogaciones, describe bien en sus cuentos sus experiencias angustiadas y sus sentimientos obsesivos.

Siempre original en la construcción narrativa, su técnica se va despegando sin embargo de sus parecidos con el mecanismo de la greguería, que se mantiene en algunos cuentos y como un eco en algunas descripciones: «Los árboles ya tenían brotes verdes: los botones que al desabrocharse enseñarían sus almas florecidas».[83] «Era un paraje delicioso, al pie de una colina suave como el perfil de un labio delgado sobre el cielo».[84]

Quizá, como visión totalizadora de los relatos de Ros, valga utilizar sus propios símbolos: el espejo y la ventana. Ros, en muchos de sus relatos, se mira en el espejo, en otros sin embargo intenta mirar por la ventana, pero inevitablemente acaba viéndose reflejado en el cristal. Lo mismo le ocurre a sus personajes.

Continúa también Ros tras la guerra con su labor de colaboración en publicaciones periódicas. Desde 1939 hasta su muerte se distinguió como colaborador del diario *Arriba*, su pluma —escribía casi siempre sin firmar— hay que buscarla sobre todo en las secciones «Estampa del día» y «Puntos sobre las íes». Posteriormente, en marzo de 1944, estrena en el diario una sección creada para su firma: «Arriba y abajo». En ella publica Ros artículos breves, incluso muy breves, pero densos. Densos, como sus relatos, porque cuentan más de lo que expresan («¿Me perdonarán ustedes esta vanidad de creerme el escritor que tacha mejor que nadie?... Claro que aún podría tachar más, mucho más. Mi artículo mejor será el que deje con sólo la firma»).[85] El tono es desenfadado, al que se unen el humor y la ironía.

No parte Ros de lo diariamente noticiable, no hay necesidad de excusa periodística en una sección sostenida por el pasado y su recuerdo —en los artículos de Ros no interesa el futuro— o por un presente que mira siempre hacia atrás y pocos pasos hacia delante, y éstos siempre preocupados. Hay en la escritura de Ros mucha nostalgia, entretejida de añoranza de lo que pudo haber sido y no fue, con lo que esto tiene de balance, confesión y ajuste de cuentas. La sección tiene el objetivo enfocado hacia las pequeñas cosas, que es donde Ros encuentra, y de las que el lector deduce, las esenciales. Lo que sus artículos cuentan podrá ser real o ficticio, pero lo que es evidente es que muestran a Ros. De nuevo el autor se mira en el espejo o acaba reflejándose en el cristal de la ventana. Sus artículos no son sino una manera de diario íntimo, una autobiografía, más o menos novelesca, un diálogo con sus preocupaciones y sus temas de siempre. En este sentido queda lejos de la escritura de Sánchez Mazas, Mourlane o Montes. En los asuntos y en el estilo. Más cerca estaría en este caso del periodismo de un César González Ruano, en lo que éste tiene de intimidad, confidencia y divagación personal. Con algunos de los anteriormente mencionados le hermana la nostalgia, no la cultural o histórica, sino la personal.

En la revista *Vértice* será también frecuente la firma de Ros: artículos, crítica literaria y relatos. Dirigirá además la revista a partir de enero de 1940, sustituyendo a Manuel Halcón. Tres años después se verá despojado de la dirección por José María Alfaro.[86]

A esta decepción hay que añadir una nueva tragedia amorosa: la mujer con la que iba a casarse se suicida. El carácter depresivo del autor se acentúa. Samuel Ros muere el 6 de enero de 1945.

Entre las obsesiones de Samuel Ros se contaba la de su oficio de escritor, que no dejaba de formar parte de otra mayor a la que podemos llamar sencillamente «Samuel Ros»:

> En el impreso del padrón que debo llenar, como todo vecino, todo es fácil de contestar para mí excepto la pregunta de la casilla que nos pide la profesión.
>
> ... Aunque yo soy abogado —como cualquiera—, inscribirme como tal me parece una impostura que me avergüenza. Jamás he vestido la toga, ni pertenezco al Colegio correspondiente, ni he releído el artículo de un Código para enfrentarlo con otro artículo del mismo Código.
>
> Tampoco me atrevo a declararme periodista —aunque escriba en los periódicos—, por miedo a que protesten los auténticos y legítimos periodistas que saben distinguir bien entre el suceso y la invención. Si me llamase «escritor» a mí mismo sentiría el desasosiego de robar una verdad o una mentira que pertenecen por igual al innumerable prójimo o al secreto del sumario que sobre cada cual incoa el tiempo. ¡Ellos son los que sobre esta verdad o esta mentira tienen la palabra y no yo!

> Podría inscribirme repitiendo mi condición de español. Pero esto no es oficio, sino un amor y una sentida e intransferible filiación, que algunos tacharían de petulancia, aunque sea en realidad una forma natural y hasta elemental de mi actitud y mi temperamento.
>
> Lo único que satisface mis ansias de veracidad ante esta pregunta de la casilla correspondiente es declarar que mi oficio o profesión consisten en ser yo mismo. Es decir, que yo sólo soy Samuel Ros.

Respecto a lo de abogado, valga lo de «impostura», para él y para la mayor parte de los escritores que hemos tratado. De su condición de español hemos hablado ya extensamente. Centrémonos ahora, levantado el secreto de sumario, en su oficio de escritor.

Si bien *heterodoxo* no es adjetivo que cuadre a ninguno del grupo, no es menos cierto que Ros fue de forma reconocible el más refractario a la combinación estético-ideológica de sus miembros rectores, o a la producción literaria resultado de ideales que aplicados a la política derivaban en Falange. *Refracción*, en cambio, sí es palabra que pueda aplicársele sin demérito de su trayectoria, pues al igual que la regla parece torcerse al entrar en el agua, la obra de Ros, sin más filiación anterior que la estilística de Gómez de la Serna se fue dramatizando prescindiendo de su humor benevolente aun para lo más crudo. No es que fuese *El hombre de los medios abrazos,* pues se adhirió con todas las consecuencias, pero con todo, en esto hay que ver más las circunstancias de la guerra y las suyas personales que un compromiso «azul» con resultados retorizantes. Un cierto preexistencialismo, un tremendismo prematuro, en el que lo irónico dejaba paso a lo patético, fue el signo de su última producción.

Ros nació en Valencia en un medio burgués acomodado y con intereses artísticos, y su bohemia en Madrid no difirió de ambos extremos. Asimilable a tantos jóvenes que frecuentaron las tertulias y cenáculos, resultó un buen discípulo dentro de la de Ramón y antes de los de José Antonio. Pero, involuntariamente o no, fue el más excéntrico respecto a la orientación estética del grupo, que no era vanguardista, como lo habían sido otros miembros (Montes, Giménez Caballero) antes de él, digamos; fue el más «republicano», el más atrevido y también el más trágico. Circunstancias sórdidas conocidas de su corta vida como la muerte de una novia de resultas de un aborto clandestino en 1934 ensombrecieron el resto de sus pocos años en la causa.

Entre los falangistas menores de la *corte,* fuera por edad o cortedad de su influencia política, Ros no queda como un escritor al que se pueda hacer de menos. No es la excepción de la regla, ni siquiera de la regla torcida. Es un ejemplo de que la complejidad literaria no puede sumarse tan fácilmente a la política, incluso en casos de un compromiso decidido.

Sin un pasado políticamente reprobable para los de su bando, éstos lo auparon a la Jefatura de la revista *Vértice* (un nombre clasicista, dirigido por el que menos lo era en espíritu de todos). Buena parte de su literatura anterior a la guerra no habría soñado ni en presentarse a la censura de Franco, por impublicable de partida, reineditable en cualquier caso *El hombre de los medios abrazos,* y esto viniendo de un autor que fue Premio Nacional de Literatura en la España de 1944. Podemos, esto sí, inventarnos el juego de los censores: se toma un ejemplar de este libro (o del que quiera ponerse a prueba) y se va subrayando —tachar lo dejamos para los que juegan de verdad— los párrafos, líneas o palabras que deben quedar fuera. Después se juzga si el libro sufre hasta quedar o no de nuevo impublicable, pero esta vez por puro sinsentido literario, reescribible o sin solución. O bien, sigamos el método del propio autor: tachemos.

Pero antes de entrar en faena, se precisa poner por delante consideraciones acerca de lo que entraña hacer justicia a un escritor. Ros se encuentra en un plano intermedio entre los grandes y conocidos y los que apenas tienen obra original. Se trata del escritor que puede aparecer glosado en las historias, incluso con cierta extensión, y al que a la vez resulta fácil aprisionar en clasificaciones sin ir a la raíz de la comprensión de su sentido singular.

La prematura muerte de Ros le consignó, desde cualquier punto de vista, al consabido papel de escritor malogrado. Pero hay otro aspecto que merece referirse. Hemos defendido que novelas como *El hombre de los medios abrazos* (y también, seguramente, *El ventrílocuo y la muda*) se han de leer como obras singulares, en razón de su entidad narrativa e imaginativa, y no como mera ilustración de la progenie del hombre de Pombo. En la acción por descripción que tan bien caracteriza a la novela, en el describir lo que se hace más que contarlo, la obra, con figurar entre las variedades de la prosa ramoniana, llega algunos pasos más allá al proceder con criterio narrativo. Y esto es lo que importa. Los críticos se conforman con mucho menos: una vez consignada la filiación lo dejan más aherrojado que libre, pero la obra se deshace con un fondo mayor que el de cualquiera de Gómez de la Serna. Para ser epígono, la de Ros mejora los originales.

No obstante, es muy posible que el camino por el que debía haber hallado su propia y verdadera voz quedara frustrado. Así visto, Ros no sería un «vanguardista» que evoluciona hasta hacerse «clásico», como Montes o Giménez Caballero, clásicos hasta lo engolado e histriónico, valga la paradoja, y no neoclásicos de los años veinte y treinta al estilo del Cocteau del *rappel a l'ordre.* Sería más bien un aprendiz de escritor cuya libertad de estilo se ha forjado en una escuela bien determinada y al que el compromiso político, y sobre todo las circunstancias graves de la historia, «tuercen» su destino o evolución «natural» de escritor. Lo más curioso es que esto se ha observado varias veces de autores cuyo compromiso era el de la izquierda, y también que en Ros no se produce porque Ros se dedique a escribir literatura «fascista» en ese sentido malhadado de Rodriguez-Puértolas, como glosa poéticopropagandista. Aquí es donde se hacen inseparables las tragedias personales de la tragedia general, por más que su calvario interior hubiera empezado antes de la guerra. En todo caso, se trata de otro aspecto más de esa «refracción» de la que hemos hablado.

La sensación de lo trágico aparecía en el Ros de los años treinta ironizada por la paradoja y el humor y esto la hacía más dolorosa. La distancia primera se resuelve en un retrato irónico, nunca malintencionado, el primero cronológicamente. Por otra parte, recordemos además el aprendizaje que el mismo Buñuel llevó a cabo con Ramón, y las enseñanzas que Dalí extrajo (a juicio de Agustín Sánchez Vidal) de su cosificación verbal de los objetos. Ros discurre paralelo a ellos en su concepción de la sexualidad.

Aparte experiencias personales, esa visión dramática o desesperanzada del mundo la comparte —influencia o no— con Ramón Gómez de la Serna.

Dionisio Ridruejo

Atendiendo a los esfuerzos que dedicó, al volumen de versos publicados en vida y a su relación con la vida poética contemporánea, no puede desdeñarse el calificativo de «poeta» para un hombre como Ridruejo, pese a que su vocación civil le hizo declarar que prefería la modesta suerte de mejorar la vida de sus conciudadanos a la relativa eternidad de una poesía memorable. No cabe duda además de que Ridruejo ha figurado siempre en las clasificaciones históricas de la poesía española del siglo XX a cuenta sobre todo de la llamada «generación del 36», que es tanto como decir de los sucesores inmediatos de los hombres del 27. Dicha generación —la del 36— especialmente triturada por las circunstancias de la guerra, es un cajón de sastre, en el que a las lógicas influencias esperables de los maestros anteriores hay que añadir sensibilidades más distintas incluso en lo político que en lo puramente estético. Sirva esto para decir que en esa promoción Ridruejo estaba cerca de quienes tuvieron una orientación poética afín pero también política, o tal vez al revés. Es el caso bien conocido de Rosales, Panero, Vivanco... No se nos oculta tampoco la diferencia principal entre ellos y el mismo Ridruejo, ante todo de orden biográfico. Los demás fueron hombres de letras cuyo compromiso político raramente excedió el campo de la cultura, mientras que Ridruejo tuvo una preponderancia política e histórica cuyo alcance también intentamos dilucidar.

Como en el caso de sus compañeros, hace ya tiempo que las referencias de grupo han dejado de decir algo significativo sobre la obra individual y es el juicio particular sobre ésta el que resulta pertinente a la hora de reeditarlos o releerlos. Por supuesto, Ridruejo no habría querido, por simple justicia poética, que fuese de otra forma. De modo que de su papel en la historia de la poesía española hay que arrancar el término *historia* y pasar a la poesía sin más.

Quien mejor ha entendido, con todo lo que ello conlleva, la concepción central de la que se desprende la poesía de Ridruejo, ha sido Luis Felipe Vivanco en su prólogo a la recopilación de 1961 conocida como *Hasta la fecha*:

> Dionisio Ridruejo es todo lo contrario de un poeta artista, o un poeta hermético, o un poeta puro. En su poesía no podemos separar al hombre del poeta, y su palabra servicial y seguida —en vez de problemática y en suspenso— apenas nos transporta a otro mundo. Se trata, por lo pronto, de un poeta de este mundo, sin demasiado arraigamiento ni demasiada evasión a través de su primera actitud juvenil, pretenciosa e impermeable. Su manera peculiar de ser pretenciosa —de verso clásico, de estrofa regular, de perfección retórica— es lo que la hace ser impermeable a todos los planteamientos inmediatamente anteriores. En este sentido, su actitud sirve de puente entre los poetas de antes del 36 y los de después del 39.
>
> La lírica moderna ha consistido, en su dimensión fundamental, en la liberación absoluta de la imagen dentro del poema, y, por tanto, en su máxima valoración como materia poética suficiente. Pero Ridruejo no acepta esta imagen liberada —que al llegar a él empieza a ser imagen de repetición— y quiere acercarse otra vez a lo real a través de lo que podríamos llamar la continuidad del discurso. Por eso su palabra va a ser más construida que intuitiva y más disciplinada que rebelde. La alquimia del verbo es idealidad pura: no llega —ni afecta para nada— a la realidad en sí misma. Después de tantos esfuerzos desesperados y geniales —de Rimbaud a Vallejo—, hay que renunciar a ella y avanzar por otro camino. Las pretensiones del Ridruejo juvenil, a que me refería antes, no son nunca pretensiones metafísicas de conocimiento más íntimo y más completo de la realidad gracias a la creación del poema como criatura autónoma. Son todo lo contrario: la realidad es una cosa y la palabra otra, y la única posibilidad de relación entre ellas es la existencia misma del hombre, es decir, del poeta. En vez de fundar la existencia sobre la palabra hay que fundar la palabra sobre la existencia. El planteamiento de la creación poética va a ser, así, menos radical, y la palabra va a tener un seguro valor instrumental, al servicio de unos temas propuestos y aceptados.[87]

Aunque Ridruejo evitó casi siempre en su poesía la retórica celebratoria y sin pudor que se encuentra en otros autores que glosaron y loaron el Régimen, como es el caso de Foxá, hoy resulta incómodo leer la mayor parte de la obra poética escrita a lo largo de los años treinta y cuarenta y buena parte de la década de los cincuenta. Cuando se compara —bien en antologías o recopilaciones— con la producción posterior comparativamente mucho menos extensa, más que acentuarse la sensación de incomodidad se experimenta cierta liberación, como si el lector advirtiera que Ridruejo se ha librado de una concepción poética que no era declamatoria en el tono pero sí retórica en la forma. Aún en tono menor, la poesía de Ridruejo, a veces no se sabe si apagada o intimista, tiende a simbolizar sin llegar a tener verdadera eficacia comunicativa y sus poemas se hacen monótonos o simplemente dejan de tener interés. Allí donde Foxá sobrecargaba sus composiciones sin llegar a conseguir que el poema se moviese sino inmovilizándolo pesadamente, excepto en aquellas formas de canción que siguen el ritmo de la poesía popular, la poesía de Ridruejo discurre con una fluidez que no deja apenas huella y en la que el recuerdo de los versos escapa a una verdadera adherencia emocional y humana, aunque ese adjetivo, *humana*, sea el que parece cuadrarle en la aproximación de su visión poética.

Solamente la verdadera rehumanización de sus poemas, liberados del todo de la formalidad clasicista aunque no fuese más que la de la estrofa del verso libre, como se aprecia en varios de los poemas de *Los primeros días (Idilios de la hija reciente)* —es decir, en poemas de pura intimidad familiar— y también en *Convivencias*, así como en la reaproximación a la poética y el ejemplo de Antonio Machado, le llevarían a un tono poético mucho más espontáneo, verbalmente más comunicativo, más generoso, más hondo y en definitiva mucho más moderno. En esos poemas de los años cincuenta, Ridruejo volvió con frecuencia, como si se tratase de tema y variaciones, sobre muchos poetas y antecedentes culturales de la historia literaria española de la primera mitad del siglo XX, ya se tratase de Manuel Machado, Leopoldo Panero, Carles Riba, Azorín o José María Valverde. A veces, como en el poema dedicado a Antoni Tàpies, la acumulación de materia verbal en un juego paralelo al del pintor que glosa, verdaderamente conmociona por una densidad semejante a la de algunos de los poetas más exigentes de aquel momento. Se podría decir que Ridruejo llega a estar cerca incluso de los poetas que le sucedieron generacionalmente, a saber, de los niños de la guerra que se convertirían en la «generación de los 50». En sus último libros, *Cuaderno catalán* y *Casi en prosa*, determina una transformación ya completada. El *Cuaderno catalán* es otra de sus muchas incursiones en la cultura del país que más contribuyó espiritualmente a su apertura personal, tematizado en algunos apuntes históricos, en retratos de lugares y paisajes de pintores y motivos culturales o artísticos. *Casi en prosa* se refiere en su mayor parte a su estancia en universidades norteamericanas. Tiene casi todo de diario poético y como tal es realista y preciso, pero también compasivo, humorístico, entretenido. A Ridruejo, llevado de esa curiosidad, que era su garantía de juventud, le sorprende la atmósfera brillante pero artificial y, a veces, un tanto cansina de la modernidad de los campus norteamericanos, registrada con calma en medio de una época —la de los años sesenta— los ecos de cuya turbulencia también se ocupa de recoger por escrito.

Puede parecer una ironía última, como tantas de su vida, que el libro más valioso de Ridruejo sea, inesperadamente, un comentario poético «casi en prosa» de su estancia en algo tan alejado de su universo original —y casi tan universalmente denostado por los escritores falangistas— como Estados Unidos. Sin embargo, su comprensión relajada, solar, clara y humildemente lúcida es memorable por la justeza de su tono descriptivo. Ésta es una poesía hecha para leer y por tanto acaso más hecha para la página del libro que para el recuerdo del verso. Pero con una coherencia interna en sus casi noventa composiciones que constituye un logro tardío pero admirable de la poética de Dionisio Ridruejo. Es irónico, sí, porque aunque nunca se creyó obligado a desdecirse de la mayor parte de su obra poética primera y mediana, sin embargo recorrió un camino casi tan largo como el que había completado en su peripecia civil. Y esto a su vez nos confirma que por extraño que parezca para los manuales de literatura, la poesía más valiosa de Ridruejo tiene poco que ver con la idea general acerca de su poesía que aparece en la historia de la literatura.

La variedad y extensión del vocabulario, renovado a cada paso, sin artificiosidad pero con descubrimientos adjetivos y semánticos, es otra nota que indica que el talante y la vocación poéticas de Ridruejo eran verdaderos y no que su obra fuera una pose esteticista a la que no respaldaba un talento suficiente.

A la reescritura que menudeaba en los azares literarios poéticos de Ridruejo hay que sumarle la reordenación repetida que redistribuye poemas en libros distintos, lo que desorienta al lector no avisado y le obliga a buscar poemas recordados que han cambiado de lugar. Esta redistribución varía según las antologías y recopilaciones —como *Hasta la fecha*— y en las ediciones críticas de sus primeros libros, pues algunos de sus títulos terminan agrupando también otros libros. Se puede argüir que, no siendo nunca declamatoria ni retorizante, la poesía de Ridruejo siempre se hizo hacia dentro. Pero hay de sus primeros libros una impresión poco distintiva cercana a una cierta monotonía expresiva, como si se oyesen en sordina, más como un rumor que como una voz. El cultivo de la égloga, de la lira, de «verso clásico», de estrofa realista, de «perfección retórica» como concluye Vivanco, se funde con la evocación —o invocación— y descripción paisajísticas. Por otro lado, la poesía primera de Ridruejo ignora por completo la ciudad. Sólo en su evocación del *Cuaderno catalán* aparece ya Barcelona y luego en *Casi en prosa* las urbes norteamericanas. Irónicamente, en pocos decenios la ciudad conquistaría parte de ese paisaje y la mejor prueba es el poema que Ridruejo escribe sobre Torrelodones, entonces más parte del paisaje serrano que del extrarradio madrileño.

Además, la disposición a insistir en la forma del soneto hasta el punto de escribir un libro entero (*Sonetos a la piedra*) en esta forma tampoco favorece su variedad, pues es acaso la forma poética más fácilmente homogeneizadora y despersonalizada de la poesía española moderna, como si hecho uno, hecho un ciento. En los *Sonetos a la piedra*, la manida expresión de cincelar sonetos se hace casi literal tratándose de un tema como ése.

Otra característica permanente es la estructura asonantada que lleva adelante el poema como pareados, cuartetas, formas de romance, etc. Por eso, posteriormente, como si quisiera criticar esa facilidad, llegará a formas asonantadas en las que rompe el ritmo. Por ejemplo, en la *Balada de los tres caballeros* donde alarga el metro para destruir la música y evitar una rima fácil demasiado simplificada y esperada.

El caballero está en la montaña
cubierto de diamantes en llamas.

La tierra se le ofrece como un paciente vaho;
él está solo y retirado.

Único hombre, rayo del cielo;
se derramó en la noche como el silencio.

El caballero está en el bosque;
en hierro negro su cuerpo esconde.

...

Otro fenómeno curioso es que Ridruejo escribe con frecuencia un verso regular, a veces con eco asonante cuya estrofa pide alguna clase de rima y que quiebra precisamente la que no tiene. Y por último las formas rimadas de Ridruejo no son las más estimulantes.

No obstante, ya hay acentos que permanecen, intentos de cántico pleno, como en estos versos de terminación adverbial, adjetiva, primero y luego participial:

Yo quisiera cantar sencillamente,
pura y enormemente,
con la palabra tenue y el eco resonante,
con la terrible voz y el eco murmurado.

O el hermoso:

Ya solo en mi corazón
desiertamente he quedado;

Por ende, la poesía de Ridruejo rara vez es inmediatamente brillante, dicho sea menos como excusa que como contraste con unos resultados poéticos deslumbrantes —el de los del 27— que dejaban en opacos otras aproximaciones —tal como le sucedería a Cernuda—. Puesto que alcanza una forma meditada, da más cuando se espera menos. No obstante, se puede leer como recorrido moral paralelo de su trayectoria civil y aclaratorio, por presencia o ausencia, de algunas de sus circunstancias. Por ejemplo, en la VI de sus *Soledades*, donde la memoria se resuelve en escrúpulos:

Qué traidoramente sirves
a la verdad de mi tiempo,
memoria, que entre delicias
vas escondiendo mis duelos
y les niegas a mis años
la altura de su escarmiento.

El pasado es dulce recordado, se dice, pero yo sé bien, y razones tengo para creerlo, que no debería ser el caso. Remordimiento doble, pues, por recordar lo bello y por no evocar lo malo que hubo. Es un reproche propio, pues como siempre Ridruejo vive no exactamente en paz con los hombres y en guerra con sus entrañas, pero siempre se acusa a sí mismo primero, o dicho de otro modo, se acusa a sí mismo con nombre y apellidos y disculpa a los demás en parecidas circunstancias.

Sus versos son además instrumento de amistad, y aquí su elección tampoco es inocente. A Foxá, Montes, Sánchez Mazas, les dedicó notables artículos críticos. Con ellos usó la prosa, pero para los más cercanos sentimentalmente y en espíritu, más jóvenes, los celebró en verso, vivos como Rosales, Panero, Laín, o muertos, como Ros. La lección cultural que Ridruejo comprendió se trasluce meridianamente en *Convivencias*, donde se muestra quiénes son los maestros. Un censo rápido: después de los esperados, Manrique, Lope, Fray Luis, Quevedo, etc., figuran Juan Ramón, Antonio Machado, Unamuno y luego Manuel Machado, Lorca y Gerardo Diego (y también Adriano del Valle y Eugenio Nadal). Y enseguida Rosales, Panero, Vivanco, evocados en tanto que poetas («Poesía de» se llama la mayor parte de los títulos) y hasta Valverde, seguidos del falangista Pancho Cossío, pero también de otros pintores como Benjamín Palencia y «Antonio» Tàpies, de un maestro catalán como Carles Riba o del *Mensaje a Azorín*, en su generación. Ni sombra de otros maestros, si es que tales fueron. Sólo la *Carta al poeta Agustín de Foxá, que estaba en Finlandia*, que procede de la poesía de Rusia y está escrito con metro y rima regulares. No es de extrañar, por cierto, que en el poema «Poesía de Luis Rosales» evocando inspiraciones literarias formativas, diga:

«A ver qué es esto»: La poesía.
La de Guillén, Alberti o Aleixandre,
...

De modo que, aprendida la lección, la poética y la poesía de Ridruejo se hace plenamente paralela y contemporánea de poetas de los cincuenta, bien es verdad que de los más «castellanos» como Claudio Rodríguez o Valverde.

«Sin duda nos hacíamos préstamos, y si algunas de mis ocurrencias pasaron quizás a sus hermosos "Versos del domingo", muchas de sus precisiones y juicios y no pocos de sus poemas impregnaron mis escritos», dice concretamente de este último.[88]

También adquirió un perfil de conocimiento con un elemento intelectual reflexivo y aguzado:

Caigo sobre la tierra, calurosa
como un regazo humano;
los ojos en la altura gozan, amplia,
la adormecida réplica del claro.

Así nos transporta a la experiencia de ver al revés, dando la vuelta a la cabeza, como en un ejercicio de ilusionismo que es también el de su conversión poética, casi nabokoviano:

Forzando la cabeza —el césped cruje—
Se me invierte el paisaje. Esbelto, franco,
Deja caer la hierba el pinar lento
Hacia el fondo del cielo como a un lago.

Cuando el poeta no se impone en cada una de las formas poéticas que practica, le es más fácil dejarse ir y escribir algo más logrado en una forma menor, popular o de canción: esto vale para Sánchez Mazas, para Foxá y aun para Ridruejo. Podría decirse que es más fácil para un poeta escribir un poema memorable en una forma popular, llana, como la canción.

Dos rasgos transversales hay en la actitud literaria de Ridruejo, en cierto modo paralelos a su propia manera de discurrir moral: el primero es un laborioso trabajo de reescritura, no un deseo de ocultar los cambios, particularmente en la poesía, hasta el punto de que Ridruejo, que llegó a ser autor de ediciones críticas de su propia obra, es a veces no sólo su mayor crítico sino también su mejor filólogo. Así sucede que en esas ediciones Ridruejo reconoce de un lado el expurgo llevado a cabo en algunos libros, es el caso de *Poesía en armas*, seguido a la vez de alguna muestra de lo expurgado para dar veracidad a sus razones, y otras veces de la versión anterior de poemas que se mantienen, generalmente a pie de página. Como decimos, aunque las razones literarias no son las mismas que las morales, opera sin embargo pareja aspiración a la honestidad intelectual: el derecho al cambio no oscurece nunca lo que antes ha sido sino que se muestra como resultado de una elección que es producto de la libertad de transformarse. El segundo rasgo presente en la obra de Ridruejo es una curiosa condición casi fragmentaria, de acumulación de materiales de origen diverso, de libros hechos por ese procedimiento y de intentos que sin ser fallidos han fructificado así por la urgencia o naturaleza de las circunstancias y finalmente por la propia muerte de su autor. «Casi» fragmentarios, decimos, porque eso no quita que en su autor hubiera una voluntad de construcción y sobre todo de coherencia a la hora de unificar dichos materiales. Unos cuantos de los libros importantes de Ridruejo, sobre todo en prosa, no son simples recopilaciones de textos que tienen sólo en común un mismo lugar de publicación —por ejemplo, las recopilaciones de artículos de otros prosistas falangistas—, sino que escritos como están al socaire de tiempos de incertidumbre, larga además, para el escritor, se entrelazan e interactúan, componiendo un mosaico que da una figura, la del propio Ridruejo, y un paisaje, el de su propio país. *Casi unas memorias*[89] se llama su libro más rico en prosa, y *Casi en prosa* el que es seguramente el más interesante de sus libros poéticos y también el más unitario. En el primero de ellos, que es donde mejor da razón de su experiencia vital, y que por tanto constituye la fuente más citada por historiadores y comentaristas, tiene además de la prosa biográfica, una panoplia de documentos salidos de su mano, que ilustran de un lado la veracidad de su actitud, cuando no de sus afirmaciones, y que lo proyectan a un terreno que es también historiográfico y abiertamente político. Pero llegados a este punto aun no hemos dicho nada central sobre las maneras del escritor Ridruejo en prosa. Y hay que hacer constar que las cualidades presentes en volúmenes como éste son su mejor título para figurar en la literatura de memorialista, del cronista y aun del autor de retratos o perfiles psicológicos a la vez concisos y profundos y siempre más agudos que acerados. No es sólo que Ridruejo sea un escritor de extraordinaria amenidad cuando refiere los sucesos de su vida y la de sus contemporáneos, ni que esté desprovisto de la soberbia, la cursilería y otros defectos que estropean los escritos de algunos otros autores de los que tratamos. Es también que admira su capacidad para pintar al personaje con pocos adjetivos, todos ellos certeros, de pintar a la vez el cuadro de costumbres y el paisaje histórico-moral de la Europa de su tiempo, con el añadido del peso de una reveladora reflexividad y un estilo de observación que nunca pierde de vista las cualidades morales de aquel o aquello que describe. Esto es todavía más importante cuando consideramos que Ridruejo fue testigo de situaciones o estuvo en lugares compartidos con muchos otros, pero de los que solamente él se atrevió a escribir con una franqueza sin complejos. Pensemos por ejemplo en las imágenes del Berlín nazi o del París ocupado que Ridruejo conoció de primera mano, con detalles acerca de los prostíbulos de lujo o de otros elementos entre lo decorativo y lo sórdido que no resultarían desde luego esperables en otros escritores.

Por otro lado, Ridruejo, que se benefició en los análisis de su poesía del instinto crítico perspicaz de hombres como Luis Felipe Vivanco o Marià Manent, fue a su vez el mejor crítico de todos los autores joseantonianos de primera hora, como prueban sus artículos en Destino publicados bajo el título de *Sombras y Bultos* o las páginas a ellos dedicadas en *Casi unas memorias*. Y no porque les ajustara las cuentas desde ningún tipo de superioridad moral, que podía haberlo hecho, sino precisamente porque supo entenderlos en su circunstancia, supo dar razón de ellos, confeccionar explicaciones que nos diesen la medida del personaje e hiciesen convincente su producción a partir de esos retratos. Es decir, los retratos de Ridruejo no salvan a sus autores por su ingenio, por su facundia verbal, por su genio y figura o por su leyenda literaria nunca confrontada con la calidad real de sus obras sino que explica cuáles son los límites de éstas. Un rasgo perceptible y notable es que Ridruejo fuese capaz de ser absolutamente justo con ellos sin apearse de su bondadosa predisposición hacia ellos, al fin y al cabo amigos suyos en su mayoría. Reiteramos que esto último no afectó a lo certero de su juicio aun cuando tuviera que señalar sus limitaciones, sopesadas siempre de forma equilibrada entre los matices de la figura y los caracteres de la obra.

En las remembranzas referidas a escritores, con frecuencia escritores amigos, la memoria de Ridruejo se inclina hacia lo vivido más que hacia lo leído. Siempre conciliador —*no hay hombres de una pieza*— en sus artículos no falta el afán abarcador e inclusivo, con autores de un lado y del otro (Antonio y Manuel Machado, Ortega, d'Ors), lo que en algunos casos suponía desdecirse de pasados juicios, ni el de justicia literaria. De los escritores del 98, algunos simplemente entrevistos, hay evocaciones de Unamuno, Maeztu, Baroja y, más detenidas, de Azorín. Tras ellos, Ortega y Gasset, el maestro y el hombre. Y Carles Riba, el amigo y también maestro. E, inevitablemente, el admirado D'Ors, el uno y el otro, el monumental y el humano. De los que fueron sus amigos «camaradas» se detiene en la extremada figura de Mourlane y, sobre todo, en Foxá, por más vivido y más escritor. Al hilo de las noticias y las lecturas van apareciendo Antonio Marichalar, Aldecoa, Pedro Laín, José María Valverde, el admirado Pla... y junto a cada uno de ellos, Ridruejo.

El hecho es que, aunque por azares bien distintos, también intentó Ridruejo una literatura con afanes mayores, al menos en la poesía, concebida y reordenada cuidadosamente, si bien su prosa se quedó en términos de propósito en una producción casi por defecto. Sin la imaginación de un escritor de ficción, lo que le separa de Mazas, Ros, Foxá, Santa Marina y otros, tampoco se doraba la píldora con el periodismo de adorno al modo de Montes, Mourlane y compañía. En el caso de Ridruejo, como siempre, está presente la humildad, pues convirtió la necesidad en virtud, que es lo que son sus crónicas, retratos y memorialismos, y este aprovechamiento demuestra la madurez moral e intelectual de su enfoque. Andrés Trapiello ha escrito que no escribió lo que le debía a su experiencia y talento: «La altura moral del personaje, la honestidad y el arrojo, la valentía y la inteligencia que demostró en la vida, le habían hecho merecedor de ese buen libro que Dios sabrá por qué nunca escribió».[90] Sin embargo, aunque sea con perfiles con apariencia de provisionales, con toda la servidumbre histórica y política que se quiera, si puede decirse que ese libro existe, se llama *Casi unas memorias*. Lo es porque además de constituirse en retrato al modo del espejo que marcha a lo largo del camino, es imposible leerlo sin caer una y otra vez en la cuenta de su extraordinaria virtud literaria para pintar a quienes aparecen en él.

Por otro lado, cuando evocamos el perfil de Ridruejo como contrafigura no lo hacemos porque ésta fuera antirretórica, prosaísta o cultivadora de la sordidez y del feísmo de alguna que otra estética, o encontrada o enfrentada a los oropeles de los otros escritores. Recuérdese que Ridruejo fue uno de los oradores estelares del primer franquismo, que quiso ser y en cierta medida fue ante todo poeta, pero que sobre todo entendió que la búsqueda de la belleza no podía separase del esfuerzo moral. Y en esto se cifra también la esencia y la diferencia de Ridruejo, que careció de esa insinceridad tan cara a algunos de los otros, aunque no fuese más que como pose afectada, y para el que la verdad al modo machadiano tenía valor supremo.

Dionisio Ridruejo es bastante excepcional no tanto o no sólo por la excelencia de sus dones como por la rareza de su caso, que en verdad proviene de su singularidad ética, pero que tiene mucho de rareza estadística contrapuesta a los modos de hacer, de manejarse, de congraciarse y hasta de aprovecharse de la vida española de antes y de después de la guerra civil. Aunque, cuidado, su ser insobornable, y ésta es otra cualidad importante en Ridruejo no consistió nunca en ser altivo, ni desdeñoso, ni elitista. Para decirlo en términos de poetas, esto le acerca más a Antonio Machado que a Luis Cernuda.

Hay otra razón más, crucial, por la que resulta de vital importancia contemplar a Ridruejo como fin de este grupo, o como colofón o corolario y comienzo o anuncio del siguiente. El proyecto político cultural de Falange no constituía una recusación de la cultura española de su tiempo, aunque sí lo es de la política, sobre todo de la republicana, claro está, y más de la republicana que de la derecha, aunque se distinguiera por sus críticas a sus vecinos a la diestra más cercanos. En realidad, quería distinguirse por emular e incluso atraer a sus mejores elementos jóvenes, algo que sólo consiguió en el caso de los intelectuales de la derecha, y continuar, realizar o reinterpretar las pretensiones de los maestros mayores, es decir, Ortega, Unamuno o estéticamente con lo que serían los poetas del 98. Los escritores de la corte de José Antonio, de procedencia estética dispar, formaban parte de ese cuadro, al que José Antonio se remitía, pero también tenían que llevar a cabo esa renovación o formar parte de ella. Durante la guerra recusaron estéticamente a sus contemporáneos jóvenes (Alberti, Cernuda o Miguel Hernández) como es el caso de Foxá, Miquelarena o Montes, aunque muy inconsistentemente, y entre lo político y lo personal. No es menos cierto y sí más importante que aunque no pretendieran explícitamente llevar toda el agua del curso principal de la cultura española a su molino, no consiguieron reorientar la corriente del modo cultural que José Antonio hubiera deseado. Y esto es lo que se hizo muy pronto evidente para un intelectual puente como Dionisio Ridruejo, que entendió que la traumática ruptura cultural provocada por la guerra civil debía subsanarse cuanto antes. En realidad, y esto es lo decisivo, fue algo que entendió mucho antes incluso de insistir en ello mismo y sus equivalencias en un plano completamente político.

Se podría argüir, no obstante, que la dedicación a la política activa, o los silencios a los que fue obligado, incluso la censura, impidieron el desarrollo de un Ridruejo con más y distinta obra poética, incluso de un Ridruejo novelista o dramaturgo. Pero en todo caso los parentescos entre literatura y política funcionaron en ambas direcciones. Era de la censura en prensa de la que más debía temer, pero también era del periodismo de donde pudo esperar su más inmediata salvación económica, y ello gracias a amistades de la política. La respuesta podría llegar a ser afirmativa sólo en el sentido de que su actividad y sobre todo los silencios y la censura, determinaron en muchos casos aspectos de tratamiento de temas y le obligaron a dedicarse a la crítica literaria o a otros temas no estrictamente políticos. Difícilmente su obra poética hubiera sido más extensa, y de no haber intervenido tan intensamente en política acaso habría evitado ciertos énfasis y temas. ¿Quién lo sabe? Sin embargo, es más que posible que no hubiera habido con todo un Ridruejo ni novelista, ni dramaturgo.

Ya fuera por la edad, por imperativos vitales, por limitaciones culturales o políticas, lo cierto es que de toda esta *corte*, sólo uno de ellos, acaso el más dudoso, fue más allá de esta experiencia, al punto de poder afirmarse que la rebasó con distancia suficiente como para emitir juicios que además de informados juntaban la experiencia de primera mano con la objetivación de quien se ha puesto a sí mismo en tela de juicio.

Su talante y actitud ante la experiencia política no sólo se distinguió cualitativamente. En Sánchez Mazas, por hablar del caso del más comprometido de los mayores del grupo, hay compromiso y participación, y luego indiferencia y abandono progresivo, si bien apartado del poder, tanto en las labores del Régimen como en su actitud de *homo politicus*. Frente a ello, Ridruejo representa una especial continuidad de la experiencia política como compromiso, participación y eticismo o coherencia, intentada dentro del Régimen primero y fuera del Régimen después, y a la vez como actitud cívica y humana ininterrumpida en todo lo que fueron sus años. Ridruejo constituyó uno de los puentes hacia la primera generación del antifranquismo de nuevo cuño (es decir, la primera que no había hecho la guerra civil), en el que vinieron a estar los mismos hijos de Sánchez Mazas.

Por último, no hay que echar en saco roto el interés vivo y real de Ridruejo por la literatura catalana, coincidente por lo demás con su aprecio por otras culturas lingüísticas en España.[91] Su trato con los catalanes de Burgos, los más abiertos, su amistad con tantos, de Masoliver a Pruna, su confinamiento en Cataluña, su matrimonio con Gloria Ros, sus muchos amigos catalanes, tantos de ellos escritores, facilitaron el conocimiento y entendimiento de la cultura literaria catalana y de sus particulares problemas. De ello quedaron frutos como la traducción del *Quadern gris* de su admirado Josep Pla. Pero también un diálogo sostenido con Carles Riba con voluntad de entendimiento entre la cultura «castellana» (término que pronto dejaría de tener sentido), que es un hito en la cultura española del siglo y que debe figurar en justicia al lado de otros ejemplos ilustres como la relación entre Unamuno y Maragall, el intercambio epistolar de Julián Marías y Maurici Serrahima, y el de Delibes con su editor Josep Vergés.

10

Elucubraciones para un grupo

En los cinco años de II República sin guerra, entre 1931 y 1936, se produjo la culminación de un período intelectual y artístico de excepción que venía tomando altura desde los inicios del siglo XX o finales del anterior, en lo que ya contemporáneamente se llamó «Edad de Plata», una denominación que hizo fortuna. También excepción entre las excepciones, este lustro fue testigo del rearme —en todos los órdenes, y tanto intelectual como políticamente— de las derechas españolas que no aceptaron de principio el régimen o no terminaron nunca de acatarlo, lo que sumado a la desestabilización económica y de facciones varias de la izquierda precipitó rápidamente a la sociedad en la guerra civil. Durante el brevísimo plazo a lo largo del cual los tradicionales propietarios del poder —o poseedores del país— no dispusieron de su acostumbrada y casi omnímoda hegemonía política, no cesaron los ataques por parte de quienes se consideraban contrarrevolucionarios (al tomar a la II República por «revolución» liberal-democrática, laica, atea, anticlerical o, sin más, subversiva del orden social «natural») o de quienes propugnaron otra suerte de revolución (identificable o no según los casos como «reacción») militando en el naciente fascismo. «Esto podrá durar más o menos, pero ya está en el fondo de las conciencias la previsión segura e infalible de su fin», sentenciaba Eugenio Montes en su «Discurso a la catolicidad española» de 1934. «Sufrimos estos días los últimos ataques convulsos de la democracia». Lo que es menos conocido y merece una cumplida aclaración es que estos años animaron a ambas partes de lo que hoy consideraríamos derecha extrema a un peculiarísimo esfuerzo intelectual en el que hubieron de entrar incluso en competencia (antes de entrar juntas en liza el 18 de julio), sin antagonismo primero, y luego como opciones exclusivas, y sobre todo que ese momento puede considerarse el más brillante de todo el siglo en la tradición del pensamiento derechista. Otra cosa es que dicho legado, por razones más que evidentes, no tenga hoy depositarios relevantes que puedan reclamarlo.

En esa parcela disputada entre formaciones contiguas, la acción política-intelectual tuvo, como decimos, primero uno y luego dos aspirantes entre los que se convirtió en frecuente el entrecruzamiento, los contactos, los roces y rozaduras hasta la abrasión: de un lado el grupo de Acción Española y del otro Falange Española de las JONS. Así se desprende de documentos imprescindibles como son las *Memorias políticas* de Vegas Latapie.

José Antonio Primo de Rivera libró en su vida política tres batallas de envergadura. En la sucesión de rifirrafes de estrategia electoral, de lucha partidista y asimismo de intentos por capitalizar el grueso del influjo político-cultural o, más sencillamente, ideológico de signo conservador, cabe afirmar que ganó dos importantes, aunque perdió la principal. En un primer momento, José Antonio hubo de maniobrar trabajosamente para hacerse con el dominio y control del tronco del fascismo hispano, frente a Albiñana, Ledesma, Redondo o Delgado Barreto, lo que logró con éxito a todas luces satisfactorio y completo. Por el contrario, Falange se convirtió en una nulidad electoral y fue incapaz de contestar la fuerza parlamentaria o social de Calvo Sotelo, Goicoechea y otros prohombres monárquicos o derechistas del Bloque Nacional: de sobra consta que hasta el inicio de la guerra Falange perdió algo más que a los puntos. Y a juicio de muchos, partidarios o detractores, tampoco ganó ni durante ni al final de la contienda.

Pero en una última cosa sí salió victorioso, por razones que son suma de méritos propios y ajenos: en la concurrencia con Acción Española y otros cenáculos, atrajo hacia sí el reclutamiento de nuevos talentos que adscribir a su movimiento, que de otro modo hubieran permanecido como satélites de la vida política o habrían recaído en otras formaciones, monárquicas, tradicionalistas, fascistas o derechistas. En la lucha por los «corazones y mentes», por decirlo con retórica norteamericana, el éxito joseantoniano perduró más tiempo y más intensamente que cualquiera de sus fracasos políticos, lo que puede llevar a notables y numerosas confusiones. Rendir cuentas de este éxito es lo que demanda centrarse en el lapso que media entre la fundación de Falange y el estallido de la guerra. Una vez iniciada ésta, la ganancia de Falange en ese predio de lo imaginario se invirtió o expropió en beneficio de todos los partidarios del Alzamiento, de modo que su influencia se multiplicó sin que a ello le correspondiese, siempre y necesariamente, poder decisorio, tanto más cuando José Antonio y Sánchez Mazas se hallaban encarcelados. Por eso hay que estimar con todo detenimiento esa última victoria joseantoniana, antes de su aniquilación, política primero y física luego. Tal vez lo propio, funcionalmente, sería afirmar, que el jefe falangista realizó una inversión de grandes rendimientos que nunca llegó a usufructuar.

Llegados a este punto, hay que elaborar un juicio sobre nuestros escritores semejante o paralelo al emitido sobre José Antonio. Así como éste tuvo más influencia que poder en el conjunto de la cultura de la derecha española y, finalmente, toda la influencia y ningún poder (después de fusilado y de que su ideario pasase a encarnar la columna vertebral del Movimiento) ¿tuvieron estos autores parecida situación durante el franquismo? Y aún más, ¿cuál es la correspondencia entre el influjo o la aportación estético-simbólica a Falange y el poder político que dentro de ella tuvieron? El encadenamiento de estas y otras preguntas, las relativas a su máximo dirigente y a sus acólitos más escogidos es tanto como estimar su influencia en el curso de la cultura política española subsiguiente. Es algo indispensable antes de juzgar su huella sobre la cultura literaria. Observemos que no se trata de haber ejercido poder, aunque fuese poder cultural en lugar de una compleja influencia, como en el dilema entre ser sabio o burócrata, inspirador o administrador. Nunca tuvieron poder del de verdad en la España de Franco, y para colmo su ascendiente sobre las letras españolas se desmigajó bien pronto, el tiempo que tuvieron de regresar a la elaboración de la obra personal.

Por lo común, hay preguntas imposibles y ucrónicas que se refieren a lo que Primo de Rivera hubiese hecho de haber sobrevivido, llegado a zona nacional, etc.; si hubiese aprobado el mando de Franco, las directrices de la política del bando sublevado, si era o hubiera seguido siendo fascista. Las preguntas que nosotros nos planteamos no son hipotéticas sino que se basan en una consideración de datos divulgados y hechos acaecidos: no se refieren a ningún fantasma reencarnado, pese a que algunos escritores volvieron de la zona enemiga casi como espectros de otro mundo. Las interrogaciones son de otra clase: ¿su influencia, dejando aparte las aportaciones «escenográficas», tuvo alguna substantividad ideológica, aun aceptando de partida que no se trataba de lumbreras filosóficas? ¿Qué le dieron exactamente a José Antonio y a la Falange, además de relumbrón y buenas palabras? ¿Y qué les dio él o, más bien, qué esperaban de él que les diera? Qué les dio el franquismo durante y tras la guerra es cosa que hemos visto con una lupa cercana. Cada cual a su modo, todos ganaron la guerra, algunos antes de empezada (así Sánchez Mazas, el que más cerca estuvo de perder la vida), gracias a los esfuerzos invertidos en el trienio anterior, fruto a su vez de una década de elaboración previa, esfuerzos que rentabilizaron involuntarios discípulos, así Ridruejo, que actuó no sólo como el continuador de una empresa familiar sino como un bolsista astuto que saca el mejor partido de unos fondos de inversión, que entretanto, cambian de manos.

Si la victoria resonante de las armas de Franco tuvo un efecto sobre la concepción del mundo de estos escritores fue sobre todo el de hacerles creer que los vientos de la historia que tan favorablemente habían soplado para ellos en España y que parecían convertirse en vendaval en Europa seguían esa misma dirección. Sin duda, pese a su pretendida sapiencia sobre los designios de Clío, debió de parecerles un milagro la azarosa circunstancia que llevó a la destrucción de la República y a la restauración del orden y privilegios anteriores a ésta. Y comparado con ello, la potencia de regímenes como el alemán tenía que aparecer con visos de invencibilidad. No cabe duda de que fue entonces cuando se sintieron más fascistas que nunca, al compartir los destinos de naciones que parecían llamadas a todas luces a dominar el continente y aún más allá. Este optimismo histórico, que halagaba además su impresión de haber hecho no solamente una elección conveniente sino una predicción correcta en la incontrolable Europa de los años treinta, la certidumbre de haber aplastado a un enemigo histórico, se encuentra en los escritos de la mayor parte de ellos de antes y durante la segunda guerra mundial. El corolario último de esta visión sería la derrota final del culpable máximo de la guerra española: la Unión Soviética. Así lo certifican las impresiones de quienes como Foxá y Miquelarena escribieron desde el frente ruso con un sentido de innegable superioridad anunciando la victoria alemana.

Por todo lo dicho no resulta muy exagerado concluir que así como ganaron la guerra civil ellos mismos y no sólo los suyos, perdieron ellos la segunda guerra mundial y no sólo sus estrechos aliados, en quienes habían depositado una confianza desde luego histórica. En su retórica, tardaron bastante más en apartarse de esa lealtad de lo que tardaron los gobiernos de Franco previendo el cambio en el curso de la guerra. Y la distancia irónica de un Montes respecto a pasados entusiasmos por Mussolini y Hitler, que se desvanece con sólo leer sus artículos de los treinta y cuarenta, ese «ya lo decía yo» se parece más en última instancia a un «donde dije digo...», a un ejercicio de velado cinismo preferible a reconocer menos ensoberbecidamente los ditirambos dedicados a los dioses caídos. Solo algo más leal, aunque igualmente extraviado en su análisis, fue la conclusión de Sánchez Mazas sobre la Italia del Duce,

> vencida íntimamente en torno a la musoliniana ceguera (...), por la misma Roma fascista, por el propio cáncer interior, en una perniciosa mixtura de tolerancia culpable, intriga permanente, abusivo privilegio, delación odiosa y arbitrariedad consentida, con que crió y engordó y envenenó en su propio seno a los buitres que le sacaron luego los ojos.[1]

Su cortedad de miras les impidió percibir, hasta que fue ya demasiado tarde, que el poder que se anunciaba con una omnipotencia mucho mayor que la de los regímenes amigos era Estados Unidos, hacia los que no albergaban ninguna clase de simpatía, aparte de su desconocimiento de la cultura de dicho país. Se dio paso así a una resignada aceptación del orden de posguerra, pero incluso en el caso de aquellos que tuvieron algún contacto de primera mano con Estados Unidos prevalece una aceptación entristecida, una contraposición de antiguos modos, europeos o españoles, más civilizados, un escepticismo ante lo que suponían las innovaciones tecnológicas. De todos modos, para entonces sí hay una conclusión bastante definitiva: que ya había acabado su papel de intérpretes ideológicos, aunque fuera con la enrevesada e historicista estrategia de la que habían hecho gala. Fue aquí donde en cierto modo acabó su política y en esto describió un arco perfecto, que se puede resumir con un par de ejemplos. El ciclo parece completo hasta en el relevo generacional: Sánchez Mazas, que abrió el fuego registrando el ascenso al poder del fascismo en sus crónicas acerca de la Marcha sobre Roma para *ABC*, terminaría disparando sus últimas salvas, sin dar en el blanco, al epilogar *Italia fuera de combate*, de Ismael Herraiz, libro también de un corresponsal, esta vez de *Arriba*, que narraba justamente todo lo contrario: la caída. Para colmo, su secretario personal, Carlos Sentís, daría cuenta de las ruinas al acudir como enviado especial del mismo *ABC* al Proceso de Nuremberg en 1946.

Ahora bien, y volviendo a los inicios y al cenit de su influencia, si aceptamos que la importancia de estos autores en el decurso de Falange fue tal que configuró la mayor parte de la retórica, simbología y ritual, hemos de admitir que se trata innegablemente a su vez de los creadores de lo que a partir de la victoria de Franco se convirtió en dieta diaria de los españoles: así el vocabulario político, el arsenal retórico, los himnos, las canciones, los gritos de rigor, los símbolos omnipresentes y de todos los días en la vida cotidiana, la retórica de la prensa, de la educación, de los actos oficiales. La única simbología que conservó su presencia en esos años fue la católica, de todos modos estrechamente aliada a la otra. Entonces, los poetas, escritores, intelectuales de Falange serían corresponsables con José Antonio de ese éxito que, a diferencia de él, llegaron a ver vivos y coleando como signos identificatorios de un régimen que duró más que la gran mayoría de ellos.

Por eso mismo habrá de concluirse que se trata de los autores más influyentes en la vida cotidiana de la ciudadanía de toda la historia española del siglo XX. Como apreciación parece grandilocuente, pero resiste la comparación, aunque haya de insinuarse también como paradoja, porque, si bien la influencia de los autores se debía a su responsabilidad en la creación de ese imaginario común, es verdad que esa condición de ventaja no se debía a otra cosa que al hecho de que un régimen victorioso había adoptado sus signos imponiéndolo a sus súbditos, pero hasta aquí sólo certificamos un hecho.

Al reconocer el éxito de Acción Española, como núcleo teórico de lo que en ocasiones parece esencialmente reacción antirrepublicana, se manifiestan más nítidamente sus limitaciones: ¿Cuál era su activo intelectual? ¿Maeztu, Víctor Pradera, Pemán, Sainz Rodríguez?... poco más que pueda resultar reconocible, o que no estuviera finalmente del lado falangista. Sólo muy limitadamente llegó a satisfacer Acción Española algo que en la República también se dejó ver, de acuerdo con un fenómeno característico del siglo: la aparición y nuevas demandas de juventudes con mayores oportunidades y exigencias políticas, ligadas a una política que pronto se convertiría en acción de masas, en la izquierda primero y luego en la derecha. Con un esbozo de esas familias de la derecha política se aprecia ya con qué naturalidad asociamos tareas de pensamiento, de teoría y doctrina a Acción Española y de imaginación, de literatura y estética a Falange Española. Falange y literatura cuadran de un modo que sería imposible en la combinación de Acción Española y las letras, cuyo campeón fue siempre José María Pemán. En nuestro tiempo, la distinción a buen seguro habría trascendido como vieja y nueva derecha, en función de su estilo, aun más que de su enjundia filosófica, o, por seguir una denominación orteguiana, a la que en su momento se acogió el mismo José Antonio, vieja y nueva política. Esa distinción se extiende más allá del mundo de las ideas, tanto más cuando la disputa no resultaba ser puramente ideológica ni únicamente personalista, aparte de que, al tratarse de las derechas españolas o, si se quiere, de la liza política general, es lo corriente que las ideas se ignoren, queden rebasadas o discurran en paralelo a los intereses. El carácter moderno de Falange, vinculado a las innovaciones del fascismo y cortado a la medida de necesidades de lenguaje e imágenes de nuevo cuño, se revelaría eficaz en el hecho de que, sin menosprecio del bagaje ideológico, que no puede dejar de ser inspeccionado, era un recubrimiento rejuvenecedor, una vestidura de fuerza y energía novedosas de posiciones e intereses que de otro modo no hubiesen encontrado tan fácil justificación, energía movilizadora o blanco de su acción. Pese a la costumbre del último medio siglo en un mundo más asentado, al menos en Europa, la acción política no puede sustentarse en una convicción puramente revulsiva o en un dechado de intereses bajo amenaza, sin oponer valores y convicciones que no sólo han de juzgarse superiores a aquello que se combate sino que han de evidenciar un atractivo moral —aunque aparezca muy estetizado— que mueva a una acción que suele conllevar riesgos. Mucho menos cuando el resultado promete ser la degollina de un conflicto civil.

La condición del intelectual presente o relacionado con el núcleo dirigente de Falange también toma un carácter muy especial al verificar su condición de literatos. Porque el compromiso que se le pide a esta figura dista del papel de pensador o aún más del de intelectual orgánico. En rigor, Falange Española no tuvo en sus primeros años otro intelectual orgánico, si acaso, que Rafael Sánchez Mazas, o tal vez le correspondiera esa función al mismo José Antonio. Ni siquiera Ledesma Ramos pudo desempeñar el papel y tampoco se lo permitieron a Giménez Caballero, cuya teoría aunque influyente en los inicios llevaba siempre un ritmo o velocidad muy distintas, cuando no disparatadas, del que calcula una maniobra o estrategia políticas.

Dibujados los rasgos de la intelectualidad literaria de primera hora, resulta patente que su acercamiento tampoco se encontraba en el otro extremo: el de la personalidad que presta su nombre, todo lo más su firma, a la adhesión a una causa. Aunque algunos partieran de una situación parecida, su «compromiso» se concebía antes bien en un empeño por trasfundir su talento literario en retórica o imaginación al servicio del partido, en la creación de signos estéticos, o incluso en la adopción de la estética política propia de la formación a la finalidad de la creación literaria, a la aplicación de la ideología a su actividad, que es el único caso en el que con propiedad cabría hablar de especies como «poesía falangista», etc.

Esta caracterización remite de inmediato al modelo más conocido, verdaderamente celebérrimo, por más que se sitúe en el extremo contrario del espectro político: el de los poetas comunistas. Que no es el de los escritores del *engagement* sartriano ni tampoco exactamente el del «surrealismo al servicio de la revolución» y otras variedades, en el entorno de movimientos y formaciones políticas o parte ocasional, sino una especie más incondicional e instintiva, en muchos casos no demasiado intelectual en el sentido reflexivo o filosófico y sí bastante más emocional. El modelo de poeta del Partido, de vate comprometido con la causa del proletariado produjo decenas de poetas, y unos cuantos de ellos de relieve bastante notable. Este fenómeno internacional se registra en lenguas y países por doquier, ya se trate de Neruda, Eluard y Aragon, de Brecht o Johannes Becher, de Hugh McDiarmid, de Nazim Hikmet. También en España es el único que puede oponerse como ejemplo, pues no hay cohortes reseñables de poetas socialistas, mucho menos socialdemócratas, como si fuese un mundo que pareciera más adecuado al realismo y a la prosa. Dicho sea de paso: nada más instructivo que comparar a la Falange con el Partido Comunista, el más influyente entre los intelectuales de todo el siglo XX, lo mismo en España que internacionalmente, el que gozó de mayor ascendiente en todas las generaciones del antifranquismo, el partido en el que militaron unos cuantos de los mayores poetas de la lengua castellana del siglo pasado: Alberti, Miguel Hernández, Vallejo, Celaya, Blas de Otero. Con todo, es patente la diferencia, pues la influencia de estos poetas en la configuración de la política de su partido fue nimia. Aun más paradójico es que, sin acogerse explícitamente a una teoría del compromiso, por lo demás patrimonio de la izquierda, los de Falange terminaran por desempeñar un papel más relevante en la política directa.

Al conjunto de aportaciones de los escritores joseantonianos a la formación política de la que se convirtieron en miembros hay que añadir otra creación bastante más insólita, aunque más fácil de esperar en un literato: la creación de su líder. En esto se ve más nítidamente el intercambio entre el jefe nacional y sus interlocutores que entre éstos y la Falange como obra suya. Antes de 1936 no actuaron como panegiristas de Primo de Rivera que, de todos modos, conocía bien las formas de «ofrecerse» como activo político de primera magnitud. De hecho, «se vendió» más a los autores de su *corte* antes que llevarlos a ejercer de propagandistas de su figura ante otros públicos. Y es digno de mención que la atracción sentida por la mayor parte de dichos allegados estuviera más relacionada con las virtudes carismáticas de su dirigente y con elementos inmateriales de su oferta (que se traducían pobremente en cualquier otra ganancia) que no en compensaciones materiales garantizadas o prometidas. Precisamente esas provenían de otras empresas de mayor solvencia, como por ejemplo el diario *ABC*. No obstante, hay que matizar que el hecho de no existir probada incompatibilidad entre estos cuarteles contiguos, todo lo más alguna embarazosa contradicción, les permitió también a dichos escritores ponerse la vitola de un compromiso con todo el prestigio de lo novedoso sin arriesgar prácticamente nada en el terreno de lo material.

Por otro lado, el carácter sobremanera literario de la imaginación falangista, desprovista de frutos significativos, aunque sólo sea como hitos históricos, en otras artes, ha otorgado el máximo relieve a los escritos sobre Primo de Rivera de sus primeros seguidores en la elaboración del mito. La estatura del «mito» se medía pues en palabras a falta de otras manifestaciones consumadas. No hay, ni apenas hubo, estatuaria pública del «Ausente», todo lo más abundancia de bustos en los despachos, como si su altura no llegase ni a medio cuerpo; había desde luego una variada iconografía, pero básicamente sobre los modelos trillados de ilustración o pintura. Interpretaciones más singulares, como el retrato realizado por Pancho Cossío constituyen una rareza. Tampoco se registran casos de proyectos de hagiografías cinematográficas, y eso que José Luis Sainz de Heredia —salvado de una checa por Buñuel, y que realizó una película con guión de Franco (*Raza*) y otra biográfica del mismo (*Franco, ese hombre*)— era primo carnal del fundador de la Falange.

Y aquí es donde percibimos con mayor nitidez el intercambio de prestigio entre el creador de Falange y quienes le ayudaron en la tarea. Si éstos le elevaron a las alturas del cielo de los héroes, él les dio un estatus de discípulos, de discípulos vivos y no de mártires muertos, con un protagonismo único e indiscutible que también gozaba de perfiles borrosamente mitificados. Tal cosa se convierte en equivalente de lo que es la mayor paradoja expresada en este trabajo: que su cohesión como integrantes de una circunstancia históricamente muy señalada proviniera de una agrupación política. No se trata tan sólo de que Primo de Rivera les diera política y ellos a él literatura (en la doble vertiente de retórica para la acción política y estetización del líder máximo), sino de que incluso en su primera significación literaria, el lugar y la forma de conjuntarse se hiciera a través de un mundo no literario. Para que ellos lo aceptaran, puesto que se veían primordialmente como estetas y no como «comprometidos» que acuden a la acción urgidos por ninguna alarma moral, tenían que conceder la máxima importancia, y no como simple coartada, a la unión inspirada entre la política y las letras, en la que el escritor es una suerte de cortesano, inspirador o secretario del «príncipe», cuyo talento es reconocido por éste y recompensado con estima, protección y cargos; de ahí que acudieran a tantos ejemplos renacentistas y prerrenacentistas que forzosamente provenían de las ciudades-estado italianas (lo que era, como es lógico, muy de su gusto), puesto que esa tradición no ha existido nunca de veras, con mutuo aprecio, en nuestro país (salvo desdichadas excepciones, como Quevedo, que demuestran su poca fertilidad en España). La figura tradicional del que participa por igual de las armas y las letras —que algunos, como Santa Marina, hubieran querido y a otros, al menos retóricamente, no les hubiera molestado—, la del poeta soldado, de la que sí hay ejemplos notorios (Manrique, Garcilaso, Cervantes, Cadalso), era simplemente imposible, demasiado arriesgada o les encontró en otras circunstancias inconvenientes. Así pues la *corte de José Antonio* es algo más que un modo de hablar y sobresale por eso mismo de otros cenáculos de la época. Las tertulias de entonces podían ser reflejo de una cierta preeminencia intelectual, inspiradas por una personalidad literaria, periodística o filosófica o en torno a un proyecto editorial o de revista, como cuando hablamos de las de Ramón Gómez de la Serna, Ortega y Gasset o *Revista de Occidente* o la Cacharrería del Ateneo. Podía haber una tertulia en torno a una personalidad política, ya fuera Azaña o Romanones, pero una reunión de literatos en torno a un caudillo político con el ánimo de darle primero carácter estetizante, como en el caso de las «Cenas de Carlomagno», al mismo acto de reunirse y en el que el dirigente pretendiera inspirar políticamente a los escritores, para que éstos a su vez inflamasen de imaginación literaria a su partido resultaba insólito en el paisaje artístico y social del Madrid republicano. Y no hay duda de que al depositar su confianza en que afianzasen los márgenes de un proyecto estético, no se debió engañar sobre sus pobres cualidades ni tampoco sobre el hecho de que le era más fácil disponer de talentos literarios que de cuadros políticos propiamente dichos. De modo que bien puede decirse que si resultó desacostumbradamente inusual como agrupación culturalista, no lo era menos como formación política. Fue precisamente lo extraño de esa transacción entre José Antonio y sus dilectos escritores lo que movió a alarma a algunos falangistas o personas próximas a F.E. al comprobar los excesos de literaturización de la política. Excesos, por cierto, que a estos mismos elementos les presentaron más interrogantes que la violencia utilizada por las escuadras falangistas.

Por una razón o por otra, porque no hubiera grupos políticos que buscasen esta combinación de hombres de letras en sus reuniones o porque buscado o no, no lo consiguieran o no se diera el caso, un grupo tan insignificante aunque muy publicitado como Falange Española constituye una vez más un hito, al tiempo central y excéntrico, de la historia política y cultural de la República. Y si además es así, es también porque, aunque es sobremanera conocido que la corriente principal de la cultura española en el siglo XX discurre a lo largo de un cauce liberal, progresista, republicano, opuesto al tradicionalismo estrecho y a las concepciones de las derechas, sin embargo, los partidos más significados de esa tradición nunca tuvieron ni concitaron a su alrededor la adhesión explícita y el trabajo en su seno de las luminarias de esa cultura española, con la que pudieron mantener en determinados momentos una política de entendimiento, pero nunca de subordinación. En la época había muchísimos intelectuales españoles verdaderamente independientes y que iban por libre en función además del atractivo que despertaban y de su éxito entre un público relativamente amplio. Pero no se verá en las filas de los partidos principales de la izquierda finalmente antimonárquica o republicana a las figuras capitales de la literatura o la filosofía. Esto no quiere decir que dichos partidos no contaran con intelectuales significados. Véase el caso de Fernando de los Ríos, Araquistáin o Besteiro en el PSOE, e incluso de Prieto, periodista notable presente en esta historia por más de una razón. Pero están en la historia de la política no en la de las letras. Azaña es desde luego una excepción tardíamente recuperada y de carácter excepcional. Las únicas salvedades de todo lo antedicho están en el brevísimo compromiso de Unamuno con el PSOE a finales del siglo XIX y la filiación de Alberti y otros poetas comunistas, importante, pero minoritaria, en el conjunto de los poetas relevantes de su generación. Y el ascendiente hegemónico del PCE sobre los intelectuales es cosa ya de la época de oposición al franquismo.

En otro orden de cosas, causa asombro enumerar los casos de fortuna y adversidades que se presentan en las biografías de los escritores de la *corte*. Sin tratarse de existencias trágicas, por lo menos sin comparación con la época que atravesaron, la distancia entre lo alto y lo bajo de su peripecia no podría ser más llamativa. Y llama también la atención la truculencia de sus aventuras, más que el infortunio de su conclusión. ¿Qué decir, si no, de este grupo, que sobrevivió milagrosamente, uno por uno a la guerra civil, con la excepción de su dirigente?

Aunque tanto la victoria (de 1931) y la derrota republicanas como la restauración del orden democrático en el posfranquismo nos han acostumbrado a ver destinos que pasan del ministerio a la cárcel o viceversa, por dar notorios ejemplos, esta circunstancia es más bien propia de la España liberal o de la izquierda. Sin embargo también fue el caso de nuestros autores. Un grupo entre el que hay prófugos o clandestinos (Ros, Mourlane, Foxá), cautivos y (casi) fusilados (Santa Marina, Sánchez Mazas), represaliados (Ridruejo) o suicidas (Miquelarena). Más de uno escapó a la muerte por los pelos y ya hemos dicho que de milagro no cayeron unos cuantos, aun sin haber visto la primera línea salvo excepcionalmente (en número y en ocasiones). Pero vueltas las tornas y convertidas las lanzas en cañas, es el mismo grupo en el que se encuentran ministros (Sánchez Mazas), diplomáticos y embajadores (Foxá, Alfaro, Giménez Caballero), u otras dignidades políticas (Ridruejo, Santa Marina), procuradores en Cortes (Sánchez Mazas, Alfaro, Giménez Caballero) académicos de la Lengua (Sánchez Mazas, Foxá, Montes) o de Bellas Artes (Montes), directores de diarios (Santa Marina, Alfaro, Mourlane), de revistas (Ridruejo, Santa Marina, Ros, Giménez Caballero, Mourlane, Alfaro) o de radio (Ridruejo), corresponsales en el extranjero (Sánchez Mazas, Montes, Miquelarena, Ridruejo), por sólo mencionar unos cuantos honores o responsabilidades.

Pese a su sueño de ser algo así como escritores áulicos, y aun sabiendo que los valedores del primer falangismo literario fueron todos franquistas sin excepción, por lo menos en la aceptación incuestionada, cínica, resignadamente, o bien de sólo unos años —como Ridruejo—, no hicieron durante largo tiempo de escribidores del franquismo, en el sentido en el que, por dar ejemplos de otras disciplinas, fue Sainz de Heredia un cineasta del Régimen, que sin proscribir los esfuerzos literarios *per se* resultó ser básicamente un régimen antiintelectual. El papel de confidente o enlace con El Pardo lo tuvo alguien tan distinto como José María Pemán, que era además monárquico y «liberal» —bajo el franquismo se podía ser muchas cosas sin caer en la ilegalidad—. Y aunque hubo quien llegó a escribir discursos para Franco (precisamente es el caso de Giménez Caballero, y seguramente de Ridruejo, durante la guerra), es y no es lo mismo que Kipling hizo para Jorge V. Pues éste era de veras un emperador, de la mayor potencia de su época, aunque viese el comienzo de su declive.

El franquismo, tan largo, sobrevivió a la mayoría, aunque sólo fuera unos pocos meses, como a Ridruejo, que se quedó a las puertas de un cambio de régimen y cuando Franco ya casi estaba a las puertas de la muerte. Los que vivieron otros pocos años más eran ya irrelevantes jubilados como Santa Marina, Montes o Alfaro, que aun llegó a colaborar con el diario *El País*, gracias a su posición en la *Revista de Occidente*, y Giménez Caballero, que volvió a reinventarse (siendo un oportunista de lo más torpe, nunca fue lo que se entiende por chaquetero, pues nunca disminuía, sino todo lo contrario, su papel en los hechos del pasado, de modo que quedasen realzados, no ocultos). Sacando fuerzas de su pasado de organizador de vanguardias y de su pintoresquismo teórico, sobrevivió postergando su olvido con cierto éxito, acogiéndose a una renovada atención sobre la figura todavía viva, al tiempo que sobre la obra del pasado.

Como era de esperar, la homogeneidad social de su origen, con la excepción de un Foxá que coincidía con José Antonio en tener título, también revela algo acerca de sus actitudes vitales, tanto más cuando se comprueba que fueron fieles a los parámetros que había previsto su educación y medio familiar. Advertimos esto como algo consistente o común pese a que en la España de su tiempo, y allá donde mediaba una vocación intelectual o artística con deseos de apertura mental y espiritual, ese origen social no era inevitablemente signo de una actitud inmodificable de conservadurismo ideológico, en lo que toca a la significación individual y adulta; es decir, que encontramos numerosas figuras de escuela progresista o de intención reformista procedentes de medios semejantes, pues el fermento del cambio estaba presente insistentemente en la España del momento. Más bien se puede decir que pese a todos los disfraces de radicalismo formal que la estética falangista se puso encima no planteaba ninguna conmoción de las experiencias familiares, educativas, religiosas o sociales a las que estaban acostumbrados. Tampoco olvidemos que la importancia de las características de origen y formación primero, de ideología y expresión literaria y periodística después, que les definen externamente a ellos y a sus respectivas trayectorias, son las que explican también la comunidad de temas y obsesiones literarias. Y para establecer un juicio crítico de envergadura es de esta comunidad última de donde se debe partir.

Se cae también en la cuenta con facilidad de que antes que tratarse de una sola generación, estrictamente hablando, es más bien una generación —veintiún años, el tiempo de una mayoría de edad larga— lo que hay entre Mourlane y Alfaro, el mayor y el más joven. Para que el marbete de generación no parezca estirado a voluntad hasta abarcar un lapso irredimible, ya advertimos que Ridruejo, a quien la manía clasificatoria de la literatura sitúa en la consabida generación del 36, queda como coda a todos los efectos. Los paralelismos con el 27 —grupo poético, en verdad, antes que Generación—, que es tanto como decir su estricta contemporaneidad, y el hecho de compartir fechas y lugares, no les debe convertir en otra de las generaciones acogidas a ese nombre. Tan extraordinaria marca ya ha creado al menos media docena de generaciones más, ya se trate de mujeres, prosistas, músicos, humoristas, pintores, cineastas, etc., y la hermandad amenaza con seguir creciendo.

La expresión «generación de señoritos» que estuvo en boca de algunos de sus enemigos políticos, aún entre sus propias filas, con un deje irónico ante sus pretensiones de «revolucionarios», vale tanto como para los del 27. Desde luego, no sólo había muchos señoritos en la España de los años treinta sino varias clases de señoritos, de modo que la caracterización no es unívoca. Y no es por discutir que en su caso no representara los rasgos más fácilmente identificables con una cierta pereza moral, sino por recordar que ahí era donde figuraba la contradicción mayor de su fárrago ideológico en cuanto se ponía a prueba fuera de las páginas de arengas. Además de consignar que hubo en ellos más «idealismo» que ideología, hay que significar que el término sugiere un desprendimiento moral muy relativo, dudoso, cuestionable y biográficamente poco frecuente en ellos, salvo en el caso de Ridruejo, lo mismo que una notable ausencia de «realismo» sobre las pulsiones y motivaciones de la conducta. Sus juicios sobre los comportamientos humanos eran también esteticistas para lo bueno y lo malo, además de ser en exceso voluntaristas, de modo que los más hermosos rasgos humanos fueran los más distinguidos, sin relación alguna con la manera en que se producían. Pero esto pertenece a un rasgo común en su manera de razonar, ya que siempre fueron poco razonadores e insuficientemente explicativos. En suma, resultó que, si bien formularon con claridad y en voz alta sus ideales, fueron bastante ciegos respecto a los intereses propios o de los medios que defendían, salvo ya en la posguerra, cuando el cinismo envejecido dejaba caer las máscaras. Y en esto sí fueron más señoritos que otros.

Naturalmente, la radicalidad con que expresamos este planteamiento debe verse atenuada por el examen del caso individual y el hecho de que el escritor tiende a comportarse casi como por inercia como un imperfecto pero aplicado caso de individualismo. Ver a los escritores de Falange como beligerantes en defensa de su clase social amenazada resulta difícil de generalizar entre tantas trayectorias, unas desorientadas y seguidistas, otras apegadas por amistad o solidaridad, alguna verdaderamente más deudora del altruismo que de un espejo narcisista y, desde luego, varias que no se engañaron sobre la crueldad del enfrentamiento social que se avecinaba y que finalmente se produjo. Este es el caso en particular de Montes, Miquelarena y Foxá, que bastan para confirmar que su idealismo positivo también podía recurrir a un retrato descarnado del enemigo a muerte en un momento en el que aparecía la posibilidad de aniquilación mutua. Se dirá con razón que muchas de las descripciones de esos «enemigos de clase», que no otro es el término, no son menos idealistas porque actúan a modo de resumen o de reunión de todo lo deleznable que podía verse en ellos, más que en una pintura social o psicológicamente creíble, sofisticada o verosímil. Esa aguda conciencia defensiva, que convertía por supuesto el privilegio en deber, es casi omnipresente, no por casualidad, en el autor de origen más elevado: Agustín de Foxá. Con acierto afirma Ridruejo de *Madrid de Corte a checa* que «Foxá escribe esa novela, en muchos aspectos, como un médium que nos transmite el mensaje del círculo social en que Foxá habitaba y del círculo de lectores —prácticamente el mismo— a que Foxá se dirigía».[2] Esta suerte de literatura social, pero con intencionalidad inversa a la que se encuentra en la que lleva generalmente este rótulo, está en el extremo más opuesto de la explotación de la experiencia burguesa o aristocrática con propósitos de rememoración sensible, proustiana, que también es signo del mismo Foxá y de otros de sus colegas.

Aún así y con independencia de todo lo antedicho, también existe una cierta coherencia en rasgos definitorios que no son sociales ni llegan a ser exactamente profesionales. Al examinar su vida de escritores, nos salen al paso historias y circunstancias que no difieren de lo conocido en tantos escritores de la época. Y si ya en su tiempo había pasado la tentación de la bohemia, la difícil inserción social y si se quiere «laboral» del escritor, que tiene oficio pero sólo a veces profesión, se nos hace evidente cada tanto. Ese riesgo de desclasamiento, esa inseguridad financiera, ese columpiarse en los márgenes de una cierta precariedad acogiéndose a soluciones a veces casi caritativas, esa torpeza para los buenos negocios que hicieron tantos conocidos a su alrededor, no está lejos de lo que la imaginación popular suele esperar de los escritores en España. Lo que sucede es que, habiendo dado cuenta de la solidez del medio del que provenían, llama más la atención, si cabe. Pues no llegaron a ser autores en los que el éxito literario se tradujese en económico. No es que sus apuros llegaran a ser regularmente graves sino que se advierte su indiferencia o su incapacidad de tener una progresión en alguna carrera profesional, aunque también su indeferencia o incapacidad de persistir en una obra literaria rigurosamente organizada.

En cualquier caso, esos rasgos de «genio y figura», esa excentricidad admitida por mor de su estatus de escritor, ese resto de inadaptados a las convenciones de la vida social burguesa que, por lo demás, fue la que modesta o generalmente llevaron en la posguerra, una vez entrados en la madurez, es lo que ha alimentado la leyenda de su idiosincrasia, pero también se reconoce en ello un parecido casi gremial con ese «ya se sabe» referido al común de los escritores. Profesores en excedencia o abogados de nulo ejercicio, el perfil de su formación no es precisamente variado, y otras calificaciones profesionales ya dependen de cargos políticos o culturales o de una actividad a la que repetidamente debieron la fama, la supervivencia o la continuidad de su escritura: el periodismo.

De ahí la importancia en ellos de un oficio como ése, destinado a acoger a mucha *rara avis* que no encuentra o no quiere buscar acomodo en profesiones, para su gusto, excesivamente reglamentadas y llenas de obligaciones, por mucho que tenga exigencias de suyo inaguantables para otros temperamentos (como la de tener listo el artículo diario).

Pero, sin más, ubicarles en el universo periodístico requiere una o dos precauciones. En primer lugar, porque si bien ejercieron distintas responsabilidades en ese campo (directores, corresponsales de guerra y en el extranjero, articulistas, editorialistas) no han pasado a su historia por ninguna innovación técnica, informativa o política, con la única excepción del muy relevante papel de Jacinto Miquelarena en la creación y desarrollo de la prensa deportiva. Habría que añadir, es cierto, que la impresión es bien distinta si nos referimos a la influencia desplegada por las revistas culturales, pero su periodicidad y sentido hacen ver que es éste un terreno aún más específico que el deportivo, donde lo literario tiende a alejarse del contacto con la sustancia de lo informativo, y poco relacionado con lo que contaba como periodismo capital: el de los diarios. Por contemporaneidad y dado que históricamente no estuvieron ayunos de acontecimientos de relieve, las oportunidades fueron numerosas, espectaculares y se pude decir que únicas: la guerra de Marruecos, la subida al poder de los fascismos italiano y alemán, la segunda guerra mundial... y naturalmente la propia guerra civil. En resumen, todo lo fundamental de la política europea de entreguerras y de posguerra a parte de los conflictos bélicos, hasta los años sesenta. Se deduce de ello que si éstos son sus límites temporales, los espaciales están en el continente europeo y sus alrededores geopolíticos. Con esto se aprecia también cuál era a la vez el carácter de su vocación y tanto su curiosidad como su falta de curiosidad. La curiosidad está en el interés que despertó en ellos el nacimiento y fortalecimiento del fascismo del que fueron testigos privilegiados, las turbulencias de la política francesa y alemana, y otros avatares de los años veinte y treinta. Sin embargo no pertenecían al género de reporteros que se interesan por llegar a nuevas fronteras y a lugares de exotismo informativo. Pensemos en Hemingway o en Malraux en China. Ya hemos visto que esos límites geográficos eran también límites mentales, salvo en lo que de proyección de Europa o de España podían tener territorios más lejanos, como es el caso de Hispanoamérica. A un destino tan excéntrico y antagónico como Rusia sólo llegaron como cronistas Miquelarena y Foxá por la ruta abierta por los ejércitos nazis y rastreando en las ruinas soviéticas la misma negatividad que decían recordar de la España republicana y comunista. No deja de ser curioso que los dos del grupo que escribieron con mayor inquina contra personas e ideas del bando «rojo», visto siempre con aire sovietizado, hicieran una peculiar devolución de visita a lugares como los alrededores de Leningrado y Smolensko. Ya hemos hablado detenidamente de la importancia de la guerra de Marruecos en la configuración de muchas de sus primeras ideas nacionalistas.

Como hemos observado de tantos aspectos de la vida española de los que participaron, el momento más esplendoroso profesionalmente hablando de su periodismo se dio antes del estallido de la guerra civil. La variedad, el pluralismo y la eclosión de medios de prensa dispares, vivos, polémicos y cultivados desapareció con el advenimiento del régimen de Franco. Aunque fue en ese período cuando algunos de ellos alcanzaron puestos de mayor responsabilidad, incluida la dirección de diarios de importancia como *Arriba* y *Solidaridad Nacional*, las condiciones hacían imposible un periodismo con los mínimos de libertad exigibles para realizar una labor profesionalmente renovadora.

Se puede pensar que en un panorama tan limitado como el del periodismo español de los años cuarenta, el articulismo culturalista y divagatorio de las más célebres de estas plumas era algo así como hacer de la necesidad virtud, vista la estrechez de los márgenes de maniobra. Sin embargo era ya cosa de carácter ese periodismo totalmente atravesado de historia y erudición, de arte y letras, presente en las piezas por ejemplo de Montes escritas en los primeros años treinta y recopiladas en *El viajero y su sombra*. Considerando la naturaleza abiertamente ideológica, aunque no necesariamente política, de ese tipo de escritura, no se puede dictaminar que escribieran contra las circunstancias forzados al escapismo o saliéndose por la tangente del pasado sino, muy al contrario, a favor de unos vientos históricos que dejaron de soplar con la derrota de las potencias del Eje. Por supuesto, esa tendencia a abstraerse en dicho articulismo se acentuó con su progresivo desinterés político por el curso de los acontecimientos históricos europeos, volviéndose entonces, entrados en la madurez, enteramente culturales y refugio de cualquier otra clase de frustraciones y límites literarios.

Desde el punto de vista productivo, en buena parte de ellos produjo un corpus sustantivo que fue a engrosar sus *Obras Completas* (Foxá) o bien su obra publicada en libro (Montes), que de lo contrario sería magra y apenas perceptible. La auténtica maniobra de política literaria llevada a cabo por estos autores básicamente en la posguerra consistió en elevar el artículo a la categoría de pieza literaria, incluso de género, de género literario no sólo periodístico. Es decir, no como producto posible o exigido por una concepción o por una ordenación del periodismo que deja lugar a la expresión de lo personal traspasado por lo literario, como culminación de un cierto refinamiento a la vez estilístico y espiritual sino todavía más, yendo más allá de esto, como corona de una perfección literaria y representable en otro espacio —literario, repetimos—, aun más que periodístico, un lujo redimido de las servidumbres del periodismo diario, aunque estuviera sujeto a su inexorable lógica, y que redime también a un medio y a una profesión por la que estos escritores sentían una cierta distancia elitista en las antípodas del gacetillero. Esta visión sublime y lírica venía a convertir al articulismo en una de las Bellas Artes. Así se desprende paladinamente de ésta declaración de Foxá:

> Me parece bien que se piense en dar una serie de conocimientos al que va a ejercer el periodismo, porque nunca las palabras han estado cargadas de mayor fuerza eléctrica ni nunca los pensamientos han sido tan explosivos. Ahora, pretender hacer grandes periodistas, es totalmente imposible. Con ese criterio de la Escuela de Periodismo podrían convocarse unas oposiciones a poeta, una escuela de ingenieros en dramaturgia o unos becados en sonetos. Mira, no hay que darle vueltas: el arte es un don. Es lo contrario de la máquina. Está más cerca de la varita del hada, del regalo. Es otorgado sin saber por qué. En la familia más absurda, en el medio más inconcebible, rodeado de hermanos grises o de parientes vulgares, puede darse. Es bello porque es caprichoso.[3]

Entre paréntesis, y dicho sea de paso, lo más llamativo no son las conocidas obsesiones del poeta, como su temor a las invenciones de la tecnología ni la forma de preservar aristocráticamente ciertas habilidades artísticas (supuesto que lo sean) de su posible enseñanza divulgativa sino las contradicciones en que incurre. Es razonable lo que cuenta acerca de lo azaroso de la aparición del arte, aunque se oponga a su clasismo innato. Y causa alguna extrañeza que se refiera al periodismo como es de suponer que debería hacerlo, en forma más exclusiva, a la poesía. Pero ante todo, y esto es lo que nos interesa, no es que la pretensión sea hoy desproporcionada: siempre estuvo fuera de lugar, entonces como ahora, y supone una incomprensión de las funciones del periodismo y de la literatura, incluso cuando se trocan; es difícil suponer que, en ésta como en aquella época, alguien en algún lugar haya tomado como posible norma general para el ejercicio, el aprendizaje o la enseñanza del periodismo, la sentencia «el arte es un don».

Por descontado, dicha concepción, que aún a veces sostienen los verdaderos descendientes de estos escritores, como son otros articulistas contemporáneos relevantes, por ejemplo, Francisco Umbral, nada tiene que ver estrictamente hablando con el periodismo y sólo es defendible por mor de la literatura, aunque desde el punto de vista de su producción, que es como decir de su generación, bien remunerada dentro del periódico diario. No se concebiría un articulismo hecho para publicarse en forma de libro sin haber pasado antes por la urgencia y la ocasión de cada día, aunque hay desde luego otros frutos literarios teñidos de paradojas semejantes.

Hay escritores que según el cultivo de uno u otro género o especialidad preferente reciben títulos distintos en función de su éxito o de la abundancia de su producción y así pasan a ser poetas, novelistas, ensayistas... por más que hayan frecuentado el teatro o el periodismo, pero también puede suceder lo contrario. Escritores todos, se dirá, pero a su vez reconocidos en una faceta o en varias de acuerdo con un baremo de méritos predominantemente literarios. En el caso de algunos de nuestros autores, sucede que lo más característico de su producción, es decir, aquello sin lo cual, incluso materialmente, no habría obra, procede de los periódicos. Y a eso como categoría literaria pésimamente le cuadraba la etiqueta de periodista. De ahí el recurso al término articulista que es designativo, sin carga específicamente literaria, pero que marca una distinción suficiente y necesaria.

Algunas de las dificultades para deslindar en ellos el aspecto meramente profesional del estrictamente literario proceden no de su falta de consideración por el trabajo del escritor sino de que éste se ejercitó, se complementó o se extendió al periodismo. En primera instancia, lo periodístico sin valor literario puede ser mucho, pero otro tanto sucede con lo que sí lo tiene. El caso es que, si no fuera por lo escrito en los diarios y agrupado en libros, algunos de ellos carecerían prácticamente de obra. Y en otros valdría casi lo mismo que no hubieran tenido una segunda vida impresa, —ya hay casos célebres en el periodismo— a la hora de establecer un juicio sobre lo que ha pervivido.

Además, las diferencias y semejanzas entre literatura y periodismo son tan nítidas como borrosas, y están presentes en buena medida por intersección, de resultas de lo cual es vago decir que es periodismo todo aquello que no es literatura, y todavía más lo contrario. Para quien tenga interés en las fronteras que lo delimiten, se puede sugerir que éstas se parecen más a las tonalidades orográficas de un mapa —que se atenúan o intensifican según la altura— que a los límites rectilíneos o zigzagueantes de los estados nacionales.

Un corte del trabajador literario los define siempre a contrapié, a caballo de varios mundos. No se trata de la cuestión del periodismo como productor de literatura desde 1898 —¡tan crucial!— para acá sino de la ausencia de una concepción moderna y profesional de su tarea de hombres de letras como trabajo de escribir libros de un modo asentado, constante, concienzudo, en lugar de compilar, republicar, ser antólogo de uno mismo, recoger lo valioso. Para un entendimiento sin tapujos de lo denodado de la voluntad literaria por encima de la sencilla vocación está la percepción de la posteridad como meta que sólo se alcanza en vida, es decir, con la tarea adánica de trabajar y no morirse; y lo está por encima de las circunstancias, azarosas, causales o casuales de producción, exigidas por una cita diaria, comprimidas en la necesidad de llegar al fin de mes, o por las exigencias de la periodicidad, más o menos alargadas, demoradas, más allá de los atajos para llegar a una cifra abultada de escritos, de la continuidad hasta el tedio en la forma y los temas, o de los recursos que se estancan y del artífice que no sale de sus pocos temas y variaciones o de la modificación imperceptible: todo esto y más es verificable en ellos, porque todo eso hace que se les haga más estrecho el ojo de la aguja que deben atravesar para entrar al reino de los cielos de la literatura. El limbo literario, consecuencia de tantas vicisitudes laterales, es también el de una indefinición que les sería en algunos casos fatal. Las labores de forzado consubstanciales al trabajo intelectual y literario las tuvieron, salvo las excepciones rigurosamente señaladas, en su forma más llevadera. Es verdad que a escritores de imaginación y método distinto les corresponde un sentimiento del esfuerzo o del coste necesario sumamente dispar, lo mismo se trate de la esclavitud del artículo diario que de la novela con horario implacable. Pero en lo esencial, en lo que cuenta, no modificaron nada de esto, y aquí es donde resultan más fácilmente asimilables a hordas y turbas de periodistas que vinieron a compartir época o edad, lo mismo antes que después de la guerra, ya entonces acompañados de las trazas de hombres en edad provecta, abandonado el uniforme —quitando las ocasiones de gala y la sempiterna camisa azul de Santa Marina—. La historia del periodismo los tiene en sus páginas, lo mismo en los manuales que en las de las antologías.

Justamente la pregunta por su posteridad se desatiende si no se registra el hecho de que, al hablar de sus continuadores, la sucesión en literatura se ha efectuado tan sólo... en el periodismo. La insistencia en el periodismo como género literario que ha acompañado a las últimas décadas se ha apoyado en una genealogía tan intrincada como la de otras parentelas literarias y está ahora mismo volcada en recuperar y vindicar antecedentes: para empezar el de unos cuantos de ellos, al lado de los González Ruano, Chaves Nogales o

Camba, por dar ejemplos dispares. El caso de mayor éxito de las literaturas hispánicas en su cultivo paciente del periodismo como literatura, el de Pla, ¿lo es o no por haber conseguido desmerecer cualquier empequeñecimiento relacionado con su incansable presencia en los diarios?

En consonancia con su trayectoria profesional y biográfica es sencillo establecer la sintonía que se dio entre su escritura periodística y los principales medios en los que colaboraron. Para esto hay que hablar, por supuesto, de Bilbao y Madrid, de diarios que hicieron época pero que no sobrevivieron a la guerra civil (como es el caso de *El Sol*) y auténticas instituciones cuyo perfil intelectual e incluso literario llegaron a definir, como es el caso señaladamente de *ABC* y todavía más de algunas de sus secciones, como las célebres «terceras». Y por último, pero no menos importante, también fueron parte indispensable de algunos periódicos del Movimiento, en primer lugar de *Arriba*, diario que al fin y al cabo había resultado ser una de sus realizaciones más perdurables, juzgado desde el punto de vista de la supervivencia de los precarios medios originales de Falange, puesto que, al menos periodísticamente, poco tenía que ver la casi hoja volandera de los primeros tiempos con el diario de influencia y máxima difusión de la posguerra. No hay que olvidar que el *Arriba* posterior a la guerra vio el inicio de un suplemento literario en el que colaboraron los más distinguidos de estos escritores.

El caso del *ABC* muestra una interacción verdaderamente única. Para empezar, los avatares del *ABC* a lo largo del siglo se identifican en buena medida con la peripecia biográfica de sus principales colaboradores en este grupo, con una sola excepción importante pero en absoluto concluyente: el compromiso con el falangismo. *ABC* nació en 1903, prácticamente al tiempo que varios de estos escritores, y antes desde luego de que los más viejos de entre ellos hicieran sus primeras armas periodísticas. Y el diario conservador les sobrevivió teniéndoles a varios de ellos como puntos de referencia en una historia que se ha hecho recientemente centenaria, celebrándolos en antologías, recopilaciones de su obra, aniversarios y otros recordatorios. No en vano fueron articulistas, cronistas, corresponsales, colaboradores literarios del diario. Por otro lado, *ABC* les sustentó económicamente y contribuyó de manera indiscutible, inigualada por ningún otro medio, a desarrollar el papel más profesional que llegaron a tener como tales periodistas, el de corresponsales, de guerra o de paz, precisamente en muchos de los lugares que determinarían su transformación ideológica y que, en todo caso, constituían observatorios privilegiados de la historia europea del siglo. Desde un punto de vista funcional de la ideología, es más lógico que irónico que un periódico sempiternamente monárquico o monárquico conservador como *ABC*, que no fue nunca fascista o falangista, sino a lo sumo franquista, fuera el medio que hizo posible que Sánchez Mazas contemplase en primera fila el advenimiento del fascismo italiano y Montes la llegada de Hitler al poder. Se argüirá que aun sin una experiencia tan directa, los derroteros de su rumbo ideológico no habrían sido muy distintos, y desde luego éste es el caso cuando se entiende que, independientemente de la decisión de apoyar a José Antonio Primo de Rivera, eran mucho más sólidos los brazos que les vinculaban frente a un enemigo, la izquierda o el republicanismo generalmente considerados, tan nítidamente percibidos en términos antagónicos. La identificación ideológica con *ABC* sólo fue seguida al extremo por Agustín de Foxá, que era el único monárquico de corazón y de cabeza. Este perfil de «escritores» del *ABC*, más que de periodistas, no por casualidad se da en aquellos en los que la inclinación clásica y conservadora fue más acusada, tanto política como estéticamente, y hay que entender hasta que punto nuestras ideas e «imagen» del diario se confunden con esta clase de personalidades de la vida española, y viceversa, en las que el conservadurismo de concepción y un cierto «liberalismo» destacan sobremanera por encima de cualquier otra condición. Esto es lo que les hace comunes a otros como José María Salaverría, Julio Camba, González Ruano o Luis Calvo, representables todos como elementos de la derecha cultural. Esta etiqueta tan elocuente de escritores del *ABC* lo es por lo menos tanto como la de escritores falangistas.

En un orden bien distinto y no menos relevante hay que consignar su actividad al frente o en las páginas de revistas estrictamente literarias o culturales de periodicidad variable. El hito de la *Gaceta Literaria* ha sido sobradamente comentado y apenas tiene parangón dentro o fuera del grupo y tanto antes como después de la guerra. Pero la colaboración con medios de la inicial vanguardia española se dilató en el tiempo desde los primeros años veinte hasta la época republicana, cuando apareció en el horizonte Falange como vanguardia esta vez política. Están las publicaciones de breve existencia del ultraísmo (*Perseo*, *Ultra*, *Cervantes*, *Horizontes*...), donde colaboran Montes, Alfaro o Ros como expresión de lo que entonces era su línea estética. A ello hay que añadir, años más tarde, su presencia en algunas otras brillantes revistas del período inmediatamente anterior a la guerra. Su presencia en *Blanco y Negro* o en *Acción Española* es esperable pero tampoco han de sorprender sus aportaciones a *Cruz y Raya*, caracterizada por su apertura, por su condición de encrucijada de distintas Españas, que estaban a punto de entrar en un enfrentamiento fatal. Otra cosa son las revistas que ellos mismos crearon o dirigieron, casi todas ellas a partir de la guerra, con la sola excepción de *Azor*, que fundó Santa Marina y abierta en principio a escritores que rebasan el espectro de los puramente falangistas. Estas revistas, correspondientes al triunfo oficial de Falange en el nuevo régimen y la guerra civil, son las que encarnaron la fusión entre literatura e ideología más puramente falangista. Hablamos de *Vértice*, *Escorial* o *Legiones y Falanges*.

Las revistas de este signo constituyen sin duda el modo más acabado de expresión de proyecto cultural falangista, sin menosprecio del hecho de que fueran a su vez manifestaciones personales de un punto de vista singular que a veces correspondía a determinados escritores o a tendencias dentro de Falange. A parte de su estricta entidad e importancia cultural, son documentos inapreciables para darse idea de la continuidad del falangismo cultural en generaciones más jóvenes y ulteriormente de los intentos de recuperación de autores que podían parecer sospechosos o imposibles de publicar fuera de sus páginas, pero que resultaban imprescindibles para una comprensión cabal de la cultura española. De manera que incluso en algunas de las producciones más significadamente falangistas se hace enseguida visible que la autonomía de su concepción de la cultura no estaba destinada a negar cualquier parentesco con la gran cultura española, en un momento en que esa correspondencia era imposible en cualquier otro plano y menos que en ninguno en el político.

En resumidas cuentas, sólo en la dirección de revistas —y esto nos devuelve más a la literatura— su huella es reseñable en la historia profesional del periodismo. Siempre fueron periodistas que dirigieron medios de otros, tal vez porque en la posguerra la supervivencia estaba por encima de todo y el riesgo era de pocos márgenes.

Pero es observable otro fenómeno que no deja de causar sorpresa. Los decanos del grupo, los mayores edad y también en legitimidad político-cultural salieron de la guerra como trastocados, a contrapié, descolocados, como si hubieran dado además el paso entre la juventud y la madurez, pero en medio de circunstancias poco complacientes. Quedaron dueños del campo intelectual; al menos, de haber sido ese su deseo, podían haberlo regido. No obstante, los más inteligentes comprendieron que la tarea les venía grande, que no podía prescindirse de lo que había venido antes que ellos, o más aún, seguía vivo, en el exilio interior o exterior, pese a los destrozos. Por último apareció rápidamente una nueva generación —lo que Umbral llamaría los «Laínes» (Ridruejo, Tovar, Rosales, Vivanco, los hermanos Panero, y, claro está, Laín Entralgo) que también se llamaría a sí misma, como es lógico, «falangista», dispuesta a teorizar y regir el campo cultural entre revistas, direcciones generales y actividades universitarias.

Pero a partir de estos años, las líneas se hacen sobre todo divisorias y en todo caso más borrosas. Recordemos lo ya señalado: hablar de grupo es sencillo refiriéndonos a la trayectoria que llega por elevación hasta la guerra civil y tras su conclusión estalla en diversas direcciones. Los más veteranos se concentran progresivamente en una actividad literaria más personal y abandonan sus intenciones de movilización política y agitación cultural, y lo que es más, se atenúa su importancia pública pese a que será entonces cuando progresivamente se dediquen a lo más valiosamente literario de su obra (es el caso de Sánchez Mazas). Los más juveniles, y si se quiere entonces los más modernos aunque sea al modo fascista, todavía mantendrán durante unos años un importante empeño de activismo cultural y político. Por ende había que contar con que entre las nuevas promociones las había nominalmente adscritas a la ideología vencedora, pero con un compromiso que en realidad sólo podía responder en el orden estético, y tan estéticamente que escapaba de toda política incluyendo la del falangismo: ésta sería la situación de los llamados «garcilasistas». Por último, y sin salir del campo específicamente literario, quienes tomaron la iniciativa en diversos géneros (el Cela de *Pascual Duarte* de 1942 o la *Historia de una escalera* de Buero Vallejo de 1949) tenían poco o nada que ver con las lealtades que de un modo u otro se desprendían de cualquiera de los situados en la órbita del falangismo cultural. Y las razones para ello son fácilmente comprensibles: la poesía, por ejemplo, puede mantenerse en un cierto grado de abstracción o cultivar mundos paralelos o alejados de la realidad imperante, pero en la tradición difícilmente evitable del realismo español —que por mucho que les doliera a algunos era tan antigua e ilustre como otras ilustres prosapias descritas por Montes, Mourlane, Foxá y Sánchez Mazas— no se podía pasar por alto la situación de un país destrozado, por más que se contara con la censura para poner coto a lo que juzgase como excesos. Y de aquí viene esa sensación, después reelaborada por tantos, en particular por Andrés Trapiello, de que la victoria bélica se convirtió en derrota de posguerra. A todas estas hay que observar que, estrictamente hablando, literatura «oficialista» solo la habían practicado durante el período de la guerra.

Otra cosa notable es que la siguiente generación, que estaba haciendo historia literaria nueva, produjo mejores resultados allí donde la Falange de primera hora había deseado ardientemente tener más éxito: en la poesía. Es decir, que la siguiente generación falangista proporcionó los poetas que el grupo no había tenido. Los miembros de la generación del 36 de filiación joseantoniana —lo que podría considerarse también el caso del mismo Ridruejo— ocuparían enseguida la escena, también con otros padres, por lo que se situaron como contemporáneos, más que como discípulos. Los intentos frustrantes y frustrados de Sánchez Mazas y Foxá palidecen, así en general, comparados con la producción de los hermanos Panero, Rosales o Vivanco. Éstos son poetas reconocibles, con mayor hondura o intensidad, pero su obra tiene una naturalidad que la hace digna de consideración crítica o de lectura y que no los hace aparecer como un aparte desiderativo de su obra.

También contrasta notablemente con la nueva generación el que algunos de sus miembros, una vez que se atenuó su falangismo, entendieron perfectamente la concentración y el carácter imaginativo que demandaba una verdadera obra literaria. Y en este sentido tuvieron un éxito que, aunque tardó en verse reconocido, hoy se muestra como sólido y asentado. Escritores —fabuladores— como Cunqueiro o Torrente Ballester, que habían sido falangistas, eran elevados a la cima de la excelencia literaria. La evocación de Montes roza más de una vez el tono de Cunqueiro, pero a diferencia de éste, no es un artista de la ficción. También es verdad que la generación de la *corte literaria* ¿qué trenes podía haber cogido? Los vanguardistas los cogieron y dejaron sin llevarles a ningún sitio. Y los de su estética propiamente dicha, más caracterizadamente ideológica, daban para un ensayismo retórico, para el periodismo, para el articulismo, pero no proporcionaban ninguna pista de lo que podía hacerse con los géneros de ficción, y ya se ha visto que en el caso de la poesía sus intentos fueron fallidos.

La intención de dar un sesgo doctrinal definido a la cultura española no encontró después de la guerra ninguna concreción continuada o consistente (con la única excepción contumaz de Giménez Caballero). Estos escritores desempeñaron puestos de cierta relevancia en la cultura del nuevo régimen, pero no tuvieron una persistencia o una visión como para configurar los designios de una nueva cultura, o de una cultura que fuese reflejo de sus intereses y de su compromiso primero con José Antonio, ni siquiera un propósito rector de normas estéticas al estilo de lo pregonado por esos mismos años por Eugenio d'Ors. Es decir, no realizaron lo que claramente habían sido los deseos o las previsiones del mismo Primo de Rivera. Eso contrasta además con el éxito o la labor de simbolizar y ritualizar tantos y tantos elementos de la Falange originaria.

En primer lugar, hubo un desinterés progresivo de la labor política en su sentido más alto. Ellos, durante los años cuarenta, siguen escribiendo artículos con una visión falangista. Todavía tienen una cosmovisión fascista de los acontecimiento mundiales o internacionales, más allá de la guerra mundial (y hasta la guerra fría). Eso se desvanece en los años cincuenta. Todavía en esa década siguieron desempeñando el trabajo de corresponsales en el extranjero o de articulistas para la prensa nacional, pero su punto de vista es meramente conservador y poco original. Incluso se podría decir, y esto lo han reconocido los propios autores, que hay casos de incurable decepción, como es el caso de Ridruejo, y otros en los que por soberbia, el desengaño o el descreimiento se resiste a ser confesado honestamente, salvo en forma de cinismo. Ahora bien, funcionalmente, se podría argumentar así mismo que en realidad su trabajo ideológico, el de proporcionar una cobertura a la imaginación política y literaria del movimiento falangista, ya lo habían desempeñado durante los años treinta, ya lo habían completado para el momento en que Franco se impone.

La única excepción a esto, como en casi todo, es Ridruejo. Pero en Ridruejo la continuación de ese empeño le llevaría a una peripecia personal que no haría más que alejarle de sus raíces políticas iniciales.

Podríamos decir que esta situación no es de extrañar cuando se compara con la trayectoria de tantos escritores de persuasiones políticas muy distintas, en los que las pasiones políticas de juventud se ven sucedidas por una concentración en la obra que corresponde a lo que generalmente se entiende por madurez personal y literaria. Ahora bien, aun teniendo en cuenta que a este respecto hay que hablar de cada autor por separado, o tal vez por eso mismo, es patente que esas expectativas de volcarse en la densidad de una obra literaria se vieron, a medias, realizadas. No es que les estemos acusando de diletantismo, pero es notorio que en muchos casos su profesionalización parece la del periodismo más que la del literato profesional *tout court*. Se les ve picotear en distintos géneros, pero a fin de cuentas parece quedar más el estilo que la obra, que es algo que se podría generalizar, salvo en el caso de Sánchez Mazas.

Todo lo dicho anteriormente se entiende con mayor nitidez cuando se hace una serie de comparaciones generacionales respecto de sus contemporáneos en el período inmediatamente posterior a la guerra. Para empezar, las generaciones siguientes que comenzaron militando en el falangismo cultural a principios de los años cuarenta, muestran por contraposición algunas de las carencias o de los fracasos de quienes habían estado más próximos a José Antonio y en cierta medida deberían haber sido sus mentores.

Primero. Éstos fueron los que se dedicaron a la labor de difusión y agitación en una serie de revistas en las que participaron también los de la *corte literaria*, pero sin que éstos tuvieran un espíritu claramente dirigido, como se ve en los otros. Evidentemente es el tipo de labor que se espera de la juventud literaria, pero en todo caso contrasta con la orientación de sus mayores falangistas. También se puede decir que en virtud de los avatares de la guerra y del foso cavado por ésta, que había separado a los primeros escritores joseantonianos de sus pares situados en la otra trinchera, no estaban en condiciones de llevar a cabo esa labor de reconocimiento y si se quiere de primera reconciliación. En realidad, ya la siguiente generación se dio cuenta de donde estaba el tronco principal de la cultura española, lo mismo si hablamos de 1898 que de 1927, y de que había que empezar a restituir el verdadero valor. Es por esa razón que se habla de falangismo liberal. Sabemos que incluso aquí hay simplificaciones difíciles de solventar.

Indirectamente, esto ilustra un juicio, que no podía explicitarse, sobre el valor de los escritores que tratamos. Es decir, los maestros de la cultura española eran otros. Los pesos pesados eran otros, a pesar de que éstos eran respetados y valorados.

Sin embargo, es digno de mención en la inmediata posguerra, incluso ya durante la guerra civil, que un autor de la importancia de d'Ors tomara el relevo de dar inspiración estética a los signos político-culturales de la Falange. E incluso que tomara en serio ese papel de rector de las directrices estéticas, de las orientaciones de estilo que debía seguir la cultura española. También resulta una curiosa paradoja que, sin embargo, se condice con los planteamientos dorsianos: quien procedía de una cultura más sofisticadamente esteticista como la catalana y del *noucentisme* terminó aplicando su capacidad teórica a lo que hemos definido como momento de máxima estetización de la política. Ese momento de estetización se llevó a cabo ante todo en lugares como Madrid o Bilbao. Ya hemos dicho que no es una historia catalana.

La voluntad de poder, la intención de dominio en el terreno de la cultura de los escritores de la *corte*, si es que existió, nunca quedó claramente expuesta.

La deriva propia de la posguerra, antes que su natural intervención les relegó rápidamente a puestos de segundo orden. Los «camisas viejas» literarios tuvieron una suerte paralela, por razones distintas o por distintas razones, a las de aquellos de sus compañeros, muy alejados de ellos, que intentaron mantener en vano las esencias. Pronto estuvieron todos fuera de juego y ya en los años cincuenta estaban muertos, retirados o mantenían sólo abiertas las gabelas del periodismo. Sus puestos oficiales eran ya testimoniales para entonces. De hecho, fue más permanente su compromiso con medios periodísticos bien conocidos, como *ABC* o *Arriba*, que con otras formas de intervención. No se habían convertido tanto en clásicos como en figuras que formaban parte, parecía que desde siempre, del paisaje cultural de la posguerra. Es curioso y hasta divertido ver cómo se modifica la materia ensayística, pongamos por caso, de Montes, Mourlane o Sánchez Mazas, a medida que varían las condiciones geopolíticas de los años cuarenta o cincuenta. De proyecto cultural, de genealogía celebratoria, de legitimación histórica de los conquistadores de la hora, se pasa a buscar refugio en circunstancias culturales pretéritas, sin ínfulas de hegemonía ni imperio y centrándose a veces morosamente en detalles más propios de una miniatura que de grandes frescos históricos. Su visión no deja de ser nunca «europea», pero el término no significa lo mismo con un frente de batalla que con un sentido oficinesco y económico de la paz. No es casualidad que la figura de Montes, que sobrevivió casi apolillada en sus trabajos periodísticos complementarios de sus labores de corresponsal, quedara como una suerte de anticuario con rincón permanente en las terceras de *ABC* o en Televisión Española. Es decir, esa clase de figura que desaparecería con la muerte sin dar lugar a sucesores.

Pues bien, después de habernos demorado prolongadamente sobre las trazas de su actividad política e intelectual, de su biografía y de su tiempo, de sus acciones y omisiones, habría que dejarlos desnudos de toda condición para interrogarnos sobre lo único que pueda justificar un interés que vaya, aunque sólo sea un poco más allá, de los deberes de especialista: el mérito real de la obra literaria. Deshilachadamente, se nos ofrecen combinaciones dispares a la hora de agrupar y hacer balance de sus merecimientos concretados en libro: aquí algunas contadas novelas, allá algunos poemas dignos de memoria o de mención, por todas partes piezas en prosa de extensión variable que parecen definir una caracterización verdaderamente idiosincrática y personal de la mayor parte de estos autores. Como se ve, y por si fuera poco, resulta que en estos autores hay problemas intrínsecamente literarios que también se han constituido como obstáculos para impedir su posteridad. El primero de ellos es que su aplicación al trabajo de escritor, más que estar mediada por una lente política, se filtraba a través de un vehículo incierto y perecedero como el del diario. Novelistas profesionales, al modo de los decimonónicos, novelistas ramonianos o de vanguardia, novelistas de especie indefinida, cualquiera que sea la determinación, siempre acabamos topando con un sorprendente límite cuantitativo que hace parecer su tesón algo sorprendentemente excepcional cuantitativamente hablando. ¿Cuántas novelas escribió el más prolífico de ellos? Ninguno llegó a escribir algo así tan discreto como media docena de novelas y, salvo Ros, muerto prematuramente, todos durante o después de la guerra, al distraer ocios. Las tres que alcanzaron Sánchez Mazas y Ros dependen además de una contabilidad nada clásica que meta dentro o deje fuera narraciones de las que se pueda predicar una entidad voluntariosa concebida como parte del arte narrativo en su expresión más compleja. Aparte las novelas, se trata de escritores que se resienten en general de falta de obra en libro. En realidad, dispersaron su obra en artículos, crónicas y colaboraciones literarias. El libro característico de este grupo, salvo excepciones, es el libro misceláneo (*Las aguas de Arbeloa y otras cuestiones*, de Rafael Sánchez Mazas) o el antológico, compuesto por artículos y crónicas publicadas o que se podían haber publicado (*El viajero y su sombra*, de Eugenio Montes). Podríamos concluir entonces que en realidad escribieron más páginas que libros. Así las cosas, cunden las sospechas, que eran ya legión a ojos de muchos de sus contemporáneos, de que podía asimilarse su constancia a esa cosa tan definitoria de tanto literato español: el arte del mínimo esfuerzo.

De aquí la consoladora observación, acaso más que apenada, que les dedicaron amistades de la profesión— la que fuere— y de las letras, el «pudieron haber sido». Es justo decir que, con la salvedad de Ridruejo, y aun así, no se debió a que no tuvieran sobradas oportunidades. No están faltos de escritos, sea cual sea su procedencia, y no hacemos distingos sobre la excelencia literaria en función de una jerarquía basada en el origen de los textos. Ya se ve lo mucho que escribieron, ingentemente en más de un caso.

Sin embargo, se trata a la vez de un problema relativo a las dimensiones del esfuerzo, porque nos encontramos con que el pequeño estímulo y desafío repetido del periodismo diario también dejó una cosecha de notable fecundidad, aunque sólo sea cuantitativamente. Y aquí es donde entra en juego otra argucia, no menos frecuente en las lides literarias, como es hacer de la necesidad virtud. Se entiende perfectamente cómo algo que exige una concentración inexcusable, literalmente cotidiana, pero que al mismo tiempo demanda una intensidad temporal tranquilamente soportable —el artículo de prensa—, puede convertirse en lo sorprendente pero también en lo trivial o repetitivo de cada mañana. Cualquier periodista puede admitir esto. Pero si el articulismo se ejercita bajo la especie de la más alta cultura sometida a la presión del estilo y el encuentro de la inspiración y las aspiraciones literarias, en resumen, si se trata de un género de arte, como pretendieron, entonces su destino no puede ser más elevado.

Si como dijo Cyril Connolly «la obligación de todo escritor es escribir una obra maestra», lo que por cierto no dejó de estar en la mente de unos cuantos de ellos, ya que se lo reclamaba, no sólo la sociedad literaria que encontraron a su alrededor sino muchos de quienes sentían por ellos sincera admiración cultural o política, aspiraron a realizarla por medios sintéticos, es decir a volcar en un momento dado su saber en una cristalización que se convirtiese en antológica de su estilo y sabiduría artística. En lugar, por ejemplo, de asaltar la obra reiterada y trabajosamente en virtud de una aspiración cuidadosamente meditada, pero asistida siempre por una dedicación implacable. Aunque el trabajo de forzados de la pluma no sea nunca garantía de los resultados apetecidos, está también en el centro de muchas de las leyendas de la literatura moderna, desde el inagotable Flaubert hasta la ética de trabajo duro de un contemporáneo suyo como Cela. Hasta en los noventayochistas que son menos novelistas de raza hay más porfía en el método para rondar la novela. No cabe duda de que algunos de ellos produjeron una cantidad ingente de artículos y otros escritos de encargo, forzados por la necesidad y el compromiso. Pero no es el trabajo por el trabajo bruto lo que da su valor sino la capacidad de tallar con arte, pero también con un largo tesón. Trabaja mucho el que escribe docenas de artículos en un breve lapso y sumando el tiempo acumula una producción dilatada, pero el que rescribe una docena de veces un capítulo de novela añade a su ejecución una comezón de perfeccionismo casi ajena a escritores que utilizaban términos afiligranados de la artesanía para referirse a su quehacer, pero que se aplicaron a ello de modo por lo general espontáneo y con una terminación sin más cambios al cabo de una sentada. La laboriosidad en la realización, combinada con una óptica largamente meditada de los proyectos literarios, es lo que resulta estar sintomáticamente ausente.

Ciertamente, si a esto le añadimos su preferencia por tratar asuntos y visiones sobre los que se arroja una mirada retrospectiva, resignada nostálgicamente, habrá que concluir que más que novelistas de raza algunos fueron novelistas de fin de raza.

Al aparecer ante sus contemporáneos como personalidades literarias bien acusadas, situadas en lugares centrales del periodismo y la literatura, la descompensación entre la relevancia adquirida en su juventud y madurez y el peso final de sus frutos literarios ha dado lugar a una serie de ideas generales, más que de interpretaciones elaboradas, propagadas en muchos casos por sus amistades o por otros de sus contemporáneos, generalmente con la mejor intención, que pasan por ser lugares comunes a los que se recurre para una definición *prima facie* del escritor.

En muchos casos, estas reflexiones son las lógicas del momento y lugar, en otros el tiempo las repetiría como dictamen crítico una y otra vez. Ahí se junta la sensación persistente de que no pudieron cumplir todo lo que tenían de expectativas literarias, la impresión en muchos de ellos de que el escritor está por encima de su obras. Y esto por una doble razón, primero, porque el logro de un estilo y la demostración de cualidades literarias no se correspondía la mayor parte de las veces con el aliento sostenido que demandaría una obra de mayor calado en su concepción y cumplimiento. Y segundo, porque la maldición wildeana del «genio en la vida y sólo talento en las obras» les persiguió tanto contemporánea como póstumamente, gracias al brillante y continuo autorretrato que de sí mismos dejaron en la sociable vida literaria y periodística del Madrid del medio siglo. Como si al hechizo de ese genio en la vida hubiera que añadir el hispánico genio y figura.

Por eso, el historiador o el crítico, al reconstruir al escritor sobre la base primordial de lo creado por cada uno de los autores, y una vez separado aquello que no es adscribible en modo alguno al reino de la literatura, se encuentra con que aun yendo por este otro camino (prescindiendo de las evocaciones de época, de su centralidad política, de su relevancia cultural...) sus conclusiones pueden ser semejantes, sin descontar que en el ínterin haya apuntalado aquellos pedazos de obra que terminan aguantándose solos, es decir, con independencia de su contextualización histórica como dato inapelable. Es lo que sucede con las novelas de Sánchez Mazas y de Ros, con algunos poemas de Foxá y Ridruejo, y con algunas piezas narrativas y ensayísticas de éstos y de casi todos los demás. A buen seguro, la pregunta que surge de inmediato es cómo encararlo para hacer ver un interés palpable en aquellas partes de su obra apenas o nada concebidas con un sentido unificador o con lógica interna más allá de su primera concepción. Así por ejemplo, ¿es posible representar la excelencia de algunos de estos autores a través de una antología cuidadosamente dirigida a reproducir sus mejores cualidades con un sentido de coherencia y progresión? ¿O, por el contrario, se trata de una tarea que debe expurgar de continuo desvíos hoy ideológica o estilísticamente ilegibles, con la conclusión de que apenas hay evolución sino monotonía en las virtudes que en un primer momento sorprenden? Tal vez por eso, porque la respuesta a estas dos preguntas varía según los autores y se presta con frecuencia a tirar por la calle del medio, es por lo que resulta socorrido decir que de tantos de ellos queda un estilo, esa palabra que irónicamente tanto vino a significar en el espíritu original falangista y que ahora aplicamos más modestamente a una manera de entender la escritura que se puede adjetivar según el personaje, a medias para explicar su consonancia con una manera de hacer más o menos común en la época y a medias su verdadera singularidad.

Lo diremos con intención de epílogo por si algún lector lo ha olvidado: tomados de uno en uno, es decir, con independencia de la singular coyuntura que les unió, estos escritores sólo vuelven a reagruparse para quien se acerca a ellos a través de las semejanzas de estilo y temas (como las de Montes, Mourlane y Sánchez Mazas), que además pueden tener validez para periodos muy limitados de su trabajo literario (como sucede entre la literatura humorística de Miquelarena y Ros). Es más, en ocasiones, la semejanza sirve para una inmediata clasificación de la variante de cada artífice (nuevamente el caso de Miquelarena y Ros). Y a partir de aquí se hace imperativo dar por sentado que los hay que no se parecen en nada, que no llegaron a compartir estética literaria en la práctica, aunque subscribiesen idealmente una estética ideológica común, y que además, la camisa azul no fue camisa de fuerza cuyas mangas obligaran a los brazos a escribir de tal o cual modo, fuera de lo que ellos mismos decidieron que eran capaces de intentar.

Si el lector tiene la impresión, luego de esta turbulencia de apreciaciones entre lo crítico, lo contradictorio o lo ensalzador, de que a estas alturas nos estamos refiriendo a los restos de un naufragio, sepa que el salvamento de esos pecios lo han emprendido algunos con notable empeño y relativo éxito, y que se ha convertido en deporte literario de una sociedad cultural —la nuestra— que permite y estimula esos ejercicios. La caza y captura de nuevos escritores es tarea también orientada hacia el pasado. Y cobrar piezas literarias, preferentemente de caza mayor, es un juego sumamente prestigioso que ofrece la posibilidad de un galardón añadido. Sobre ello se puede cimentar una reputación crítica y en el mejor de los casos, aunque esto suceda sólo muy excepcionalmente, puede llegar a reorientarse la historia literaria e incluso el canon general, bien por ampliación del campo de los escritores a los que debe prestarse atención preferente, bien mediante una convulsión en la que se afirman valores renovados y se derriban otros establecidos. Pero esto último, como decimos, viene a ser extraordinariamente raro. Más frecuente es la pequeña aventura intelectual de recrear o redescubrir al autor que ha pasado desapercibido o cuya marginalidad resultó esconder cualidades que vuelven a lucir al desembarazarlos de otros lastres del pasado.

A este juego, prestigiado también por su intensa raigambre borgiana, se añade el de la persecución, a favor, claro está, de los raros, los excéntricos, los heterodoxos, en un universo de reputaciones literarias en el que se da la curiosa paradoja de que en ocasiones lo marginal es lo más solicitado. Y la paradoja se ha dado: puesto que el fascismo puede concebirse contemporáneamente como especie «apestada» de la política, que contamina prácticamente sin remedio a todo aquel que mantiene un contacto o un trato mínimamente íntimo y prolongado con él, los autores de nuestro grupo que un día se vieron aupados al cénit del triunfo político que supuestamente podía o debía conllevar una preeminencia literaria que luego no se dio, tuvieron necesariamente que compartir la remisión a las tinieblas de aquellas concepciones y régimen político de los que habían sido abanderados. Bonito modo de entrar en el malditismo, si se quiere, pero no menos efectivo, a juzgar por los paralelos que se pueden establecer en otras literaturas (aunque casos como los de Drieu y Jünger sean bien distintos). No importa, porque la bolsa de las letras rápidamente separará la ganga política de los metales preciosos, aunque la tarea de acrisolarlos requiere un artesano atento. Distingamos, por tanto, lo que es la restauración de la centralidad de un escritor de aquello que es asignarle un interés extra en función de una condición que, sin negar dimensiones menores o laterales, tiene visos y destellos de novedad y valor.

Pero estas son opiniones para todos los gustos, ya que a fin de cuentas la categoría del escritor, su singularidad, si se quiere, tiende a construir en torno a sí un consenso que más tarde o más temprano se hace presente en el conjunto de la imaginación literaria o de la forma de representarse a sí misma de una tradición. Lo cual, aplicado a nuestros autores sólo puede significar lo siguiente: que aparte de ver restaurado su derecho a un juicio crítico exento de pequeñeces históricas —o sea, finalmente fuera de lugar en la literatura— se ha de ver o echar de ver hasta qué punto se produce o no un enaltecimiento de su estatus literario tal que pasen a ser reconocidos como figuras mayores o más que relevantes.

Tras haber desarrollado una retórica de juventud, que coincidió *grosso modo* con el final de la suya, la madurez fue asunto de posguerra. Bien es verdad que algunos de sus principales escritores ya frisaban casi los cuarenta años en el momento de la fundación de Falange. Una decena de años más tarde escribiría Dionisio Ridruejo su *Umbral de la madurez*, expresivamente subtitulado «Elegía después de los treinta años». Lo que resulta a todas luces más llamativo es que, con la acostumbrada salvedad de Ridruejo, la madurez no resultó un período de fructificación literaria y personal ligado si se quiere a una cierta evolución ideológica que les hiciera de paso considerar críticamente algunos de sus pecados de juventud, sino más bien una entrada en lo que luego vino a convertirse en un rápido envejecimiento de su literatura y posición culturales. De ahí que la respuesta al entorno circundante fuera muchas veces, también en lo referente a la política, una suerte de cinismo que reemplazaba a otras especies de sabiduría. La tarea de envejecer adoptó la forma de máscara burguesa y la respetabilidad que suele asignarse a los viejos periodistas, a los académicos de la Lengua u otras figuras de la administración o las letras. El único que mantuvo una actitud que pudiéramos parangonar de juvenil fue Ridruejo. Consiguió rejuvenecerse sin demasiada tardanza, justamente porque entendió la madurez como un momento inexcusable de honestidad, en el que ya no podía continuar honrando compromisos en los que le resultaba imposible creer, tanto más al observar la mendacidad o doblez de quienes podían exigírselo. De modo que no es un contrasentido decir que Ridruejo, a sus sesenta y dos años, murió joven, no sólo por los años que pudieran quedarle sino porque su contextura moral, su viveza, su inteligente ingenuidad, le preservó del cinismo improductivo ético y político.

Ocuparon un modesto habitáculo en el mayor laboratorio intergeneracional de la cultura española del siglo, el de los años treinta; o por volver a la imagen de Ros en ese glorioso capítulo de *El hombre de los medios abrazos*, una de las mesas de un gran banquete de bodas. El laboratorio estalló como consecuencia de los irresponsables juegos volátiles de química política, aunque no fueran los inquilinos, pese a todo lo que pueda acumularse en su contra, los principales responsables de los ingredientes de la mezcla.

Podía haber resultado que el peso específico de estos escritores, aun sin llegar a ocupar el lecho central de las corrientes predominantes en la literatura española, hubiese quedado al menos como una roca que debe rodearse o escalarse, pero que resulta casi imposible mover de su sitio. Es el caso, por ejemplo, de escritores como Victor Hugo, que sin poder constituirse en hito para la modernidad literaria posterior, papel que correspondería a Flaubert en la prosa y a Baudelaire en la poesía, sí dejó una obra tan abultada como exitosa que debe ser tenida en cuenta, tanto más por cuanto la importancia histórica que tuvo a los ojos de sus contemporáneos también guarda relación con valores políticos y cívicos cuya progenie aún habita entre nosotros. Incluso más allá del pensamiento estrictamente falangista o vagamente fascista, las modalidades de pensamiento conservador, puesto que fueron varias, resultan hoy inverosímiles o imposibles de recuperar. O son arqueología o son inadmisibles para el contexto político contemporáneo, incluida la derecha.

Somos del mismo modo de la opinión inequívoca de que ninguna circunstancia histórica puede dañar ya el juicio literario. Y éste ha venido a quedar claro, de manera que con o sin guerra civil y sin necesidad de entregarse a ucronías sobre lo que hubieran podido ser, han quedado acotadas las lindes de su alcance e intensidad como creadores. Al fin y al cabo, antes del estallido de la guerra civil, que lo trastocó todo de forma increíblemente brutal, pero no tan definitiva como pudo parecer, nuestros autores ya habían definido las líneas maestras de lo que sería su obra. Puede que ésta no estuviera en su mayor parte escrita (y la excepción es sólo lógicamente, la de quienes murieron pronto y no tuvieron tiempo de escribir más, como Samuel Ros), puede que avanzaran más o menos en ese camino previsto, pero los rasgos dominantes, la atención por uno u otro género, la obsesión por ciertos temas, ya estaban sobradamente presentes.

Notas

Introducción

1. Un libro sobre la política alimentaria cubana publicado en los Estados Unidos de hace ya dos décadas tomaba como norma referirse siempre a Fidel Castro por su nombre y primer apellido en sus páginas, con el ánimo expreso de evitar que nombrar sólo a «Fidel» o bien a «Castro» se juzgara de buenas a primeras simpatía o animadversión. Con espíritu semejante haremos uso aquí justo del criterio contrario, hablando lo mismo de José Antonio que de Primo de Rivera (evitando en este caso la confusión con su padre). El nombre entero es demasiado largo y el trato con la bibliografía registra ambas maneras más allá de la posición o disposición de los autores. Y además ya es bastante complicación habérselas no con uno sino con dos Primo.
2. Dionisio Ridruejo, *Casi unas memorias*, Planeta, Barcelona, 1976, p. 154.
3. Julio Rodríguez Puértolas, *Literatura Fascista Española, Historia y Antología*, Akal, Madrid, 1987, 2 vols.
4. *¿Fascismo en España?*, Ediciones La Conquista del Estado, Madrid, 1935, p. 9.
5. *¿Para qué...? De Alfonso XII a Juan III*, Vasca Ekin, Buenos Aires, 1951, p. 89.
6. Felipe Ximénez de Sandoval, *José Antonio (biografía apasionada)*, Fuerza Nueva Editorial, Madrid, 1976, p. 403.
7. Francisco Umbral, *Los alucinados*, La Esfera, Madrid, 2001, p. 124.
8. José-Carlos Mainer, *Falange y Literatura: Antología*, Labor, Barcelona, 1971.

Capítulo 1

1. La frase es original de Rafael Sánchez Mazas (véase el prólogo al libro de Javier de Ybarra y Bergé, *Política Nacional en Vizcaya*, Instituto de Estudios Políticos, Madrid, 1947, p. VII).
2. No está de más advertir, por mor de la homofonía, que no se trata de Julián Zugazagoitia, periodista y ministro de Gobernación republicano durante la guerra

civil española, autor de *Guerra y vicisitudes de los españoles*, y fusilado por Franco en 1940.

3. Prólogo al libro de Javier de Ybarra y Bergé, *Política Nacional en Vizcaya*, *op. cit.*, p. VII.
4. Veáse Gregorio Morán, *Los españoles que dejaron de serlo. Euskadi, 1937-1981*, Planeta, Barcelona, 1982 (edición aumentada: 2003), pp. 148-149.
5. Datos tomados de la partida de nacimiento de Rafael Sánchez Mazas (Registro Civil de Madrid, Sección 1ª, Libro 89/2, Folio 224). En la certificación en extracto de inscripción de defunción se afirma erróneamente que Rafael Sánchez Mazas era natural de Bilbao. Recordemos que cada inscripción registral sólo da fe, según ley y reglamento del Registro Civil, de aquel asiento que certifica. En este caso, por lo tanto, sólo son fiables los datos referentes al fallecimiento.
6. La «casa Mazas» fue demolida en 1969, tres años después de la muerte de Rafael Sánchez Mazas.
7. Rafael Sánchez Mazas, «Vaga memoria de Cien Años», suplemento literario de *Vértice*, febrero de 1940, p. 11.
8. Juan Ignacio Luca de Tena, *Semblanza literaria y sentimental de Rafael Sánchez Mazas*, Tall. Prensa Española, Madrid, 1966, p. 8.
9. Gregorio Morán, *op. cit.*, p. 144.
10. En agosto de 1925 fue nombrado «cronista de la ciudad de Irún».
11. Sobre la revista *Hermes*, véase José-Carlos Mainer, *Regionalismo, burguesía y cultura. Los casos de «Revista de Aragón» (1900-1905) y «Hermes» (1917-1922)*, A. Redondo editor, Barcelona, 1974.
12. Jesús Sarría, (La Dirección), «Lo que es *Hermes*», en *Hermes*, n.º 11, noviembre de 1917.
13. *Hermes*, n.º 1, enero de 1917.
14. José María de Areilza, *Así los he visto*, Planeta, Barcelona, 1974, pp. 61-70.
15. *La poesía y el pensamiento de Ramón de Basterra*, Juventud, Barcelona, 1941, p. 18.
16. Sobre Ramón de Basterra, véase «Para leer a Ramón de Basterra (instrucciones de uso)», prólogo a Ramón de Basterra, *Poesía*, edición de Manuel Asín y José-Carlos Mainer, Fundación BSCH (Colección Obra Fundamental), Madrid, 2001, tomo I. En este prólogo encontrará el lector una completa bibliografía sobre el poeta.
17. José-Carlos Mainer, *Regionalismo, burguesía y cultura*, *op. cit.*, p. 221.
18. José-Carlos Mainer, *Falange y literatura*, *op. cit.*, pp. 21-22.
19. Julio Rodríguez Puértolas, *op. cit.*, pp. 75-78.
20. Biblioteca de Amigos del País, Bilbao, 1915.
21. «Entre 1894 y 1898, la derecha española resucitó el espantajo de la conspiración judeo-masónica a propósito del asunto Dreyfus. Menudearon los ataques a Zola, nuevo Voltaire y monstruo de impiedad según la prensa católica, la cual hizo alardes de un antisemitismo sin paliativos ... Los nacionalistas catalanes y vascos hicieron causa común contra el judaísmo con la derecha más rancia.» (Jon Juaristi, «Las sombras del desastre», en Raymond Carr, dir., *Visiones de fin de siglo*, Punto de Lectura, Madrid, 2002, p. 210.)
22. Ed. Lux, Bilbao, 1917.
23. Rafael Sánchez Mazas, *Poesías*, Andrés Trapiello, ed., Comares, Granada, 1990.

24. Una selección de estos artículos puede leerse en Rafael Rafael Sánchez Mazas, *Vaga memoria de Cien Años y otros papeles*, introducción de Andrés Trapiello, epílogo de Enrique Ybarra, Ediciones El Tilo, Bilbao, 1993.
25. Es curioso advertir que en esta colaboración simultánea Sánchez Mazas anticipaba sin poder saberlo algo que sólo muy recientemente llegaría a consumarse: la unión entre las empresas de ambos diarios, al absorber en 2002 el grupo Correo a Prensa Española, editora de *ABC*.
26. «Después de la visita de los catalanes», *ABC*, 12 de febrero de 1917.
27. Véase «Bilbao, la barroca» (23 de marzo de 1928); «Los puentes viejos y nuevos de Bilbao» (21 de enero de 1931); «La ría de Bilbao» (11 de enero de 1931); «*La Medea* en Bilbao» (18 de septiembre de 1959).
28. Véase «Objeción al fascismo en España», *ABC*, 15 de abril de 1923.
29. Véase Alfonso Carlos Saiz Valdivielso, *Triunfo y tragedia del periodismo vasco (Prensa y Política), 1900-1939*, Editora Nacional, Madrid, 1977, pp. 203-207.
30. Alfonso Carlos Saiz Valdivielso, *op. cit.*, p. 205.
31. Cita de Saiz Valdivielso, *op. cit.*, p. 186.
32. Véase Saiz Valdivielso, *op. cit.*, pp. 207-208.
33. Jacinto Miquelarena, *Cómo fui ejecutado en Madrid*, Imprenta Sigirano Díaz, Ávila, 1937, pp. 91-93.
34. Primera edición de Espasa Calpe, Madrid, 1929. Con el subtítulo de «Viaje novelado» fue reeditado en *La Novela del Sábado*, n.º 28, 25 de noviembre de 1939. Las referencias a páginas remiten a la primera edición de la obra.
35. «De la copiosa producción narrativa en miniatura se mofaría Max Aub recordando el mote»; véase la introducción de Domingo Ródenas a *Prosa del 27. Antología*, Espasa Calpe, Madrid, 2000. El término «quintaesencismo» se atribuye a Benjamín Jarnés.
36. Véase *El viajero y su sombra*, Cultura Española, Madrid, 1940, pp. 13-20.
37. Para una completa semblanza biográfica, véase Javier Gutiérrez Palacio, *Eugenio Montes, prosista del 27*, Caixa Ourense, 1989. Del mismo autor puede consultarse también la amplia introducción a *Antología de la obra de Eugenio Montes*, Xunta de Galicia (Difusión Cultural, 28), Santiago de Compostela, 2002. Para un conocimiento profundo del escritor Eugenio Montes, incluida su ideología política, resulta imprescindible además el volumen *Xornadas sobre Eugenio Montes. Actas das xornadas realizadas pola Dirección Xeral de Promoción Cultural en Ourense, os días 23 e 24 de novembro de 2000*, Xunta de Galicia, Santiago de Compostela, 2001.
38. Véase Francisco Javier Díez de Revenga, «Eugenio Montes, en la primera vanguardia» y Juan Manuel Bonet, «Eugenio Montes, ultraísta», en *Xornadas sobre Eugenio Montes, op. cit.*, pp. 39-56 y 221-230, respectivamente.
39. En *Grecia*, n.º 17, 30 de mayo de 1919, p. 8.
40. Véase Vicente Risco, «Xente nosa. Eugenio Montes», en *A Nosa Terra*, n.º 96, 5 de agosto de 1919. Publica Risco en este número de la revista dos poemas de Montes, «Noite» y «Neve», dedicados al propio Risco (*A Vicente Risco, en lembranza dos vésperos socráticos do ano que finou*) y a Antón Lousada (*amador de Galicia como ninguén*), respectivamente.
41. Véase Marcos Valcárcel, «A presencia ourensá de Eugenio Montes: as súas colaboracións en *La Zarpa* nos anos 20», en *Xornadas sobre Eugenio Montes, op. cit.*, pp. 78-79.

42. *Nacionalismo Gallego. La ideología de Vicente Risco*, Akal, Madrid, 1981, p. 108.
43. *Nós*, n.º 12, 25 de agosto de 1922.
44. Ed. Nós, Coruña, 1930.
45. En *Nós*, números 13, 14 y 15, noviembre de 1922 - enero de 1923.
46. Ed. Céltiga, Ferrol, 1922.
47. Véase Marcos Valcárcel, *op. cit.*, pp. 77-94.
48. «La intervención de los intelectuales en la revolución rusa», conferencia pronunciada por Eugenio Montes el 6 de diciembre de 1921 en el Centro Obrero de Orense.
49. Polémica surgida a raíz de la publicación del manifiesto *¡Máis alá!*. Véase Marcos Valcárcel, *op. cit.*, pp. 89-90.
50. Véase «Soneto al violín de Cremona», en *Vértice*, n.º 57, julio de 1942, p. 25.
51. El lector puede consultar más datos biográficos en Miguel Ángel Hernando, *Prosa vanguardista en la generación del 27 (gecé y la gaceta literaria)*, Prensa Española, Madrid, 1975. Véase también Enrique Selva Roca de Togores, *Ernesto Giménez Caballero. Entre la vanguardia y el fascismo*, Pre-Textos, Valencia, 2001.
52. *Ensayo sobre mí mismo*, Books Abroad, enero de 1931, vol. 1.
53. *Roma Madre*, Ediciones Jerarquía, Madrid, 1939, p. 3.
54. Don Narciso cedió a su hijo primogénito el título de conde de Foxá. Agustín tenía entonces nueve años. El linaje de Foxá es uno de los más antiguos de Cataluña.
55. Para una más completa biografía véase *Las mejores novelas contemporáneas,* selección y estudios de Joaquín de Entrambasaguas, Planeta, Barcelona, 1967, *tomo IX (1935-1939),* pp. 891-933. Reproduce Entrambasaguas en lo esencial la entrevista que Marino Gómez Santos realizó a Foxá y que fue publicada en el diario *Pueblo* de Madrid en el año 1963. Véase también Luis Sagrera, *Agustín de Foxá y su obra literaria*, Cuadernos de la Escuela Diplomática, año V, volumen II, Madrid, 1969.
56. Datos tomados del Acta de Nacimiento de Luis Gutiérrez Santa Marina (Agrupación de Juzgados de Paz de Colindres, Cantabria, Sección 1.ª, libro 2, p. 12).

Capítulo 2

1. Sánchez Mazas inicia su labor como cronista el día 14 de septiembre de 1921 («De Bilbao a Málaga, pasando por el ministerio») y su última crónica fue publicada el 23 de diciembre del mismo año («Tropeles y paisajes hacia el Kert»). La campaña de África motivó también, por parte de *El Pueblo Vasco*, el envío a Marruecos del columnista José María Salaverría.
2. Rafael Sánchez Mazas, «La caballería, los aviones y el mar», *El Pueblo Vasco*, 5 de octubre de 1921.
3. Véase «La legión de los ilusos y tramposos», 27 de septiembre de 1921.
4. Véase «Las tropas entran en Nador», 22 de septiembre de 1921.
5. Prólogo a la edición de Planeta, Barcelona, 1983, pp. 5-6.
6. Primera edición en El Dueso, Paulus Bernsteini, 1924; la segunda, a cargo de Yunque, Barcelona, 1939; tercera en Planeta, Barcelona, 1980. Las referencias a las páginas en las citas literales remiten a esta última edición.

7. En los Archivos de los Tercios de la Legión (Almería) y en el Archivo General de Guadalajara no figura el nombre de Luys Santa Marina, tampoco el de Luis Gutiérrez Santa Marina. Hay que tener en cuenta, sin embargo, que era práctica habitual inscribirse con nombre falso.
8. *Tetramorfos (de las memorias de César Gustavo de Gimeno). Domus*, Sucesores de Rivadeneyra (Nuevos Novelistas Españoles), Madrid, 1927.
9. Ed. Maucci, Barcelona, 1939.

Capítulo 3

1. «Crisis. 1870-1922», *ABC*, 5 de agosto de 1922.
2. «La victoria fascista y la marcha sobre Roma», *ABC*, 15 de noviembre de 1922.
3. «La crisis del fascismo. Preámbulo y recuerdo», *ABC*, 16 de junio de 1923.
4. «El Imperio o la muerte», *ABC*, 30 de junio de 1923.
5. «El Directorio militar a la luz romana», *ABC*, 10 de octubre de 1923; «Maura, el fascismo y la ilusión nacional», *ABC*, 25 de diciembre de 1925.
6. «Cuatro derrotas útiles y un ejemplo español», *ABC*, 1 de diciembre de 1922.
7. « Objeción al fascismo en España», *ABC*, 15 de abril de 1923.
8. «La primera fase —dice *L'Idea Nazionale*— de la revolución fascista se ha cumplido. La oligarquía parlamentarística queda destrozada. La ideología democrática, la ideología del vientre y de las nubes se desploma en ruinas. La nación italiana, dos veces victoriosa, unida a su Rey, ha tomado posesión de sí misma con un Gobierno que no es del Parlamento, pero que es suyo, y con un Gobierno que no es de la democracia, pero que es suyo». *L'Idea Nazionale* resume en su sentido exacto la revolución victoriosa, noble, sin mancha ni vergüenza, sin miedo ni dolor que ha tomado el poder en un día.» (Rafael Sánchez Mazas, «La victoria fascista y la marcha sobre Roma», *ABC*, 15 de noviembre de 1922.)
9. Gregorio Morán, *op. cit.*, pp. 136-138.
10. José María de Areilza, *A lo largo del siglo*, Planeta, Barcelona, 1992, p. 68.
11. Véase «Florencia, casa de oro, taza de plata», *ABC*, 14 de mayo de 1925. «Roma la vieja y Castilla la Nueva», *ABC*, 21 de junio de 1922.
12. «La rendición de la plaza de Breda o *El cuadro de las lanzas*, de Velázquez», *ABC*, 3 de marzo de 1929.
13. «Retrato de Mussolini», *ABC*, 15 de febrero de 1923.
14. Tras su etapa italiana siguió escribiendo para el diario hasta el año 1931. En 1944 su colaboración pasó a ser esporádica, para convertirse en prácticamente diaria desde 1955 hasta 1960.
15. Basta con citar los nombres de algunos de los colaboradores: César M. Arconada, Antonio Espina, Luis Buñuel, Ramiro Ledesma Ramos, Juan Chabás, Benjamín Jarnés, Guillermo de Torre, Eugenio Montes, Luys Santa Marina o José María Alfaro. Giménez Caballero repetiría después con frecuencia que de la *Gaceta Literaria* habían salido tanto los inspiradores del comunismo como los del fascismo en España.
16. Giménez Caballero redactó en solitario seis números, que aparecieron entre agosto de 1931 y febrero de 1932.
17. *Yo, inspector de alcantarillas (Epiplasmas)*, Biblioteca Nueva, Madrid, 1928. *Hércules jugando a los dados*, La Nave, Madrid, 1928.

18. «Ernesto Giménez Caballero: autopercepción intelectual de un proceso histórico», en *Anthropos*, n.º 84, mayo de 1988, p. 23.
19. Véase Douglas W. Foard,, *Ernesto Giménez Caballero (o la revolución del poeta): Estudio sobre el nacionalismo cultural hispánico en el siglo* XX, Instituto de Estudios Políticos, Madrid, 1975. Victoriano Peña Sánchez, *Intelectuales y Fascismo: la cultura italiana del «ventennio fascista» y su repercusión en España*, Adhara, Granada, 1993.
20. Cuadernos de *La Gaceta Literaria*, Madrid, 1929.
21. *Ibid.*, pp. 48-49.
22. «Carta a un compañero de la joven España», *La Gaceta Literaria*, 15 de febrero de 1929. Se trataba del prólogo a *En torno al casticismo de Italia*, recopilación de escritos de Curcio Malaparte que Giménez Caballero prologa y traduce (Rafael Caro Raggio, Madrid, 1929). El volumen se había publicado en Italia bajo el título de *Italia frente a Europa*.
23. Véase Manuel Penella, *Dionisio Ridruejo, poeta y político*, Caja Duero, Salamanca, 1999, pp. 94-95.
24. Véase Juan Chabás, *Italia fascista. Política y cultura*, Mentora, Barcelona, 1928.
25. Gráfica Universal, Madrid, 1935.
26. Ernesto Giménez Caballero, *Circuito Imperial*, La Gaceta Literaria, Madrid, 1929, p. 55.
27. *Genio de España. Exaltaciones a una resurrección nacional. Y del mundo*, Ediciones de *La Gaceta Literaria*, Madrid, 1932. En 1934 se publica una segunda edición. Ediciones Jerarquía publicará la obra en 1938 y en 1939. En 1939 será editada en Barcelona por la editorial Yunque. Citamos por la 7ª: Doncel, Madrid, 1971, p. 198.
28. Años después plantearía el matrimonio entre Hitler y Pilar Primo de Rivera con la idea de fundar una gran dinastía, donde lo germánico se uniese a lo mediterráneo para dominar el mundo.

CAPÍTULO 4

1. Samuel Ros, *El hombre de los medios abrazos*, Biblioteca Nueva, Madrid, 1995, p. 199.
2. «Adiós a Rafael», *Arriba*, 19 de octubre de 1966.
3. De Rafael Sánchez Mazas es el prólogo a *La estrella y la estela*; de Eugenio Montes es el pórtico a *Fundación, hermandad y destino*.
4. Desde París, en donde era corresponsal en 1932 para *El Debate* pasará luego a la corresponsalía de Londres para el mismo diario. En 1933 escribe para el diario *ABC* desde Berlín (1933-1935), luego desde Roma, y finalmente volverá a Berlín hasta el año 1936.
5. «Eugenio Montes e Acción Española. Aproximación á súa ideoloxía política», en *Xornadas sobre Eugenio Montes*, *op. cit.*, pp. 193-219.
6. Eugenio Vegas Latapie, *Memorias políticas. El suicidio de la Monarquía y la Segunda República*, Planeta, Barcelona, 1983, p. 135.
7. La colaboración de Montes con *Acción Española* se iniciaría en el número 22, correspondiente al primero de febrero de 1933.
8. Véase Eugenio Vegas Latapie, *Memorias políticas*, *op. cit.*, p. 95. Sánchez Ma-

zas pronunció una conferencia en la Juventud Monárquica alrededor de febrero de 1931.

9. Dionisio Ridruejo, *Casi unas memorias*, *op. cit.*, p. 59.
10. N.º 47, 16 de diciembre de 1933.
11. N.º 50, 1 de abril de 1934.
12. N.º 58-59, 1 de agosto de 1934.
13. Véase Vegas Latapie, *Memorias políticas*, *op. cit.*, p. 176.
14. En febrero de 1935, Acción Española organiza una conferencia de Montes en los salones de la Academia de Jurisprudencia, presidida por Calvo Sotelo. Al acto le sucede un banquete con los consabidos discursos.
15. «Entraña y estilo, he aquí lo que compone España». Véase Miguel Primo de Rivera y Urquijo, *Papeles póstumos de José Antonio*, Plaza & Janés, Barcelona, 1996, pp. 258-259.
16. Véase «El banquete del Café San Isidro en honor de Montes», *Arriba*, n.º 1, 21 de marzo de 1935, p. 3.
17. «Un país en torno a un ataúd», *ABC*, 29 de julio de 1934.
18. N.º 75, mayo de 1935, pp. 347-351.
19. Por el artículo titulado «La corona de Gobernación y el escudo de España», publicado en *El Sol*.
20. «Eugenio Montes y Pedro Mourlane Michelena, premiados», *Arriba*, n.º 9, 16 de mayo de 1935, p. 6.
21. Véase Gonzalo Redondo, *Historia de la Iglesia en España. 1931-1939*, Tomo I: *La Segunda República (1931-1936)*, Rialp, Madrid, 1993, pp. 81-82.
22. Editorial Signo, Madrid, 1932, pp. 40 y 128.
23. E. Vegas Latapie, *Memorias políticas*, *op. cit.*, p. 134.
24. Espasa Calpe, Madrid, 1930. Las referencias a las páginas remiten a esta edición.
25. Espasa Calpe, Madrid, 1931.
26. Espasa Calpe, Madrid, 1934. Reeditado en 1965 por la Delegación Nacional de Educación Física y Deportes (Publicaciones del Comité Olímpico Español, Madrid). Las referencias a las páginas remiten a esta edición de 1965.
27. El libro de máximas sobre *El Deporte* de Jean Giraudoux fue publicado en 1924, después de la Olimpiada de París. La segunda edición es del año 1928, después de la Olimpiada de Ámsterdam. Sobre Giraudoux véase Lilí Álvarez, *Plenitud. Estudio preliminar a las máximas sobre «El Deporte» de Jean Giraudoux*, Epesa, Madrid, 1946.
28. Véase como ejemplos los publicados los días 2 de octubre de 1934, p. 17; 3 de octubre de 1934, p. 19; 12 de octubre de 1934, p. 13; 16 de octubre de 1943, p. 21; 23 de noviembre de 1934, p. 27.
29. Ediciones Héroe, Madrid, 1933.
30. Imp. Galo Sáez, Madrid, 1936.
31. Ed. Signo, Madrid, 1932.
32. Véase Gonzalo Redondo, *op. cit.*
33. Véase Guy Hermet, *Los católicos en la España franquista. I: Los actores del juego político*, Centro de Investigaciones Sociológicas, Madrid, 1985, p. 94.
34. Ramiro Ledesma Ramos y las JONS postularon (tercer punto del manifiesto jonsista) el «máximo respeto a la tradición católica de nuestra raza», considerando que la espiritualidad y la cultura de España van enlazadas al prestigio de

los valores religiosos, no sin dejar por ello de afirmar la subordinación absoluta de todos los poderes al Poder Estatal: «¡Nada encima del Estado! Por lo tanto, ni siquiera la Iglesia, por muy Católica y Romana que sea» (*La Conquista del Estado*, 16 de mayo de 1931). Según apunta Herbert R. Southworth (*Antifalange: estudio crítico de «Falange en la guerra de España» de M. García Venero*, Ruedo Ibérico, París, 1967, p. 73) la declaración concerniente a la iglesia en el manifiesto de las JONS fue una concesión que Ledesma hizo a Onésimo Redondo.

35. El marqués de la Eliseda publicó el siguiente comunicado en la prensa: «Francisco Moreno y Herrera ... ha visto con grandísima pesadumbre que en el nuevo programa doctrinal ..., se adopta una actitud laica ante el hecho religioso y de subordinación de los intereses de la Iglesia a los del Estado. Con ser esto a juicio del que suscribe una posición doctrinal insostenible, llega al colmo su tristeza cuando ve que el espíritu que informa el artículo 25 del programa es francamente herético, y recuerdo que, por motivos semejantes fue condenado el movimiento Action Française. Por ello, el que suscribe, con pena hondísima, pero cumpliendo su deber de católico, se ve obligado a apartarse del Movimiento de FE de las JONS». (Eugenio Vegas Latapie, *Memorias políticas*, *op. cit.*, p. 226)
36. *FE*, n.º 1, 7 de diciembre de 1933.
37. *Entre el silencio y la propaganda. La Historia como fue. Memorias*, Planeta, Barcelona, 1977, p. 416.
38. Véase «El viaje de nuestro Rey a Roma» o «Crisis. 1870-1922», *ABC*, 23 de agosto de 1922 y 5 de agosto de 1922, respectivamente.
39. Véase «Siete Escolios a la Pastoral», *Cruz y Raya*, n.º 5, 15 de agosto de 1933, pp. 143-160.
40. *Arxiu Vidal i Barraquer. Església i Estat durant la Segona República Espanyola*, eds. M. Batllori y V. M. Arbeloa, Publicacions de l'Abadia de Montserrat, Montserrat, tomo IV, 1º y 2º parte, 1986, pp. 409-412.
41. José-Carlos Mainer, *Falange y Literatura*, *op. cit.*, p. 298.
42. Andrés Trapiello, *Clásicos de traje gris*, Diputación Provincial de Albacete, Albacete, 1990, p. 353.
43. Al reproducir el *Discurso* en 1953 en el volumen *La estrella y el estela* (Ediciones del Movimiento, Madrid) el fascismo pasa de ser «posible y deseable» a ser sólo «posible».

Capítulo 5

1. Dionisio Ridruejo (*Entre literatura y política*, Seminarios y Ediciones, Madrid, 1973, pp. 211-212) considera que la atribución a una abnegada minoría de la tarea mesiánica de transformar el Estado, la nación y la sociedad fue un préstamo tomado por Mussolini a la imaginación política de Lenin y Trotsky.
2. Ernesto Giménez Caballero, *Manuel Azaña (Profecías españolas)*, La Gaceta Literaria, Madrid, 1932.
3. En el Primer Consejo Nacional de dirigentes nacionales y regionales de Falange Española de las JONS, convocado en Madrid el 4 de marzo de 1934. Respecto a la propuesta, Francisco Bravo escribe: «Fue en la sesión de la tarde, a última

hora, Sánchez Mazas se apresuró a hacer la propuesta, que suscitó el entusiasmo general. Ledesma Ramos se levantó y, mostrando una nobleza generosa, se asoció a la propuesta, reconociendo que el más indicado de todos para el puesto de tal responsabilidad era José Antonio ... Como era natural, José Antonio aceptó» (*Historia de Falange Española de las JONS*, Editora Nacional, Madrid, 1940, p. 66).

4. Véase Marino Gómez Santos, *12 hombres de Letras*, Editora Nacional, Madrid, 1969, p. 435.
5. Ediciones Jerarquía, Barcelona, 1939.
6. Ediciones Jerarquía, Barcelona, 1939.
7. 25 de abril de 1931.
8. *Casi unas memorias*, *op. cit.*, p. 59.
9. Sobre la creación y aparición de *El Fascio* véase Maximiano García Venero, *Falange en la guerra de España: la Unificación y Hedilla*, Ruedo Ibérico, París, 1967, pp. 37-38; Ramiro Ledesma Ramos, *¿Fascismo en España?*, La Conquista del Estado, Madrid, 1935, pp. 86-90; Stanley G. Payne, *Falange: Historia del fascismo español*, Sarpe, Madrid, 1985, p. 53; José Luis Rodríguez Jiménez, *Historia de Falange Española de las JONS*, Alianza, Madrid, 2000, pp. 119-127.
10. Stanley G. Payne, *op. cit.*, p. 53, nota 70.
11. Rafael Sánchez Mazas, «Algunas imágenes del Renacimiento y del Imperio», *Boletín de la Biblioteca Menéndez Pelayo*, año IX, n.º 1, enero-marzo de 1927.
12. Ramiro Ledesma, *op. cit.*, pp. 88-89.
13. Ernesto Giménez Caballero, *La nueva catolicidad*, La Gaceta Literaria, Madrid, 1933, pp. 210-211.
14. Según declaraciones del propio Montes. Véase Marino Gómez Santos, *12 hombres de letras, op. cit.*, pp. 438-439, y José María García Escudero, *Historia Política de las dos Españas*, Editora Nacional, Madrid, 1975, vol III, p. 1226.
15. Véase Gumersindo Montes Agudo, *Fechas estelares de la Falange*, Ediciones para el bolsillo de la Camisa Azul, Departamento Nacional de Propaganda, Frente de Juventudes, Madrid, s.a., n.º 24.
16. Ernesto Giménez Caballero, *Memorias de un dictador*, Planeta, Barcelona, 1981, p. 85. El número 1 era el de Ledesma, el 2 el de Primo de Rivera, el 3 el de Julio Ruiz de Alda y el 4 el de Rafael Sánchez Mazas.
17. Giménez Caballero formó parte del grupo de La Conquista del Estado, cuyo Manifiesto (febrero de 1931) había redactado junto con Ramiro Ledesma Ramos, del que se distanciaría posteriormente.
18. Ernesto Giménez Caballero, *Memorias de un dictador*, *op. cit.*, pp. 85-86.
19. *Ibid.*, p. 99.
20. *Ibid.*, p. 84.
21. Francisco Bravo, *El hombre, el jefe, el camarada*, Ediciones Españolas, Madrid, 1939, pp. 230-231.
22. Dionisio Ridruejo, *Casi unas memorias*, *op. cit.*, pp. 156-158.
23. Samuel Ros, *El hombre de los medios abrazos*, *op. cit.*, pp. 199-200.
24. *El Mono Azul*, septiembre de 1936. Véase Andrés Trapiello, *Las armas y las letras*, Planeta, Barcelona, 1994, p. 66.
25. *El Mono Azul*, septiembre de 1936. Véase Andrés Trapiello, *Las armas y las letras*, *op. cit.*, p. 66.
26. *Casi unas memorias*, *op. cit.*, pp. 158-162.

27. *Casi unas memorias*, *op. cit.*, p. 159.
28. En *El Nacional* de Caracas, 13 de mayo de 1952.
29. Véase Marino Gómez Santos, *La memoria cruel*, Espasa Calpe, Madrid, 2002, p. 311.
30. Véase Luis Sagrera, *Agustín de Foxá y su obra literaria*, *op. cit.* , pp. 34-35.
31. Gonzalo Fernández de la Mora, *ABC*, 30 de junio de 1984.
32. «José Antonio: el amigo», en *Dolor y memoria de España en el segundo aniversario de la muerte de José Antonio*, Ediciones Jerarquía, Barcelona, 1939, p. 220.
33. Dionisio Ridruejo, *Casi unas memorias*, *op. cit.*, p. 155.
34. 8 de diciembre de 1949.
35. Véase Jacinto Miquelarena, *El otro mundo*, Imprenta Aldecoa, Burgos, 1938, pp. 15-19. «Las cenas de Carlomagno» y «José Antonio, hombre», en *Dolor y Memoria de España en el segundo aniversario de la muerte de José Antonio*, *op. cit.*, pp. 186-187 y 239-241, respectivamente.
36. Ed. Yunque, Barcelona, 1939.
37. Véase José Luis Rodríguez Jiménez, *Historia de Falange Española de las JONS*, *op. cit.*, p. 180, nota 91.
38. Seix y Barral Hnos., Barcelona, 1928. Reeditada en 1931, 1941, 1942, 1943, 1951, 1952, 1958 y 1959.
39. Seix y Barral Hnos., Barcelona, 1929. Reeditada en 1934,1942 y 1951.
40. Primera edición: Espasa Calpe, Madrid, 1933; segunda edición: Yunque, Barcelona, 1939. Espasa Calpe la editaría de nuevo en los años 1940, 1945, 1953 y 1957.
41. Ed. Canosa, Barcelona, 1928.
42. Para una completa biografía del autor véase Carlos Blanco Soler, «La vida atormentada de Samuel Ros», *Cuadernos de Literatura*, t. II, n.º 5, septiembre-octubre de 1947, pp. 25-75. Medardo Fraile, *Samuel Ros (1904-1945): hacia una generación sin crítica*, Editorial Prensa Española, Madrid, 1972. Del mismo autor es la introducción a la *Antología* de Samuel Ros (Fundación Santander Central Hispano, Madrid, 2002).
43. Gutemberg, Valencia, 1923.
44. Espasa Calpe, Madrid, 1928.
45. C.I.A.P., Madrid, 1931.
46. *Casi unas memorias*, *op. cit.*, p. 34.
47. Medardo Fraile, *Samuel Ros (1904-1945)*, *op. cit.*, p. 24.
48. Para una completa biografía del autor véase Manuel Penella, *Dionisio Ridruejo, poeta y político: relato de una existencia auténtica*, *op. cit.*, 1999.
49. Edición del autor (Imprenta El Adelantado), Segovia, 1935.
50. *Casi unas memorias*; *op. cit.*, pp. 61-62.
51. *Casi unas memorias*, *op. cit.*, p. 59.
52. Dionisio Ridruejo, *Primer libro de amor (1935-1939)*, Yunque, Barcelona, 1939.
53. Dionisio Ridruejo, «La lujosa bondad de Mourlane», en D. Ridruejo, *Sombras y bultos*, Destino, Barcelona, 1983, pp. 92-101.
54. Véase Rafael García Serrano, «Nuestro Don Pedro», *Arriba*, 26 de noviembre de 1955.
55. En entrevista con Joaquín Soler Serrano en el programa «A fondo» de TVE-2, 1978.

56. *Sombras y bultos*, *op. cit.*, pp. 94-95.
57. Véase Dionisio Ridruejo, *Sombras y bultos*, *op. cit.*, pp. 92-101.
58. Marino Gómez Santos, *La memoria cruel*, *op. cit.*, p. 212.
59. Samuel Ros recordará posteriormente a José Antonio en las tertulias de «La Ballena Alegre«: «José Antonio en *La Ballena Alegre*», en *Dolor y memoria de España en el segundo aniversario de la muerte de José Antonio*, *op. cit.*, pp. 209-210.
60. Luys Santa Marina, «*La Ballena*, años después», en Luys Santa Marina, *Hacia José Antonio*, AHR, Barcelona, 1958.
61. Jacinto Miquelarena, *El otro mundo*, *op. cit.*, p. 17. Véase también «José Antonio, hombre», en *Dolor y memoria de España en el segundo aniversario de la muerte de José Antonio*, *op. cit.*, p. 240.
62. Miguel Primo de Rivera y Urquijo, *Papeles póstumos de José Antonio*, *op. cit.*, p. 203.
63. Véase Ian Gibson, *En busca de José Antonio*, Planeta, Barcelona, 1980, p. 220.
64. Entrevista de Ian Gibson a José Bergamín en Madrid, el 9 de octubre de 1979, en *op. cit.*, pp. 61-62.
65. Véase Rafael Sánchez Mazas, «Siete Escolios a la Patoral» y «Crítica y Milagro», en *Cruz y Raya*, n.º 5, 15 de agosto de 1933, pp. 143-160, y n.º 21, diciembre de 1934, pp. 97-102, respectivamente.
66. *Cruz y Raya*, junio de 1934.
67. Yunque, Barcelona, 1940.
68. Ánfora, Barcelona, 1944.
69. Jacinto Miquelarena, «Las cenas de Carlomagno», en *Dolor y memoria de España en el segundo aniversario de la muerte de José Antonio*, *op. cit.*, p. 187.

Capítulo 6

1. «Dureza y claridad: carta a un estudiante que se queja de que *FE* no es duro», *FE*, n.º 11, 19 de abril de 1934, en José Antonio Primo de Rivera, *Obras Completas*, Ediciones de la Vicesecretaría de Educación Popular de FET y de las JONS, Madrid, 1945, pp. 593-594.
2. Ramiro de Ledesma, *op. cit.*, pp. 142-143.
3. Recordemos que fueron parecidas razones las que distanciaron a Ledesma de Giménez Caballero.
4. Véase José Luis Rodríguez Jiménez, *op. cit.*, p. 188.
5. Rafael Sánchez Mazas, «Algunas imágenes del Renacimiento y del Imperio», *op. cit.*, pp. 70-71.
6. «FE y JONS», *FE*, n.º 7, 22 de febrero de 1934. Véase José Antonio Primo de Rivera, *Obras Completas*, *op. cit.*, pp. 519-526.
7. Rafael Sánchez Mazas, *Fundación, Hermandad y Destino*, Ediciones del Movimiento, Madrid, 1957. (Citado como FHD.)
8. Fragmentos de lo que posteriormente compondría un ensayo unitario sobre teoría política bajo el título de *Las tres edades de la política* (Ateneo, Madrid, 1955): «Campanella y Maurras» (fragmento), *FE*, n.º 4, 25 de enero de 1934; «Fragmento sobre El Príncipe», *FE*, n.º 8, 1 de marzo de 1934.
9. «España y Roma. I Introducción. La estirpe de un instinto» (n.º 2, 11 de enero

de 1934), «II. Roma y la España Antigua» (n.º 3, 18 de enero de 1934), «III. Séneca o los fundamentos estoicos del fascismo» (n.º 4, 25 de enero de 1934), «IV. Romance andaluz y humorismo aragonés» (n.º 5, 1 de febrero de 1934), «V. Foro y Campo» (n.º 6, 8 de febrero de 1934), «VI. Orbe y Pueblo» (n.º 7, 22 de febrero de 1934), «VII. La primera Cristiandad» (n.º 10, 12 de abril de 1934), «VIII. El poeta español de Cristo» (n.º 11, 19 de abril de 1934), «IX. La Cristiada Española» (n.º 12, 26 de abril de 1934).

10. «Se buscan cuadrillas» (de *Informaciones*), n.º 7, 22 de febrero de 1934; «Criaturas creadoras» (de *Informaciones*), n.º 13, 5 de julio de 1934; «España católica y revolucionaria» (de *El Adelanto*), n.º 14, 12 de julio de 1934; «Un complot no puede ser fascista» (de *Informaciones*), n.º 15, 19 de julio de 1934.
11. Véase «A la media vuelta» (n.º 1, 7 de diciembre de 1933), «Un hombre y un libro» (n.º 3, 18 de enero de 1934), «Carta a un condiscípulo» (n.º 4, 25 de enero de 1934), «El admirable don Pío» (n.º 5, 1 de febrero de 1934), «Vientos de la nueva España» (n.º 6, 8 de febrero de 1934), «El pulso de la vida» (n.º 7, 22 de febrero de 1934), «Sobre una encuesta» (n.º 8, 1 de marzo de 1934), «Confusión» (n.º 9, 8 de marzo de 1934).
12. Del diario *ABC* son los dos artículos de Montes publicados en *FE*: «Profecía del César Carlos V, o el pacto de París con el demonio» (n.º 4, 25 de enero de 1934) y «Cantares de Gesta» (n.º 10, 12 de abril de 1934).
13. «Voz de la tierra y razón de la sangre», *FE*, n.º 1, 7 de diciembre de 1933 (de *Informaciones*).
14. «Juventud sana, fuerte y heroica», *FE*, n.º 1, 7 de diciembre de 1933, p. 2.
15. Véase «El fútbol, agente separatista», *FE*, n.º 1, 7 de diciembre de 1933, p. 2.
16. Véase «El *Rugby* y las maniobras catalanas», *FE*, n.º 2, 11 de enero de 1934.
17. Véase «Deporte marxista», *FE*, n.º 5, 1 de febrero de 1934.
18. Véase «Los campeonatos de la liga de futbol», *FE*, n.º 6, 8 de febrero de 1934.
19. Resultan reveladores a este respecto los títulos de las distintas publicaciones de Falange: *Afán*, *Águilas*, *Amanecer*, *Arriba*, *Azul*, *España Nueva*, *Falange*, *Flechas*, *Flechas y Yugo*, *Haz*, *Imperio*, *Patria*, *Unidad*, *Victoria*.
20. Véase Guillermo Díaz-Plaja, *La poesía y el pensamiento de Ramón de Basterra*, Juventud, Barcelona, 1941, p. 96.
21. Ernesto Giménez Caballero, *Genio de España*, Doncel, Madrid, 1971, pp. 204-205, nota de 1938.
22. Dionisio Ridruejo, *Entre literatura y política*, Seminarios y Ediciones, Madrid, 1973.
23. *España invertebrada*, Revista de Occidente, Madrid, 1959 (Primera edición de 1921), pp. 32-33.
24. Francisco Umbral, *Leyenda del César Visionario*, Seix Barral, Barcelona, 1991, p. 89.
25. Dionisio Ridruejo, *Sombras y bultos*, *op. cit.*, p. 183.
26. José Antonio Primo de Rivera, «La política y el intelectual: homenaje y reproche a D. José Ortega y Gasset», *Haz*, n.º 12, 5 de diciembre de 1935.
27. José Ortega y Gasset, *Vieja y nueva política*, Renacimiento, Madrid, 1914 (1ª ed.). En adelante, se cita por la edición de Revista de Occidente, Madrid, 1963.
28. Ernesto Giménez Caballero en *Genio de España*, *op. cit.*, p. 77, afirmará: «Ortega apercibió desde su miradero la nueva valoración del mundo europeo que se avecinaba: «militantismo» contra «pacifismo», «jerarquía» contra «demo-

cracia», «estado fuerte» contra «liberalismo», «huestes ejemplares» (milicias imperiales) contra «ejércitos industrializados», «amor al peligro» frente a «espíritu industrial», «política internacional y ecuménica» frente a «nacionalismos de política interior», «vuelta a primacías medievales» frente a «insistencia en valores individualísticos humanistas». Y, sobre todo, «capitanes máximos, responsables y cesáreos que asumiesen la tragedia heroica del Mandar» frente a «muñecos mediocres irresponsables y parlamentarios que eludiesen constantemente la noble tarea de gobernar mundos«».

29. Sobre el nombre «Falange Española» véanse Marino Gómez Santos, «José María Alfaro (4)», *Arriba*, 16 de junio de 1967, Felipe Ximénez de Sandoval, *José Antonio*, Almena, Madrid, 19492, p. 102, y Stanley G. Payne, *op. cit.*, p. 62.
30. «Moral de la falange clásica», *FE*, n.º 4, 25 de enero de 1934.
31. Ernesto Giménez Caballero, *Genio de España*, 19342. (Véase la nota 1 de las pp. 28-30 a la séptima edición, Doncel, Madrid, 1971).
32. Rafael Sánchez Mazas, «Algunas imágenes del Renacimiento y del Imperio», *op. cit.*, pp. 47-71.
33. *Ibid.* p. 71.
34. Así lo afirma el propio Ledesma en *¿Fascismo en España?*, *op. cit.*, pp. 76-77.
35. «El S.E.U., con el guión del cisne», *Haz*, n.º 5, 28 de mayo de 1935.
36. *FE*, n.º 7, 22 de febrero de 1934.

CAPÍTULO 7

1. *Escrito en España*, G. del Toro, Madrid, 1976, pp. 22 y 109.
2. Colaboraron en numerosas publicaciones nacionales y extranjeras, sobre todo de Hispanoamérica. Algunos ejemplos son: *ABC* (Miquelarena, Foxá y Montes), *Arriba España* de Pamplona (Montes, Giménez Caballero, Foxá y Ridruejo), *Diario Regional* de Valladolid (Foxá), *El Diario Vasco* de San Sebastián (Foxá), *FE* (Montes, Ridruejo), *Vértice* (Giménez Caballero, Mourlane, Foxá, Ros, Alfaro, Montes, Sánchez Mazas, Miquelarena), *Jerarquía* (Giménez Caballero, Montes, Ridruejo y Foxá), *La Ametralladora* (Miquelarena), *La Nación* de Buenos Aires (Montes, Miquelarena), *Arriba España* de la Habana (Foxá), *Nueva España* de Guayaquil (Foxá), *La voz de España* de Santiago de Chile (Ros, Miquelarena, Foxá y Giménez Caballero).
3. Agustín de Foxá, «Poema a Calvo Sotelo», *ABC*, 6 de junio de 1937.
4. En la *Antología poética del Alzamiento, 1936-1939*, reunida por Jorge Villén y publicada en Cádiz en 1939 figuran tres poemas de Agustín de Foxá: «Romance de Abdelacid», «La Brigada del Amanecer» y «Poema a Calvo Sotelo». También se recogen versos de Foxá en el volumen *Lira bélica*, de José Sanz y Díaz (Santarén, Valladolid, 1939). En *Corona de sonetos en honor de José Antonio* (Jerarquía, Barcelona, 1939) hay poemas de Alfaro, Montes y Ridruejo.
5. *Casi unas memorias*, *op. cit.*, p. 114.
6. Véase Andrés Trapiello, *Las armas y las letras*, *op. cit.*, pp. 66-67.
7. Javier Cercas, *Soldados de Salamina*, Tusquets, Barcelona, 2001.
8. Jesús Pascual Aguilar, *Yo fui asesinado por los rojos*, edición del autor, Barcelona, 1981. Jesús Pascual, dirigente de un grupo de la Falange clandestina en Barcelona, coincidió con Sánchez Mazas en los calabozos del Monasterio de

Santa María del Collell, donde el escritor le contó su relación con Indalecio Prieto y cómo solicitó su ayuda.

9. Véase Julián Zugazagoitia, *Guerra y vicisitudes de los españoles*, Crítica, Barcelona, 1977, pp. 351-352.
10. Jesús Pascual Aguilar, *op. cit.*, pp. 204-206.
11. Véase Gregorio Morán, *op. cit.*, p. 139.
12. Eugenio Montes fue el primero en relatar públicamente la odisea de Sánchez Mazas (véase *La Vanguardia*, 9 de febrero de 1939). Más sobre la liberación de Sánchez Mazas puede leerse en *ABC* de Sevilla, 9 de febrero de 1939.
13. Marino Gómez Santos, «José María Alfaro (5)», *Arriba*, 17 de junio de 1967.
14. En la calle de Carbonero y Sol esquina al Paseo de la Castellana.
15. Ernesto Giménez Caballero, *Memorias de un dictador*, *op. cit.*, p. 86.
16. *Ibid.*, p. 92.
17. Exceptuando tres breves textos en primera página, con palabras de Franco en el primer número, y de los generales Yagüe y Varela en el segundo y tercero, el resto del periódico lo escribe Giménez Caballero. Se editaron cuatro números redactados e impresos en diferentes puntos: n.º 1, Cogolludo, Navidad de 1937, Tip. Sucesor Jodrá, Soria; n.º 2, Frente de Teruel, 1938, Tip. Sucesor Jodrá, Soria; números 3 y 4, Frente de Valencia, abril y mayo de 1938, impresos en *Heraldo de Aragón*, Zaragoza. Véase Miguel Ángel Hernando, *Prosa vanguardista en la generación del 27, op. cit.*, apéndice «Los periódicos de Giménez Caballero».
18. Editada posteriormente por Ediciones Jerarquía en Barcelona, 1939.
19. Hoepli, Milán, 1938.
20. Véase Victoriano Peña Sánchez, *op. cit.*, p. 133.
21. Ernesto Giménez Caballero, *Memorias de un dictador*, *op. cit.*, p. 114. Véase también Ramón Serrano Suñer, *Entre el silencio y la propaganda, la Historia como fue: memorias*, Planeta, Barcelona, 1977, p. 186: «Explicando las razones y propósitos de la Unificación, Franco leyó un discurso bien construido, obra del escritor Giménez Caballero en su casi totalidad —pues no había en él más que unas líneas mías— que causó muy buena impresión entre un sector tradicionalista en el que recuerdo los grandes elogios que mereció del conde de Rodezno».
22. Véase Ernesto Giménez Caballero, *Memorias de un dictador*, *op. cit.*, pp. 111-112.
23. Luis Sagrera, en su ya citada obra *Agustín de Foxá y su obra literaria*, dedica un capítulo a narrar la aventura rumana de Foxá. De él tomamos la mayoría de los datos.
24. El título de *Salamanca o la tumba del fascismo*, que cita, por ejemplo, Areilza (*Así los he visto*, *op. cit.*, p. 268) no deja de ser una ironía más de Foxá, aunque significativa. Lo de *tumba del fascismo* se lo había ya adjudicado Foxá al sacerdote Fermín Yzurdiaga.
25. Dionisio Ridruejo, *Sombras y bultos*, *op. cit.*, pp. 108-114.
26. Véase Jacinto Miquelarena, *El otro mundo*, *op. cit.*, y *Cómo fui ejecutado en Madrid*, Imprenta Católica Sigirano Díaz, Ávila, 1937.
27. *El otro mundo*, *op. cit.*, p. 24.
28. Véase Jacinto Miquelarena, «Aquel buque de guerra argentino», *Vértice*, n.º 18, enero 1939.

29. Jacinto Miquelarena, *Unificación: diálogo heroico*, Delegación de Prensa y Propaganda, Tolosa, 1938.
30. Véase *Voz de España*, 13 de agosto de 1938. En el semanario colaboraron, entre otros, Wenceslao Fernández Flórez, Jacinto Miquelarena, José María Pemán, Eugenio d'Ors, José María Salaverría, Víctor de la Serna, Rafael García Serrano, Eduardo Aunós, Ramón Serrano Suñer, Agustín de Foxá, Angel María Pascual, José Félix de Lequerica, Ernesto Giménez Caballero y Charles Maurras.
31. Entrevista telefónica realizada el 10 de septiembre de 2002.
32. Xosé Francisco Armesto Faginas, *Álvaro Cunqueiro, unha biografía*, Xerais, Vigo, 1991, p. 149.
33. Imprenta Aldecoa. El texto había sido publicado originariamente en *La Nación* (Buenos Aires) el día 15 de mayo de 1937.
34. Ramón Serrano Suñer, *Entre el silencio y la propaganda, op. cit.*, p. 172.
35. Victoriano Peña Sánchez, *op. cit.*, p. 157, nota 84.
36. E. Vegas Latapie, *Los caminos del desengaño: memorias políticas 2. 1936-1938*, Tebas, Madrid, 1987, p. 106.
37. Dionisio Ridruejo, *Casi unas memorias, op. cit.*, p. 160.
38. Véase Eugenio Vegas Latapie, *Los caminos del desengaño*, *op. cit.*, pp. 72-76.
39. *ABC* de Sevilla, 22 de enero de 1937.
40. *El Mono Azul*, agosto de 1936; véase Andrés Trapiello, *Las armas y las letras*, p. 71.
41. *ABC* de Sevilla, 5 de febrero de 1937.
42. Ernesto Giménez Caballero, «Frente a los *intelectuales*: ¡Los místicos de España!», escrito a raíz del incidente de Salamanca entre Unamuno y Millán Astray. El artículo formaría luego parte del libro titulado *Los secretos de la Falange*, Yunque, Barcelona, 1939.
43. Luys Santa Marina se integró en la columna del capitán Enrique López Belda.
44. Dionisio Ridruejo, *Casi unas memorias*, *op. cit.*, p. 146.
45. José-Carlos Mainer, «La narrativa falangista», *El País*, 14 de marzo de 1985.
46. J. Miquelarena (El fugitivo), *El otro mundo*, Imprenta Aldecoa, Burgos, 1938. La obra fue traducida al francés el mismo año: *Traqué dans Madrid (El otro mundo)1936*, trad. Marcel Carayon, Calmann-Lévy, París, 1938.
47. Otros ejemplos son *Una isla en el mar rojo* (Ediciones Españolas, Madrid, 1939), de Wenceslao Fernández Florez, y la comedia *La vida inmóvil* (Valladolid, 1939), de Joaquín Calvo Sotelo.
48. J. Miquelarena, *Cómo fui ejecutado en Madrid*, *op. cit.*, p. 119.
49. Inicia Miquelarena su colaboración en *Vértice* con el artículo titulado «El oportunismo en la educación de las masas» (n.º 1, abril de 1937), publicado en la sección de humor de la revista.
50. Jacinto Miquelarena, «José Antonio, Hombre», *ABC*, 20 de noviembre de 1938.
51. Jacinto Miquelarena, «Los que eran republicanos...», *ABC*, 23 de mayo de 1938.
52. La hija de Mourlane afirma que Prieto murió escribiendo un artículo sobre Mourlane.
53. J. Miquelarena (El Fugitivo), *Cómo fui ejecutado en Madrid*, *op. cit.*
54. N.º 21, abril de 1939.

55. *Meses de esperanza y lentejas (La Embajada de Chile en Madrid)*, novela por Samuel Ros con ilustraciones de Kin, *La Novela del Sábado*, Madrid, Año I, n.º 23, 21 de octubre de 1939, pp. 1-61.
56. «La novela de *Vértice*», San Sebastián, 1938.
57. Jerarquía, San Sebastián, 1938. La novela tuvo un éxito inmediato, con dos ediciones en el mismo año 1938 y traducciones al alemán en 1940 y al italiano en 1944. Las referencias a las páginas de las citas remiten a la edición Planeta, Barcelona, 1993.
58. Dionisio Ridruejo, *Sombras y bultos*, *op. cit.*, p. 117.
59. Agustín de Foxá, *Misión en Bucarest y otras narraciones*, Prensa Española, Madrid, 1965.
60. «Respuesta a Madariaga», *Arriba España*, 4 de agosto de 1937.
61. «Caperucita en la checa», *ABC*, 13 de febrero de 1938.
62. «Funeral por José Antonio», *El Diario Vasco*, San Sebastián, 22 de noviembre de 1938; véase *Obras Completas*, Prensa Española, Madrid, 1971, tomo II, pp. 61-65.
63. Pancorbo es el nombre del distrito de Miranda de Ebro que el abuelo de José María Alfaro había representado como diputado maurista.
64. Marino Gómez Santos, «José María Alfaro (6)», *Arriba*, 21 de junio de 1967.
65. José María Alfaro, *Leoncio Pancorbo*, Editora Nacional, Madrid, 1942, pp. 50-51.
66. «Rosa Krüger» (fragmento), *Vértice*, n.º 23, junio de 1939.
67. Trieste, Madrid, 1984. Las referencias a las páginas de las citas remiten a esta edición de la obra. *Rosa Krüger* verá la luz de nuevo en 1996 editada por Ediciones del Bronce (Barcelona).
68. Dámaso Santos, «Rafael Sánchez Mazas en su pequeña y delicada Europa», en D. Santos, *Generaciones Juntas*, Madrid, Bullón, 1962.
69. «¿Y nuestra Constitución? ¿Y los Derechos Humanos? (IV)», *ABC*, 19 de noviembre de 1994.
70. Publicadas en las páginas de *Nueva Etapa* (mayo-junio 1920, pp. 38-39) y recogidas posteriormente en la antología *Sonetos de un verano antiguo y otros poemas*, Llibres de Sinera, Barcelona, 1971. Véase Juan Perucho, «Madame d'Isbay en el Pirineo», en J. Perucho *Nicéforas y el Grifo*, Taber, Barcelona, 1968, pp. 107-111.
71. «Los articulistas», *El País*, 2 de diciembre de 1985.
72. José-Carlos Mainer, «Injustamente olvidados», *El País*, 26 de mayo de 1988, p. 36.
73. *El combate por la luz: la hazaña intelectual de Eugenio D'Ors*, Espasa Calpe, Madrid, 1981, pp. 282-288.
74. Ediciones Nascimento, Santiago de Chile, 1937. La novela se editó de nuevo en 1938, poco antes de abandonar Chile su autor. En 1941 apareció por primera vez en España (Ediciones Patria, Barcelona) con prólogo de dos de sus mejores amigos: el de Dionisio Ridruejo en verso («La amada muerta en la voz de Samuel Ros») y el de Eugenio Montes en prosa («Samuel Ros, o el poeta en prosa»).
75. La apelación occidental a luchar contra los sindiós hecha a los colonizados abarca ambas guerras mundiales y numerosos conflictos coloniales y llega, por cierto, hasta la retórica antisoviética de la guerra fría y el rigorismo islamista de Arabia Saudita y el Afganistán de los talibán y Bin Laden.

76. Editorial Apolo, Barcelona, 1939. Editora Nacional llevaría a cabo una nueva edición en 1942.
77. *ABC* de Sevilla, 22 de enero de1937.
78. «Los Homeros rojos», *ABC* de Madrid, 28 de mayo de 1939.
79. Rafael Sánchez Mazas, «La rendición de la plaza de Breda o *El cuadro de las lanzas*, de Velázquez», *op. cit.*. Incidentalmente —sirva para alimentar la paradoja—, la sala del Consejo de Seguridad de la sucesora de la Sociedad de Naciones, las Naciones Unidas, en Nueva York, fue decorada por el pintor catalán Josep María Sert, que había realizado los frescos de la catedral de Vic tras su destrucción en la guerra civil. Y, dicho sea de paso, otro pintor español, en este caso comunista, fue el encargado de pintar las paredes de la sede de la UNESCO en París: Pablo Picasso.
80 . Recogido en *Dolor y memoria de España en el segundo aniversario de la muerte de José Antonio*, *op. cit.*, p. 36
81. Dionisio Ridruejo, *Sombras y bultos*, *op. cit.*, p. 35.
82. Recogido en *Sombras y bultos*, *op. cit.*, pp. 24-36.
83. Ediciones Jerarquía, Madrid, 1940.
84. Dionisio Ridruejo, *Hasta la fecha*, *Poesías Completas (1934-1959)*, Aguilar, Madrid, 1961, p. 193.
85. *Primer libro de amor. Poesía en armas. Sonetos*, edición introducción y notas de Dionisio Ridruejo, Castalia, Madrid, 1976, p. 16.

Capítulo 8

1. *Hacia José Antonio*, *op. cit.*, p. 15.
2. «La Falange Española», *La Nación*, Buenos Aires, 20 de octubre de 1936.
3. Marino Gómez Santos, *La memoria Cruel*, *op. cit.*, p. 203.
4. «José Antonio», en *Dolor y memoria*, *op. cit.*, p. 97.
5. Samuel Ros y Antonio Bouthelier, Ediciones Patria, Madrid, 1940.
6. Véanse, en el diario *Arriba*: Eugenio Montes, «José Antonio ante el Mediterráneo», 22 de noviembre de 1939; Samuel Ros, «Vale la pena», 24 de noviembre de 1939; José María Alfaro, «José Antonio frente a la Historia», 25 de noviembre de 1939; Agustín de Foxá, «El que unió tierras y hombres», 28 de noviembre de 1939; Dionisio Ridruejo, «Aun», 30 de noviembre de 1939; Rafael Sánchez Mazas, «Última piedra. Primera piedra», 1 de diciembre de 1939; Samuel Ros, «Ya está», 1 de diciembre de 1939.
7. Véanse José María Alfaro, «A Francisco Franco, Generalísimo», *Vértice*, marzo de 1939, y Samuel Ros, «El tiempo y la guerra en el mapa de España y en el rostro de Franco», *Vértice*, marzo de 1937.
8. Véanse los ejemplos de Ernesto Giménez Caballero, «El comunismo y los toros», *Informaciones*, Madrid, 25 de marzo de 1944, Agustín de Foxá, «Los Homeros rojos», *ABC*, Madrid, 28 de mayo de 1939.
9. 9 de febrero de 1939.
10. Véase *ABC* de Sevilla, 16 de febrero de 1939, p. 23.
11. Véanse Eugenio Montes, «Rafael Sánchez Mazas», *ABC* de Sevilla, 19 de febrero de 1939 y César González Ruano, «Rafael y su Arcángel», *ABC* de Sevilla, 24 de febrero de 1939, pp. 5-6.

12. Véase «Un saludo de Sánchez Mazas a la Falange Exterior», *ABC* de Sevilla, 22 de febrero de 1939.
13. R. Sánchez Mazas, *Discurso del Sábado de Gloria*, Editora Nacional, Madrid, 1939.
14. Véase Gregorio Morán, *Los españoles que dejaron de serlo*, *op. cit.*, pp. 141-142.
15. Véase José Luis Ferris, *Miguel Hernández: pasiones, cárcel y muerte de un poeta*, Temas de Hoy, Madrid, 2002, pp. 445-446. Según anota Ferris (p. 423), cuando Miguel Hernández es llamado a declarar el día 6 de julio de 1939 aporta, como personas que pueden atestiguar su buena conducta, los nombres de José María de Cossío, Juan Bellod, Luis Almarcha, Giménez Caballero y Rafael Sánchez Mazas.
16. Entrevista realizada el 4 de julio de 1995.
17. Juan Guerrero Zamora, *Proceso a Miguel Hernández: El Sumario 21.001*, Dossat, Madrid, 1990, p. 156.
18. Juan Guerrero Zamora, *op. cit.*, p. 157.
19. José Luis Ferris, *op. cit.*, p. 446.
20. José Luis Ferris, *op. cit.*, pp. 462-463.
21. Véase, en el Boletín Oficial del Estado, 22 de agosto de 1940, p. 5.314, el decreto de 15 de agosto de 1940 por el que se dispone cese en el cargo de Ministro sin cartera don Rafael Sánchez Mazas.
22. Entrevista realizada el 23 de marzo de 1992.
23. Ramón Garriga, *Panorama del franquismo*, *op. cit.*, p. 50.
24. José María de Areilza, *Así los he visto*, *op. cit.*, pp. 48-50.
25. Ramón Serrano Suñer, *Entre el silencio y la propaganda, la Historia como fue*, *op. cit.*, p. 236.
26. *Ibid.*, p. 264.
27. *Ibid.*, p. 409.
28. Laureano García Camisón, hermanastro del abuelo paterno de Sánchez Mazas, fue médico de Alfonso XII, a través del cual consiguió que los Duques de Alba le vendiesen el palacio y otras propiedades rústicas de Coria.
29. El 8 de diciembre de 1942 queda constituida la nueva Junta Política, de la que Sánchez Mazas sigue formando parte. El mismo año es nombrado Procurador en Cortes.
30. «Ni arrepentido ni olvidado», *Arriba*, 19 de octubre de 1966.
31. «Lo que no fue Giménez Caballero», *El País*, 16 de mayo de 1988, p. 36.
32. Ernesto Giménez Caballero, *Acción Española*, n.º 75, 1935, p. 105.
33. *Op. cit.*, p. 196.
34. Eugenio Montes compartía su vida con Natividad Zaro, con la que no pudo casarse hasta 1968, fecha de la muerte de su primera esposa.
35. Luis Sagrera, *Agustín de Foxá y su obra literaria*, *op. cit.*, pp. 50-51.
36. José María de Areilza, *Así los he visto*, *op. cit.*, pp. 267-279.
37. Véase Marino Gómez Santos, *La Memoria Cruel*, *op. cit.*, p. 149.
38. Véase Domingo Roibas, «Espionaje: el caso *To*. Alcazar de Velasco da los nombres», *Arriba*, 22 de septiembre de 1978. En este artículo se revelan los nombres de los cuatro periodistas corresponsales que supuestamente colaboraron con la red de información «To». Entre ellos, el de Jacinto Miquelarena, «corresponsal del diario *ABC* en los Estados Unidos». Según afirma también Alcá-

zar de Velasco, los periodistas cumplieron una mera función de distracción. Véase asimismo el «desmentido» de Pilar Miquelarena y José María Zaldívar, «Miquelarena no estuvo en los Estados Unidos», *Arriba*, 26 de septiembre de 1978.

39. *Escritores Falangistas (I)*, Fondo de Estudios Sociales, Madrid, 1982, p. 43.
40. Véase José Luis Gordillo Courcières, *Luys Santa Marina (Notas de vida y obra)*, Actualidad Militar, Madrid, 2002.
41. Dionisio Ridruejo, *Casi unas memorias*, *op. cit.*, p. 262.
42. Dionisio Ridruejo, *Casi unas memorias*, *op. cit.*, p. 262.
43. Véase Luys Santa Marina, *Hacia José Antonio*, *op. cit.*, pp. 86-87.
44. Publicado en la revista barcelonesa *El Postillón*, n.º 1, primavera de 1955. Véase Luys Santa Marina, *Antología poética*, selección y notas de Javier Onrubia Rebuelta, Prensa y Ediciones Iberoamericanas, Madrid, 1986, p. 74.
45. «Belleza y azar del puerto de Barcelona», *Legiones y Falanges*, n.º 28, marzo de 1943.
46. Editorial AHR, Barcelona, 1958.
47. A finales de 1951 salió en defensa de los artistas de vanguardia que habían expuesto sus cuadros con motivo de la I Exposición Bienal Hispanoamericana de Arte. Dionisio Ridruejo refutó las absurdas acusaciones de «judaicos», «masonizantes» y «rojos», en su artículo «La campaña de los mediocres» publicado en *Arriba* el 17 de noviembre de 1951. Asimismo fue uno de los firmantes del telegrama de adhesión a Picasso y organizó el homenaje a Dalí. En 1952, asociado al industrial Puig Palau y con el apoyo de Ruiz Giménez y de Pérez Villanueva, Ridruejo dio vida a *Revista*, publicación que entre otros objetivos se proponía rescatar la herencia intelectual del bando derrotado. Allí publicó «Excluyentes y comprensivos», artículo donde llamaba la atención sobre la necesidad ineludible de comprender los supuestos ideológicos del bando perdedor de la guerra civil, así como de asumir honradamente los problemas que lo habían determinado. En junio de 1952 fue uno de los organizadores del Primer Congreso de Poesía que se celebró en Segovia. El Congreso fue una manifestación de la voluntad integradora: se rescataba la memoria de Machado, de Unamuno, se tendían lazos significativos con los literatos catalanes... Se llegó a aprobar una moción por la cual se proponía para el Premio Nobel a don Ramón Menéndez Pidal. Durante el curso 1952-1953 fue el promotor de los encuentros poéticos que se celebraron en la Universidad de Madrid al amparo de Pedro Laín Entralgo. Para todo ello, véase Manuel Penella, *Dionisio Ridruejo, poeta y político*, *op. cit.*
48. 2 vol., Barcelona, Destino, 1973, 1974.

Capítulo 9

1. Autor precisamente de otro título con idéntico adjetivo: *Poemas de la Falange eterna*, Santander, 1938.
2. Gráficas Valera, Madrid, 1945.
3. Véase Victoriano Peña Sánchez, *Intelectuales y Fascismo*, *op. cit.*, p. 162. La referencia del comunicado es R. 16091 (23 de abril de 1940), A.C.S., Ministero della Cultura Popolare, b 432. En este comunicado se aclaran los periódicos es-

pañoles encargados de publicar artículos de autores italianos: *ABC, Arriba, Ya, Informaciones, La Vanguardia, El Alcázar, Madrid, Heraldo de Aragón, Levante, Fe, Voz de España* y *Solidaridad Nacional.*

4. José-Carlos Mainer, *Falange y Literatura, op. cit.*, p. 47.
5. Pedro Salinas y Jorge Guillén, *Correspondencia (1923-1951)*, edición, introducción y notas de Andrés Soria Olmedo, Tusquets, Barcelona, 1992, p. 224. Fragmento de una carta dirigida por Pedro Salinas a Jorge Guillén el día 5 de marzo de 1940 desde Wellesley (Massachusetts).
6. Marino Gómez Santos, *La memoria Cruel, op. cit.*, p. 66.
7. Xosé Luís Axeitos, «Euxenio Montes, as sombras do viaxeiro», en *Xornadas sobre Eugenio Montes, op. cit.*, p. 118.
8. Plenitud, Madrid, 1951. La novela tuvo once ediciones entre el año de su publicación y los veinticuatro siguientes, lo que constituye un resultado verdaderamente notable para una narración española contemporánea, cuyo autor había fallecido entretanto. Siguiendo la última de estas reediciones, en una colección popular, en 1975, volvió a publicarse en 1982 con una faja en su portada que indicaba: «57.000 ejemplares vendidos». Lo más curioso de todo es que no se reeditó hasta 1995, en todos esos años que señalaron su resurrección como autor vivo y que vieron ediciones de su poesía (1990) y, lo que es más importante, de *Rosa Krüger* (1984).
9. Véanse Eugenia Serrano, «Hacia un renacimiento de la novela española: Rafael Sánchez Mazas, Ledesma Miranda y Sánchez Ferlosio», *Correo Literario*, n.º 23, 1 de mayo de 1951, p. 5, y Gonzalo Torrente Ballester, «*La vida nueva de Pedrito de Andía*, novela de Rafael Sánchez Mazas», *Cuadernos Hispanoamericanos*, n.º 21, mayo-junio de 1951, pp. 436-444.
10. Véanse Manuel Aznar, *La vida nueva de Pedrito de Andía, ABC*, 27 de marzo de 1951, Fernández Almagro, «*La vida nueva de Pedrito de Andía* por Rafael Sánchez Mazas», *ABC*, 7 de febrero de 1951, Elena Quiroga, «Sobre *La vida nueva de Pedrito de Andía*», *El Correo Español-El Pueblo Vasco*, 15 de julio de 1951, y Ramón Sierra, «*La vida nueva de Pedrito de Andía* de Rafael Sánchez Mazas», *Región*, Oviedo, 7 de febrero de 1951. La novela obtuvo también un éxito relevante en Francia: véase Juan Carlos García de Polavieja, «*Pedrito de Andía*, en Francia», *ABC*, 26 de enero de1957. El relato fue llevado a la gran pantalla en 1965 por Rafael Gil.
11. Rafael Sánchez Mazas, «Vaga memoria de Cien Años», suplemento literario de *Vértice*, febrero de 1940.
12. Se publicó por primera vez en el *Libro del Centenario del Banco de Bilbao* (1957). En 1969, la Biblioteca Vascongada Villar la editó precedida de 129 páginas de semblanzas del apologista.
13. Véase José Luis Aranguren, «¿Por qué no hay novela religiosa en España?», *Cuadernos Hispanoamericanos*, n.º 62, XXII, 1955, pp. 193-214.
14. Rafael Sánchez Mazas, *Apología de la historia civil de Bilbao*, Biblioteca Vascongada Villar, Bilbao, 1969, p. 256.
15. Rafael Sánchez Mazas, *Vaga memoria de Cien Años, op. cit.*, p. 12.
16. Véase Rafael Sánchez Mazas, *Vaga memoria de Cien Años, op. cit.*
17. «Comentarios a *La vida nueva de Pedrito de Andía* de Rafael Sánchez Mazas», *Política y Literatura*, n.º 1, mayo 1951, 19 pp.
18. Samarán Ediciones, Madrid, 1956, reeditado en Trieste, Madrid, 1983.

19. Sobresalen los «Cuatro Lances de boda», por su encanto y sabor popular, por su acertada dosificación de dramatismo, humor, inocencia y premeditada sencillez. Cada uno de ellos cubre un espacio teatral en el que dialogan dos personajes, todos ellos sobresalientes. Escritos en Coria en la segunda mitad de los años cuarenta, no verán la luz conjuntamente en libro hasta 1951 (Montaner y Simón, Barcelona). En la segunda mitad de los años cincuenta serán publicados separadamente por el diario *ABC* («Lance del pretendiente Orosio Frutos», 21 de agosto de 1955, «Lance de la boda a disgusto», 4 de marzo de 1956, «Lance del carretero y la Fortuna», 22 de julio de 1956; «Lance de la boda con la criada», 16 de junio de 1957).
20. *Revista Internacional de Estudios Vascos*, XX, 1929, pp. 433-448.
21. Ediciones del Movimiento, Madrid, 1956, vol. I, pp. IX-LXIII.
22. *Boletín de la Biblioteca Menéndez y Pelayo*, año IX, n.º 1, enero-marzo de 1927, pp. 47-71.
23. Ateneo, Madrid, 1955, 44pp. Este ensayo había visto ya la luz fraccionadamente: «Artes de vejez en Venecia», *El Sol*, 27 de marzo de 1932, p. 2, bajo el seudónimo de Javier de Izaro; «Campanella y Maurrás», *Acción Española*, n.º 44, 1 de enero de1934; «Fragmento sobre el príncipe», *FE*, n.º 8, 1 de marzo de 1934; «El Dux o la política de vejez», *Acción Española*, n.º 51, 16 de abril de 1934.
24. Juan Ignacio Luca de Tena, *Semblanza literaria y sentimental de Rafael Sánchez Mazas*: texto del discurso leído en la sesión privada de la Real Academia Española del 3 de noviembre de 1966, dedicada a la memoria de D. Rafael Sánchez Mazas, Prensa Española, Madrid, 1966.
25. Imp. E. Giménez, Madrid, 1940-1949.
26. Planeta, Barcelona, 1979.
27. *Roma Madre*, Jerarquía, Madrid, 1939, p. XXX.
28. *Ibid.*, p. XXXI.
29. «Las obras completas de Eugenio Montes», *Escorial*, cuaderno 35, 1944, pp. 135-137.
30. Cultura Española, Madrid, 1940.
31. Dionisio Ridruejo, *Casi unas memorias*, *op. cit.*
32. Eugenio Vegas Latapie, *Memorias políticas*, *op. cit.*, p. 204
33. Eugenio Montes, «Cantares de Gesta», *El viajero y su sombra*, *op. cit.*, pp. 89-90.
34. El artículo lo reproduce también Montes en *El viajero y su sombra*, *op. cit.*
35. Dionisio Ridruejo, *Casi unas memorias*, *op. cit.*, p. 160.
36. Ed. Cigüeña, Madrid, 1944.
37. Afrodisio Aguado, Madrid, 1949.
38. Montes adelanta en dos años su composición y en uno la publicación. El texto, según indica su primera publicación en *Acción Española* (año 1934), fue escrito en Berlín en marzo de 1934. Ahora, sin embargo, se indica: «Escrito en Alemania en 1932, pronunciado y publicado en Acción Española en 1933».
39. Jaime Campmany, *El jardín de las víboras*, Espasa Calpe, Madrid, p. 160.
40. Dionisio Ridruejo, *Casi unas memorias*, *op. cit.*, p. 162.
41. Véase *Obras Completas*, *Tomo I: Poesía, Teatro y Novela*, Prensa Española, Madrid, 1963, p. 189-190.
42. Véase Agustín de Foxá, *Obras Completas*, *Tomo I*, *op. cit.*, *Cui-Ping-Sing* fue

estrenada en el Teatro Principal de San Sebastián el 28 de diciembre de 1938; la comedia dramática *Gente que pasa*, escrita en colaboración con José-Vicente Puente, se estrenó el día 30 de octubre de 1943 en el Teatro María Guerrero de Madrid; *Baile en Capitanía*, comedia dramática en verso, fue estrenada el 22 de abril de 1944 en el Teatro Español de Madrid; la comedia *El beso a la bella durmiente* se estrenó en el Teatro María Guerrero de Madrid el 21 de abril de 1948; y el drama en prosa sobre el futuro, *Otoño del 3006,* se estrenó sin éxito el 11 de marzo de 1954 en el Teatro María Guerrero.

43. Dionisio Ridruejo, *Sombras y bultos* , *op. cit.*, pp., 118-119.
44. Francisco Umbral, «Los articulistas», *El País*, 2 de diciembre de 1985.
45. *Ibid.*
46. Colaboró en los diarios más importantes de Buenos Aires (*La Nación*, *La Prensa*), La Habana (*El Diario de la Marina*), Lima o Bogotá.
47. Prensa Española, Madrid, 1949.
48. Instituto de Cultura Hispánica, 1955.
49. Editorial Prensa Española, Madrid, 1965.
50. Ediciones Españolas, Madrid, 1940. Las referencias a las páginas en las distintas citas literales remiten a la edición de Espasa Calpe (Col. Austral, 854), Buenos Aires, 1948.
51. Espasa Calpe, Madrid, 1942.
52. Aguilar, Madrid, 1951.
53. Véase «Ha muerto en París Jacinto Miquelarena», *ABC*, 12 de agosto de 1962.
54. Véase «Un veterano periodista, un admirable corresponsal», *ABC*, 11 de agosto de 1962.
55. Vallina, «¡*Qué país, Miquelarena*!», *Arriba*, 16 de julio de 1963.
56. «D. José María Zaldívar, condenado por injurias graves», *ABC*, 23 de marzo de 1965.
57. Testimonios recogidos en conversación con Luis María Ansón, con Jaime Campmany, y con Gerardo y Leticia Zaldivar Miquelarena.
58. A partir de marzo de 1949 (n.º 56), cuando reaparece la revista tras un transitorio eclipse.
59. Véanse los números comprendidos entre el 9 y el 36.
60. Para una relación de las colaboraciones en prensa, conferencias, libros, folletos y prólogos de Mourlane, véase Elías Amezaga, *Autores vascos*, Gorka, Bilbao, 1984-1988.
61. *ABC*, 26 de noviembre de 1955, en la necrológica redactada por Víctor de la Serna.
62. Entrevista telefónica con Cristina Mourlane Partearroyo, hija del escritor, 29 de enero de 2003.
63. Véase «La leyenda de Mourlane Michelena», en Pere Gimferrer, *Los raros*, Planeta, Barcelona, 1985.
64. «La lujosa bondad de Mourlane», en D. Ridruejo, *Sombras y bultos*, *op. cit.*, p. 93.
65. Prólogo de Eduardo Aunós, El Grifón de Plata, Madrid, 1956.
66. J. Luis Aranguren, «Aprecio de Don Pedro Mourlane», en J. L. Aranguren, *Crítica y Meditación*, Taurus, Madrid, 1957, p. 141.
67. Pequeño homenaje a Aguilar de Campóo, población de la que procedía su familia materna.

68. Marino Gómez Santos, «José María Alfaro (6)», *Arriba*, 21 de junio de 1967.
69. *La última farsa*, *El Molinero y el diablo* (teatro en verso, en colaboración con Enrique Suárez de Deza) y *Fue en una venta* (en colaboración con Alfredo Marquerie, que había sido compañero de Alfaro en la Universidad).
70. «Reflexiones en torno a la aureola de Andy Warhol», *Los Cuadernos del Norte*, Caja de Ahorros de Asturias, n.º 49, 1988, pp. 13-17.
71. Juventud, Barcelona, 1944. Otros ejemplos de biografías heroicas de la época, en línea con la aproximación de Santa Marina son *Alejandro Farnesio, furia española* (Luis de Caralt, Barcelona, 1944) de Manuel Vela Jiménez, y *Ambrosio Spínola y su tiempo* (volúmen I de la Biblioteca «Pretérito», Editorial Olimpo, Barcelona, 1943) de José María García Rodríguez. Editoriales como la madrileña Biblioteca Nueva (en la serie titulada La España Imperial) y la catalana Juventud (en la colección Vidas y memorias, como, por ejemplo, *El Gran Capitán*, de Juan Cabal) ofrecieron colecciones de vidas esforzadas y redactadas con más o menos literatura.
72. Planeta, Barcelona, 1957.
73. En colaboración con Andrés Manuel Calzada, Editorial Canosa, Barcelona, 1929.
74. Luis Miracle, Barcelona, 1932.
75. Ánfora, Barcelona, 1944.
76. CSIC (Instituto Antonio de Nebrija), Barcelona, 1948. La segunda serie fue editada por el Instituto Miguel de Cervantes, Barcelona, 1949.
77. Imprenta de Solidaridad Nacional, Barcelona, 1940.
78. Editorial S. Rosas Bayer, Barcelona, 1952.
79. Luis de Caralt, Barcelona, 1956.
80. Se estrena en el Teatro Alcazar de Madrid el 12 de septiembre de 1940.
81. Publicada en la revista *Escorial* en febrero de 1941. La obra puede leerse en la *Antología* de Samuel Ros editada por la Fundación Santander Central Hispano en el año 2002.
82. En 1939, La novela de *Vértice* publica *Historia de las dos lechugas enamoradas*. En 1940 ve la luz la colección de relatos *Cuentos de Humor* (Ediciones Patri, Barcelona). En 1942, Editora Nacional publica una antología de sus cuentos bajo el título de *Cuentas y Cuentos. Antología. 1928-1941*.
83. Samuel Ros, *Antología*, Fundación Santander Central Hispano, Madrid, 2002, p. 172.
84. *Ibid.* p. 181.
85. Samuel Ros, «Confidencial», *Arriba*, 2 de abril de 1944.
86. Véase Medardo Fraile, introducción a Samuel Ros, *Antología*, *op. cit.*, p. XL.
87. Luis Felipe Vivanco, «El desengaño del tiempo en la poesía de Dionisio Ridruejo», prólogo a *Hasta la fecha. Poesías Completas (1934-1959)*, Aguilar, Madrid, 1961, pp. XI-XII.
88. «Recuerdo y sigo a José María Valverde», en *Sombras y bultos*, Destino, Barcelona, 1983, p. 161.
89. En los años setenta, levantado el veto que pesaba sobre su firma, Dionisio Ridruejo escribe una serie de artículos rememorativos para el semanario *Destino*. Con ellos, César Armando Gómez compuso dos libros: *Casi unas memorias* (1976) y *Sombras y bultos* (1977).
90. *Las armas y las letras*, *op. cit.*, p. 212.

91. Véase el artículo de Ridruejo «Nuestras lenguas», en D. Ridruejo, *Sombras y bultos*, *op. cit.*, pp. 239-243.

CAPÍTULO 10

1. «A modo de epílogo» a *Italia fuera de combate*, de Ismael Herráiz, Aldus de Artes Gráficas, Madrid, 1945 (20ª edición), p. 330.
2. *Sombras y bultos*, *op. cit.*, p. 116.
3. Marino Gómez Santos, *La memoria cruel*, *op. cit.*, p. 70.

Bibliografía

Quienquiera que se haya entretenido en leer con detalle las referencias presentes en las notas de este volumen habrá comprobado de modo fehaciente que, salvo muy contadas excepciones, las obras de estos autores no son fácilmente disponibles ni se encuentran a mano en el actual mercado bibliográfico. Escritores como éstos, sobre los que el gran público puede haber oído en censos e historias, no salen al encuentro cuando se trata de introducirse en su lectura; decididamente, hay que ir a buscarlos, cuando no a desenterrarlos, procediendo a auténticas operaciones de rescate, cautivos como están en los sótanos y anaqueles de innumerables bibliotecas.

Todavía más, podría decirse que en tanto se reeditan hoy obras notables de algunos de ellos (Sánchez Mazas, Ros, Foxá) van envejeciendo sin volver a publicarse las de otros (como Ridruejo o Giménez Caballero), relativamente recordados hasta no hace tanto. No cabe excluir que esta especie de noria vuelva a sacarlos de la oscuridad cenagosa a poco que medie alguna circunstancia que lo permita, como los centenarios próximos o pendientes de los más jóvenes. También hay que contar con que el interés combinado de los especialistas y algunas instancias culturales del terruño del que procede cada uno (Montes, Ridruejo) contribuya (como de hecho ya está haciendo) a recobrar textos perdidos o editar monografías. No es, claro está, el caso de los nacidos en el País Vasco, dado el clima político-cultural allí imperante, pese al interés notable, por ejemplo, de algunos bilbaínos.

En todo caso, hemos procurado con afán metódico —y a veces, hasta donde ha sido posible, exhaustivo— recorrer de punta a cabo la literatura recogida en libro de todos los escritores tratados. Sólo Foxá dispone de una edición de sus *Obras completas* y resulta naturalmente más que aventurado pensar que semejante empresa vaya siquiera a plantearse con el resto.

Cosa distinta es lo que se refiere a su producción periodística, de por sí ingente, y que, recogida en libros, podría dar lugar a un volumen tras otro... Donde nos ha sido posible —o, a veces, auténticamente necesario— hemos hecho calas de cierta profundidad para evitar caer en afirmaciones gratuitas. Contábamos con la ventaja de que son varias las recopilaciones de artículos, sin las cuales autores hay —como ya hemos dejado dicho— que apenas contarían con bibliografía propia o propiamente dicha (pensemos en Montes o Mourlane). Pero eso no quita para que hayamos tenido que recurrir a la consulta de separatas, suplementos, revistas y diversas colecciones documentales o hemerográficas.

Dicho sea todo lo anterior para razonar el criterio con el que se ha elaborado la bibliografía —forzosamente seleccionada— que el lector encontrará a continuación, y a fin de evitar imposibilidades que desbordasen los límites esperables de un volumen de estas dimensiones. Al debatirnos entre lo sintético y lo analítico, lo antológico y lo pormenorizado, y tomando en cuenta que diez autores podrían llenar páginas y páginas sin remisión, hemos optado por los siguientes criterios de clasificación:

De un lado, reproducimos las obras más significadas de los autores en las ediciones que hemos manejado, con criterio básicamente orientativo. Otro tanto puede decirse de los estudios sobre estos autores, que con frecuencia aparecen en forma de introducción o estudio previo en sus obras o remiten a bibliografías más detalladas.

Por otro lado, aparecen citadas las principales obras de historia referidas al periodo y específicamente a una organización como Falange. Lo mismo cabe decir de los volúmenes de memorias y testimonios personales que han ido viendo la luz, sobre todo, en los últimos treinta años.

No ha de olvidarse, por último, que, allí donde es pertinente, hay citas suficientemente explicativas en las notas de obras mencionadas por distintas razones, aunque no figuren en la bibliografía.

Por último, hemos seguido parecido criterio al seleccionar el material hemerográfico y videográfico.

Historia y crítica de la literatura y el periodismo

Aranguren, José Luis, *Estudios literarios*, Gredos, Madrid, 1976.

Domingo, José, *La novela española del siglo* XX, vol. II: *De la postguerra a nuestros días*, Labor, Barcelona, 1973.

Gómez de la Serna, Gaspar, *España en sus Episodios Nacionales (ensayos sobre la versión literaria de la historia)*, Ediciones del Movimiento, Madrid, 1954.

Iglesias Laguna, Antonio, *Treinta años de novela española (1938-1968)*, vol. I, Prensa Española, Madrid, 1970.

Luca de Tena, Catalina (ed.), *El periódico del siglo (1903-2003): 100 firmas-100 años*, Ediciones Luca de Tena, Madrid, 2002.

Martínez Cachero, José María, *La novela española entre 1936 y 1980: Historia de una aventura*, Castalia, Madrid, 1985.

Nora, Eugenio G. de, *La novela española contemporánea*, vol. II: *1927-1939*, Gredos, Madrid, 1973, 2.ª ed. corregida.

Palomo, M.ª del Pilar (ed.), *Movimientos literarios y periodismo en España*, Síntesis, Madrid, 1997.

Ponce de León, José Luis, *La novela española de la guerra civil (1936-1939)*, Ínsula, Madrid, 1971.

Rico, Francisco (dir.), *Historia y crítica de la literatura española*. Tomo VII: Víctor

G. de la Concha (ed.), *Época Contemporánea: 1914-1939*, Barcelona, Crítica, 1984. Tomo VIII: Domingo Ynduráin (ed.), *Época Contemporánea: 1939-1980*, Crítica, Barcelona, 1981.

Ródenas, Domingo (ed.), *Prosa del 27. Antología*, introducción de Domingo Ródenas, Espasa Calpe (col. Austral, 504), Madrid, 2000.

Santos, Dámaso, *De la turba gentil... y de los nombres. Apuntes memoriales de la vida literaria española*, Planeta, Barcelona, 1987.

—, *Generaciones juntas*, Ed. Bullón, Madrid, 1962.

Sinova, Justino, *Un siglo en 100 artículos*, La Esfera de los Libros, Madrid, 2002.

Trapiello, Andrés, *Clásicos de traje gris (1978-1990)*, Diputación Provincial de Albacete, Albacete, 1990.

Falange y literatura

Juliá, Santos, «¿Falange liberal o intelectuales fascistas?», *Claves de razón práctica*, n.º 121, abril de 2002, pp. 4-13.

Mainer, José-Carlos, *Falange y literatura: Antología*, edición, selección, prólogo y notas de José-Carlos Mainer, Labor, Barcelona, 1971.

—, «La narrativa falangista», *El País*, 14 de marzo de 1985.

—, «Injustamente olvidados», *El País*, 26 de mayo de 1988.

—, «El desván de los malditos», *Lateral*, enero de 1995.

—, «Una maleta de 1936», *Saber Leer*, noviembre de 1997, n.º 109.

—, «Sobre la imagen del fascismo en la novela española de la primera postguerra», en Paul Aubert (ed.), *La novela en España (siglos XIX y XX)*, Col. Casa de Velázquez, 66, Madrid, 2001, pp. 175-192.

Martín, Eutimio, «Falange y Poesía» (I) y (II), en *Historia 16*, n.º 30, octubre 1978, pp. 125-128; y n.º 31, noviembre 1978, pp. 102-106.

Onrubia Rebuelta, Javier, *Escritores falangistas* (Volumen I: Ernesto Giménez Caballero, Luys Santa Marina y Rafael García Serrano. Volumen II: Rafael Sánchez Mazas, Ángel María Pascual y Samuel Ros), Editorial Fondo de Estudios Sociales, Madrid, 1982.

Rodríguez Puértolas, Julio, *Literatura fascista española, Historia y antología*, Akal, Madrid, 1987, 2 vols.

Trapiello, Andrés, *Las armas y las letras: literatura y guerra civil (1936-1939)*, Planeta, Barcelona, 1994.

Umbral, Francisco, *Leyenda del César visionario*, Seix Barral, Barcelona, 1991.

—, *Los alucinados*, La Esfera de los Libros, Madrid, 2001.

Sobre el grupo bilbaíno

Amezaga, Elías, *Autores vascos*, Gorka, Bilbao, 1984-1988. (Bibliografía de escritores vascos, en varios tomos, donde puede consultarse la bibliografía de Miquelarena, Mourlane Michelena y Sánchez Mazas.)

Arean, Carlos Antonio, *Ramón de Basterra*, Ediciones Cultura Hispánica, Madrid, 1953.

Basterra, Ramón de, *Poesía*, prólogo de José-Carlos Mainer, edición preparada por Manuel Asín y José-Carlos Mainer, Fundación Santander Central Hispano, Madrid, 2001, 2 vols.

La «belle époque» bilbaína (1917-1922), Ediciones de la Librería Arturo (col. «El Cofre del Bilbaíno»), Bilbao, 1964. (Antología de trabajos publicados en *Hermes*.)

Díaz Plaja, Guillermo, *La poesía y el pensamiento de Ramón de Basterra*, Juventud, Barcelona, 1941.

Llano Gorostiza, Manuel (dir.), *Historia de la Sociedad Bilbaína*, Sociedad Bilbaína, Bilbao, 1965.

Mainer, José-Carlos, *Regionalismo, burguesía y cultura: los casos de «Revista de Aragón» (1900-1905) y «Hermes» (1917-1922)*, A. Redondo, Barcelona, 1974.

Morán, Gregorio, *Los españoles que dejaron de serlo: Euskadi, 1937-1981*, Planeta, Barcelona, 1982.

Saiz Valdivielso, Alfonso Carlos, *Triunfo y tragedia del periodismo vasco. (Prensa y política, 1900-1939)*, Editora Nacional, Madrid, 1977.

Unzueta, Patxo, *Bilbao*, Destino (col. «Nuestras Ciudades», 5), Barcelona, 1989.

Sobre la Falange y José Antonio

AA.VV., *Dolor y memoria de España en el segundo aniversario de la muerte de José Antonio*, Ediciones Jerarquía, Barcelona, 1939.

Bravo Martínez, Francisco, *Historia de Falange Española de las J.O.N.S.*, Editora Nacional, Madrid, 1940.

—, *El hombre, el jefe, el camarada*, Ediciones Españolas, Madrid, 1939.

García Serrano, Rafael, *La gran esperanza*, Planeta, Barcelona, 1983.

García Venero, Maximiano, *Falange en la guerra de España: la Unificación y Hedilla*, Ruedo Ibérico, París, 1967.

Gibson, Ian, *En busca de José Antonio*, Planeta, Barcelona, 1980.

Jato, David, *La rebelión de los estudiantes: apuntes para una historia del alegre S.E.U.*, Imp. Romero-Requejo, Madrid, 1975.

Lanzas, Roberto (seud. de Ramiro Ledesma Ramos), *¿Fascismo en España?*, Ediciones La Conquista del Estado, Madrid, 1935 (1.ª ed.).

Montes Agudo, Gumersindo, *Fechas estelares de la Falange*, Departamento Nacional de Propaganda, Frente de Juventudes (Ediciones para el bolsillo de la Camisa Azul, n.º 24), Madrid, s. a.

—, *Vieja guardia*, Aguilar, Madrid, 1939.

Pascual Aguilar, Jesús, *Yo fui asesinado por los rojos*, edición del autor, Barcelona, 1981.

Payne, Stanley G., *Falange. Historia del fascismo español*, Sarpe, Madrid, 1985.

Primo de Rivera, José Antonio, *Obras completas*, Ediciones de la Vicesecretaría de Educación Popular de FET y de las JONS, Madrid, 1945.

Primo de Rivera y Urquijo, Miguel, *Papeles póstumos de José Antonio*, Plaza & Janés, Barcelona, 1996.

Rebollo Torio, Miguel Ángel, *Lenguaje y política*, Fernando Torres Editor, Valencia, 1978.
Rodríguez Jiménez, José Luis, *Historia de Falange Española de las JONS*, Alianza, Madrid, 2000.
Southworth, Herbert Rutledge, *Antifalange: estudio crítico de «Falange en la guerra de España: la Unificación y Hedilla» de Maximiano García Venero*, Ruedo Ibérico, París, 1967.
Thomàs, Joan María, *Lo que fue la Falange*, Plaza & Janés, Barcelona, 1999.
Ximénez de Sandoval, Felipe, *José Antonio (Biografía apasionada)*, Fuerza Nueva Editorial, Madrid, 1976.

Memorias y testimonios

Agustí, Ignacio, *Ganas de hablar*, Planeta, Barcelona, 1976.
Areilza, José María de, *Así los he visto*, Planeta, Barcelona, 1974.
Gómez-Santos, Marino, *La memoria cruel*, Espasa Calpe, Madrid, 2002.
González Ruano, César, *Memorias: mi medio siglo se confiesa a medias*, Tebas, Madrid, 1979.
Luca de Tena, Juan Ignacio, *Mis amigos muertos*, Planeta, Barcelona, 1971.
Serrano Suñer, Ramón, *Entre el silencio y la propaganda, la Historia como fue. Memorias*, Planeta, Barcelona, 1977.
Vegas Latapie, Eugenio, *Memorias políticas: el suicidio de la Monarquía y la Segunda República*, Planeta, Barcelona, 1983.
—, *Los caminos del desengaño: memorias políticas, 2 (1936-1938)*, Tebas, Madrid, 1987.

Otros estudios de interés histórico

García Escudero, José María, *Historia política de las dos Españas*, vol. III, Editora Nacional, Madrid, 1975.
Hermet, Guy, *Los católicos en la España franquista*, vol. I: *Los actores del juego político*, Centro de Investigaciones Sociológicas, Madrid, 1985.
Redondo, Gonzalo, *Historia de la Iglesia en España, 1931-1939*, vol. I: *La Segunda República (1931-1936)*, Rialp, Madrid, 1993.
Zugazagoitia, Julián, *Guerra y vicisitudes de los españoles*, Crítica, Barcelona, 1977.

Publicaciones periódicas consultadas

ABC (Madrid y Sevilla).
Acción Española.
Arriba, reproducción facsímil del semanario de la Falange, 2.ª ed. (con la reproduc-

ción de «No Importa», Delegación Nacional de Prensa y Propaganda de Falange Española Tradicionalista y de las JONS, Madrid, 1942).
Arriba, diario.
Cruz y Raya.
F.E., semanario, Madrid.
El Fascio.
Jerarquía.
El Pueblo Vasco.
El Sol.
Vértice.

Archivos consultados

Archivo del diario *ABC*.
Servicio de Documentación del Grupo Correo.
Archivo General de la Administración del Estado.

1. José María Alfaro

Poesía:

«Pequeña oda a Burgos», *ABC*, 3 de mayo de 1931, p. 13.
El abismo, Ediciones Cultura Hispánica (Centro Iberoamericano de Cooperación), Madrid, 1978.

Novela:

Leoncio Pancorbo, Editora Nacional, Madrid, 1942.

Bibliografía sobre el autor:

García Nieto, José, «José María Alfaro y su retorno a la poesía», *Arbor*, n.º 407, noviembre 1979, pp. 93-101.
Gómez Santos, Marino, «José María Alfaro», *Arriba*, I-VI, 10, 14, 15, 16, 17 y 21 de junio de 1967.

2. Agustín de Foxá

Poesía:

La niña del caracol, Ediciones Héroe, Madrid, 1933.
El toro, la muerte y el agua, Imp. Galo Sáez, Madrid, 1933.
El almendro y la espada: poemas de paz y guerra, Editora Internacional, San Sebastián, 1940.
Poemas a Italia, Escelicer, Madrid, 1941.
El gallo y la muerte, Buenos Aires, 1948.
Antología poética (1933-1948), Editora Nacional, Madrid, 1948.

Novela:

Madrid, de Corte a checa, Planeta, Barcelona, 1993.

Relatos:

Misión en Bucarest y otras narraciones, Prensa Española, Madrid, 1965.

Teatro:

Véase *Obras completas.*

Artículos:

Un mundo sin melodía, Prensa Española, Madrid, 1949.

Por la otra orilla, Instituto de Cultura Hispánica, Madrid, 1955.

Las terceras de «ABC», selección y prólogo de Santiago Castelo, Prensa Española, Madrid, 1977.

Obra completa:

Obras completas. Tomo I: *Poesía, teatro y novela*, Prensa Española, Madrid, 1963. Tomo II, *Artículos y Ensayos*, Prensa Española, Madrid, 1971.

Bibliografía sobre el autor:

Entrambasaguas, Joaquín de, *Las mejores novelas contemporáneas*, tomo IX: *1935-1939*, Planeta, Barcelona, 1967, pp. 891-941. (Ofrece Entrambasaguas una extensa bibliografía sobre la vida y obra de Agustín de Foxá. Incluye también la novela *Madrid, de Corte a checa.*)

Luca de Tena, Juan Ignacio, «Agustín de Foxá, conde de Foxá», *Boletín de la Real Academia Española*, año XLVIII, tomo XXXIX, cuaderno CLVIII, septiembre-diciembre 1959.

Pensado, Berta, «Pemán y Foxá», *Temas Españoles*, n.º 131, 1954.

Sagrera, Luis, *Agustín de Foxá y su obra literaria*, Escuela Diplomática, Madrid, 1969.

Trapiello, Andrés, «Ejercicios de la melancolía», en *Clásicos de traje gris*, Diputación Provincial de Albacete, Albacete, 1990, pp. 317-334.

3. Ernesto Giménez Caballero

Testimonio:

Notas marruecas de un soldado, Planeta, Barcelona, 1983.

Ensayo:

Carteles, Espasa Calpe, Madrid, 1927.

Yo, inspector de alcantarillas (Epiplasmas), Biblioteca Nueva, Madrid, 1928.

Hércules jugando a los dados, La Nave, Madrid, 1928.

Julepe de menta, La Lectura, Madrid, 1929.

Circuito Imperial, La Gaceta Literaria, Madrid, 1929.

«Carta a un compañero de la joven España», *La Gaceta Literaria*, 15 de febrero de 1929.

Genio de España, Doncel, Madrid, 1971[7].

La nueva catolicidad. Teoría general sobre el fascismo en Europa: en España, Ediciones de La Gaceta Literaria, Madrid, 1933.

La nueva catolicidad (2.ª ed. con un capítulo adicional: «Los fascistas españoles»), Ediciones de La Gaceta Literaria, Madrid, 1933.

Arte y Estado, Gráfica Universal, Madrid, 1935.

Roma madre, Ediciones Jerarquía, Madrid, 1939.

Memorias:

Memorias de un dictador, Planeta (col. «Documento»), Barcelona, 1981.

Bibliografía sobre el autor:

Ernesto Giménez Caballero. Una cultura Hacista: revolución y tradición en la regeneración de España, *Anthropos*, n.º 84, mayo 1988. (Este número monográfico dedicado a la figura de Giménez Caballero cuenta con una completa bibliografía de y sobre el autor.)

Foard, Douglas W., *Ernesto Giménez Caballero o la revolución del poeta: Estudio sobre el nacionalismo cultural hispánico en el siglo* XX, Instituto de Estudios Políticos, Madrid, 1975.

Haro Tecglen, Eduardo, «Lo que no fue Giménez Caballero», *El País*, 16 de mayo de 1988, p. 36.

Hernando, Miguel Ángel, *Prosa vanguardista en la generación del 27 (gecé y La Gaceta Literaria)*, Prensa Española, Madrid, 1975. (El libro contiene una extensa relación bibliográfica sobre y de Giménez Caballero.)

Peña Sánchez, Victoriano, *Intelectuales y fascismo: la cultura italiana del «ventennio fascista» y su repercusión en España*, Adhara, Granada, 1993.

Selva Roca de Togores, Enrique, *Ernesto Giménez Caballero. Entre la vanguardia y el fascismo*, Pre-Textos, Valencia, 2001.

4. Jacinto Miquelarena

Crónica de viajes:

El gusto de Holanda, Espasa Calpe, Madrid, 1929.

Pero ellos no tienen bananas, Espasa Calpe, Madrid, 1930.

Novelas:

Don Adolfo el libertino, Espasa Calpe, Buenos Aires, 1948[2].

Memorias y testimonios:

Cómo fui ejecutado en Madrid, Imprenta Católica Sigiriano Díaz, Ávila, 1937.

El otro mundo, Ediciones Castilla (Imprenta Aldecoa), Burgos, 1938[3].

Relatos:

Cuentos de humor, Librería Internacional, San Sebastián, 1939.

Teatro:

El joven piloto: cuadros sentimentales de la vida en el mar y en los puertos, en colaboración con Luis de Urquijo Landecho, marqués de Bolarque, música del maestro Juan Tellería, Seix Barral, Barcelona, 1973.

Artículos:

Veintitrés, Espasa Calpe, Madrid, 1931.

Stadium (notas de sport), Publicaciones del Comité Olímpico Español, Madrid, 1965[2].

Un corresponsal en la guerra, Espasa Calpe, Madrid, 1942.

Bibliografía sobre el autor:
Martínez Cachero, José María, «Miquelarena, un escritor *en* la guerra civil», *Razón Española*, n.º 29, 1988, pp. 281-300.

5. Eugenio Montes

Ensayo:
El viajero y su sombra, Cultura Española, Madrid, 1940.
Melodía italiana, Editorial Cigüeña, Madrid, 1944.
Elegías europeas, Afrodisio Aguado, Madrid, 1949.
La estrella y la estela, Ediciones del Movimiento, Madrid, 1953.
Relatos:
Tres contos de Eugenio Montes, Enxebre Orde da Vieira, Madrid, 1980.
Bibliografía sobre el autor:
Bobillo, Francisco, *Nacionalismo gallego. La ideología de Vicente Risco*, Akal, Madrid, 1981.
Gómez Santos, Marino, *12 hombres de letras*, Editora Nacional, Madrid, 1969, pp. 415-450.
Gutiérrez Palacio, Javier, *Antología de la obra de Eugenio Montes*, Xunta de Galicia, (Consellería de Cultura, Comunicación Social e Turismo), Santiago de Compostela, 2002.
Gutiérrez Palacio, Javier, *Eugenio Montes: prosista del 27. Estudio crítico y antología*, Caixa Ourense, Orense, 1989. (El volumen cuenta con una extensa relación bibliográfica de las publicaciones de Eugenio Montes —poesía, ensayo, narrativa, artículos, prólogos e introducciones, discursos y colaboraciones en radio y televisión—, así como con una bibliografía crítica sobre el autor.)
Xornadas sobre Eugenio Montes. Actas das xornadas realizadas pola Dirección Xeral de Promoción Cultural en Ourense, os días 23 e 24 de novembro de 2000, Xunta de Galicia (Consellería de Cultura, Comunicación Social e Turismo, col. de «Difusión Cultural», 21), Santiago de Compostela, 2001.

6. Pedro Mourlane Michelena

Ensayo:
El discurso de las armas y las letras, Biblioteca de Amigos del País, Bilbao, 1915.
La pintura vasca: 1909-1919, antología, Pedro Mourlane Michelena *et al.*, Biblioteca de Amigos del País, Bilbao, 1919.
Tributo del Pirineo vasco al Pirineo catalán, españoles ambos, Instituto de Estudios Ilerdenses de la Excma. Diputación Provincial de Lérida, Delegación del Consejo Superior de Investigaciones Científicas, Lérida, 1944.
Las letras y el pensamiento en la Europa de hoy: mirada política, s. n., s. l., 19??.
Arte de repensar los lugares comunes, prólogo de Eduardo Aunós, El Grifón de Plata, Madrid, 1956.

Bibliografía sobre el autor:

Aranguren, José Luis, «Aprecio de don Pedro Mourlane», en *Crítica y meditación*, Taurus, Madrid, 1957, pp. 141-150.

García Serrano, Rafael, «Nuestro Don Pedro», *Arriba*, 26 de noviembre de 1955.

Gimferrer, Pere, «La leyenda de Mourlane Michelena», en *Los raros*, Planeta, Barcelona, 1985.

7. Dionisio Ridruejo

Poesía:

Primer libro de amor. Poesía en armas. Sonetos, edición, introducción y notas de Dionisio Ridruejo, Castalia (Clásicos Castalia, 73), Madrid, 1976.

Hasta la fecha. Poesías completas (1934-1959), prólogo de Luis Felipe Vivanco, Aguilar, Madrid, 1961.

Casi en prosa. 1968-1970, Selecta de Revista de Occidente, Madrid, 1972.

Poesía, selección de Luis Felipe Vivanco, introducción de Marià Manent, Alianza Editorial (El Libro de Bolsillo, 611), Madrid, 1979[2].

Memorias de una imaginación: papeles escogidos e inéditos, prólogo inconcluso de Juan Benet, selección de poemas y notas de Manuel Penella, dibujos del autor, Clan, Madrid, 1993.

Ensayo:

Escrito en España, prólogo de Ramón Serrano Suñer, G. del Toro Editor, Madrid, 1976.

Entre literatura y política, Seminarios y Ediciones, Madrid, 1973.

Sombras y bultos, edición de César Armando Gómez, Áncora y Delfín, Barcelona, 1977; ediciones Destino (col. «Destinolibro», 210), Barcelona, 1983.

Memorias:

Casi unas memorias, prólogo de Salvador de Madariaga, edición de César Armando Gómez, Planeta, Barcelona, 1976.

Bibliografía sobre el autor:

Penella, Manuel, *Dionisio Ridruejo, poeta y político: relato de una existencia auténtica*, Caja Duero, Salamanca, 1999.

Rubio, María, y Fermín Solana, *Dionisio Ridruejo, de la Falange a la oposición*, Taurus, Madrid, 1976. (Ofrece una completa bibliografía en el apartado «Aproximación a una bibliografía de Dionisio Ridruejo».)

8. Samuel Ros

Novelas:

El ventrílocuo y la muda, Ediciones Libertarias/Prodhufi, Madrid, 1996.

El hombre de los medios abrazos: novela de lisiados, *op. cit. infra*, introducción de Enrique García Fuentes, Biblioteca Nueva, Madrid, 1995.

Los vivos y los muertos, en *Antología*, *op. cit. infra.*, pp. 248-343.

Meses de esperanza y lentejas (La embajada de Chile en Madrid), ilustraciones de Kin, La Novela del Sábado, Madrid, año I, n.º 23, 21 de octubre de 1939, pp. 1-61.

Relatos:

Bazar, Espasa Calpe, Madrid, 1928.

Marcha atrás, C.I.A.P., Madrid, 1931.

En este momento, La novela de *Vértice*, San Sebastián, 1938.

Historia de las dos lechugas enamoradas, La novela de *Vértice*, agosto-septiembre de 1939.

Cuentos de humor, Ediciones Patria, Barcelona, 1940.

Cuentas y cuentos, Editora Nacional, Madrid, 1942.

«Batllés Hermanos, S. L.», en *Cuento español de posguerra: antología*, edición de Medardo Fraile, Cátedra (Letras Hispánicas, 252), Madrid, 1994.

Teatro:

«En el otro cuarto», en *Teatro español en un acto (1940-1952)*, edición de Medardo Fraile, Cátedra (Letras Hispánicas, 303), Madrid, 1989.

Reportajes:

A hombros de la Falange. Historia del traslado de los restos de José Antonio, Samuel Ros y A. Bouthelier, Ediciones Patria, Barcelona, 1940.

Antologías:

Antología (1923-1944), prólogo de Carlos Blanco Soler, Editora Nacional, Madrid, 1948.

Antología, introducción y selección de Medardo Fraile, Fundación Santander Central Hispano (col. «Obra Fundamental»), Madrid, 2002. (En esta antología puede encontrar el lector una completa bibliografía de Samuel Ros y sobre Samuel Ros.)

Bibliografía sobre el autor:

Blanco Soler, Carlos, «La vida atormentada de Samuel Ros», en *Cuadernos de Literatura*, tomo II, n.º 5, Madrid, septiembre-octubre 1947, pp. 25-75.

Entrambasaguas, Joaquín de, *Las mejores novelas contemporáneas*, tomo IX, *1935-1939*, Planeta, Barcelona, 1967, pp. 735-764. (Biografía, estudio de la producción literaria de Samuel Ros y relación bibliográfica acerca de Samuel Ros y su obra. Incluye, además, la novela *Los vivos y los muertos*.)

Fraile, Medardo, *Samuel Ros (1904-1945): hacia una generación sin crítica*, Prensa Española, Madrid, 1972.

Montes, Eugenio, «Samuel Ros, o el poeta en prosa», prólogo a *Los vivos y los muertos*, Ediciones Patria, Barcelona, 1941.

9. Rafael Sánchez Mazas

Poesía:

XV Sonetos de Rafael Sánchez Mazas para XV esculturas de Moisés de Huerta, Lux, Bilbao, 1917.

Sonetos de un verano antiguo y otros poemas, Ed. Llibres de Sinera (col. Ocnos, 20), Barcelona, 1971.

Poesías, edición de Andrés Trapiello, Editorial Comares (col. La Veleta), Granada, 1990.

Novelas:

Pequeñas memorias de Tarín. Cuatro lances de boda, Seix Barral (col. «Biblioteca Breve de Bolsillo. Serie Mayor», 27), Barcelona, 1975, 1.ª ed.

La vida nueva de Pedrito de Andía, Planeta, Barcelona, 1958[5].

Rosa Krüger, Trieste, Madrid, 1984.

Relatos:

Las aguas de Arbeloa y otras cuestiones (relatos), Trieste (col. «Biblioteca de Autores Españoles», 10), Madrid, 1983,

Ensayos:

«Algunas imágenes del Renacimiento y del Imperio», en *Boletín de la Biblioteca Menéndez y Pelayo*, año IX, n.º 1, enero-marzo de 1927, pp. 47-71.

«La famosa noche de Robinsón en Pamplona», *Revista Internacional de Estudios Vascos*, XX, 1929, pp. 433-448.

La política religiosa. España-Vaticano. Encuentros con el Capuchino, por «Persiles», Ed. Signo, Madrid, 1932.

«Siete escolios a la Pastoral», en *Cruz y Raya*, n.º 5, 15 de agosto de 1933, pp. 143-160.

Las tres edades de la política, Ateneo, Madrid, 1955.

«Algarotti, pero no todo (1712-1764)», suplemento de *Cruz y Raya*, n.º 35, febrero de 1936.

Vaga memoria de cien años y otros papeles, introducción de Andrés Trapiello, epílogo de Andrés Ybarra, Ediciones El Tilo, Bilbao, 1993.

Introducción al «Diccionario Geográfico de España», Ediciones del Movimiento, Madrid, 1956, vol. I, pp. IX-LXIII.

Apología de la Historia Civil de Bilbao, Biblioteca Vascongada Villar (col. Ibaizabal, 7), Bilbao, 1969[2].

Prosa política:

Fundación, hermandad y destino, Ediciones del Movimiento, Madrid, 1957.

Artículos:

Las terceras de «ABC», selección y prólogo de Fernando Ponce, Prensa Española, Madrid, 1977.

«Vaga memoria de cien años» y otros papeles, introducción de Andrés Trapiello, epílogo de Enrique Ybarra, Ediciones El Tilo, Bilbao, 1993.

Prólogos y epílogos:

«A modo de epílogo» a *Italia fuera de combate*, de Ismael Herráiz, Aldus de Artes Gráficas, Madrid, 1945[20].

Prólogo a *Política Nacional en Vizcaya: de la Restauración a la República*, de Javier de Ybarra y Bergé, Instituto de Estudios Políticos, Madrid, 1947, pp. I-VIII.

«Nostra Phalanx Plaudat Leta», prólogo a *La estrella y la estela*, de Eugenio Montes, Ediciones del Movimiento, Madrid, 1953, pp. 7-10.

Bibliografía sobre el autor:

AA. VV., «Semblanzas del apologista» (Primera parte), en *Apología de Bilbao*, de Rafael Sánchez Mazas, Biblioteca Vascongada Villar, Bilbao, 1969, pp. 17-129.

Agustí, Ignacio, «Los ocho enamorados de *Rosa Krüger*», en *Un siglo de Cataluña*, Destino, Barcelona, 1940, pp. 113-116.

Allegra, Giovanni, *«Recherche» e nostalgia nel Pedrito de Andía di Sánchez Mazas*, Instituto Gráfico Tiberino, Roma, 1974 (es tirada aparte de *Nueva Antología*, n.º 2.082).
Aranguren, José Luis, «¿Por qué no hay novela religiosa en España?», *Cuadernos Hispanoamericanos*, XXII, n.º 62, 1955, pp. 193-214.
Bonet, Juan Manuel, «Paseos bilbaínos: volver a leer *La vida nueva de Pedrito de Andía*», *El País*, 20 de enero de 1985.
Carbajosa Pérez, Mónica, *La prosa del 27: Rafael Sánchez Mazas*, tesis doctoral, Facultad de Filología, Universidad Complutense de Madrid, 1995.
Conte, Rafael, «La novela secreta de Rafael Sánchez Mazas», *El País*, 2 de diciembre de 1984.
Cossío, José María de, «*Las aguas de Arbeloa*», *ABC*, 9 de enero de 1957.
Delgado-Gal, Álvaro, «La vida como doble transparencia de un diorama: *Las aguas de Arbeloa* de Rafael Sánchez Mazas», *El País*, 3 de junio de 1984.
Equipo Mundo, *Los 90 ministros de Franco*, Dopesa, Barcelona, 1970, pp. 117-122.
Fernández Figueroa, Juan, «Comentario a *La vida nueva de Pedrito de Andía* de Rafael Sánchez Mazas», *Política y Literatura*, cuaderno n.º 1, mayo de 1951.
García Nieto, José, «El libro de la semana: *Las aguas de Arbeloa y otras cuestiones*», *ABC*, Sábado Cultural, n.º 173, 19 de mayo de 1984.
Iglesia García, Jesús de la, «Rafael Sánchez Mazas», *Nueva Etapa*, Real Colegio Universitario «María Cristina», San Lorenzo de El Escorial, n.º 59, mayo 1993, pp. 143-149.
Luca de Tena, Juan Ignacio, *Semblanza literaria y sentimental de Rafael Sánchez Mazas*, Tall. Prensa Española, Madrid, 1966.
Montes, Eugenio, «Adiós a Rafael», *Arriba*, 19 de octubre de 1966.
Perucho, Juan, «Madame d'Isbay en el Pirineo», en *Nicéforas y el Grifo*, Taber, Barcelona, 1968, pp. 107-111.
Torrente Ballester, Gonzalo, «*La vida nueva de Pedrito de Andía*, novela de Rafael Sánchez Mazas», *Cuadernos Hispanoamericanos*, n.º 21, mayo-junio de 1951, pp. 436-444.
Ybarra, Enrique, «Una visita al mundo de Sánchez Mazas con motivo de *Rosa Krüger*», *El Correo Español-El Pueblo Vasco*, I, II, III, IV y V, 15, 16, 17, 18 y 19 de octubre de 1985.

10. Luys Santa Marina

Poesía:

Halladas, Imprenta de Solidaridad Nacional, Barcelona, 1940.
Primavera en Chinchilla, Editora Nacional, Madrid, 1942.
Antología Poética, selección y notas de Javier Onrubia Rebuelta, Prensa y Ediciones Iberoamericanas (col. «Los libros de Doña Berta», 1), Madrid, 1986.

Novelas:

Tras el águila del César. Elegía del Tercio, 1921-1922, Planeta, Barcelona, 1980.
Tetramorfos (de las memorias de César Gustavo de Gimeno). Domus, Madrid, Sucesores de Rivadeneyra (col. «Nuevos Novelistas Españoles»), Madrid, 1927.

Biografías:

Vida de Isabel la Católica, Seix Barral, Barcelona, 1958.

Vida de Juana de Arco, Seix Barral, Barcelona, 1955.

Cisneros, Yunque, Barcelona, 1939[2].

Italia, mi ventura (últimas guerras del Gran Capitán), Juventud (col. «Vidas y Memorias»), Barcelona, 1944.

Alonso de Monroy, Planeta, Barcelona, 1957.

Hacia José Antonio, Editorial AHR, Barcelona, 1958.

Relatos:

«Tres en raya: dos que en Granada murieron y uno que vivo volvió», *Cruz y Raya*, junio de 1934.

Karla y otras sombras, Luis de Caralt Editor, Barcelona, 1956 (1.ª ed.).

Ada y Gabrielle, Pareja Editor, Barcelona, 1959.

Testimonio y recuerdo:

Perdida Arcadia, Editorial S. Rosas Bayer, Barcelona, 1952.

Prólogos:

«Prólogo» a *Se ha ocupado el kilómetro seis (contestación a Remarque)*, Ed. Maucci, Barcelona, 1939.

Varios:

Labras heráldicas montañesas, Ed. Canosa, Barcelona, 1928.

Bibliografía sobre el autor:

Aparicio, Juan, *Españoles con clave*, Luis de Caralt Editor, Barcelona, 1945.

Beltrán, José, «Luys», *El Alcázar*, 30 de septiembre de 1980.

Castillejo, Diego, «Un caballero español», *Pueblo*, 22 de septiembre de 1980.

Díaz-Plaja, Guillermo, «Luys Santa Marina», *ABC*, 23 de septiembre de 1980.

García de Tuñón y Aza, José María, *José Antonio y Luys Santa Marina*, Fundación Ramiro Ledesma Ramos, Madrid, 1999.

Gordillo Courcières, José Luis, *Luys Santa Marina (Notas de vida y obra)*, Actualidad Militar, Madrid, 2002.

Tarín Iglesias, Manuel, «Un hombre se marcha, unos versos se apagan», *ABC*, 4 de abril de 1979.

Videografía

A Fondo: José María Alfaro, Madrid, Radiotelevisión Española, 1978, 1 videocasete (VHS), Videoteca RTVE.

A Fondo: Eugenio Montes, Madrid, Radiotelevisión Española, 197?, 1 videocasete (VHS), Videoteca RTVE.

Índice alfabético

Índice